新闻传播学新视野丛书

邵培仁　陈　龙　主编

全国30所新闻与传播学院联合编写

广播电视学引论

孙宜君　阎　安　著

江蘇教育出版社
JIANGSU EDUCATION PUBLISHING HOUSE

图书在版编目（CIP）数据

广播电视学引论 /孙宜君，阎安著. -- 南京：江苏教育出版社，2013.1
（新闻传播学新视野）
ISBN 978-7-5499-2016-7

Ⅰ. ①广… Ⅱ. ①孙… ②阎… Ⅲ. ①广播电视一理论研究 Ⅳ. ①G220

中国版本图书馆 CIP 数据核字(2013)第 031569 号

书　　名	广播电视学引论
作　　者	孙宜君　阎　安
责任编辑	吉祖斌
出版发行	凤凰出版传媒股份有限公司
	江苏教育出版社（南京市湖南路 1 号 A 楼　邮编 210009）
苏教网址	http：//www.1088.com.cn
照　　排	南京前锦排版服务有限公司
印　　刷	江苏凤凰通达印刷有限公司（电话 025-57572508）
厂　　址	南京市六合区冶山镇（邮编 211523）
开　　本	787 毫米×1092 毫米　1/16
印　　张	20.5
版　　次	2013 年 1 月第 1 版　2013 年 1 月第 1 次印刷
书　　号	ISBN 978-7-5499-2016-7
定　　价	48.00 元
网店地址	http://jsfhjy.taobao.com
邮购电话	025-85406265，85400774 短信 02585420909
E-mail	jsep@vip.163.com
盗版举报	025-83658579

目 录

第一章　广播电视学的学科体系及其研究

广播电视自20世纪初期诞生以来，在现代信息科学技术和人文社会科学相互渗透的哺育下，经过八九十年的发展与完善，已经成长为现代传播媒介中十分重要的种类。随着广播电视的发展，人们对它的关注度也不断增加，研究也由浅入深。人们不断从其自然属性到其社会属性，研究探索它的传播艺术以及与其他学科的关系，不断地总结广播电视工作及其事业的发展规律和特征，不断加深对广播电视研究对象与领域及范畴的科学的认识，取得了一大批富有成效的研究成果。由此，人们才逐步形成这样的基本共识：广播电视已成为一门综合性、实践性很强的独立的学科——广播电视学。

第一节　广播电视学的主要研究领域与对象

每一门学科都有自己特定的研究领域和研究对象，广播电视学科也是如此。科学地认识和界定其研究领域和对象，是确认广播电视学独立存在的关键之一。正如毛泽东所说："科学研究的区分，就是根据科学对象所具有的特殊的矛盾性。因此，对于某一现象的领域所特有的某一种矛盾的研究，就构成某一门科学的对象。"[①]广播电视学是研究广播电视传播活动及其规律的一门学科，对其研究领域，学界大多学者倾向于这样的看法：它包括广播电视基础理论、广播电视实务（应用理论）和广播电视史论研究三大板块。

广播电视基础理论是广播电视学的"学理"部分。这一部分主要是探索广播电视事业、广播电视实践本源的一般性与普遍性规律的学说。基础理论由三个方面组成：一是广播电视本质理论，包括广播电视的含义、特点、性质、功

① 《毛泽东选集》（四卷合订本），人民出版社，1968年版，第284页。

能、任务等方面的理论;二是广播电视外部关系的研究理论,包括广播电视与政治、经济、文化、社会、法律、道德、科技的关系等;三是广播电视内部关系研究理论,包括广播电视传播学、广播电视美学、广播电视艺术学、广播电视语言学、广播电视批评学等。

广播电视实务(应用理论)研究,是指对广播电视传播、广播电视运行中具体环节的可操作性,有针对性的研究。实务直接面对实践,其研究水平如何,直接关系到广播电视传播、广播电视运行的质量与效益。广播电视实务研究由以下五个部分组成。一是广播电视技术理论。它包括广播电视制作技术、传播技术理论。二是广播电视创作理论。它是广播电视实务的主体,分为节目和栏目部分。广播电视栏目、节目创作理论涉及目标、策划、选题、采录、编辑、制作等环节的研究。三是广播电视传播主体与环节的理论。这是对广播电视传播过程中不同岗位、不同职能传播者的研究。四是构成要素的理论。这是对广播电视创造成品的主要构成要素,包括内容、图像、声音、拍摄手法等的研究理论。五是广播电视管理与决策的理论,包括对广播电视的经营与管理以及事关广播电视发展全局的规划、方针、政策、条例、法规、制度等各种决策的理论。

广播电视史论研究领域主要探讨广播电视事业产生、发展的历史过程及其规律。广播电视史的研究按国别来分,有中国广播电视史、外国广播电视史;按历史时期划分,有通史、断代史;按媒介分,有广播史、电视史、广播电视新闻史、广播电视文艺史、广播电视媒介批评史、广播电视节目史等。此外,还可以有广播电视台台史、广播电视报史、广播电视管理史、广播电视技术史等。广播电视历史研究,目的是总结历史的经验教训,以史为鉴,探索广播电视的发展规律。

就广播电视学的研究对象而言,主要包括广播电视节目、广播电视传播者与受传者、广播电视机构系统、广播电视与外部环境的关系、广播电视传播效果等五个层次。

一是研究广播电视节目。从节目系统、节目结构、节目分类、节目要素、节目形式,到节目的采、编、导、播,到节目美学、节目的制作、节目的优化等角度进行研究。

二是研究广播电视节目的传播者和受传者。传播者主要指广播电视台的记者、编辑、播音员、节目主持人、导演、演员、技术人员等。主要研究他们的群体结构、智能结构、职业道德和职业心理等。受传者指广播电视节目的受众。主要研究受众心理、受众收听收看规律、受众信息反馈等。

三是研究广播电视传媒机构。广播电视台是广播电视传媒机构的实体，面向受众进行信息传播活动。对它的研究主要包括机构体制、机构内部关系和运行机制、经营管理和发展战略等问题。

四是研究广播电视与外部环境的关系，其中包括国内环境和国际环境。国内环境主要研究广播电视与政治、经济、文化等因素的关系。国际环境主要研究广播电视的国际关系。

五是研究广播电视传播效果。主要针对广播电视播出的社会效果，重点研究不同的节目究竟采用哪种传播策略更为有效，更容易实现传播目标的问题等等。①

第二节 广播电视学的学科体系描述

虽说广播电视媒体产生于20世纪初，而成学立说则是在20世纪后半叶，最初主要散见于新闻学者和传播学者的文论及著作中，如前苏联莫斯科大学R.巴基罗夫教授主编的《广播新闻学基础》、美国南方大学教授特德·怀特(Ted White)的《广播电视新闻写作与报道》、英国学者安德鲁·搏伊德(Andrew Boyd)教授所著的《广播电视新闻教程》等。国内对于广播电视的研究，起初主要也是围绕广播电视新闻学而展开的，如康荫著《新闻广播学研究》(1982年)、苑子熙著《新闻广播电视学——理论与应用研究》(1985年)、王珏著《新闻广播电视概论》(1989年)等。而广播电影电视部政策研究室于1986年7月在庐山召开的广播电视学术研讨会，“可以看做是广播电视学从孕育到形成的转折点”②。会上大家确认了广播电视学的独立学科地位，并组织开展了较为深入的系统研究，从而构建了中国广播电视学的总体框架。不久，由阎玉主编的《中国广播电视学》(1990年9月)正式出版。它是我国第一部全面系统地论述广播电视学的专著，也被看做是广播电视系统理论的奠基之作。

此后杨伟光主编的《中国电视论纲》、赵玉明主编的《中国广播电视通史》、刘习良主编的《中国电视史》等也纷纷问世。随着广播电视学科地位的确立，许多高等院校都开办了广播电视专业。各高等院校在组织实施专业教学中，

① 参见欧阳宏生:《广播电视学导论》,四川大学出版社,2007年;阎玉主编:《中国广播电视学》,中国广播电视出版社,1990年,第25页;吕萌主编:《当代广播电视学概论》,合肥工业大学出版社,2004年。

② 赵凯等主编:《二十世纪中国社会科学(新闻学卷)》,上海人民出版社,2005年,第162页。

也都对这门专业展开了系统、深入的研究，并围绕专业教育编著了许多颇具特色的教材和论著。如黄匡宇的《广播电视学概论》、欧阳宏生主编的《广播电视学导论》、毕一鸣著的《现代广播电视论纲》等，都把广播电视作为学科体系来建构论述。与此同时，也引进并推荐了一些国外的研究成果。近几年广播电视学的研究日益科学化、体系化。

从广播电视事业发展和广播电视研究两方面考察，虽然大多数学者认为广播电视学已具备成为独立学科的条件，但是由于分类思想和标准的差异，不同行业对“广播电视”的学科定位也不尽相同。如按照国家技术监督局颁布的国家标准《学科分类与代码》(GB/T13745—92)，“广播与电视”属于“新闻学与传播学”一级学科下设的二级学科，其下包含“广播电视史”、“广播电视理论”、“广播电视业务”(包括广播电视采访、写作、编辑等)、“广播电视播音”和“广播电视其他学科”等几个三级学科；同时在“文艺学”学科范围内，又分列“广播电视文艺”与戏剧、戏曲、电影等为三级学科(注：近期艺术学升为门类，戏剧与影视学升格为一级学科，代码1303；广播电视编导升为二级学科，代码130305)。而在2012年教育部颁布的本科专业目录中，“广播电视学”(050302)是作为“新闻传播学”(0503)下的基本专业招生的，相当于二级学科。由于广播电视的综合性与应用性特点，以及与诸多学科有着结缘的复杂关系，在学界，对广播电视学的学科定位问题的认识也是各不相同。一种观点认为，广播电视学是一门交叉性的学科，研究范围涉及多个领域，应列为一级学科；有的则认为它属于二级学科。另有观点强调，广播电视学包括广播学和电视学两大学科；还有观点认为，广播电视学并非一般“学科”意义上的学科，而是一个学科“群”，是以广播电视媒体及其传播活动为核心，由一系列学科如新闻学、艺术学、传播学、社会学、政治学、心理学、经济学、管理学、伦理学、法学等众多学科汇聚的学科群。①

以上学科定位的不同观点和看法，我们认为是基于以下原因。一是由于广播电视学与新闻学、传播学的亲缘性。从形成历史来看，广播电视学是在新闻学和大众传播学的基础上发展形成的，它融合了这两门学科的部分研究成果和研究方法。二是由于广播电视学的交叉性、复杂性和边缘性。广播电视既与新闻传播也与艺术学交叉，还与信息工程技术相关，可形成一系列边缘学科，如广播电视新闻学、广播电视艺术学、广播电视传播学、广播电视工程学等。三是广播电视学的延展性。由于信息技术和数字技术的发展与进步，广

① 参见艾红红：《建议将广播电视学列为一级学科——“广播电视学学科体系建设研究”课题论证会综述》，载《现代传播》，2010年第11期，第134—135页。

播电视也发生了很大的变革，学科得到发展，其学科地位也需要得到提升。广播电视学是新兴学科，涉及人文社会科学的多个方面，不同学术观点的并存和讨论，有利于广播电视学科的建设和发展。

我们非常赞同著名广播电视学者阎玉所言：“衡量一门学科能否成立，主要应看它是否有特定的研究对象，能否形成自己的理论体系和科学概念，能否与其他学科区别开来。从这几个方面看，广播电视学已经具备了成学立说的基本条件，可以成为一门独立的学科。”①如今广播电视学科已经成长为比较成熟、影响较大和不断发展的学科。著名广播电视研究专家毕一鸣教授在其著作里将广播电视学科体系分为五大支系，并列表如下②：

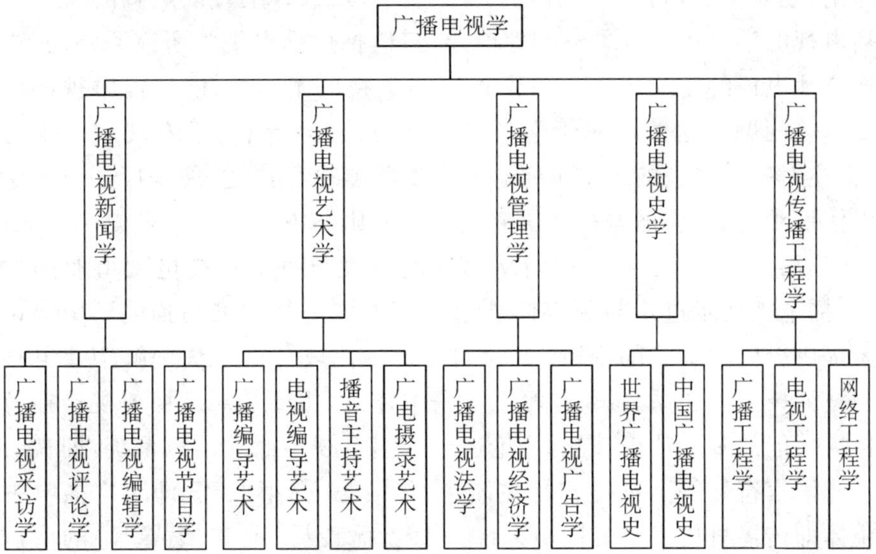

图 1－1　广播电视学科体系

从上表看，虽然毕一鸣教授所列出的是广播电视学的主要分支学科，而不是全部分支学科，即便如此，我们认为表中已显示广播电视学已形成一个多层次的学科体系。

第三节　本书的基本架构与研究内容

近年来，随着数字技术的广泛运用、互联网传播的飞速发展以及媒体融

① 阎玉主编：《中国广播电视学》，中国广播电视出版社，1990 年，第 25 页。

② 毕一鸣：《现代广播电视论纲》，中国广播电视出版社，2007 年，第 9 页。

合的具体实施，作为重要大众传播工具的广播电视在技术手段、传播理念、传播功能等方面都发生了显豁的变化。为了适应时代的发展与广播电视传媒的变化，我们撰写了《广播电视学引论》，力图紧密结合广播电视发展、变革的现实，以新的理念和中外参照的视野来诠释广播电视传播观念与功能的新拓展，梳理广播电视业的发展历程，论述广播电视的构成规律、传播策略、传播主体（传媒人与机构）、受众构成与受众心理，广播电视的节目类型、节目传播方式、节目制作与编排，广播电视的产业经营和广播电视事业管理等内容。

从框架结构来讲，本书设置13章，大致划为6部分，即学科论、历史论、本体论、主体论、节目论、经管论。第一章、第二章，主要以广阔的视角探讨广播电视的学科体系与本书的理论架构；概括广播电视学研究原则与方法；阐述广播电视的定义、概念等；论述广播电视的本体属性，广播电视的数字化变革等问题。这两章属于学科论的部分。学科论属于宏观的认识与阐述，旨在对广播电视的最基本概念和重要问题进行论述，展现广播电视学科的大体形貌，探寻广播电视学研究的基本原则与方法。接着是史论部分，包括第三、第四章，以宏观的视角从纵向的维度分别对广播电视事业的发展史、广播电视技术进步与新媒体技术变革发展进行勾勒与描述。历史论为读者提供纵向的开阔的视野，也为读者运用比较分析方法理解广播电视知识与技能树立参照系。第五、第六章是本体论，主要是对广播电视传播特性与传播功能的基本认识，同时还论述了广播电视传播的语言系统，即视听语言与非语言符号等。再接着是主体论，包括第七、第八章，即对广播电视传播主体即传播机构以及机构中人（主持人、播音员、记者、编导等）的认识和分析，还对广播电视信息接受主体的受众阐述，分析受众的角色和构成、特点与接受心理 、接受状况及反馈等。下面是节目论，包括第九章、第十章和第十一章。节目是广播电视的传播对象，也是传播的核心内容。在这三章里，既紧密结合广播电视中的实际经验，又反映广播电视的发展趋势，具体地论述了广播电视的节目类型、广播电视的节目传播方式、广播电视的节目制作与编排。理论阐述与实际的操作论述结合。最后第十二章、第十三章是经营管理论。分别论述广播电视的产业化经营的构成与特点、主要内容方式、发展战略等，以及广播电视的事业管理体制、管理机制、人员培养、法制化管理等。这6个部分13章相互关联、层层递进，形成一个较为完整的理论架构。

第四节　广播电视学的研究原则与方法

一、广播电视学的研究原则

我们知道广播电视学是一门交叉性的学科。它承继了新闻学、艺术学、传播学、社会学、心理学等众多学科的特点，也与产业经营管理、信息工程技术等学科密切相关。各学科的研究特点和方法都在广播电视学的研究实践中得以体现。因此，在具体的广播电视研究中我们需要把握以下主要原则：

1. 社会性原则

毋庸置疑，广播电视是科学技术发展的产物，但同样也是适应社会政治、经济、文化的发展需要而产生，伴随着社会的发展进步，在努力服务于社会、服务于公众的过程中发展起来的。从本质属性看，广播电视学的社会性与生俱来。一方面，广播电视的产生和发展必然受到社会发展阶段的制约，科学技术进步水平与社会发展状况决定着广播电视的发展状况，社会的经济条件、政治体制和文化方针等，决定了广播电视传播的目标、规制、观念和经营方式；另一方面，广播电视的社会影响力不断增强，并反过来对社会产生或此或彼的影响与作用，成为推动社会进步的重要力量。从广播电视与我们当代人日常生活的紧密联系，对社会与文化的影响已充分证明了这一点。因此，我们在广播电视研究过程中，应始终贯彻社会性原则。

2. 融合性原则

从学科构成看，融合性是广播电视学最显著的特色之一。广播电视学融合了传播学、社会学等人文社会科学成果，又吸收了信息科学等自然科学技术的营养。众多学科融合、渗透使广播电视学表现出一种立体交叉的视野和运作方式。从传播符号的角度看，广播电视“扬独家之优势，汇天下之精华”，特别是电视的视听构成使其能够承载更加多元的信息，能够融合更多的艺术形式。20世纪末以来，数字技术、网络技术及现代通信技术的发展，给包括广播电视在内的传统媒体带来了挑战。新技术出现的一个重要影响是媒介融合时代的到来。媒介融合包括技术融合、运作方式融合、产品融合、市场融合、组织机制融合等方面。具体来说，在媒介技术上，数字化、网络化使文字、图像、视频、音频等形态的媒介内容都可以转化为数字形式来传输和存储，并依托互联网在同一平台上呈现，从而模糊了不同介质之间的物理界限，统一为某个数字终端的“融合媒介”；在产品形态上，多媒体产品成为主流；在媒体业务上，产生了"融合新闻"生产模式;在市场上,媒介融合使原来分立的媒体之间、广播电视与电信业之间呈现市场边界消融、媒介一体化集中化趋势加剧;在组织上,媒介融合导致媒介内部组织的重构。总之,在新媒体技术日新月异的现实环境中,广播电视的传输手段、接收途径、互动方式、节目形态等都体现出比以往更加复杂变化的状态。所以,在媒介融合的时代,坚持广播电视学研究的融合性,顺应了技术与学科发展的新趋势,是增强学术研究生命力,拓展研究成果适用性的必然要求。

3. 开放性原则

海纳百川,有容乃大。理论边界的适度开放性对于一个学科建构与创新具有积极意义。学术研究永远是开放的,是随着时代的发展而发展的。开放式思维方式是广播电视学研究的基本要求和有力保障,必要的争鸣与探讨也是活跃学术研究的重要方式。首先,我们研究者思维模式由单一转向立体,思维方法由单纯转向复杂多样,思维客体囊括微观与宏观。要具有开放式研究的胸怀,摈弃因循守旧的观念与方法、手段。其次,广播电视学研究要积极向国外广播电视理论开放。应该承认,西方广播电视实践与理论研究起步更早,也更趋向于成熟。如美国纽约学派的电视理论、加拿大多伦多学派的电视理论、西欧的布尔迪厄与丹尼斯·麦奎尔的电视理论,还有西方广播电视理论中的电视叙事学分析理论、电视意识形态批评理论等,都是广播电视理论建构有着重要贡献的成果。了解、借鉴和吸收国外广播电视学理论成果,也是我国广播电视学理论发展的一个重要动力因素。

4. 实践性原则

从本质意义上讲,任何真正科学的思想观念和理论话语都源于实践,又服务于实践。广播电视学具有强烈的实践性,实践是广播电视学研究的源头活水。近30年来,中国广播电视坚持"自己走路"的实践原则,无论是体制改革,还是机制创新;无论是技术进步,还是节目形态研发,在实践层面都积累了丰富的经验。而当广播电视改革与发展遭遇瓶颈,业界又亟需先进的理论予以指导。在传播方针制定、传播对象确立、传播效果测评等方面,广播电视研究都更加注重理论与实践并重、技术与艺术结合。在理论研究与实践的关系上,广播电视理论研究应该向蓬勃发展着的鲜活实践聚焦,在实践中升华,在实践中检验。

二、广播电视学的研究方法

广播电视学既然是一门多种学科交叉融合的学科,那么,可供它采用的研究方法和途径就不会是单一的，而必然是多样的。所以，我们需要以沟通与协同的观念，以不同的学科视角，用不同的学科研究方法，开展有目的的综合性研究。但是，联系较为密切、致关重要的研究方法和途径，主要有以下几类：

1. 马克思主义哲学方法

马克思主义哲学是世界观与方法论的高度统一。恩格斯说："马克思的整个世界观不是教义，而是方法。它提供的不是现成的教条，而是进一步研究的出发点和供这种研究使用的方法。"[①]我们研究广播电视学时运用马克思主义的哲学方法，就是要以马克思主义的原理来分析、考察广播电视实践的各个要素、环节以及相互间的关系。譬如，根据辩证唯物主义原理，我们在研究广播电视传播者时，就要考虑到它与广播电视信息、传播媒介等要素的联系和制约关系，考虑到它与受传者的互相依存、互换角色的关系；根据历史唯物主义原理，我们在研究不同社会制度下的广播电视体制时，就应该把它放在该社会的大系统中，联系这个社会的经济基础和上层建筑的性质、特征，联系其生产关系的性质和特征来考察。当然，马克思主义哲学只是在方法论方面作指导，它并不能取代广播电视学的其他研究方法。

2. 人文科学方法

广播电视学同人文科学领域中许多学科都有交叉和相邻关系，因此人文科学领域的许多研究方法，在广播电视学研究中都可以直接运用。如：

(1)社会学方法。社会学方法是应用社会学的原理，以解决实际社会问题，改进社会的一种学科方法。运用社会学方法，可以从更高的角度，更大的历史范围分析广播电视传播过程，研究广播电视对个人、团体、国家、社会的影响，了解广播电视的社会功能，评价其地位，寻找其发展趋向。换言之，社会学研究方法可以帮助我们把握广播电视实践活动与人类、社会的各种联系。

(2)心理学方法。广播电视学研究中许多问题需要依靠心理学方法的帮助。如受传者的选择心理机制是什么，广播电视节目对个人和群体的心理影响怎样，暴力、色情等负面内容对儿童心理有何消极作用，广播电视传播者心理素质同加工制作信息有何关系等等，这一系列问题仅仅靠广播电视学自身是难以回答的，而运用心理学的理论和方法就容易解释。

(3)美学方法。美学方法是指把文学艺术当作审美对象并应用美学原理来研究文学艺术的方法。我们知道，广播电视学下属广播电视艺术学与美学有着天然的紧密联系，美学方法理应受到重视，因为广播电视艺术学是以广播

---

① 《马克思恩格斯全集》(第39卷)，人民出版社，1976年，第406页。

电视艺术作品(信息)为自己的研究对象。而在当下广播电视信息传播活动中,娱乐节目、电视剧、广播剧等文艺作品是占有相当大的比重,主要以满足人们休闲娱乐的需求为目的。受众对广播电视艺术作品(信息)的接受、鉴赏,在很大程度上就是一种审美关系。因此,广播电视学研究中不能没有美学方法。

人文科学领域中还有传播学方法、语言学方法、符号学方法、经济学方法、政治学方法等等,广播电视学研究都可以吸收、借鉴与运用。

3. 实证研究方法

长期以来我国人文社会科学的研究,主要采用思辨阐释和逻辑推理的定性研究方法。而近些年来,在包括广播电视研究的人文社会科学领域也开始大量采用实证的、定量化的研究方法。比如,在研究广播电视受众接受时,就采用田野调查方式,观察特定受众的视听习惯和接受行为;又如,在研究广播电视节目传播效果时,采用了问卷调查、电话调查、入户调查,以及网络调查方式。如今甚至发展到使用眼动仪实验,以实验心理学以及脑神经学科等科学实证方法,来开展认知心理的传播效果研究。这种定量分析方法是随着计算机、统计数学等现代科学迅速发展而产生的。它产生之后,就被传播学等学科广泛应用。实证研究方法是广播电视学研究的具体方法。它包括实地调查法、内容分析法、控制实验法、个案研究法等。

(1) 实地调查法。其具体研究步骤是先建立一项"研究假设",即根据现有的某些基本理论,就某一广播电视现象提出一项有待证实和说明的理论命题。有了这个假设后,调查研究可按以下几个环节逐步展开:确定总体范围和样本个数→制定抽样方案→设计调查问卷→整理分析调查结果。

(2) 内容分析法。内容分析法是对广播电视传播内容客观、有系统的定量研究。一般地说,它有 6 个步骤:确定研究目标→抽取信息样本→制定分类标准→处理样本资料→统计分析判别→撰写结果报告。内容分析不仅是一种收集资料的方法,更是一个完整的研究方法,其主要目的是分析广播电视传播内容所产生的影响力。因此,内容分析虽指对整个广播电视传播过程分析,但实际上主要是对其传播效果分析。

(3) 控制实验法。此种方法来源于心理学,它根据一定的研究目的,人为地设计一个特定的、非自然状态的环境,在研究者控制下进行测验的方法。控制实验法同其他研究方法的区别主要表现在两个方面:一是研究侧重点不同;二是有控制。控制实验前同样需要建立假设,确定研究命题。实验有以下程序:第一,简化因素模式;第二,控制与实验;第三,统计分析。控制实验法的长处在于实验本身有较严密的逻辑程序,研究者也能得心应手地控制实验因素。

然而，这种实验环境毕竟是人为设置的，无法再现生活中复杂多变的状况。因此，实验结果往往有某种误差。为了弥补这一缺陷，可以把整个社会模拟为“实验室”，采用多元分析方法进行控制实验。

(4) 个案研究法。个案研究是了解某一特定现象，在某特定范围、特定时间内综合情况的研究方法。它也是一种调查类型，是和统计调查法相对应而存在的。在广播电视学研究中，个案研究主要用于研究某一广播电视现象(如某一热播节目)、广播电视媒体的经营管理状况，或了解研究者所感兴趣的某一问题时采用。

以上我们简要论述了几种主要研究方法。值得强调的是，广播电视学研究是纷繁复杂的，我们不能只使用单一的方法，而需要把多种方法有机结合，互相补充，从不同的途径、角度、层次，全方位地研究探索，从而得到很好的预期成果。

第二章　广播电视的概念、属性与数字化变革

广播电视是人类在20世纪伟大的创造，是媒介发展史上的重大飞跃。广播电视传播不仅带来媒介传播历史上的革命，而且带来了当代人类文明中宏伟而壮丽的文化景观，日益影响着人们的政治、经济、文化生活，成为当代社会内容的重要组成部分。

本章将对广播电视的概念和定义进行辨析，并通过对广播电视的本体属性、数字化变革现实的分析，获得对广播电视媒介的基本认识，以及对数字广播电视的进一步了解。

第一节　广播电视的概念与定义

要了解广播电视学科，首先要弄清广播电视的基本概念，因为科学概念是构建学科的第一块基石。概念也是反映事物本质属性的思维形式，正确的思维要求概念的内涵与外延明确，而要明确概念的内涵与外延，就必须应用两种逻辑方法，这就是定义和划分。定义是揭示事物特有属性即概念内涵的逻辑方法，而划分则是明确概念外延的逻辑方法。只有正确了解广播电视概念的内涵与外延，才能更好地认识广播电视的学科内蕴与传播规律。

一、广播电视概念的内涵与外延

我们知道，概念有两个重要的方面，这就是概念的内涵与外延。概念的内涵，指的是概念所反映的事物的特有属性。概念的外延，指的是这个概念所反映的事物对象的范围，即具有概念所反映属性的事物或对象。概念在反映事物特有属性的同时，也就反映了具有这些特有属性的事物。这就是概念的内涵和外延的关系。

1. 广播电视概念的内涵

对广播电视概念的内涵认识与概括，涉及人们的认识论和方法论的问题。如何提炼与表述概念的内涵也有是否准确而全面反映事物特有属性的问题。广播电视是大众传播媒介，它的主要功能是对社会和人群传递信息、施加影响。所以人们在讨论它的概念属性时往往会首先考虑用于什么样的社会目的。如有学者说，“中国广播电视是党和政府的喉舌，也是人民的喉舌，是党和政府联系人民群众的桥梁。”[①]也有的学者界定强调在战争时期的军事目的，“大众媒体在战争中起着必不可少的作用。如果战争真是始于人们思想之中的话，那媒体就起到使思想提前备战的作用”[②]。还有的人从公益事业和商业目的角度界定广播电视的概念。虽然这些定义是出于某一视角的概括并不错，但却是有偏颇的。因为属于思想认识方面的概念内涵与属于客观事物方面的特有属性是不等同的。广播电视是一个广泛的复杂的社会信息传播系统，它兼容了新闻、艺术、娱乐、社会服务和公共教育等众多形式，是政治、经济、科技、文化、伦理、道德以及各种价值观念的综合体现。因而概括它的概念内涵，适宜笼统而不宜具体。对于广播电视的概念的基本内涵较为笼统的概括就是《辞海》中所说的：“通过无线电波或导线，向一定范围播送声音、图像节目的大众传播媒介。”这样表述可以适用于各种主观目的和功能，所以片面强加给它的任何功利性目的的概括，都不能准确概括它的基本内涵。

2. 广播电视概念的外延

概念的外延，是客观世界中具有概念所反映的事物对象的范围。广播电视的外延就是具体指那些有着相同或相近属性特点的电子媒介，如无线广播电视、有线广播电视、卫星广播电视、网络广播电视等等。下面我们就择其要者作简单的介绍。

(1) 无线广播电视——就是我们通常讲的广播电视。它是通过无线电波向广大地区播送音响、图像节目的传播媒介。按传输内容分，只播送声音的，称为“声音广播”，简称“广播”；播送图像和声音的，称为“电视广播”，简称“电视”。

广播电视的产生是人类社会发展、科技进步的结果。它使人类信息传播的广度和深度得到了空前的扩展。无线电广播技术发明于 1906 年。世界上第一座无线电广播电台是 1920 年 11 月开始播音的美国匹兹堡 KDKA 电台。

① 欧阳宏生主编：《广播电视学导论》，四川大学出版社，2007 年，第 2 页。
② [英]苏珊·L. 卡拉瑟斯：《西方传媒与战争》，新华出版社，2002 年，第 30 页。

中国的无线电广播始于1923年。电视发明于20世纪20年代。1936年英国广播公司建立了第一座电视台，正式播出节目。我国第一座电视台是1958年5月1日试播的北京电视台，同年9月正式播出，1978年改称为中央电视台。

(2) 有线广播电视——有线广播(Wired Broadcasting)是利用金属导线或光导纤维所组成的传输分配网络，将广播节目直接传送给用户接收设备的区域性广播。有线广播有着独自的特点与优点。首先，它在音质上与开路调频广播有所不同，它应用有线电视光缆传输广播信号入户，克服了无线信号传输受覆盖区域、信号发射、障碍物干扰等因素影响的缺陷，从而使音质稳定干净、清晰透彻、层次分明，更适合音乐、音响性节目的欣赏。其次，有线广播能为听众提供更专业化、细分化的服务。

有线电视(Cable Television, CATV)是使用同轴电缆作为介质直接传送电视、调频广播节目到用户电视的一种系统。有线电视与有线广播一样，许多的频道可以使用不同的频率互不干扰地在一根电缆中传送。电视的调谐器、录像机或者收音机能够从混合信号里把一个频道选出来。有线电视网最大的优势是频带宽。有线电视系统一般按照节目的数量和内容按月交纳费用。数字有线电视还能通过一些设备(例如机顶盒)让用户自由选择想看的频道。不同的频道组合根据数量和质量有不同的价钱。

(3) 卫星广播电视——卫星广播(Satellite Broadcasting)是利用广播卫星向地面转播电视或声音广播信号，供一般公众直接接收的广播方式。自从1963年7月美国发射成功世界上第1颗同步通信卫星“同步Ⅱ号”后，卫星通信得到很大发展。20世纪70年代中期，各国开始发射实验用的广播卫星；80年代，卫星广播进入实用阶段。

卫星电视是利用地球同步卫星将数字编码压缩的电视信号传输到用户端的一种广播电视形式，主要有两种方式。一种是将数字电视信号传送到有线电视前端，再由有线电视台转换成模拟电视传送到用户家中。这种形式已经在世界各国普及应用多年。另一种方式是将数字电视信号直接传送到用户家中，即DTH(Direct to Home)方式。与第一种方式相比，DTH方式卫星发射功率大，可用较小的天线接收，普通家庭即可使用。同时，可以直接提供对用户授权和加密管理，开展数字电视、按次付费电视(PPV)、高清晰度电视等类型的先进电视服务，不受中间环节限制。此外DTH方式还可以开展许多其他数字信息服务，如Internet高速下载，互动电视等。

(4) 数字广播电视——它是数字广播与数字电视的总称。数字广播是指将数字化了的音频信号、视频信号，以及各种数据信号，在数字状态下进行各种编码、调制、传递等处理。同时，数字广播也是一项有别于传统所熟知的AM、FM的广播技术，它通过地面发射站，以发射数字信号来达到广播以及数据资讯传输的目的。随着技术的发展，数字广播除了传统意义上仅传输音频信号外，还可以传送包括音频、视频、数据、文字、图形等在内的多媒体信号。就世界范围看，数字广播已经进入了数字多媒体广播的时代，受众通过手机、电脑、便携式接收终端、车载接收终端等多种接收装置，就可以收看到丰富多彩的数字多媒体节目。利用数字广播技术，提供非实时的推送式广播服务，是近几年出现的新趋势。

数字电视（Digital TV）又称数码电视，它是指从演播室到发射、传输、接收的所有环节都是使用数字电视信号或该系统所有的信号传播都是由0、1数字串所构成的数字流来传播的电视类型。其信号损失小，接收效果好。基于DVB－S技术标准的广播式和交互式数字电视，采用先进用户管理技术，能将节目内容的质量和数量做得尽善尽美，并为用户带来更多的节目选择和更好的节目质量。数字电视系统可以传送多种业务，如高清晰度电视（简写为HDTV或“高清”）、标准清晰度电视（简写为SDTV或“标清”）、互动电视、BSV液晶拼接及数据业务等。与模拟电视相比，数字电视具有图像质量高、节目容量大（是模拟电视传输通道节目容量的10倍以上）和伴音效果好等特点。

（5）网络广播电视——网络广播是网络传播多媒体形态的重要体现，也是广播电视媒体网上发展的重要体现。对传统广播而言，网络广播是其功能的补充，两者是互补和合作的关系。1995年4月，位于美国西雅图的“进步网络”（Progressive Networks）在其网页上放置了一个Real Audio System的试用版软件，提供“随选音效”（Audio on Demand）服务，这一举措标志着网络广播的诞生。随后，世界上主要的国际广播公司都纷纷与网络联姻，英国广播公司（BBC）建立了在线新闻网站，美国之音（VOA）用23种语言在Web网络上进行音频广播，法国国际广播电台（RFI）目前用5种语言在网上进行新闻广播。1997年3月18日，上海东方广播电台《梦晓时间》节目新开设的《东广信息网》与“瀛海威时空”合作，开我国网络广播之先河。1998年2月28日，北京经济电台《动心9时》开始网上直播。此后，中央人民广播电台、中国国际广播电台、珠江电台等也各自推出了网上广播。

网络电视是利用互联网传输技术的电视，也有称其为IPTV（Interactive Personality TV）。它将电视机、个人电脑及手持设备作为显示终端，通过机顶盒或计算机接入宽带网络，实现数字电视、时移电视、互动电视等服务。网络电视的出现给人们带来了一种全新的电视观看方法，它改变了以往被动的电视观看模式，实现了电视以网络为基础按需观看、随看随停的便捷方式。网络电视作为新兴的媒介及电视节目传播方式，目前已在国内外大多数电视台得到了积极的发展与应用。

以上我们是择其要者而言之，除此以外还有车载广播电视、手机广播电视、楼宇电视等等种类，都具有广播电视的属性。可以预言，随着时代和科学技术的发展，广播电视概念的外延还会有新的延伸和拓展。

二、广播电视的基本定义

从理论上讲，广播电视定义是对广播电视概念的内涵和外延或语词的意义所作的简要而准确的描述。然而，对于广播电视定义的理解和表述，学术界和传媒业界也并不是完全一致的。审视以往对广播电视下的定义，最具代表性的看法有：

（1）新华出版社1985年出版的《新闻工作手册》中的广播电视定义是："广播是通过无线电波或导线传送声音进行宣传的新闻舆论工具的总称。""电视是通过光电变换系统使景物在一定距离之外迅速、连续地重现的通信传播手段。它传达给观众的信息包括图像、声音和色彩。利用上述技术手段制作一系列的电视节目，并把它传送给广大观众，以达到宣传、教育目的的新闻舆论工具，就是电视广播。"①

（2）《中国新闻实用大辞典》对广播电视的解释：泛指通过无线电波或导线，向广大地区或特定范围播送声音、图像节目的大众传播媒介的统称。按其传输方式可分为两大类：无线广播和有线广播。只播送声音的称为"声音广播"，亦简称为"广播"；同时播送图像和声音的称为"电视广播"，亦称为"电视"。②

（3）《辞海》中将广播电视定义为"通过无线电波或导线传送声音、图像节目的大众传播媒介"。按传输方式，可分为无线广播和有线广播两大类。只播送声音的，称为"声音广播"，亦简称"广播"；播送图像和声音的，称为"电视广播"。③

（4）美国联邦标准委员会对广播电视的定义：广播是"为直接接收的大众提供的无线电传播服务。这种服务可以包括声音的传送、电视的传送或者其他类型内容的传送"。电视是"为传送固定或活动图像的一种通信形式"。④

---

① "新闻工作手册"编辑部：《新闻工作手册》，新华出版社，1985年。

② 冯健主编：《中国新闻实用大辞典》，新华出版社，1997年。

③ 《辞海》，上海辞书出版社，1999年。

④ 毕一鸣：《现代广播电视论纲》，中国广播电视出版社，2007年，第6页。

(5)《加拿大1991年广播法》对广播电视的定义是："利用无线或者其他通信手段为公众提供通过广播接收设备接收的加密或者不加密的节目，但不包括专门为演示而传输的节目。"①

通过对以上几个定义的分析，我们可以看出，它们虽有表述上的差别，但都抓住了广播电视概念的实质内涵。也就是说，从技术和物理性能上看，广播电视是一种电子通讯工具(手段)，是通过无线电波或导线传送声音和图像的大众传播媒介。人们按其传播媒介的各自传输方式，向期望的受众传送专门制作的声音和图像节目。通过无线电波或导线表明广播电视的工作原理和技术特征；向特定范围播送音像节目表明广播电视的基本内容和根本目的；大众传播媒介表明广播电视的行业性质。这三方面结合显示了"属加种差"因素，也揭示了广播电视这一大众传媒有别于其他类似的事物。

按照"属加种差"的定义规则，我们赞同《辞海》的阐释，也赞同《现代广播电视论纲》中所作的如下表述：

> 广播电视是通过无线电波或导线，向一定范围播送声音、图像节目的大众传播媒介。按传输方式，可分为无线广播、有线广播和网络广播。从讯息形式看，只播送声音的，称为声音广播，简称广播；同时播送图像和声音的，称为电视广播，简称电视。②

以上这个定义把广播电视的"属"定为"大众传播媒介"；"声音、图像节目"则指出了广播电视与其他媒介的"种差"，"通过无线电波或导线"则进一步划清了广播电视与音像制品的界限，它涵盖了无线广播电视、有线广播电视、网络广播电视等，也包容了电磁波传导和光电传导(光纤)两种方式。应当说这个定义是比较明确和全面的。当然，这也并非说它是完美无缺的，随着广播电视新的发展和人们对广播电视媒介的认识和理解的深入，对广播电视定义的概括将会更加明确、细致、全面。

第二节 广播电视的本质属性

所谓本质属性，它是指事物的质的规定性，能揭示事物内在本质的特征，是事物本身所具有的能力和作用。广播电视的本质属性，概括地讲，它是人类

---

①② 毕一鸣：《现代广播电视论纲》，中国广播电视出版社，2007年，第6页，第5页。

科学技术发展与进步的产物，是影响人类社会重要的现代大众传播媒介，是特殊的文化景观和文化形态，也是创造巨大经济效益的文化产业。

一、广播电视是科学技术发展与进步的产物

广播电视是 20 世纪人类伟大的科技发明，正是由于电磁波的发现和电子技术的发展，才孕育出了广播电视。所以在探讨广播电视时，是不能忽略广播电视技术所提供的基础条件的。可以说广播电视的每一步发展，都会伴随着电子技术的创新和进步，没有电子传播技术的支撑，广播电视的发展也是不可能的。

1. 技术发明创新造就了广播的诞生与发展

回顾广播电视发展史，广播的技术发明要早于电视。无线电广播产生与电报、电话、留声机等电子技术发明有关。1844 年 5 月，美国人塞缪尔·莫尔斯发明了有线电报。几年之内，有线电报就把美国所有大城市连接起来。1870 年，贝尔发明了电话，增加了人们对电讯工具的兴趣。1878 年，爱迪生利用电话音波发明了留声机；大卫·体斯发明了麦克风。1887 年，德国科学家赫兹发现了电磁波，证实了存在着我们今天称之为无线电的效果。在此基础上，意大利青年 G. 马可尼完成了无线电实验，于 1895 年发明了无线电报。1906 年弗瑞斯特发明了真空管，后来又有人发明了收音机。这些发明，给无线电传播信息带来了可能。1920 年 11 月，在美国匹兹堡西屋电气公司开办的商业广播电台开始播放节目，呼号 KDKA，它被公认为世界上第一座广播电台，从此揭开了无线电广播事业的序幕。

自此以后，由于社会的需要和电子技术的改进，广播事业也得到了快速发展。调幅广播后又出现调频广播、立体声广播、卫星广播，到 20 世纪 90 年代，经国际电信联盟认可的数字音频广播系统问世，揭开了数字广播的新篇章。

2. 技术发明创新造就了电视的诞生与发展

电视从一开始就是科技发展的产物，从无线到有线，从黑白到彩色，从微波传送到卫星传送，都与技术的发展与运用息息相关。“技术先进的电视业问世后，以其传递信息的迅捷性、生动性等方面的优势，后来居上，成为笑傲大众传媒业领域的后起之秀。”[①]

电视从孕育到诞生也经历了一段相当长的时间。1842 年，苏格兰人贝恩首先提出了用电传输图像的设想。后来，英国科学家发现了硒的光电效应，法

---

① 张咏华：《媒介分析：传播技术神话的解读》，复旦大学出版社，2002 年，第 19 页。

国电气工程师发明了图像的扫描方式。在此基础上，1884 年，德国人保罗·尼普科制造出了世界上第一台电视机。尽管图像传输模糊，但奠定了大电视的理论和实践的基础。1907 年，俄国人罗斯恩完成了第一部电子映像机。1923 年，美国人 C. F. 詹金斯和英国 L. 贝尔德同时以不同途径试制成电视的无线电机械部分。贝尔德在前人基础上造出了 330 行扫描线的电视，图像的清晰度有了提高。1927 年，美国人 P. T. 法恩沃斯发明了电视摄影机。1929 年，英国广播公司与贝尔德签约，实验电视经常在伦敦台播出。直到 1936 年 11 月，英国广播公司在伦敦地区亚历山大宫设立电视台，正式播放有声图像的电视节目。这标志着作为大众传播媒介“电视”的诞生和“电视时代”的开始。

继英国之后，法国(1938 年)、美国(1939 年)、苏联(1939 年)等相继开办了电视台，开始电视广播。但由于第二次世界大战的爆发，刚刚起步的世界电视事业受到重创。战后，电视事业又迅速发展起来。1951 年，美国哥伦比亚广播公司(CBS)、美国广播公司(ABC)试播彩色电视节目。1954 年，美国全国广播公司首先正式播出彩色电视，美国成为世界上第一个开办彩色电视的国家。彩色电视的出现是电视发展史上的又一次重大飞跃，多彩的现实世界终于能够被真正“传真”了。1955 年以后，受到第二次世界大战影响的电视业加快了发展的步伐，迅速迈入腾飞期。其中最重要的技术更新是录像磁带终于替代了电影胶片，使电视制作程序大大简单化，电视传播效率随之提高。1956 年，美国安培公司研制成功电视录像机，从此电视节目的制作摆脱了时空的束缚，进入了演播室和外景、实景拍摄相结合的阶段，大大拓展了电视节目的表现领域和生产空间。1962 年美国发射了第一颗通信卫星，开始转播电视节目，扩大了节目的传播范围。20 世纪 70 年代，美国及西方国家开始运行电缆电视系统，此后，日本首次推出高清晰度电视。90 年代初，美国终于找到了通过计算机数字编码传送高清晰电视声画的方法。自此电视制作和传输走向数字化。

简略回顾广播电视的发展历程：广播从原来的有线广播，发展到调频广播、数字广播、卫星广播，电视从黑白电视发展到彩色电视，再到现在的有线电视、卫星电视、数字电视，每一步都与科学技术的发展紧密相连，没有科技发明就不会有广播电视的今天。

二、广播电视是影响人类社会重要的现代大众传播媒介

1. 广播电视的媒介优势

传播载体是划分媒介的重要标志。广播电视以无线电波或有线信号作为传输载体，使信息传输突破时空制约，传输到接收装置或播放装置上，即从远

距离外传给受众或重现屏幕上。这就使广播电视与报纸、书籍等文字符号的传输有着本质的区别。作为大众传媒，广播电视比起先期面世的书籍、报纸、杂志、电影等有着显著的传播优势。广播传播借助电子通信手段，用声音传播。电视传播各类信息的讯号是各种连续运动的图像和伴音，视听兼备，达到传播内容和形式的完美结合。广播电视不仅大大扩展了人类的感觉器官对信息的接收渠道，而且改变了人们的时空观念，使原有的信息传播方式发生了很大变化，其时效性和现场感成了俘获人心的最大魅力。

2. 广播电视的时效性与现场感

时效性是广播电视共同的优势。同样的新闻事件，报纸需要经过采写、编辑、排版、印刷等多个环节，需要几小时乃至几天时间，而广播电视只需现场采录音像就能将生动精彩的声音和画面通过无线电波传送到千家万户。如 1981 年 3 月 30 日美国总统里根遇刺的报道。那天下午 2 点 25 分，里根总统走出华盛顿希尔顿饭店的要人出口处，正当他微笑着向站在门外的群众和新闻记者挥手致意时，突然遭到枪击。事件发生(2 点 28 分)后仅两分钟，美国广播公司(ABC)电台播出了驻白宫记者萨姆·唐纳森的首篇报道。在事发现场的美国广播公司电视摄影记者汉克·布朗临危不惧，镇定自若地拍下了里根遇刺的全部情景。2 点 34 分，美国广播公司所属的电视台开始播放布朗拍摄的实况录像。过了好几个小时，报道里根遇刺消息的报纸才与读者见面。在这次报道中，广播电视以其快速反应的传播能力印证了它的时效性。广播电视新闻传播已由“新近发生的事实的报道”变为“新近或正在发生、发现的事实的报道”。①

虽说广播媒介报道也有声音现场感，但对于电视来讲更加突出。电视将事件过程直接通过运动的画面呈现在观众面前，既看到事件现场的实况展示和动态发展，又能听到场景中的声音，是一种对客观事物最直接的反映过程。最典型的是电视现场直播的形式，其制作和播出环节同步，让观众在第一时间面对不可预知的新闻事件，把观众带入新闻事件的现场，实现电视与观众的“零距离”。电视现场报道中大量的现场情形和鲜活的同期声，加上记者在现场的同步解说，构成一幅幅声画并茂的原生态。摄像机和话筒可以带领观众走进千家万户、田间地头，使观众耳闻目睹新闻事件发生发展的全过程。此时，电视观众的接受心理也是最为平等的，因为他们获得了与屏幕中人物共同的情感体验。耳闻目睹、眼见为实，甚至身临其境，使电视具有很强的说服力

① 杨伟光主编:《电视新闻分类与界定》，中国广播电视出版社，1994 年，第 3 页。

和感染力。

作为现代大众传播媒介的广播电视出现后，迅速得到了受众的青睐。尤其是电视，在依赖如临其境的传播技术优势，为人们记录下里根遇刺、人类首次登月、挑战者号爆炸、戴安娜世纪婚礼、香港澳门回归、“9·11”恐怖袭击等无数难以忘怀的历史瞬间的同时，也把广播电视的神奇力量发挥得淋漓尽致。它在很长时间内，都扮演着强势媒体的角色。时至今日，虽然网络与手机等新媒体的运用给我们的政治、经济、文化和社会生活模式以及传播格局带来了深刻的变化，但广播电视仍然是影响当代人类社会的重要媒介。

三、广播电视是特别的当代文化形态

古往今来，众多学科的学者都力图给“文化”下一个权威、准确的定义，但很难统一。这主要由于文化的内涵与外延都十分丰富，可以进行多维的理解。关于“文化”的定义已有几百种。不过，综合来看，尽管人们对文化内涵和外延认识各不相同，但对文化本质的理解大致还是有些共识，认为“文化应该是人类所创造的各种事物的综合，既包括各种物质文化如各种要素及产品，各种精神文化如各种思想、观念、价值系统及其产品，也包括制度文化如各种社会组织、风俗习惯及行为方式。文化的内涵与外延都十分丰富，可以进行多维的理解”①。

作为大众传媒的广播电视的技术和传播内容与时更新，改变了人们的生活方式，并对人们的价值观念、行为模式等产生了潜移默化的深刻影响，形成了一种新型的文化形态——广播电视文化。广播电视文化是一种特别的文化形态，是当代文化的一个重要组成部分，它具有不同于其他文化形态的诸多重要特性。

1. 广播电视是媒介是讯息，也是一种文化形态

“媒介即讯息”是麦克卢汉的一个著名观点。麦克卢汉之所以提出此观点，是他认为媒介的重要，要我们的注意力从内容转移到媒体本身。他认为：“所谓媒介即讯息只不过是说，任何媒介（人的任何延伸）对个人和社会的任何影响，都是新的尺度产生的；我们的任何一种延伸（或曰任何一种新的技术）都要在我们的事物中引进一种新的尺度。比如说……机器的意义不是机器本身，而是人们用机器所做的事情。”②麦克卢汉强调，一种传播媒介对个人与社

① 陈龙：《传媒文化研究》，中国人民大学出版社，2009年，第17页。

② [加]马歇尔·麦克卢汉：《理解媒介：论人的延伸》，商务印书馆，2000年，第5页。

会的影响，是由于新的尺度所造成的。这种新尺度是由我们意识的延伸或新科技引进到我们生活的事物中。通过对人类社会文明发展历史的纵向考察，麦克卢汉认为，从部落社会到现代社会的文明都证明，技术尤其是传播技术的发展是推动社会发展的动力。那么就功能意义来说，传播技术对社会的影响与信息的广泛流通对社会的影响是相等的。所以媒介在这种情况下，也就等同于信息了。麦克卢汉的观点对于人们充分认识媒介变革对人类社会发展的影响是有很大帮助的。

事实上，每一种新媒介的出现，都会给人们的生活方式、思维方式、价值观念等带来巨大的变化。尤其是大众传播媒介的每一次变革对人们都显得更加重要。广播电视的出现给人们的生活带来了很大的变化，听广播，看电视，已成为人们最普通的日常生活的一部分。在日积月累的视听活动中，广播电视潜移默化地进入人们生活的各个层面。当我们站在社会文化的背景上来审视广播电视，就会发现，广播电视不仅是一种单纯的信息传播媒介，也不仅是供人消遣、愉悦的“视听玩具”，而且已成为一种生活情状、文化景观和思维框架。人们在接受广播电视传播方式中形成了特定的思想观念和社会行为，同时广播电视文化产品的整体形态也得以形成。由此，我们说广播电视是媒介是讯息，也是一种当代文化形态。

2. 广播电视的文化形态特点

广播电视文化作为整个社会文化系统不可或缺的重要部分，它有独特的文化形态特点，主要表现在三个方面。

第一，广播电视文化以承担反映主流意识形态为重任。中外广播电视发展的历史都证明，任何国家的政府和社会组织都是密切关注、重视并尽可能掌握广播电视的新闻信息传播，使之首先要体现国家意志，表现主流意识形态。利用广播电视开展政治宣传活动的传统，可追溯到 20 世纪 20 年代。美国广播电台记者在火炉边上采访总统的“炉边讲话”，就是广播史上进行政治宣传的经典案例。第二次世界大战前及二战期间，各国政府都非常重视利用广播电视进行政治与心理战宣传。二次大战以后，各国政府对广播电视的关注和控制有增无减。如今，无论是主张“新闻和信息自由流通”的国家（如英国），还是赞同保护文化主权和干预、控制跨国传播的国家（如日本），几乎都制定了规范广播电视传播的法律，使广播电视传播处于政府和社会的严格监督和管理之下。英国政府对 BBC 传播内容的过滤和控制，使之完全为英国政府的主流意识形态服务。美国和加拿大政府“对广播电视的监督和控制，甚至会演变为国家间的'信息边境战争'"[①]。

相比较而言，中国广播电视更是以反映主流意识形态为己任。它的传播内容应反映以党和政府为代表的主流意识形态，其任务"就是站在时代的高度，通过积极的提高工作和引导工作，提倡主旋律精神产品，扶持高雅文化，支持严肃的、健康的、有益的文化的生产，并采取行政和法律手段，抵制和打击那些伪文化、反文化的东西在社会上流行，更不允许进入电视这种大众传播领域"[②]。

第二，广播电视文化是一种普及的大众文化。广播电视内容传播的收听（看）要求较低，受众非常广泛。它不同于报纸、杂志等纸质媒体通过文字进行传播，受众必须具有一定的文字能力才能理解所接收到的信息。广播电视则降低了对受众的要求，即使文盲只要能听、能看，也能有传播效果。广播电视文化没有门槛，它几乎是人人参与，而且最为重要的是它不要求你去寻找意义，对于娱乐信息与文艺作品无所谓理解与不理解，完全取决于受众接受的感受，当你感觉到很舒服、很快意，那么它就是你喜欢的广播电视文化作品。

另外，广播电视的普及改变了人们的娱乐习惯。人们无须到影剧院去欣赏节目，只须坐在电视机前或打开收音机，就可以自由选择喜欢的节目和电视剧。传统的娱乐习惯被打破，接收广播电视节目成为一种新的娱乐方式。人们对电视机和收音机逐步养成了较强的依赖性。随着广播电视传播技术的不断改进和完善，传播内容和传播效果也得到加强，人们对广播电视媒介的依赖不断增强，广播电视所提供的信息不断潜移默化地改变着人们生活方式和各种态度，广播电视文化越来越成为一种普及的大众文化形态。

第三，广播电视文化是具有时代特点的开放性文化。广播电视文化的迅速及时，使之具有高信息量、与时代同步的特点。特别是广播电视新闻传播中利用录音报道、现场报道、现场直播等时效性很强的形式报道国内外事件，基本上做到了"零时差"、"零距离"。而广播剧、流行音乐排行榜等广播类节目，真人秀、综艺晚会、益智类节目等电视节目一方面引领时代潮流，另一方面也展现了人们休闲、娱乐等观念随时代潮流前进的足迹。广播电视不仅能传播流行而且还能制造着流行。以服饰流行为例，通过广播电视的新闻和专门时装栏目，介绍意大利米兰和法国巴黎的时装发布会和时装秀，把娇艳的模特儿

---

① 欧阳宏生主编:《广播电视学导论》(第三版)，四川大学出版社，2007年，第92页。

② 杨伟光主编:《中国电视论纲》，中国广播电视出版社，1998年，第62页。

身影和争奇斗艳的时装传播到世界各地。观众通过电视能看到世界一流设计师的最新时装作品，领略一流模特儿的动人风采。其效果就是，使这些地区热衷追求时尚的人们把电视展示的时装奉为经典而刻意模仿，就连本地的服装设计师为了迎合人们的口味，也不得不认同电视介绍的服装，“这就是最流行的”，担心不采用这样的色彩和款式就会落后于时代。时至今日，广播电视的影响和作用远不止表现在服装流行上，已经渗透到人类生活的各个方面。

随着广播电视的卫星传播技术的发展和与计算机网络的融合，广播电视的传播范围不断扩大，其传播内容能够跨越国界，使不同国家、民族、地域的人得以相互了解、相互沟通，从而促进彼此之间的政治、经济和文化的交流，从而使广播电视文化呈现一种开放的文化形态。

四、广播电视是特殊的文化产业

对于广播电视属性的认识，我国传媒业界与学术界也有一个变化的过程。在 20 世纪，人们基本只将广播电视看做是上层建筑的一部分。直到 20 世纪末 21 世纪初，人们才逐渐深入认识到广播电视的产业属性，承认了它的双重属性及多重性。广播电视既是传播工具，也是企业生产单位，既属于上层建筑意识形态，又属于第三产业或叫文化产业、文化创意产业。这就决定了广播电视一方面必须思考和完成传播信息与引导舆论的任务，另一方面，还必须在与传媒同行以及市场化的竞争中获得经济效益，以求更大的发展和壮大。

1. 广播电视的产业范畴和特点

广播电视产业是文化产业的一个重要组成部分。文化产业这一概念产生于 20 世纪初。最早出现在霍克海默和阿多诺合著的《启蒙辩证法》一书之中。联合国教科文组织在题为《文化、贸易和全球化》的报告中指出：“文化产业这个概念是指那些包含创作、生产、销售‘内容’的产业。”传媒、卡通、娱乐、游戏、旅游、教育、网络信息服务、音乐、戏剧、艺术博物馆等都是文化产业的组成部分。不过，对于文化产业，不同国家也有不同的理解。2004 年，我国国家统计局在《文化及相关产业分类》文件中，将文化产业的概念界定为：为社会公众提供文化、娱乐产品和服务的活动以及与这些活动有关联的活动的集合。[①] 根据

① 国家统计局：《文化及相关产业分类》，参见 http://www.hlj.gov.cn/gkml/system/2008/05/12/010049362.shtml

上述界定，文化及相关产业的范围包括提供文化产品（如图书、音像制品等）、文化传播服务（如广播电视、文艺表演、博物馆等）和文化休闲娱乐（如游览景区服务、室内娱乐活动、休闲健身娱乐活动等）的活动，它构成文化产业的主体。文件还将我国文化产业分成文化产业核心层、外围层和相关层三个层次。其中文化产业核心层包括新闻服务，出版发行和版权服务，广播、电视、电影服务，文化艺术服务等。

广播电视既是传播意识形态的工具，又属于文化产业，本身具有政治、经济二重性和喉舌、产业双重功能。因此，可以把广播电视业视为特殊的文化产业。与其他产业相比较，它的特点是：

（1）产业追求的目标不同。一般产业在市场化、产业化的过程中，以追求经济效益为唯一目标，而广播电视产业所追求的目标，是社会效益和经济效益的统一，不能把经济效益当作最终的、唯一的目标。

（2）产业涵盖的内容不同。一般行业在走向市场和产业化的过程中，基本上是全行业进入的，但是广播电视产业化涵盖的内容则不一样，比如新闻就不是商品，广播电视新闻宣传就不能市场化、产业化。

（3）产品的价值标准不同。我们知道，商品的价值是由物化在商品中的社会必要劳动时间所决定，而广播电视产品并非仅仅具有物质属性。作为物化形态的产品，它具有物质属性；作为文化形态的广播电视产品，它又具有精神属性，因而对广播电视产品的价值衡量就不能单靠社会必要劳动时间来评价，这使广播电视产品的价格波动和其他的产品价格波动有着不同的规律和表现。比如宣传教育类节目，为了满足社会效益，往往无偿甚至亏本制作播出，其价值与价格发生严重背离。

（4）行业的准入标准不同。其他行业在市场化、产业化过程中，行业的开放度越来越高，而广播电视作为具有强烈政治属性的特殊产业，必须严格执行行业准入许可证制度，对生产制作、传输播映、市场营销等主要环节实行严格的行业管理。

2. 广播电视产业的快速发展与经济地位

以广播电视产业为核心的传媒产业是 20 世纪末以来持续高速增长的行业之一，而且在国民经济发展中也居于越来越重要的地位。“1998 年摩根士丹利《全球投资报告》对 11 种产业建成世界级竞争能力的大企业所需年限的统计分析表明，大众传媒所需年限仅为 8 年，其收益的实现远远快于医药、银行、电力、能源等其他产业。”“随着传媒产业的迅猛发展，传媒产业在国民经济的发展中已居于越来越重要的地位。美国的传媒产业自 1983 年起一直保持持续增长态势。其视听产品产值在国民经济比重的排行从1985年的第11位迅速上升到1994年的第6位，2001年达到3 445亿美元。日本经济产业省内容产业国际战略研究会提供的数据表明，2000年日本内容制造市场规模已占全球第二位，2001年则高达963亿美元。而根据新闻出版总署的报告，2003年全球传媒业总产值为1万亿美元，美国占一半以上，达5 350亿美元，到2005年美国的整个传媒产业的产值约占GDP的3.4%。”①

我国广播电视传媒业自改革开放以来得到了蓬勃发展，如今已形成了有线、无线、卫星、互联网等多种技术手段并用的广播电视传播网络。2009年全国共有广播电台251座，电视台272座，广播电视台2 087座，教育台44座。开办了3 985套开路播出的广播电视节目，其中广播节目2 675套、电视节目1 310套，此外还有付费电视139套、付费广播39套。2009年，全国广播电影电视总收入（含财政补助收入）达到1 959.50亿元，比2008年增长17.53%，有效化解了国际金融危机的不利影响，保持着快速上扬态势。其中，广播电视总收入1 852.85亿元，比2008年增长17.06%。2010年，在深化广播影视体制机制改革，大力推动广播影视事业产业发展，加速三网融合、数字化进程的大好形势下，全国广播电视事业产业继续保持良好发展态势。

广播电视产业，尤其是电视业快速增长，使之早已成为市场规模巨大、利润回报丰厚的产业。举例而言，2005年湖南卫视举办的“超级女声”选秀活动，仅几个月就给他们带来了数十亿的收入；2010年中央电视台春节联欢晚会投入1 000多万，可是其广告收入高达6.5亿；江苏卫视《非诚勿扰》节目影响海内外，2011年的广告标的就达10亿多。

随着以广播电视为代表的传媒产业的迅猛发展，传媒产业在国民经济的发展中已居于重要的地位。据国家权威部门统计，从1998年开始，我国传媒业利税首次超过烟草业，成为中国排名第四的支柱产业。到2005年，我国整个传媒产业的产值已达3 025亿元（其中广播电视业占到15.1%）。由此推算，传媒产业在全国GDP的贡献比重将近2%。近年来，围绕广播影视产业发展，国家广电总局相继出台了一系列具有积极影响的政策文件，如《关于促进广播影视产业发展的意见》、《关于发展中国影视动画产业的若干意见》等等。在这些政策的引导和支持下，广播电视产业潜能将得到进一步发挥，未来的发展前景更加辉煌。

---

① 吴玉玲：《广播电视概论》，中国传媒大学出版社，2007年，第165页。

第三节 广播电视的数字化变革

广播电视的数字化是一场深刻的技术变革，也是媒介发展的一次大跨越。数字技术促进了传媒之间的渗透融合。这种融合不仅打破了广播电视业原有的产业布局，颠覆了原来的媒介运作形态，还催生“新媒体”的诞生，形成全新的竞争格局，为现代传媒业开拓了新的发展空间。

一、 广播电视由模拟向数字化的跨越历程

数字广播电视的产生和发展，是当代数字技术催生的结果。所谓数字技术(Digital Technology)，是一项与电子计算机相伴相生的科学技术，它是指借助一定的设备将各种信息，包括图、文、声、像等，转化为电子计算机能识别的二进制数字“0”和“1”后进行运算、加工、存储、传送、传播、还原的技术。由于在运算、存储等环节中要借助计算机对信息进行编码、压缩、解码等，因此也称为数码技术、计算机数字技术等。数字技术也称数字控制技术。

随着计算机技术的突飞猛进和数字技术的推广使用，自 20 世纪 90 年代初起，广播电视数字化转化工作就在欧洲地区和美国、日本等国家得以开展。英国则从 1995 年开始全面进行无线电视网的数字转换。当年“英国政府成立了通信监管机构 Ofcorn，负责推动全国数字电视的转换工程，并于 1997 年顺利发出第一张无线数字电视的牌照，成立了付费无线数字电视 OnDigital，不过，OnDigital 最后因英国天空广播公司(BSkyB)强大的营运优势的夹击而经营不善，最终宣告倒闭，但其营运经验成为英国新一批有线电视业者竞相投入数字电视浪潮的先声。除了政府推动数字电视不遗余力外，市场上卫星电视以及有线电视推动用户数字化也颇为顺利，使得英国的数字电视信号普及率在 2003 年年底就突破了 50%大关”①。在英国政府的大力推动下，英国的广播电视行业在数字技术时代取得了长足的发展，英国天空卫视发展出 14 大类主题，下辖 400 多个频道。有关资料表明，截至 2006 年 9 月，英国将近 3/4 的家庭都已经在收看数字电视，与此同时，通过第二台或第三台电视机收看数字电视的用户数也在不断增加。此外，在英国，人们不但可以通过电视机和收音机接收信息，还可以通过计算机和手机看电视，听广播。显然，在全球广播电视数字化重大变革中，英国都处在领先地位。

---

① 彭吉象主编:《数字技术时代的中国电视》，北京大学出版社，2008 年，第 38 页。

除英国外，美国、德国、加拿大、日本等发达国家也纷纷加快了广播电视数字化进程，以适应现代科技的发展和全球竞争的态势。资料显示，荷兰已经于2006年12月11日停止了模拟电视节目的播出，成为世界上较早完成数字电视信号转换的国家。美国和日本则分别计划在2009年和2011年完成模拟电视向数字电视的转换。

在广播电视数字化全球进程中，我国基本上与欧美国家保持同步。20世纪末开始，在国内的一些重点城市，开展了高清晰度电视的试验，并逐渐扩大到一些经济比较发达的地方广电媒体。通过有线电视台、网，开展数字电视的相关试验。上海台早在1996年就开始筹备和试验数字电视。1999年，中央电视台在50周年国庆时进行了高清晰度电视的试验播出。进入新世纪，中国数字电视的进程加快，主要表现为电视台纷纷开始进行相关试验，媒体的数字化渗透到节目制作、播出分配、传输以及用户接收等各个环节。2002年，四川电视台、湖南有线电视网、北京有线网相继进行数字电视测试。9月，上海文广互动电视正式启动，进入实质性的商业运营阶段。2003年是广电总局宣布的“网络数字发展年”。根据国家广电总局对中国数字电视的规划：2003年我国将全面推广有线数字电视，发展100万机顶盒用户；2005年，卫星传输、有线电视网和各省电视台将全部实现数字化，实现有线数字电视接收用户超过3 000万户；2010年，广播影视节目制作、播出及传输实现数字化，数字电视接收机将得到普及，全国基本实现数字电视播放；2015年，全面实现数字化，停止模拟电视的播出，完成广播电视数字化的最大跨越。根据实现情况看，“2010年，全国各级电视台的数字化、网络化水平进一步提升。省级以上电视台制播系统数字化基本实现，网络化制播能力和高清化制播能力进一步增强”。“中央及东、中部省级电台基本实现节目制播系统的数字化、网络化。”①

二、广播电视数字化的优势与特点

广播电视的数字化变革，给广电行业的制作、播出、管理、经营，乃至受众接收模式等带来了巨大而深刻的变化。从直接效果来看，数字电视广播与传统的模拟电视广播相比，至少有以下几方面的优势和特点。

1. 收视质量，显著提高

同模拟电视相比较，先进的数字技术采用全新的系统来传输图像和声音，

---

① 庞井君主编：《中国广播电影电视发展报告(2011)》，社会科学文献出版社，2011年，第107—108页。

全部经过数字技术处理，再通过地面无线传输、有线网络传输和卫星传输等多种方式，使观众接收的电视图像更加清晰，声音质量更加保真，真正达到数字技术条件下高清晰度的水平和标准。

2. 频道扩展，内容增多

同模拟信号频道带宽有限相比较，数字电视频道数量可以达到数百套之多。过去频道资源有限的局面，得以彻底改观。传统广播电视的信息容量只能局限在有限的时间段内，一个频道一天只有24个小时的信息容量，因此，信息流量变得非常有限。而数字广播电视和网络整合就突破了传统广播电视线性播出的流程，使所有信息都可以同时储存在网络上，根据选择需要随时在网络终端呈现，从而大大增加了广播电视播出的信息容量。

3. 分众传播，选择性强

为数众多的电视频道可以为受众提供更加丰富多样的节目内容，可以实现真正意义上的专业化频道，可以使大众传媒从“广播”时代进入“窄播”时代，从“大众化”传播进入“分众化”与“小众化”传播，使得广播电视更加具有个性化与人性化的服务功能。另外，计算机数字压缩技术使节目内容的存储和查寻变得简单可行。通过链接，用户可以随时随地访问所有存储节目的信息以及其他相关的内容。此外，文字、图片等多种信息传播功能的辅助配合，也进一步扩大了信息传播容量。用户可以在与节目相关的文字、图片、声音等形式的背景资料进行链接的过程中，对节目相关信息作进一步的选择。

4. 随机更新，时效性强

传统的广播电视节目由于按线性流程播出，最大的缺点就是稍纵即逝。这对于受众充分汲取消化信息内容，存在很多不方便。而数字广播电视的节目内容既可同步实况播出，也可异步传播。也就是说，所有节目内容暂留储存在共时线上，供用户随时选择播出，从而有效地改变了传统广播电视节目只能同步接收、转瞬即逝的缺陷，大大增强了信息传播的有效性。另一方面，传统广播电视节目内容的更新往往受制于节目板块的整体安排，很难突破，而网络中的广播电视节目内容则可以超越板块的局限而随机更新，从而大大提高信息传播的时效。

5. 双向传受，实现互动

在模拟电视条件下，传统电视节目的制作者和主持人也想方设法争取场外观众的互动，包括动员观众用打电话、发手机短信等方式参与，但是，传统电视的这种互动其实并不是真正意义上的互动。数字电视则彻底改变了传统电视媒体单向传播的特点，真正实现了双向互动的交流，使受众真正具有了越来越多的主动权。在数字技术条件下，观众不仅可以自己点播电视节目，使电视真正成为自己的家庭影院，而且还可以通过视频在线同节目主持人相互交流，直接参与到晚会现场和谈话节目中。甚至在节目制作过程中，观众也可以参与进去，对于节目的构思与创作提出自己的看法和建议。更重要的是，数字技术使观众在时间上有了真正的自由，彻底改变了传统电视受众必须同步观看的弱点，实现在任意时间收听收看已经播出的任何节目，如有兴趣还可以反复收看或分段收看。电视受众成为真正意义上的“上帝”。

6. 增加服务，延伸功能

数字电视技术使人们能够从传统的“看电视”，发展到今后的“用电视”。也就是说，数字电视除了传统的收看收听功能外，还增加了许多新的功能，如电视购物、远程教学、远程医疗、可视电话，以及通过电视购买车票、询问天气、缴水电费等，随着数字电视的普及和数字技术的发展，还可以进一步开发出电视游戏、电视动漫制作等许许多多新的功能。总之，数字化之后，我们的电视机变成了多媒体信息终端，成了人们生活中不可缺少的工具，成为社会现代服务业的支撑平台。

三、数字化带给我国广播电视业的影响与新课题

1. 数字化加快了多种媒体之间的融合

广播电视由于数字化技术使得多种媒体之间融合成为可能，从而形成了广播电视等电子媒体发展新的模式。原来由于技术、立法和利益分配等原因，广播电视等电子媒体、电信、互联网等互相分立，泾渭分明。数字化首先从技术领域开始的融合化趋势逐渐改变了上述各行业的运行形态。现代数字技术将数据、图像、声音、文字等信息形式压缩成数字形式，多种传播信息都可以通过宽频通讯网络（光纤、同轴电缆和卫星等）进行传输。在这样的技术基础上，电视、广播、网络、电信、报纸等多种媒体的传播形态可以融合到一起，从而促使我国进入一个多种媒体融合的时代。

2. 数字化促进了我国广播电视改革的步伐

“数字化是广播电视自诞生以来面临的最大的一场变革，这场变革远远超出了技术的范畴，涉及广播电视生产方式、传播方式、影响方式、服务方式、盈利方式、管理方式、体制机制等各个层面，关系到传统广播电视在数字化时代的生存和发展。”[①]广播电视数字化的巨大技术变革，使得我国传统广电行业必须采用

① 罗建辉：《试论数字化的中国广播电视》，载《中国广播电视学刊》，2007年第1期，第29页。

新的机制体制和新的运营方式，才能适应这种巨大的变化。比如，我国传统电视主要的盈利方式是依靠广告，目前从中央电视台到省市县四级电视台的运营大多仍然依靠广告收入。而今后的数字电视经营将增加有线数字电视频道的付费收入、付费点播收入，各种有偿服务收入的比重将大大增加。这将从根本上改变电视业的盈利模式。

3. 数字化拓展了我国电视发展的空间

数字技术可以为广播电视的发展提供无限的空间和可能，这种可能甚至会超出我们的想象。以数字电视为例，我国电视发展空间的拓展至少表现在以下两个方面。一是我国电视频道可以大幅增加。在以往模拟技术时代，一个家庭的电视机可以收看到几十套节目就算多的了；而在数字技术时代，一个家庭的电视机完全可以收看到几百套电视节目。其电视频道更加专业化、细分化。二是观众观看电视的种类和方式更加多样。过去人们只能坐在家里看电视，现在人们可以通过移动电视、网络视频（IPTV）甚至手机来观看电视。人们在商店大厦可以看到楼宇电视，在公交、地铁或小轿车上可以看到移动电视，在飞机或轮船上也可以收看电视，还可以通过掌上视频收看电视。可以说电视无处不在，无时不在。

4. 数字化扩大了我国电视服务的领域

数字技术使受众由过去的“看电视”发展到将来的“用电视”。除了收看电视节目的传统功能之外，数字电视还可以具有电视购物、旅游信息、人才招聘、票务中心、交通资讯、可视电话、远程教学、远程医疗等多种服务功能。通过数字电视观众可以足不出户就能享受多方面的服务。

5. 数字化必将推动我国文化创意产业的大发展

从一定意义上讲，数字技术对于文化创意产业，尤其是对于电影、电视、动漫、游戏、音像、出版等产业的影响是十分巨大的。数字技术已经成为文化创意产业的发动机。以北京市为例，在数字技术的推动下，自 2006 年起北京市文化创意产业增加值年均增长 21.9%，2009 年实现增加值 1 489.9 亿元，占全市地区生产总值的 12.3%，从业人员 114.9 万人。2010 年前三个季度，北京市文化创意产业实现增加值 1 245.9 亿元，GDP 比重提高到 12.8%。北京文化创意产业发展迅速，已成为仅次于金融业的第二大支柱产业。随着中国经济从“中国制造”到“中国创造”的巨大转型，我国文化创意产业必将有更大的发展。

6. 数字化给我国广播电视业界与学界带来了新的课题

广播电视数字化不仅使广播电视业在生产方式、传播方式、服务方式、盈利方式、管理方式、体制机制等各个层面发生变化，而且伴随这些变化带来许多新问题、新课题。譬如：如何转变观念，实现多种媒体深层次融合环境下的全媒体传播；如何进行体制创新，明晰管属权限，打破条块分割与垄断的责职不清局面；如何发挥数字化广播电视媒体内容制作优势，突破内容生产的瓶颈；如何建构信息安全监管新机制，运用新的监管手段与方法，既有利于信息畅达，又保证国家文化和信息安全，等等。这些新问题、新课题，需要广播电视业界与学界认真地加以研究。如果还沿用过去的方法、观念与思维，势必如刻舟求剑，将会影响广播电视事业的健康发展。

第三章 广播电视事业的发展历史与现状

广播电视是在现代电子技术发展的基础上产生的。技术进步是广播电视事业发展的基础、先导和可靠保证。但世界广播电视史告诉我们,"广播电视是伴随着社会的发展进步,并在努力服务于社会、服务于公众的过程中逐步发展起来的"[①],尽管电子技术的发明提供了重要的物质基础,广播电视事业诞生和发展的最根本动因,乃是社会变革发展产生的现实需求。

第一节 世界广播电视事业的发展脉络

一、电报电话与广播的萌芽

口语是人类最早的信息交流方式之一。最早的广播员被称为"叫街者"和"浪游的乐师",我国古代称流浪传播新闻的职业为"唱道情"。17 世纪,美国出现了沿街报告新闻的"敲钟人"。从广义上说,这些都可谓是"广播传播"的雏形。但真正意义上的现代广播是在电子技术的基础上发明和产生的,特别是电声技术和无线电通讯技术,先后催生了有线广播和无线广播。

1558 年,鲍尔达在一本名为《应用自然力的魔术》的书中,描写了"共振的电报机"这个魔术般的通信工具。这个被人们打算用来传播信息的设计,利用了自古便为人所知的磁力来进行通信工作。遗憾的是,在当时的技术条件下,鲍尔达的奇妙设计仅仅停留于书本。

19 世纪初,英国等地发生了以机械革命为代表的工业化浪潮。1832 年,一位物理学家关于电力用于通讯的谈话启发了美国人莫尔斯的灵感。莫尔斯

---

① 毕一鸣:《世界广播电视发展史》,中国广播电视出版社,2010 年,第 26 页。

于1835年在实验室内架设有线电报机获得了成功。1844年5月24日,莫尔斯在华盛顿国会大厦发出了世界上第一封电报,内容是《圣经》中的一句话"主啊,你创造了什么?"电报的发明标志着电信传播的开始。随后,大大小小的电报公司纷纷建立。

从技术角度看,有线广播源于有线电话。1876年,美国人亚历山大·格雷厄姆·贝尔发明了有线电话机,并于当年在费城举办的纪念建国100周年的博览会上公开演示。这种不使用电码文字、不需要话务员作为信息中介、不耽搁时间就直接传送声音的装置被称为"远听器",并很快受到欢迎。1880年,贝尔电报公司成立,它就是今天美国电话电报公司(AT&T)的前身。同年,俄国人奥霍罗维奇成功研制了一种特殊的播音设备,能够用导线把剧院里的音乐传输出去。

有线广播出现于19世纪后期。匈牙利人建立了最早的大型有线广播系统。1893年,西奥多·普斯卡把布达佩斯市700多条电话线连接起来,定时报告新闻,时称"电话报纸"。从20世纪20年代开始,德国开始利用电话网建立有线广播网。有线广播从此诞生。

二、无线电广播的发明与广播业的诞生

无线电广播在技术上源于现代无线电声学和无线电通讯中的发明。1864年,英国科学家詹姆斯·克拉克·麦克斯韦在电磁波理论研究中提出了无线电波存在的设想。1887年,德国物理学家赫兹用实验证实了电磁波的存在,为了纪念他在科学上的贡献,后人把无线电波称为"赫兹波",并以"赫兹"作为频率单位。

使无线电通讯进入实际运用阶段的是意大利科学家卡格列漠·马可尼和俄国物理学家亚历山大·斯捷潘诺维奇·波波夫。1895年,波波夫和马可尼分别制成了世界上最早的无线电接收机。1897年底,马可尼在英国相距34公里的两座城市之间成功进行了无线电波信号的发射与接收实验。1901年,他第一次实现了横跨大西洋的远距离通讯。随后,马可尼的通讯技术被大量用于轮船与岸上、轮船之间的联系。到1903年,马可尼已协助欧洲一些国家建立了近50座海岸电台。1909年,年仅35岁的马可尼获得诺贝尔物理学奖。

1906年圣诞节前夕,美国匹兹堡大学物理学教授雷金纳德·奥布里·费森登教授首次成功进行了无线电有声广播。当时大西洋船只上的无线电报员,从耳机里听到了女歌手的歌声、小提琴演奏声和圣诞故事。1910年,费森登与在美国的意大利科学家李·德弗莱斯特合作,从纽约大都会歌剧院转播

了恩里科·卡鲁索的歌唱演出。随后他播送了报纸新闻，成为最早的广播简讯。一时间，“空中之声”成为街头巷尾的热门话题。

1918 年 8 月，苏联在下新城建立了无线电广播实验室。1919 年底，实验室试制成功了一台无线电广播发射机。1920 年 1 月 11 日，实验室成功地传送了语言节目。同年 1 月 15 日，进行了从下新城到莫斯科的无线电广播实验。2 月 5 日，列宁在给主持实验室工作的邦契—布鲁耶维奇教授的信件中称：“您所创造的不要纸张、‘没有距离’的报纸，将是一个伟大的事业。对您的这一工作以及这一类的工作，我一定全力协助。”①

在美国，极力促进无线电广播业发展的是从事通讯业务的大公司和电器制造工业，如美国无线电公司、西屋电器公司和通用电气公司等。广播电台的成立和发展，为它们的产品和服务提供了更加广阔的出路。1920 年 8 月 31 日，美国底特律建立了一家试验性电台，播送州长竞选新闻，被认为是首次广播新闻。1920 年 11 月 2 日，由匹兹堡西屋电气公司开办的商业广播电台开始播音，呼号为 KDKA，它是美国第一家向有关当局申请商业执照，首次开办商业性广播业务的电台，其创建者是美国业余无线电爱好者弗兰克·康拉德。这家电台首次创办了定时广播节目，也被认为世界上第一座广播电台。1921 年 3 月 4 日，新任美国总统哈定通过广播发表了就职演说。继 KDKA 之后，开办电台在美国成为一种潮流。那时，建台花 3 000 美元，运营成本每年仅 2 000美元。到 1922 年，获得营业执照的美国商业广播电台达 500 多座。

三、广播的“黄金时期”

20 世纪 30 年代到 60 年代是广播事业全面兴盛的时期。在此期间，世界各国的广播电台数量猛增，节目内容更加丰富，形式趋于多样化。在电视大规模普及之前，广播作为最早的电子传媒风靡全世界，成为现代社会大众传播的主要媒介。

1. 世界各国争办无线电广播

1922 年至 1924 年，世界主要国家相继建立了广播电台并开始播音。到 20 世纪 30 年代，无线电广播几乎遍及全世界。

1922 年 12 月，英国成立英国广播公司（BBC，British Broadcasting Company）。1923 年 1 月政府颁发正式营业执照，当时由马可尼公司等 6 家公司合资经营商业广播。1926 年 7 月，“收听委员会”建议由政府收买该公司，建

① 《列宁全集》（第 49 卷），人民出版社，1988 年，第 244 页。

立公营广播电台，以控制广播内容。1927 年 1 月 1 日，新的英国广播公司(BBC，British Broadcasting Corporation)成立，政府颁发特许证，使其成为"公营独占事业"，由邮政大臣负责监督其经营政策和节目内容。1927 年，全英听众约为全国人口的 80%。到 1959 年底，BBC 在国内共有 78 座广播电台，覆盖全英 99%的人口。

1922 年夏，苏联在莫斯科建立了当时世界上功率最强的广播电台——共产国际广播电台，并于 11 月开始播音。1924 年 10 月，苏联建立了国营的无线电股份有限公司，作为全苏广播机构，其最初归邮电人民委员部管理，后由新成立的全苏广播委员会接管。1933 年，全苏广播委员会又改为全国广播委员会，直属于苏联人民委员会。到 1940 年，苏联广播电台发展到 90 座。20 世纪 60 年代初和 70 年代初又分别发展到 407 座和 430 座。

1926 年 6 月，美国成立了全国广播公司(NBC)，并先后组建了"红色"(WEAF，包括 26 座电台)和"蓝色"(WJZ，包括 14 座电台)两个广播网以联播节目。广播网的出现，使得各地发生的重大事件可以迅速传播到全国各地，广播传播优势得以充分发挥，同时，全国性规模的听众市场得以建立。1927 年，一些独立小台在哥伦比亚留声机唱片公司的帮助下，组成哥伦比亚广播公司(CBS)，开始以自己的广播网向 NBC 发起挑战。为规范广播业，美国国会于 1927 年通过了《广播法案》，规定电磁波频率资源为官方所有，国家允许私人企业开办电台，但经营者必须向政府申领经营执照，并保证为公众利益服务。美国是最早制定广播管理法规的国家。1941 年，美国联邦通讯委员会(FCC)又制定了《广播联营条例》，对垄断性的广播机构进行限制，这项条例也被称为广播业的"反垄断法"。据此法规，全国广播公司被迫出售了"蓝色"广播网，其被重组为美国广播公司(ABC)。由此，美国广播业的三强格局得以形成。为争取听众和广告客户，三大广播公司展开了激烈竞争，美国广播事业由此进入"黄金时代"。到 20 世纪 50 年代后期，美国无线电广播电台已发展到 3 380 多座。

2. 广播的功能和社会影响不断拓展

20 世纪 30 年代，全美经济大萧条。广播业却在萧条中呈现出一片繁荣景象。高达 800 万的失业人口导致全美四分之一家庭难以为继。生活的困窘和对廉价娱乐的需求，使广播成为美国人日常生活中不可缺少的一部分。1928 年到 1929 年间，收音机和备件的销售额从 6.5 亿美元上升到 8.42 亿美元。演艺行业的大量演员进入广播界，广播出现了令人难以置信的盛况：为了适应喜剧《阿莫斯与安迪》的播出，全国改变了作息时间；工厂早早收工，在东部时间 7 时到 7 时 15 分之间出租汽车司机拒载乘客。广播业的广告收入也不断提升。1935年，报纸广告比1929年下降了45%，而广播广告却提高了14.5%。不断增长的广告收入成为美国广播业的重要经济基础和不断发展的强劲动力。

随着广播影响的不断扩大，其社会功能也从单纯的商业功能向外拓展。美国第32届总统罗斯福在其当选首年就分别于3月12日、5月7日、7月24日和10月22日，通过无线电广播作了四次"炉边谈话"，成为美国政治史上的重要事件。首次谈话的主题是1933年的银行危机。他想象自己坐在家中，同邻居随意交谈。谈话引起美国民众的极大兴趣。四次"炉边谈话"之后，总统共收到50万封来信。著名学者和评论家沃尔特·李普曼认为，罗斯福的"炉边谈话"起到意想不到的"呼风唤雨"作用。

二战期间也是广播事业发展的"黄金时代"。广播新闻在战争前后达到高峰。伦敦大轰炸、珍珠港事件、诺曼底登陆、日本投降等重大新闻，通过广播传向全世界，广播因此"响"彻全球。爱德华·默罗的战事现场报道《这里是伦敦》，以平静而富有感染力的声音把他在战争现场的所见所闻生动地描述给美国听众，成为现场报道的典范。除新闻节目以外，还出现了广播评论节目、教育性节目和服务性节目。广播的作用日益增强，社会影响不断扩大。

这一时期，许多国家的广播事业因战争破坏而中断、停滞，但战时的特殊需求也促使许多国家打破常规，发展战时广播事业。当时的英国，号称"第一广播大国"，每天用46种语言对外广播125小时；苏联则每天用30种语言对外广播59小时；德国、日本也都建立了规模相当的对外广播宣传体系。美国参战后不久，便在太平洋地区建立军事电台。1942年，又先后成立美国之音广播电台(VOA)、军队广播电台(AFRS)等专门电台。后者在与好莱坞的密切合作和对德、对日的"广播战"中迅速发展，到1945年已成为下辖300家分台，覆盖听众1 200万人的全球最大广播网。① 战后，各国的对外广播事业迅速发展，许多第三世界国家也建立了自己的对外广播电台。广播开始在国际传播和国际交往中扮演愈加重要的角色。

1933年，美国科学家艾德温·阿姆斯特朗发明调频广播，调频电台随之出现。其优点是音质好，不易受干扰，可以提高广播的收听效果。60年代之后，广播的技术手段迅速发展，广播种类趋向于多样化，除了综合性电台外，还出现了各种专业电台，广播的影响日益深入社会生活的各个领域。

---

① 金苗：《美军公共事务传播研究》，解放军出版社，2009年，第135页。

四、电视的发明与电视业的勃兴

电视与广播是一对嫡亲姐妹。1817年，瑞典科学家布尔兹列斯发现了化学元素硒。1873年，英国科学家约瑟夫·梅发现了硒元素的“光电作用”，为电视的发明奠定了基础。

1. 电视的发明

1884年，德国工程师保罗·尼普科发明了一种机械式光电扫描圆盘并申请了专利。这种扫描圆盘把图像分解成许多个像素，并根据每个像素光线的变化产生不同的电信号，通过电传把图像从甲地传到乙地。这种用机械式光电扫描圆盘进行的图像传送叫做机械传真，是电视的雏形。

1923年，美国无线电公司总裁戴维·萨尔诺夫预言：在不久的将来，所有收音机都将配上图像接收系统。整个装置将使观众不仅能够听到，而且可以看见广播电台里所进行的一切活动。

1924年春，英国科学家约翰·洛吉·贝尔德在实验室发射和接收了一个“十”字图形。1925年10月2日，他用扫描盘成功完成了播送和接收电视画面的实验，并在电视上清晰地显现了一个人的头像。1926年1月26日，贝尔德在伦敦公开表演。他在前人研究成果的基础上，制造出第一台真正实用的电视传播和接收设备。他的成果意味着电视的真正诞生。贝尔德因此被后人称为“电视之父”。

1927年4月7日，美国电话电报公司向公众展示了贝尔实验室研制的电视。此间，美国商务部长赫伯特·胡佛在华盛顿做了一次简短的发言，他的声音和图像被传递到了纽约，胡佛成了美国第一位在屏幕上露面的政治家。

1929年秋季，英国正式开办实验性电视广播。1930年，英国广播公司和贝尔德合作，进行广播声音和电视图像同时播出实验，成功播出了历史上第一个电视节目——舞台剧《口含一朵鲜花的勇士》。1936年11月2日，世界上第一座电视台——英国广播公司电视台在伦敦以北的亚历山大宫建成。1938年9月30日，该台播出了英国首相张伯伦从慕尼黑谈判归来的实况，这是世界上第一次电视实况转播的新闻事件。

德国于1935年3月22日正式播出电视节目。1936年柏林奥运会期间，进行了“电视史上第一次大规模的室外转播”。

这一时期，世界主要国家纷纷开始电视实验。但二战的爆发迫使各国刚刚开始的电视事业中止。1939年9月1日，英国广播公司紧急中断了正在播出的米老鼠动画片，这一停就是7年。

2. 战后电视业的勃兴

二战结束以后，各国电视事业迅速得到恢复和发展。1945 年 5 月 7 日，苏联电视台恢复正常播出。英国于 1946 年 7 月 7 日恢复电视广播。联邦德国于 1952 年正式开播电视。意大利于 1954 年开始电视播出。法国于 1955 年恢复电视播出。日本电视事业创立于 1953 年，日本广播协会(NHK)东京电视台开始正式播出，随后，日本第一家商业电视台 NTV(日本电视广播网)开始播出节目。从 50 年代开始至 60 年代，世界各国都陆续开办了电视广播。

美国电视业发展迅速。1946 年，美国只有战时维持下来的 6 座电视台和 8 000 台电视机。到 1950 年，电视台增至 104 座，电视机拥有量达 1 000 万台，全国 24%的人口可以看到电视。1955 年，美国拥有电视机的家庭达到 78%，10 年间，电视从奢侈品变成了美国人现代生活的必需品。电视的影响逐渐超过广播，美国电视业进入蓬勃发展时期，并在各个方面成为世界电视业的先行者。

1954 年，美国正式开办彩色电视节目，成为第一个播出彩色电视节目的国家。1964 年，美国彩色电视开始普及，到 1966 年，全国彩色电视机已超过 1 000 万台。至 1975 年，已有 85%的家庭拥有了彩色电视机。80 年代初，美国电视机拥有量达 1.5 亿台，99.5%的家庭至少拥有一台电视机，超过 90%的家庭拥有彩色电视机，超过 50%的家庭拥有 2 台或以上的电视机。到 1988 年，全世界开办彩色电视的国家和地区达到 140 个。

电视业的蓬勃发展，给广播带来强有力的挑战，广播收听率下降，广告市场急剧萎缩。但技术的革新与进步给广播业带来转机。在 60 年代中期至 70 年代，随着调频广播的兴起，一度受到电视冲击的广播迎来了“第二个春天”，对文化事务与古典音乐喜爱的人们成为调频广播最重要的受众群体。美国广播界还有句名言：“车轮子和干电池拯救了广播。”说的是当广播被电视逼到悬崖边缘时，车轮子和干电池赋予广播在移动领域的优势，使广播继续生存下来。那时的美国汽车制造商将广播作为汽车的标准附件。在车里听广播逐渐成为美国人的习惯。据收听率调查公司统计，从周一至周五，广播的收听高峰出现在早晨 7 点至 8 点以及下午 3 点至 6 点，这正是美国人开车上下班的主要时段。可见，汽车文化为广播业的复苏立下了汗马功劳。

五、世界广播电视业的现实格局

20 世纪后期，包括卫星技术、数字技术和网络技术在内的新媒介技术，促进了以美国为代表的发达国家广电产业的市场重构。广播电视业的资本迅速集中到少数巨头手中。世界传媒的跨国、跨行业并购在90年代达到高潮，显示出媒介产业重组和调整的态势。大规模的媒介集团兼并，使新闻资源和其他信息资源得到最大限度的、充分而有效的利用，同时也导致传播业进入更大规模的垄断。1997年美国广播业主要市场的80%已被大公司兼并，澳大利亚甚至达到95%以上，加拿大也有近80%为少数大传媒集团垄断。

广播电视领域出现的越来越多的跨行业经营和多媒体化趋势，导致了广播电视规制的变革。在原有的法律框架下，不同媒体由不同法律规制、不同机构分散管理的体制，已不适应国际传媒业迅猛发展的需要。因此，不少国家做出相应的管理机构的整合与调整，以加强广播电视、电信等相关产业间的有序竞争和协调发展。1996年美国颁布的《联邦电信法》拉开了政府“放松管制”的序幕。广播电视业开始与电信、互联网、电脑业相互兼并、联合，以求在数字时代获得更大发展。

21世纪头十年，新技术带来的变革性影响继续深刻作用于广播电视产业。跨行业、跨媒介和跨区域的媒介整合不断出现。2000年，“美国在线”与时代华纳集团以“世纪并购”名闻天下。但随之而来的情况是，合并后的运营情况一路下滑，到2002年，公司市值由合并初的2 900亿美元缩水至850亿美元，降幅高达71%。这暴露出新旧媒体在经营理念、战略和管理层上的分歧与矛盾。2003年，该集团公司全面调整管理层和业务结构，并再次更名为时代华纳公司。

这一时期，卫星技术、网络技术、数字技术和多媒体技术的兴起不断改写广播电视行业的发展走向，也极大推动了广播电视产业的发展。随着数字技术的普及，数字广播和数字电视产业方兴未艾。美国XM电台和塞里厄斯电台是世界上最先正式开播数字卫星广播的电台，它们分别在2001年11月和2002年2月开始广播。2005年，全美数字卫星广播收入达到20亿美元，2006年拥有2 100多万订户，预计2012年订户可达4 900万户。当前，全世界有3亿多人口可收听到近600座数字广播电台。另据国际著名市场调研机构Informa Media Group对50个国家的调研报告，世界数字电视家庭在2004年2月达到里程碑意义上的1亿户。2010年，欧洲数字电视普及率达到全欧电视家庭的40%以上，其中6个国家的普及率达到66%以上，12个国家达到50%以上。

第二节 中国广播事业的发展概述

20世纪初,国外的电报电话技术传入中国。早期电报电话业务的开展为广播在中国的诞生打下了技术基础,并储备了必要的人才。

一、民国时期的广播事业

1. 北洋政府时期

在我国最早实验性广播始于1922年底。当时,在国内还没有"广播无线电"的名称,人们管广播叫"空中传音"、"无线电话",收音机叫"真空受话器"、"无线电话接收器",广播电台叫"无线电话播送站"。侨居上海的美国人E.G.奥斯邦与一位华侨商人合作,在上海建立了中国无线电公司,并设"大陆报—中国无线电公司广播电台"。这座电台于1923年1月23日开始播音(呼号为XRO,发射功率50瓦)。XRO电台主要播送音乐和上海《大陆报》刊登的新闻,但不久便被交通部取缔,停止了播音。

1924年,美商开办的开洛公司又在上海设立了一座发射功率为100瓦的广播电台(呼号为KRC)。该台每天播音8个小时,节目内容为商业信息、歌剧,以及开洛公司的商业广告。KRC电台与《申报》关系密切,在报馆设发音室报告新闻,并且经常在报上刊登节目预告。开洛公司所办的电台存在了5年时间,具有一定的影响。

几乎同时,我国早期著名无线电工程专家刘瀚在奉系军阀支持下,依托军用的东三省无线电总台哈尔滨分台,进行了广播播出实验。1923年春,刘瀚主办的哈尔滨广播无线电台开播(呼号XOH,发射功率50瓦),最初的节目除军事方面的内容外,还有"商情、时闻及天气、时刻、风雨、戏剧、歌曲"[①]等等,中、俄语播音。哈尔滨广播无线电台是中国人自己创办的第一座广播电台。

1925年2月,北洋政府交通部在天津、北京筹建广播电台。1927年5月1日,天津无线电报局建立的天津无线电台开始广播。同年9月1日,北京广播无线电台也开始播音。自从交通部在天津、北京设台以后,各省也纷纷效法。不过此时的广播电台多为提供娱乐而办的,各自为政,谈不上广播事业的经营。

我国自办的第一座私营广播电台——新新公司广播电台于1927年3月

① 陈尔泰:《中国广播发轫史稿》,中国广播电视出版社,2008年,第22页。

19日在上海开始播音。1941年该台因失火被焚而停办。

2. 国民党统治时期

1928年春，国民党政府委托国民党中央常务委员陈果夫筹办"中央广播电台"。当年8月1日，中国国民党中央执行委员会广播无线电台(简称"中央广播电台"，呼号为XKM，后来改为XGZ，发射功率500瓦)在南京丁家桥开始播音。在电台开播第二天，国民党《中央日报》刊登了该台的一项通告："嗣后所有中央一切重要决议、宣传大纲以及通令、通告等，统由本电台传播。"①

同年，国民党政府成立中央广播无线电台管理处(后改名为"中央广播事业管理处")，开始了全国广播网的建立。1932年11月，中央广播电台新广播大楼落成开播，又增添了75千瓦功率的发射机，呼号改为XGOA，这是当时亚洲地区发射功率最大的广播电台。此外，国民党还在各地办起了20多座广播电台。

1929年8月，国民党政府公布《电信条例》，允许民间经营广播电台。20年代后期，中国出现了一批民办广播电台，其中大部分集中在以上海为中心的江南地区。民营电台主要有3种类型：教育性广播电台、商业性广播电台和宗教性广播电台。

1936年国民党政府成立了中央广播事业委员会，目的在于全面控制广播事业的发展，如中央广播电台由其直接管辖。据1937年统计，全国共有官办、民营广播电台78座，总发射功率120多千瓦，其中民营电台有55座，占半数以上，但发射功率不足总发射功率的6%。

抗日战争爆发以后，国民党中央广播电台随政府迁往重庆。1938年3月10日在重庆恢复播音。1939年2月6日，在重庆建成中央短波广播电台开始播音。1940年1月定名为"国际广播电台"(英文名称Voice of China，简称VOC)。该台办有对欧洲、北美、苏联东部以及我国北部、日本、华南和东南亚6套广播节目。使用的语种有英、德、法、荷、西、俄、日、马来、泰、缅等，每天播音10小时以上。

1943年，国民党军事委员会政府部为配合军事上的需要，成立了军中播音总队，在重庆设一总台。这是我国最早开设的军中广播电台。

在沦陷区，日本侵略者不但抢占了所有广播电台，还新建一批电台，对中国人进行思想文化侵略。据对东北地区(包括原热河省)的统计，1944年共有日伪广播电台25座。日本投降后，原沦陷区日伪电台均为中央广播事业管理

① 赵玉明：《中国广播电视通史》，中国传媒大学出版社，2006年，第20页。

处接收,共计39座。

此外,后方各省市所办公营、民营和盟军电台,截至1947年9月,共有40座,加上中央广播事业管理处直接管理的41座,共计有81座(不包括军队电台)。

1946年5月5日,国民党中央广播电台迁回南京。

1949年,国民党政府迁往台湾。随其迁往台湾的有中央广播电台、军队广播电台和民营的上海民本广播电台。

3. 解放前的人民广播事业

由中国共产党领导的人民广播事业起步于20世纪40年代初。1940年12月30日,设在延安窑洞的延安新华广播电台(发射功率约300瓦,呼号XNCR)首次播音。这是中国共产党创办的第一座人民广播电台。该台由新华社语言广播部具体承办。当时广播的主要内容是中国共产党和陕甘宁边区政府的重要文件、公告、新华社播发的国内外消息等,也有少量文艺节目。1980年,经中共中央宣传部批准,确定1940年12月30日为中国人民广播事业创建纪念日。

党中央非常重视广播工作。1941年5月25日,毛泽东同志在为中央书记处起草的《中共中央关于统一各根据地内对外宣传的指示》中,要求"各地应经常接收延安新华社的广播,没有收音机的应不惜代价设立之"。同时,中共中央宣传部发出的《关于广播电台工作》指示强调,"电台广播是各抗日根据地目前对外宣传最有力的武器","广播内容应以当地战争及政治、军事、经济、文化教育等各方面的具体活动为中心,并以具体事实来宣传根据地的意义与作用",并且要求"广播内容应力求短小精彩、生动具体,切忌长篇大论、令人生厌的空谈"。① 延安新华广播电台的设备虽然简陋,但它在宣传共产党的抗日主张、揭露国民党顽固派的反共阴谋、鼓舞人民的斗志等方面起了重要的作用。1943年春天,延安新华广播电台因为大型电子管失效被迫停止播音。1945年9月5日,播音恢复。

解放战争时期,延安新华广播电台曾作过三次转移,但是一直没有中断播音。1947年3月,电台转移到陕北瓦窑堡,改名为陕北新华广播电台;1947年4月,陕北台迁到河北涉县太行山麓;1948年5月,陕北台再迁到河北平山县西柏坡附近。延安、陕北台及时宣传中国共产党和人民军队的政策和主张,办有新闻、评论节目,并办有《解放区介绍》、《人民呼声》、《对国民党军广播》等专

① 赵玉明:《中国广播电视通史》,中国传媒大学出版社,2006年,第80页。

题节目。国统区听众称之为“茫茫黑夜中的灯塔”，在解放战争中起到巨大作用。这一时期，解放区的广播事业也有了新的发展，广播电台增加到10座，除陕北台外，还有晋察冀台、邯郸台和东北新华广播电台等。

中国人民对外广播始于延安新华广播电台的日语广播。1947年，陕北新华广播电台开始使用英语广播。

1949年3月25日，北平宣布解放。原延安新华广播电台随党中央迁到北平，改名为北平新华广播电台，开始具有中央台性质。4月21日北平新华广播电台播出了毛泽东主席、朱德总司令发布的《向全国进军的命令》。同一天，人民解放军强渡长江。4月22日，北平新华广播电台播送了毛泽东写的消息——《南京国民党反动政府宣告灭亡》。同日，原国民党控制的南京广播电台开始转播北平新华广播电台的全部节目。

二、新中国成立后的广播事业

1949年6月5日，中共中央发出《关于成立中央广播事业管理处的通知》，决定将原来新华社的语言广播部扩充为中央广播事业管理处，与新华社平级。同年9月27日，北平新华广播电台改名北京新华广播电台。从此，新中国开始了独立的广播事业。

1. 新中国成立后十七年时期

1949年10月1日，中央广播事业管理处改组为广播事业局，作为中华人民共和国主管广播工作的部门，属中央人民政府新闻总署领导。在其领导下，陆续对旧社会遗留下来的30多座私营广播电台进行社会主义改造，使大陆上所有的广播电台都由国家经营。同时，恢复和新建了一批广播电台，形成遍布全国各城市的广播网。

10月1日，中华人民共和国开国大典在北京隆重举行，北京新华广播电台于下午3点进行了实况广播，各地广播电台同时转播。这是中国广播史上第一次全国性的实况广播，也是首次联播节目。同年12月5日，北京新华广播电台改名为中央人民广播电台，成为我国广播宣传的中心，各地新华广播电台也先后改名为各地人民广播电台。

1950年4月10日，中央广播事业局成立了国际广播编辑部，中央人民广播电台开始用“北京电台”的呼号对外播音。当时采用了7种外国语和4种汉语方言。这是新中国国际广播的开始。

1952年，我国第一座农村有线广播站——吉林省九台县广播站建成并开始播音。自此，开始了创办有线广播的历史。1956年，中共中央颁发的《全国农业发展纲要》第32条规定:“从1956年开始,接着各地情况,分别在7年或者12年内,基本上普及农村广播网。”随后,中央广播事业局确定了农村广播网的建设方针:“在党的领导下,依靠群众的积极性,充分利用现有设备,因陋就简,分期发展,逐步正规,先到村社,后到院户。”此后,有计划有步骤地实现了农村有线广播的发展计划,形成遍布农村的有线广播网。

2.“文化大革命”时期

从1966年开始的长达10年之久的“文化大革命”,给广播事业的发展带来了一场灾难。在极“左”思潮的影响下,广播电台被异化为“无产阶级专政的工具”。广播宣传完全违背人民的根本利益和正当愿望,中央电台一大批有特色、有影响的节目被强令停播。1967年1月11日中共中央发出的《关于广播电台问题的通知》指出:“地方广播电台实行军事管制,只转播中央人民广播电台的节目。”1969年1月19日“中央文化革命领导小组”发出《关于地方电台应严格掌握宣传内容的通知》规定:凡与中央口径不一致的,凡中央报刊不发表的,电台一律不得广播。在相当长的一段时间内,中央电台的文艺节目只能播放《红灯记》、《智取威虎山》等8个样板戏,《东方红》、《大海航行靠舵手》等8首歌曲,以及《地道战》、《地雷战》、《南征北战》3部电影。

但是,在这十年间农村有线广播由于成本低及政治需要而得到了较快发展。这个时期为解决广播与电话两个系统同时发展的矛盾,确定了“以县广播站为中心,以公社广播放大站为基础,以专线传输为主”的建设方针,使有线广播迅速增加,高峰时期农村有线广播喇叭达到11 000万只。

3. 改革开放及新世纪的发展时期

(1) 两次全国广播(电视)工作会议

“文化大革命”结束以后,我国广播事业发展恢复了正常状况。1980年10月7日,第十次全国广播工作会议召开。会议的主要任务是总结新中国成立30年来广播电视宣传工作正反两个方面的经验,明确新时期的基本任务和奋斗目标,加强对广播电视工作的领导,动员从事广播电视工作的全体人员,坚持自己走路,发挥广播电视长处,充分利用广播电视这一现代化的宣传工具,为提高全民族的科学文化水平、实现四个现代化作出更大的贡献。

1982年5月4日,五届人大常委会通过《关于国务院机构改革实施方案的决议》,宣布撤销中央广播事业局,成立广播电视部,属国务院领导。

1983年3月11日至4月10日,第十一次全国广播电视工作会议在北京召开。广播电视部部长吴冷西在会上作了《立志改革,发挥优势,努力开创广播电视新局面》的报告。会议研究确定了到20世纪末我国广播电视事业的奋斗目标，提出以新闻改革为突破口，推动整个广播电视宣传的改革。本次会议的最大亮点，是为实现确定的目标，提出了实行“四级办广播、四级办电视、四级混合覆盖”的事业建设方针及与之配套的技术政策等一系列改革措施。这对广播电视的改革发展产生了重大而深远的影响。同年10月，中共中央批转了广播电视部党组《关于广播电视工作的汇报提纲》，要求结合各地的实际情况执行。这就是在中国广播电视事业发展史上起着十分重要作用的“中央[1983]37号文件”。该文件的贯彻实施，改变了以往“四级办广播、两级办电视”的格局，空前地调动起地方办广播电视的积极性，使广播电视事业建设得到了迅速发展。统计数据表明，从1983年到1987年这五年，是新中国成立以来广播电视事业发展最快、形势最好的时期。第十一次广播电视工作会议是中国广播电视发展史上具有里程碑意义的一次会议。

(2) 三次广播改革热潮

第一次广播改革热潮(1985—1988)——中央人民广播电台和各省市人民广播电台开始对播音内容和时间进行大幅度的调整。1985年，中央电台新办的《午间半小时》、《今晚八点半》两个节目带动了全新的综合版块节目的发展，一批名优栏目脱颖而出。从1987年起，原来每晚8点钟的《新闻联播》改在每晚6点半播出，体现了广播新闻“快”的优势。每天早上6点半到7点半集中播新闻节目，除了原来的《新闻与报纸摘要》，后又增加了30分钟的《新闻纵横》，进行深度报道。

1986年12月，珠江经济广播电台开播，广东首创的广播“珠江模式”以广播内容综合化、节目设置板块化、栏目主持固定化、栏目播出直播化、开通社会热线、鼓励社会参与等方式赢得了大量听众。“珠江模式”掀开了地方台广播改革的序幕。

第二次广播改革热潮(1992—90年代中期)——1992年10月28日，上海东方广播电台开始播音。上海东方广播电台大胆进行体制改革，率先施行并行运转的双台体制，引入竞争机制；经济上独立核算、自负盈亏，以广告作为收入来源；采用公开招聘、双向选择的用人机制；开创新的节目形式，着力开拓直播节目，并大力开展社会活动。在上海“东广”的带动下，各地纷纷建立专业台、系列台，形成全国范围的第二次“广播热”。

第三次广播改革热潮(始于21世纪初)——从2000年开始，伴随着我国汽车时代的来临，北京交通台异军突起，掀起了新世纪我国广播发展的新高潮。从2000年起，北京交通台连续3年创下全国广播电台单频率广告收入第一的骄人业绩，尤其是2002年，其广告收入突破1亿元，撑起北京电台全台广告收入的半壁江山，成为目前全国收听率最高、经济效益最好的城市广播电台之一。在北京交通台的示范下，许多省市创办了交通台并进行体制上的改革与创新，实行频率专业化与窄播化。

(3) 广播事业实现全面发展

2003年是广电总局确定的“广播发展年”。这一年，全国新增34个专业性广播频率，广播覆盖率达93.56%，广播听众12亿人，广播广告额达25.57亿元。

作为中国国家电台，中央人民广播电台是中国最具影响力的综合性大型传媒之一，也是世界上最大的华语广播机构。目前办有9套专业化定位的广播频率，每天播音197小时，全国广播综合覆盖率为95.04%，是世界上拥有听众最多的广播电台之一。中央人民广播电台在全国各省、自治区、直辖市、计划单列市及香港特别行政区、澳门特别行政区设有39个记者站。

中国对国外广播机构于1978年5月更名为中国国际广播电台(China Radio International，简称CRI)。目前，中国国际广播电台播出语言达61种，每天播出时间1 700小时，并在境外建成了50个整频率调频台。

1986年10月15日，全国性广播电视学术团体——中国广播学会成立。随后，全国各省、自治区、直辖市相继成立广播电视学会，一些省的市、地、州、盟也成立了广播电视学会。

1998年3月，根据新的国务院机构设置方案，广播电影电视部改组为国家广播电影电视总局。广电总局是负责广播电视宣传和广播电影电视事业的国务院直属机构(正部级)。

20世纪90年代后期开始的“村村通广播电视工程”、“西新工程”，较好地解决了农村和西部边远地区的广播电视覆盖问题。到2010年底，完成全国71.66万个20户以上的已通电自然村广播电视“村村通”的建设任务。“西新工程”则从根本上解决了西藏、新疆、青海、内蒙古、宁夏等边远少数民族地区广播影视基础设施薄弱的问题。

截至2010年底，全国共有广播电台227个，广播电视台2 120个，收音机的社会拥有量达到5亿台，全国广播综合人口覆盖率为96.78%。

三、台港澳地区的广播事业

1. 台湾地区

台湾的广播事业始于1925年6月，日伪“总督府”在台北建立播音室，进行试验性广播。1928年11月，日伪政府在台北成立“台湾广播电台”，使用日语播音。其后，台南、台中、嘉义、花莲先后建立广播电台，均受伪“台湾广播协会"管辖。日本投降后,1945 年 11 月,国民党政府派员接管了上述 5 座广播电台。1949 年,国民党政府迁往台湾。当时台湾共有 5 家 11 座广播电台,总发射功率不到 3 000 瓦。除"中央广播电台"之外,还有一些公营电台、民营电台和军队电台。

同年 11 月 16 日,前身为"中央广播事业管理处"的"中国广播公司"(简称"中广公司")在台湾成立。中广公司的总公司设在台北市,发射基地遍布全省,24 小时播音。1949 年 10 月,"中国广播公司"开办对海外广播("自由中国之声"),每天以 5 种国内语言与方言和 9 种外语同时广播,面向地区包括东南亚、东北亚、南北美和欧洲。1968 年 7 月 31 日,中广公司在台北的调频广播电台正式播音,标志着台湾广播进入调频时代。1979 年,开办"亚洲之声"广播电台,以东南亚和大陆地区为播出对象。

从 1949 年到 1987 年,台湾地区处在国民党专制统治时期,民营电台小而弱,军营、公营电台主导着台湾的广播事业。复兴广播电台是由国民党军方主办的电台。该台 1957 年开播,除台北总台外,另设 20 个分台。该台所具规模仅次于"中国广播公司"。上世纪 50 年代中期,台湾开始出现专业性广播电台。1955 年 8 月开播的台中农民广播电台是较早出现的专业性广播电台;1971 年 3 月 1 日,警察广播电台所属的台北交通专业电台开播,这是台湾第一座交通专业电台;1973 年 8 月 1 日,中广公司在台北设立新闻专业台,这是台湾第一座新闻专业电台。

从 1989 年开始,与国民党敌对的政治力量突破当局的限制,不经过法律程序,建立了一批地下电台,经费来源主要依靠社会捐助。地下电台的管理制度和节目形式较公开电台具有明显的优势,更受民众欢迎。这些电台主要由民进党创办和控制,大多使用闽南语播音,内容也以宣传民进党的政治主张和台湾本土文化为主,听众对象多为中下层台湾籍民众。1993 年底以后,地下电台陆续转为公开。但据资料显示,至 2007 年,仍有未合法化的"地下电台"300 多家。2009 年底开始,台湾"国家通讯传播委员会"(NCC)在云林等南部县市加大取缔力度,使"地下电台"数量骤减,后又取缔了著名的 FM95.9"海洋之声"非法广播电台,至 2010 年 12 月,非法电台已剩下不到 10 家。强力取缔的同时,NCC 又试图用给予空间的方法解决"地下电台"的出路,先后开放 155 个小功率频道,其中 22 个作为公益用途,其余 133 个是商业电台,让有意经营的业者能够有合法取得执照的机会,使地下电台得以来到"地上"。

进入 21 世纪之后,台湾广播事业保持较好发展势头。据台湾"行政院新闻局"统计,截至 2007 年 7 月,岛内共有 178 家广播电台。在全球范围数字广播技术不断发展的大背景下，从2004年9月开始，台“新闻局”规划受理数字广播申请案，最后6家业者获得筹设许可，但台湾的数字广播业者还没有恰当的营运模式，也没有培养出台湾民众购买数字广播器的观念，最终导致数字广播一一退出此市场。至2009年，数字广播电台仅剩宝岛新声广播电台股份有限公司一家。与此同时，网络广播得到迅猛发展，不少电台都提供在线实时广播服务。“央广”于2010年8月2日正式推出“多媒体平台”，汇集了“数字媒体资产管理”、“网络广播排程”及“RTI影音频道”，建构成一项完整的网络自动影、音、图、文播放系统，整理汇集了“央广”近一个世纪的历史资料。

2. 香港地区

香港广播事业已经有80多年历史。香港民间曾经于1923年创办一座广播电台，即由无线电爱好者组织的香港无线电广播社，每周广播两天，主要报告新闻和转播剧院演出。这是在香港建立的第一座广播电台。

香港政府于1928年6月资助创立了香港电台(呼号为GOW，次年改为ZBW)，初播时只有英语节目。同年10月8日，香港当局正式宣布其为政府电台。香港电台开播时用英语，1934年增设中文节目(粤语)。1948年，该台被正式命名为“香港广播电台”(呼号RHK)。同年4月，首次使用短波向世界广播。1976年，香港电台增设超短波立体声广播，是亚洲首座设立超短波立体声广播的电台。香港电台原来由政府广播处领导，后宣布从政府机构中独立出来。

1949年3月，香港成立一家商营的丽的呼声有线广播电台，该台先后设两个中文台和一个英文台。收听丽的呼声广播需接线路，按月交费，比较麻烦。在与无线电广播的竞争中，丽的呼声广播于1973年9月停办。

随着商业的发展，广告市场日益扩大，香港于1959年8月成立商业广播有限公司，该公司设两个中文台、一个英文台，主要从事商业性广播。香港开始实行的是收取牌照税制，以其所得作为电台经营费用。后来，半导体收音机流行，全港听众急剧增加，到1965年领取牌照的收音机有135 000架，实际上社会上拥有收音机60万架，于是政府便取消收取牌照税的规定。

1991年7月，香港第二个商营电台——新城广播正式开播。新城广播由当地三大财团和一家美国广播公司组成的高艺广播有限公司经营。现为李嘉诚的和记黄埔公司所有。新城广播共设有三个电台——劲歌台、金曲台及新闻台，后分别更名为娱乐台、财经台和采讯台，均为全天24小时广播。

此外，从1971年开始，英国驻港军队开办英军电台。该台大部分节目由伦敦的英军广播制作中心提供，普通市民可以收听。香港回归后，停止播音。

时至今日，香港广播电台仍是三足鼎立，即政府出资经办的香港电台、商业电台和新城电台。

3. 澳门地区

澳门无线电广播开始于1933年。当年8月26日，一些无线电业余爱好者创办了澳门广播电台（呼号为CON－MACAU），每天21点到23点用葡萄牙语播送新闻和音乐。1948年由政府接管，成为澳门当局经营的广播电台，原隶属新闻旅游处。1976年改为独立机构，台长由澳督任命。

1980年，该台设中文和葡文台。葡语用超短波立体声广播，粤语用中波广播。1985年，粤语增办超短波立体声广播。该台一度由葡萄牙国家广播公司管理，1982年，澳门广播电视公司成立，电台改由该公司经营。澳门广播电视公司设有新闻部、电台节目部、电视台节目部、工程部、行政部、国际联络部。中文广播电台每小时正点播送新闻一次，每次约3分钟，每天早、午、晚播送详细的新闻4次，每次20分钟。新闻来源除自采的以外，选用路透社、法新社、葡新社和新华社的消息。专题节目多为杂志式综合节目，内容广泛，谈话、歌曲兼而有之。

澳门绿邨商业电台是一家私营的电台，由澳门出生的葡萄牙人罗保博士于1950年创办。罗保开办电台的初衷是为市民提供娱乐，每天用粤语、葡语播送音乐和歌曲。1964年，罗保逝世后，改成全部用粤语，并且开始承接广告，具有半商业性质。1989年，改为商业电台。1994年底，该台暂停播音。2000年3月，经特区政府新闻局批准恢复播音，经过重组后的绿邨738电台是一个全天24小时播音的多元化商业电台。

第三节　中国电视事业的发展概述

中国大陆电视事业起步于1958年，迄今已有50多年的历史。大陆电视事业的发展可以划分为以下三个时期：初创起步时期（1958年—1965年）；曲折发展时期（1966年—1976年）；走向繁荣时期（1977年至今）。在台港澳地区，电视业的发展也大致经历了从初创到繁荣的发展历程。

一、初创起步时期

中国第一家电视台——北京电视台（中央电视台前身）于1958年5月1日开始试播。当时电视播出采用直播方式，技术员放影片，播音员对着画面解说，录音员同时放送事先准备好的音乐，节目直接播放出去。这种直播方式持续到1965年。经过4个月的实验广播，北京电视台于1958年9月2日正式播出，每周播出4次(周二、四、六、日)。1958年10月1日上海电视台建成并开始试播(1959年10月1日正式对外播出)，这是我国的第二座电视台。1958年12月20日，哈尔滨电视台(黑龙江电视台前身)开始试播。此后，天津、沈阳、长春、广州、抚顺、鞍山等地陆续开办了实验性电视台或转播台。截至1960年底，全国共有电视台、试播台和转播台29座。

1958年5月北京电视台开播不久，就开办电视新闻节目《图片报道》。随后，中央新闻纪录电影制片厂摄制的《新闻简报》成为早期电视台新闻节目的主要来源。1960年元旦，北京电视台设置固定专栏节目《电视新闻》，专门播放新闻纪录片。同时开设的还有儿童节目、文教节目、学校生活、新书介绍、科技节目、体育爱好者、摄影爱好者、工业节目、商业节目、首都建设、祖国各地、新人新事新气象、故事影片等十几个栏目。电影和戏剧转播在当时的电视节目中占极大比重。开办初期，北京电视台播放电影时间占总节目时间的75%，戏剧转播占15%。到1959年底，故事影片占时50%，戏剧转播占30%，余下的20%是纪录片、科教片、新闻简报和小型演播室节目。1960年10月，北京电视台开始精简机构和人员。年底，调整节目，压缩时间，每晚播2至2.5小时，比过去减少1小时；每周一放一次电影。缩短时间以后，集中精力办好周六、周日节目。

1960年3月，北京电视台与北京市教育局联合开办北京电视大学。到1965年，北京电视大学已设有数学、物理、化学、中文、英语5个专业，先后开设30多门大专课程，注册学生23 000多人。其他地方电视台也相继开办了电视大学。

由于“大跃进”时期盲目发展带来的隐患，到1963年大部分电视台和实验台难以为继。当年2月，根据广播事业调整计划，只保留北京、上海、广州、沈阳、天津、哈尔滨、长春、西安8座电视台和实验台。1965年以后，随着国民经济好转，少数电视台才开始陆续得到恢复。

60年代中期，全国电视机拥有量只有5万台，其中，北京、上海两地就占了3万台。其他城市多则千余台，少则几百台、几十台。从播出时间来看，只有两三个台每周播出6次，每次播出2至3小时。由于电视台发射功率较小，只能覆盖城区和近郊区。

二、曲折发展时期

1966年5月中旬，北京台在《简明新闻》里播送“文化大革命”消息和有关文章。从1966年5月15日开始，社教节目举办专栏节目《高举毛泽东思想伟大旗帜，搞掉反党反社会主义的黑线》；在少儿节目里组织少年学生批判邓拓、吴晗。5 月下旬，北京电视台又提出在“文化大革命”中关于文艺节目的几项措施，要求编审人员加强阶级斗争观念，“不播毒草”，对“文化大革命”前播出的节目一律不复播。

1967 年 1 月 2 日，北京电视台向观众播放一个通知：从 1 月 3 日开始，除重大政治事件和重要节目仍将转播和播出外，在一个时期内将暂时停止一般性的节目播出。从 1 月 6 日开始，北京电视台停播将近一个月，直到 2 月 4 日才恢复播出。

“文化大革命”期间，中国电视事业的发展受到很大挫折。电视节目的播出形式单调，内容多为错误路线服务。在上海，电视被用来转播各种批斗实况，时称“电视批斗大会”，此种电视批斗大会上海前后开过 100 多次，仅 1967 年就开了 51 次之多。与此同时，十多家地方电视台相继停播，到 1971 年以后才陆续恢复。

这一时期，新节目表现的是各种政治运动及“抓革命促生产”等内容，“假、大、空”、“高、大、全”是电视新闻的主流。在出现重大政治活动、发生重大政治事件时，电视台往往中断正常播出。除新闻外，“文化大革命”前的许多电视栏目和节目形式被取消了，如教育性、文化性、知识性、服务性的专题节目，在“文化大革命”中几乎被反映农业学大寨、知识青年上山下乡和表现生产建设、工业学大庆的题材所代替。在电视宣传中，形式主义和极“左”思想的影响非常严重。当时，北京电视台例行的播出程序是台标，主席像，毛主席语录；纪录片的开头往往是毛主席头像放光芒的领袖画面。这种做法直到 1970 年才中止。

“文化大革命”期间，我国电视事业的发展主要体现为技术进步。

一是录像设备开始使用。1960 年 1 月，北京电视台首次采用电视录像设备，但使用范围极为有限，到 70 年代中期，全台仅有 17 台四磁头录像机，所使用的 2 英寸录像带也只有几百盘。

二是微波网不断扩大。我国远距离微波传送始于 60 年代初，当时是在京、津之间实验。1969 年，北京电视台节目传送范围包括天津、河北、山西、陕西四省，有 15 个省、市、自治区能够通过微波干线收转北京电视台节目，到 1975 年扩大为 26 个省、市、自治区，而且有很多省市可通过微波线路向北京回传部分节目，初步形成了全国电视广播网。

三是从黑白电视向彩色电视过渡。1972 年 10 月，我国派出代表团考察法国、瑞士、联邦德国、荷兰、英国等 5 个国家彩电发展状况，决定使用 PAL 制作为我国暂行的电视标准，在加紧自行研制彩色电视设备同时，引进部分国外设备。1973年5月1日，北京电视台开始彩电试播，每周播出4次。同年10月1日开始正式播出，上海、天津等一些大城市也加以转播。

三、走向繁荣时期

1. 拨乱反正阶段

"文化大革命"结束后，我国电视开始恢复并开办了一批专栏节目，电视事业规模也开始扩大。当年12月29日和31日，北京电视台先后播放了被长期禁锢的影片《洪湖赤卫队》和舞台艺术片《东方红》。1978年1月1日，北京电视台开办了《全国电视台新闻联播》(简称《新闻联播》)。《新闻联播》的出现标志着以首都为中心的全国电视广播网的初步形成。1978年2月6日，北京电视台为观众举办了一场春节晚会，播送到凌晨1点左右，内容有歌舞、猜谜、新电视片、新故事片。此后，每年都要举行迎春节综合性大型文艺晚会。"文化大革命"中停顿下来的电视剧也开始恢复。1978年中央电视台共播出8部电视剧，而"文革"十年一共只播出了3部电视剧。当时还播出了一些外国影视剧，如电影《桥》、《瓦尔特保卫萨拉热窝》，南斯拉夫电视剧《巧入敌后》，英国电视连续剧《安娜·卡列尼娜》，日本故事片《望乡》、《追捕》等。

1978年5月，北京电视台改名为中央电视台，英语缩写为"CCTV"，对外称为"中华人民共和国中央电视台"。地方电视台原来都以城市命名，在此前后大都改为以省、市、自治区命名。西藏和北京市于1978年、1979年分别创办了自己的电视台。这样，全国各省、市、自治区都有了电视台。

1978年，我国首次通过太平洋上空的卫星传送了中国党政代表团访问罗马尼亚、南斯拉夫、伊朗的电视新闻。此外，通过大西洋卫星，并经英国地面站中转，再通过印度洋通信卫星，向全国转播了在阿根廷举行的第11届世界杯足球赛半决赛和决赛。此后，凡是重要的采访及重大体育比赛，基本上都是通过卫星传送或转播。

2. 改革发展阶段

电视体制改革以"四级办电视"的提出为标志。改革开放初期提出的"由中央和省级、地市级、县级四级一起办电视，实现混合覆盖"的方针，极大地推动了我国电视事业的全面发展。1983年至1988年是我国广播电视事业建设有史以来发展最快的时期。1988年底，全国电视台达到442座，比1982年增长了8倍。发射台、转播台的大量建设，使电视的人口覆盖率从57.3%提高到75.4%。1988年，我国电视专用微波线路达到40 955公里，微波站达到889座，各地用于接收电视节目的卫星地面站达到8 233座。1987年，列为国家重点工程的中央电视台彩电中心大楼建成，其技术设备达到世界一流水平。

电视节目的改革以新闻改革为突破口。新闻节目的时间大大增加，报道面拓宽，信息量增加，时效性增强，体裁开始多样化，新闻报道理念开始发生根本性的转变。电视节目开始多样化，涌现了《话说长江》、《春节联欢晚会》等一大批大型电视系列片和文艺节目。1993 年，中央电视台进行新一轮的新闻政革，每天新闻播出次数增加到 12 次，并且新闻节目全部实现了直播（其中仅《新闻联播》1996 年才实现直播），新闻的质量和时效突飞猛进。1992 至 1995 年，中央电视台国际频道、体育频道、文艺频道、电影频道、少儿/军事/科技/农业综合频道先后开办。新闻类节目播出时间占全年播出总量的 21%，初步形成了比较完整的新闻节目系统。《东方时空》、《实话实说》等一批全国性名牌新闻节目茁壮成长。地方电视台同一时期也对新闻节目进行了增加时间、增辟时段、增加形式的改革。

有线电视实现大规模发展。我国有线电视的开发始于 60 年代中期，到 70 年代已经有了一些小型的局部网络系统，如大型企业的闭路电视网络。我国城市行政区域性有线电视从 80 年代中期才开始发展，至 80 年代末期出现兴办热潮。到 1996 年底，全国已批准的有线电视台有 1 280 座，有线电视入户数达到 5 100 万户，入户率 17%。1991 年 12 月，全国较具规模的省、市有线电视台组成了“全国有线电视台协作体”，是广播电影电视总局指导下的全国有线电视行业协作组织，截至 1997 年底，已有成员台 150 余家，分布在全国 31 个省、直辖市、自治区，覆盖 200 多个城市。20 世纪末，入网户数已增到 6 000 万户以上，覆盖城乡近 3 亿人口。

卫星电视技术取得突破。1982 年，中国正式确定了采取广播电视卫星覆盖全国的方针。1984 年，我国利用自己发射的第一颗试验通讯卫星成功地向乌鲁木齐、拉萨、昆明等边远城市进行了多路广播电视节目传输试验，揭开了我国应用卫星传送广播电视节目的序幕。1988 年 3 月以来，我国自行研制发射了东方红 2 型和东方红 3 型系列实用卫星 5 颗，基本建成了卫星传输网络。从 80 年代末开始，我国的卫星地面站基本上以超过 30%的速度逐年递增，到 2002 年底，全国已拥有卫星地面站 34 万多座。卫星已成为我国广播电视节目传输的主要技术手段。

对外电视播出取得了令人瞩目的成就。1992 年 10 月 1 日，中央电视台第一个国际卫星电视频道，即第四频道正式对外开播。这套节目通过亚洲一号卫星覆盖亚洲、大洋洲、东欧、中东、北非等 80 多个国家和地区。1993 年 1 月 1 日，中央电视台通过国际卫星，首次实现每天向北美卫星传送 1 小时节目，覆盖美国、加拿大和加勒比海地区。1995 年,第四频道开始实行全天 24 小时播出,7 月 1 日,频道呼号改为“中国中央电视台国际频道”。1996 年 4 月,中央电视台租用泛美二号、三号、四号卫星上的转发器,使国际频道覆盖全球 98% 人口的国家和地区。该频道在海外的落地率和入户率也得到了较大提高。

3. 进入繁荣阶段

进入新世纪之后,经过“十五”、“十一五”期间的建设与发展,中国电视科技与事业迈入了蓬勃向上的稳定阶段。截至 2010 年底,“全国共有广播电视播出机构 2638 个,其中电视台 247 个,广播电视台 2 120 个,教育电视台 44 个。电视机社会拥有量达到 4 亿台,全国有广播电视节目制作机构 2 000 多家,播出机构 2 000 多家;有广播电视发射台转播台 3 万多座,卫星上行站 30 多座,全国有线电视网络 400 多万公里,有线电视用户超过 1.873 亿,有线数字电视用户 8 798 万户”。2010 年底,电视综合人口覆盖率为 97.62%。2010 年全年生产电视剧 436 部 14 685 集,动画电视 221 456 分钟。①

中国广播电视行业的整合与集团化在行政力量的推动下得以实现。2000 年 7 月,国家广电总局明确提出中国电视体制集团化的要求。2000 年 11 月 17 日,广电总局下发了《关于广播电影电视集团化发展试行工作的原则意见》,规定了广电集团化的具体内容:“广播、电视、电影三位一体,有线、无线、教育三台合并,省、市(地)、县三级贯通。”同时,该文件也确定了电子媒体在以新闻宣传为中心,以繁荣创作为重点的前提下,“可兼营其他相关产业,逐步发展成为多媒体、多渠道、多品种、多层次、多功能的综合性传媒集团”。2000 年底,全国第一家省级广播影视集团“湖南电广传媒集团”诞生。

2003 年 12 月 31 日,国家广电总局发布“105 号文件”,规定“鼓励、支持、引导社会资本以股份制、民营等形式,兴办影视制作、放映、演艺、娱乐、发行、会展、中介服务等文化企业,并享受同等文化企业同等待遇”。民营电视业从此打开了自己的发展空间。

在深化广播影视体制机制改革,大力推动广播影视事业产业发展,加速三网融合、数字化进程的形势下,中国电视事业产业保持了良好的发展态势。从 2005 年开始,我国广播电视总收入的增长态势明显加快,在“十一五”期间取得了质的飞跃。2010 年,全国广播电视行业总收入首次突破 2 000 亿元。

2008 年,中央电视台启用位于朝阳 CBD 核心区的新大楼报道北京奥运

① 王彩屏、杨苗:广电十一五成绩辉煌,十二五将续写传奇,来源:聪慧广电网,http://info.broadcast.hc360.com/2011/04/010841377719.shtml.

会,2012年正式迁入新址。目前,共设有20多个频道,绝大多数频道通过有线网络和卫星网络覆盖,分别涵盖财经、综艺、体育、电影、电视剧、纪录片、少儿、音乐等内容。办有一个中文新闻频道和一个英文新闻频道,另有西班牙语、法语、阿拉伯语和俄罗斯语四个国际频道。此外,由中央电视台旗下的中国国际电视总公司出资成立的中央节目平台还拥有40个全国播出的付费频道。

广播电视新媒体的发展和传统媒体与新媒体的融合步伐加速。网络电视台、IPTV、互联网电视、手机电视(广播)、移动多媒体广播电视等新媒体层出不穷。2009年12月28日,中国网络电视台(CNTV)开播,成为中国国家网络电视播出机构。2010年8月,国家广电总局正式批准中央人民广播电台开办央广广播电视网络台(CNBN),中国国际广播电台开办中国国际广播电视网络台(CIBN)。

在新技术带动下,中国电视事业在有线电视数字化、地面数字电视、高清电视以及三网融合等方面都取得了突出进展。预计到2015年,全国地级(含)以上广播电台、电视台节目制作与播出基本实现数字化网络化,有条件的地级(含)以上电视台主要频道实现高清化,全国具备制作播出100个高清晰度频道、10个立体电视频道的能力。

四、台港澳地区的电视事业

1. 台湾电视事业

早在1948年,国民党政府即有创办电视的计划。“构想是将发射总台设在南京,在上海等地设立分站,由南京播放新闻和文教节目,上海播放大众娱乐节目。后因国民党撤离大陆,计划夭折。”①

从1951年开始,在台湾的国民党政府开始筹备电视,但取得实质性进展是在60年代初。1962年2月14日,“国立教育电视实验广播电台”问世,发射功率仅100瓦,这是台湾地区第一座电视台。试验一年后,1963年12月1日正式播出,更名为“教育电视广播电台”,发射功率增至1 000瓦,覆盖整个大台北地区。

1962年10月10日,台湾电视公司(简称“台视”,TTV)正式开播。台视是台湾第一家商业电视台,初期发射功率5 000瓦。1969年9月,台视试播彩色影片,同年12月,又试播了第一个彩色现场节目,名为“群英会”。1972年4月,彩色节目比例达到80%。

---

① 郭镇之:《中国电视史》,文化艺术出版社,1997年,第70页。

1969年10月31日,台湾第二家电视公司——“中国电视事业股份有限公司”(简称“中视”,CTV)开播,发射功率10千瓦。“中视”的诞生,改变了“台视”8年来独家经营的局面。“中视”在节目上首先推出了连续剧,将其作为节目的重心。

1971年10月31日,“中华电视公司”(简称“华视”)开播。台湾电视事业形成三足鼎立局面,三家公司均为商业电视体制,有微波传送体系,可利用卫星转播。它们的主要经济来源为广告收入,彼此竞争激烈。

台湾“行政院新闻局”于1976年公布实施《广播电视法》,1983年又重新修订,以管理广播、电视和节目供应事业。1989年又发布了《广播电视节目供应事业管理规则》。“行政院新闻局”于1965年为广播界设立了“金钟奖”,每年评选颁奖一次。“金钟奖”从1971年开始纳入电视评选。

20世纪80年代以后,除了台视、中视、华视继续发展以外,公共电视节目自1984年5月也进入三台的频道。卫星电视、有线电视,以及所谓的“民主电视台”纷纷涌现,台湾电视进入了多元化发展的时期。1982年3月,台湾“行政院”指示“新闻局”成立“公众电视节目制作机构”,策划公共电视节目制作播出的有关事宜。1984年5月20日,台湾第一个公共电视节目《大家来读三字经》在中视频道播出。1998年7月1日,台湾公共电视台(简称“公视”,PTS)正式开播,为台湾电视史翻开了新的一页。

进入21世纪,台湾电视覆盖率仍保持世界领先。截至2007年7月,岛内共有5家无线电视台,有线及卫星电视频道220多个,电视普及率100%,有线电视普及率85.2%。台湾电视媒体设备精良,在人口仅2 300万、面积3.6万平方公里的市场中,拥有24小时新闻台7个,竟超过第二名的美国与英国(各3个);拥有SNG转播车82辆,超过日本71辆/1.2亿人、香港1辆/700万人、韩国40辆/4 800万人,全世界最高。

2. 香港电视事业

香港电视事业始于1957年5月。丽的呼声有限公司经营的丽的电视台开播,以有线方式播出黑白电视节目,这是香港历史上第一家电视台。创办初期只有英语台,1963年9月增设中文台。用户收看电视节目需按月交费,线路仅限于香港岛市区,最多时达11万用户。

1967年11月19日,电视广播有限公司(无线电视台,TVB)诞生,它是香港首家无线发送的电视台。无线台不用交费,设翡翠中文台和明珠英文台。初期是黑白电视,1971年开办彩色电视,赢得大量观众。1983年8月,无线电视台改组,成立香港电视有限公司,故又称“港视”。

无线台的开播对“丽的”形成巨大挑战，逼迫其在1973年12月和1974年4月分别将华语台（本港台）和英语台（国际台）改为彩色播出。1982年，丽的电视台更名为“亚洲电视有限公司”（简称“亚视”，ATV）。长期以来，香港的电视业由无线和亚视两家统领，为争夺观众，提高收视率，在节目和技术上展开激烈竞争。

1989年，香港行政局批准开办有线电视，将设立有线电视网络和开办电视频道的专利权授予香港有线传播有限公司。1993年10月31日，香港九仓有线电视台（简称“有线台”）正式开播，开创了香港多频道收费电视的先河。其创办初期设新闻台、英语新闻台、体育台、儿童台、电影台、音乐台和动向台等频道。1998年，更名为“香港有线电视公司”。截至2003年年底，有线电视用户达65.6万户，频道发展到79个。

1990年12月22日，香港卫星电视广播有限公司获准通过“亚洲一号”卫星经营泛亚洲卫星电视广播服务。1991年5月15日，香港“卫星电视”（StarTV）开播，覆盖亚洲近50个国家和地区。1993年7月，国际传媒大亨默多克的新闻集团收购了卫星电视63.6%的股权，1995年又购得余下36.4%的股份，取得其全部股权。1996年3月31日，由卫星电视有限公司、今日亚洲有限公司及香港华颖国际有限公司联合组建的凤凰卫视中文台正式开播，采用普通话播音，覆盖亚太30多个国家和地区，人口超过20亿，其中华语人口占62%。2000年6月，凤凰卫视在香港成功上市，融资9.3亿港元，随后增办资讯台和北美台，加上原有的中文台、电影台和欧洲台，共开设5个频道。

华侨娱乐电视（简称“华娱电视”）由香港华侨娱乐电视广播公司创办，自1995年3月11日开播以来，24小时用普通话向全球华人播放，内容包括娱乐及综艺节目、纪录片、电视剧、电影及其他资讯类节目。2000年至2001年间，香港先后开播“阳光卫视”、“东风卫视”、“美亚卫视”等卫星频道，但这几家公司均被列为“非本地电视节目服务机构”，其服务对象主要是香港以外的地区。

2008年12月，香港卫视国际传媒集团完成商业注册，并获得了香港特区政府广播事务管理局颁发的、拥有6个卫星频道的电视台牌照。2010年10月，“香港卫视”正式开播以来，以24小时开路不加密的方式通过亚太5号、6号、7号三个卫星双波段播出，依次覆盖港澳台、海外华侨华人、中国大陆，以及全球150多个国家和地区，提供信息、财经、时尚、影视、旅游等多元文化的节目。香港卫视的定位是“立足香港，延伸两岸，融入世界”。香港卫视以“中国元素，国际表达”的鲜明特色；以多频道传输、多语种覆盖、多媒体互动、多文化交融、多地区联动之现代传媒科技手段；以跳出媒体做媒体、多元发展文化产生的新模式，正在国际传媒界的大家庭中异军突起。

3. 澳门电视事业

1984 年 5 月 13 日，澳门广播电视公司经营的澳门电视台正式开播。这是澳门第一家电视台，采用葡萄牙语和粤语播出，主要播放葡萄牙语、英语和汉语进口影片、电视系列片和特别节目。1990 年 10 月，澳门电视台的中、葡文节目开始分台播出。

澳门卫星电视台是澳门宇宙卫星电视股份有限公司创办的一家在澳门注册的跨国跨地区的卫星电视机构，1999 年 12 月 18 日开始试播，最先开播的"澳门卫视旅游台"是全球最早开办的华语卫视旅游台。其后，五星、生活、亚澳等频道也相继开播。2002 年 10 月 28 日，经澳门特别行政区政府批准，澳门卫视国际商务台（"莲花卫视"）开播，通过"亚洲二号"通讯卫星覆盖 50 多个国家和地区。

2000 年 7 月，国际投资的澳门有线电视启播，提供中央电视台、广东、福建、云南等卫星频道的节目，并提供收费打包的特种频道服务。

第四章　广播电视的传统技术与新技术

《大英百科全书》认为，所谓技术是“人类改变或控制客观环境的手段或活动”，其基本存在形态包括抽象形态（或知识形态、信息形态）、物化形态（在技术知识指导下所创造的一切物质手段）和功能形态（应用所使用的技术方法）三种。广播电视技术是推动广播电视事业发展的重要力量。广播电视的历史也是一部科学技术发展史，科技是广播电视发展的硬件保证，广播电视的每一次突破性发展都源自科技进步。晶体管和无线电波技术的进步，使广播经历了由电子管到晶体管、调幅广播到调频广播的演变；在阴极射线管技术和成像技术进步的推动下，电视完成了由机械到电动、由黑白到彩色的更替。近30年来，磁带记录技术、超高频传送技术、彩色电视技术、卫星广播技术、计算机技术、大规模集成电路技术以及大功率固态器件制造技术等的发展和运用，使广播电视技术领域不断发生革命性变革。

第一节　广播电视的技术原理

包括我国在内的世界主要国家的广播电视技术体系正实现由模拟向数字的转变。数字技术是当前广播电视的主流技术，亦是发展方向。但应该看到，传统广播电视技术是广播电视技术的基础，在一定时期内还会应用于大众传播领域。

一、模拟广播电视的技术原理

1. 模拟广播技术

广播技术系统由音频信号的产生与处理、信号传输通道、接收三大部分构成。模拟广播携带模拟信息。音频信号通过话筒拾取。在节目制作现场或录音室，播音员及各种所需的声音通过话筒转换成音频信号，经调音台进行放大、合成及效果处理后形成播出所需的音频信号。为了对声音信号进行远距离传输并提高传输通道的利用效率，还需要通过调制环节把音频信号调制到高频载波上。

(1) 声电转换与电声转换技术

声波的物理振动转换为电信号的过程即声电转换过程，反之则是电声转换。声电转换通过传声器完成，这是一种换能器件，即人们通常所说的话筒或麦克风。传声器的基本工作原理可概括为两个过程，首先要感应外界的声波并将其转换成相应的机械振动，再将此机械振动转换成相应的电信号。因此，传声器包括了声波接收部分和机械能一电能转换部分。借助传声器，声波的振动情况被转化为输出电压或感应电流的变化，进而将声音的三要素(响度、音调、音色)转换成了电信号中的三要素(幅度、频率、波形)。传声器的类型很多。目前使用最广泛的传声器是动圈传声器和电容传声器。此外，采用调频方式的无线传声器近年来也被广泛应用。①

同理，要实现电声转换也需要借助换能器件，即扬声器，俗称喇叭，其作用是将按声音变化的电信号转换为声音信号。扬声器有电动式、压电式、舌簧式等几类，广播电台和一般收音机中大多用电动式扬声器。电动式扬声器又可分为纸盆扬声器、球顶形扬声器和号筒形扬声器。

(2) 调制和解调技术

语言和音乐的频率在 20 赫兹至 20 千赫之间，其波长大约从 15 千米到 15 000千米。要直接传送这种频率不断变化的电磁波，技术上很困难。根据无线电学原理，发射天线的长度应是波长的一半，所以仅制造如此庞大的天线都是不太可能的。同时，各种频率不断变化的信号混杂在一起，也很难使接收者方便地选择到自己要接收的信号。所以要实现广播的远距离传输，需要把基带信号"寄载"到一个频率较高的载波上而形成一个新的信号，这便是调制的过程。反之，在接收端将高频载波上的基带信号还原出来，便是解调过程。高频调制和解调技术是广播电视技术的核心。

传统广播一般使用模拟调制技术。模拟调制有调幅(AM)、调频(FM)和调相(PM)三种基本形式。目前广播电视采用的高频调制方式主要是调幅和调频两种。根据是使用频率变化携带信息还是使用幅度变化携带信息，可以将广播分为调频广播与调幅广播。调幅系统实现简单，但抗干扰性差，传输时

---

① 史萍、倪世兰:《广播电视技术概论》，中国广播电视出版社，2003 年，第 22 页。

信号容易失真。调频系统实现复杂，占用的频带远比调幅波宽，但抗干扰性能好，传输时信号失真小，设备利用率也高。在广播传播中，调幅波段的声音总没有调频波段的声音好听，调频波段的声音音域更宽广，高低音丰满、逼真，声音清晰浑厚。1941 年美国率先开始调频广播，1958 年我国开始调频广播。

(3) 无线电波的频段

以电磁波形式传输声音信号是声音广播的主要形式。电磁波既可以空间传播，也可以在传输线或波导中传播。电磁波在空间传播主要有地面波、空间波和天波三种途径。不同频率(或不同波长)的电磁波具有不同的性质。按照频率和波长的不同，人们把电磁波分为不同种类，频率在 300GHz 以下的称为无线电波，主要用于广播、电视及其他通信领域。由于不同频率的无线电波具有不同的特点和用途，人们把无线电波又分成许多波段，如用于海上远距离通信的超长波、用于电报通信的长波、用于无线电广播的中波、用于无线电广播和电视的短波、用于无线电广播和电视以及导航的米波、用于卫星通信和雷达的厘米波等。

中波(中频)：526.5kHz 至 1 605.5kHz。传统的中波广播采用调幅制。中波分地波和天波两部分传播，以地波覆盖为主，地波覆盖区域为中波广播覆盖区域，根据发射功率大小，覆盖范围一般在几十或上百公里，主要用于对国内的声音广播。

短波(高频)：2.3MHz 至 26.1MHz。由于该频段在大气的电离层可形成较稳定的反射，而地波衰减很快，因此短波广播主要以天波传播为主。短波广播信号经电离层反射后，可传播到几百甚至几千公里之外，适于对远区广播，一般用作国际广播。

2. 模拟电视技术

如果在一个设备或传输系统中使用或处理的是模拟电视信号，则称该设备或系统为模拟电视设备或模拟电视系统。在电视技术系统中，摄像部分完成光电转换，传输部分完成电视信号的传输，再由显像部分将电视信号还原成为光学图像。整个过程涉及信号形式变换、信号选择与编码、各种参量的确定、失真的校正等一系列传输、处理信息的方法与原理。在传输部分，高频调制和解调技术解决了通过高频电信号附载传送音视频信号的难题。

在此主要分析摄像和显像的原理。

(1) 光电转换与电光转换技术

光电转换过程即摄像过程。1873 年英国科学家约瑟夫·梅证实硒元素具有光电效应(受光线照射后能向外发射电子)，即硒可将光能变成电能，在理论上证明了任何物体的影像都可以通过电子信号予以传播，这是电视发明的理论依据。在摄像过程中，被摄影像通过摄像机的镜头（光学透镜）投射在摄像管底部的硒板上，通过电子束扫描，记录下图像映射在硒板上的光线变化。显像时再通过电子束扫描，在荧光屏上还原光线的变化，从而形成图像。上世纪80年代之后，以CCD(Charge Coupled Device)为代表的摄像器件进入实用阶段，这种摄像器件无须电子束扫描就能实现光电转换，而且在体积、重量、功耗等性能方面都明显优于摄像管。目前，CCD摄像机已取代摄像管摄像机。[①]

电光转换过程即显像过程，在显示装置上完成，其工作原理与显示材料及结构有关。传统用于电光转换的显示器件主要是CRT(Cathode-Ray Tubes)，即阴极射线管显示器，已逐渐退出市场。平板显示器件是近几年发展起来的用于图像显示的主流电光转换器件。这类显示器件在电光转换时不需要电子束的参与，因而也就没有电子枪，整机结构很薄，像一个平板，因而得名。目前平板显示器件主要有PDP（Plasma Display Panels，等离子显示器）和LCD（Liquid Crystal Display，液晶显示器）。其中，液晶监视器又存在CCFL（Cold Cathode Fluorescent Lamp）和LED(Light Emitting Diode)两种技术产品。

（2）图像的传送与扫描

电信号传送时一般采取顺序制传送，即按一定顺序将一个个像素的光学信息轮流转换成电信号，用一条传输通道依次传送出去，在接收端的屏幕上再按同样的顺序将电信号在相应的位置上转换成光学信息。在接收端的显示屏上，尽管各个像素是轮流发光的，但轮换速度很快。由于人眼的视觉暂留现象及发光材料的余辉效应，使前一个发光像素的印象尚未消失，后一个像素又开始发光，结果给视觉造成的感觉是所有像素都同时发光，并不会造成顺序出现的感觉。

在顺序制传送系统中，构成一幅画面的所有像素在进行光电转换、传输以及电光转换时都要按照一定的规律进行，实现这一规律的过程就称为扫描。扫描方式主要有逐行扫描和隔行扫描两种。所谓隔行扫描，是指将一帧（frame）电视图像分成两场（field）来扫描，第一场扫描画面的奇数行，第二场再扫描画面的偶数行。逐行扫描是计算机显示系统采用的扫描方式，对电视系统来说，也是一种比较理想的扫描方式。不过，由于对传输通道的带宽要求很高，同时也使电视设备复杂化，因此，在电视发展初期并没有成为电视系统的扫描方式。传统电视系统采用的都是隔行扫描。

① 史萍、倪世兰：《广播电视技术概论》，中国广播电视出版社，2003年，第237页。

(3) 彩色电视的制式

研究发现,所有色彩都是由红、绿、蓝三种颜色混合变化而成的,红、绿、蓝被称为"三原色"或"三基色"。根据这个原理,人们研制出了彩色电视。彩色电视的原理是:在摄像时,摄像管中有三个电子束同时扫描投射有光图像的硒板,每个电子束分别记录每一个扫描点色彩红、绿、蓝中的一个基色信号,三个基色信号按一定的编码方式被分别传送到接收端在显像管的荧光屏上,每一个扫描点都并列排着三个小的扫描点,每个小扫描点负责显示一种基色信号;显示时,每三个小扫描点为一组大扫描点,混合显示出原来图像具有的色彩。

在电视信号的传递过程中,将三基色分解与组合为电信号时,不同国家采用了不同的制度和技术标准,这便导致了彩色电视制式的不同。目前,世界上用于广播的彩色电视制式有三种。第一种是 NTSC 制,1953 年起用于美国,采用美国全国电视系统委员会(National Television System Committee)的英文缩写命名,这种制式电视机成本较低,兼容性较好,缺点是彩色不稳定。联邦德国和一些欧洲国家在 NTSC 制式基础上进行改进,于 1962 年研制成功 PAL 制(逐行倒相制,Phase Alternation Line),并投入使用,这种制式的电视机性能最佳,收看效果好,但成本较高。以法国为首的一些国家则在 1956 年提出,1966 年制定了 SECAM 制(又称逐行轮换、储存、调频传色制,简称调频制),这种制式的电视机较 NTSC 制效果好,但又不及 PAL 制,其缺点是成本较高,兼容性差。不同制式的产生是上世纪 60 年代美、德、法等国在技术上激烈对抗的结果,其技术指标各异,比如 NTSC 制的帧速率为 29.97 帧/秒,而 PAL 和 SECAM 制为 25 帧/秒;NTSC 制的标准分辨率为 720×480,而 PAL 和 SECAM 制为 720×576。三种制式并存给节目交流带来了诸多不便。

我国在黑白电视开播不久便研制出全套国产彩电演播设备和发射机,并于 1960 年 5 月 1 日在北京建成第一个彩电试验台,用 NTSC 制进行了试播。后因国民经济暂时困难"下马"。1969 年,彩色电视研究再度展开。经过调研,决定暂用 PAL 制,1982 年正式决定 PAL-D 制为中国彩色电视的标准制式。

二、数字广播电视的技术原理

数字化是一场世界范围的新技术革命。广播电视的数字化就是在节目制作、传输、接收三个主要环节用数字信号取代模拟信号。目前,我国广播电视在节目采集、制作、播出环节已实现数字化,并正在通过推进有线电视的数字化转换和普及机顶盒,实现传输和接收环节的数字化。相较模拟广播电视,数字广播电视功能多元,效果优异,优势明显,是当前广播电视技术的主流。

1. 数字广播技术

(1) 声音的模/数转换

传统的广播电视信号处理采用模拟方式。模拟信号处理有很多弊端,如难以做到高精度,受环境影响较大,可靠性差,不够灵活等。随着大规模集成电路以及计算机的飞速发展,加之数字信号处理理论和技术的成熟完善,用数字方法来处理信号,即数字信号处理,已逐渐取代了模拟信号处理。目前,声音广播系统和电视广播系统已广泛采用了数字信号处理技术。

众所周知,从自然界获得的信号都是模拟信号,如通过传声器得到的声音电信号,或通过摄像机得到的图像电信号。要进行数字信号处理首先要将模拟信号转变为数字信号,这一过程即模/数转换过程。声音的模/数转换过程包括三个阶段,即采样(Sampling)、量化(Quantization)、编码(Encoding)。进行数字录音时,单位时间内对模拟信号进行样本提取的次数被称为采样频率,单位赫兹(Hz)。例如使用48kHz的采样频率,就意味着每秒钟要对声音进行48 000次分析,并记录下每两次分析之间的差值。录音时的采样频率越高,回放时的音质也就越好。量化比特数(单位为bit)用于描述每个音频采样点的比特位数,它是一个指数。8bit声音采样意味着将使用2的8次方(256)级深度来描述一个采样点;16bit声音采样意味着将使用2的16次方(65 536)级深度来描述一个采样点。量化比特数越大,则量化误差越小,量化后的信号就越接近于原信号。编码的过程是将已量化的信号幅值用二进制数码表示。编码之后,每一组二进制数码代表一个采样值的量化等级。在数字音频技术中,视应用场合不同,通常使用以下几种采样频率:32kHz(用于数字卫星广播)、44.1kHz(CD标准音质)、48kHz(用于演播室)。量化比特数有8bit、16bit(CD标准音质)和24bit(SACD标准音质)等几种。编码方式一般为PCM(脉冲编码调制)。

(2) 数字音频压缩标准

模拟音频信号经过模/数转换器变为数字信号,即PCM信号码流。如果将PCM信号直接进行传送,将会占用很大的信道宽度,频谱利用极不经济。为了能够有效地存储和传输数字音频信号,必须采用压缩技术降低音频信号的数据量和数码率。压缩编码的目的是降低数字音频信号的数据量和数码率,以提高存储和传输的有效性。

国际通用的数字音频压缩标准主要有MPEG音频编码和杜比AC-3音频压缩编码。到目前为止,MPEG已先后公布了MPEG-1、MPEG-2和MPEG-4等标准。其中,MPEG-1音频编码标准适用于视频、音频(伴音)信息;MPEG-2

音频编码标准扩展了多声道环绕声编码和多语言节目编码；MPEG-4 编码标准则包含对人工合成和自然两种不同声音素材进行压缩编码的多种算法。杜比 AC-3 是美国高清电视（HDTV）标准（ATSC）中声音系统数据压缩标准。AC-3 标准规定的采样频率为 48kHz（也支持 44.1kHz 和 32kHz），其编码器最多可接收 5.1 声道的 PCM 信号，即左（L）、中（C）、右（R）、左环绕（LS）、右环绕（RS）5 个全带宽（20Hz—20kHz）声道和 1 个频宽仅为 20—120Hz 的超低音声道。杜比 AC-3 主要是为高清电视的 5.1 声道设计的，但也支持双声道和单声道。

2. 数字电视技术

所谓数字电视，就是将模拟电视信号转换成数字信号，然后进行各种处理，如编码、调制、传输、存储等。在模拟电视系统中，亮度、彩色、声音信号的参数变化完全模拟实际的物理参数变化，而数字电视的亮度、彩色、声音信号的参数变化用二进制数字表示。从摄像机的光电转换器件得到的电视信号是模拟信号，因此数字电视技术的核心是模/数转换。与声音的模/数转换原理类似，将模拟电视信号变成数字电视信号同样包含三个过程，即采样、量化及编码。只不过由于彩色图像较之声音更加复杂，因此模/数转换的技术也更加复杂。同样，由于编码后的视频信号码率较高，数据量大，要设法对其进行压缩。常用压缩标准包括 MPEG-1、MPEG-2、MPEG-4 等。

数字电视的技术指标与模拟电视有所区别。比如宽高比，即屏幕宽度与高度的比值，模拟电视的宽高比大多是 4∶3，而数字电视却主要是 16∶9；再比如扫描标准，数字电视存在 480p、720p、1 080i 等多种系统，其中前两种便属于逐行扫描。目前在全球形成了五大数字电视系统的标准，它们分别是：应用于北美洲的 ATSC 标准，应用于欧洲、非洲、大洋洲和亚洲一些国家和地区的 DVB 标准，应用于日本的 ISDB-T 标准，应用于巴西的 ISDTV 系统以及中国自主研发的 DTMB 标准。采用数字技术不仅可以使电视设备获得比原有模拟设备更高的性能，而且还可以实现诸多模拟技术不能实现的新功能。

第二节　广播电视的技术系统

早期的广播和电视技术系统构成较为简单，主要是由无线电播发和接收端设施组成。如今的广播电视事业已经发展成为多形态、多环节、多功能、多层次的规模庞大的系统，广播电视技术系统也自然可以细化为若干子系统。

一、节目制作系统

1. 广播节目制作设备

广播节目制作要通过前期的素材采集、录音和后期的剪接、编辑、复制等加工处理，直到形成可供播出的完整节目。这是一项综合性的技术工作，涉及面很广。要制作一档高质量的节目，必须正确使用电声系统中的各个器件和技术设备。

(1) 数字音频工作站

数字音频工作站(DAW，Digital Audio Workstation)是以计算机控制的硬盘为主要记录载体的数字音频制作系统，是计算机技术和数字音频技术相结合的产物。数字音频工作站一般由计算机、专业声卡和功能软件组成。其基本原理是：通过数字声卡，对输入的模拟音频信号进行模/数转换，生成可用于计算机的数字声音文件，再由计算机对声音进行综合处理，并完成输出。

一台标准的数字音频工作站是集计算机、多轨录音机、非线性编辑、调音台、效果器等功能为一体的数字音频设备。通过数字音频工作站，在录放音时既可以听见声音，也可以在屏幕上看到波形，所有操作界面都可同屏显示，使操作更直观、简洁、有效。数字音频工作站具备先进的编辑功能，可以方便地对声音素材进行删除、静音、复制、拼接、移调、伸缩等操作。在计算机的控制下，可以完成调音、电平调整、均衡、声音压扩、限幅、混响、延时、声像移动等功能。与传统音频制作相比，省去了大量的周边辅助设备，且性价比高，操作比较简单。

用于数字音频工作站的软件通常可分为两类：一类是全功能软件，可以对音频信号进行录音、编辑、处理，做出成品节目甚至刻出 CD 母盘；另一类是专门软件，如广告制作管理软件、音乐电台播出软件等。数字音频工作站软件还可以分为通用软件和专业软件。前者基本与硬件无关，适用性很强，如 Adobe 公司的 Sound Booth；后者要求与硬件配套使用，具有更强的专业性，如 Pyramix、Protools、Xtrack 等。

(2) 调音控制台

调音控制台简称调音台，通常分为三种：一种简单地用于录制或扩声，对信号处理并不多，通常为 8 路或 12 路输入，主要用于节目制作或作为直播调音台的备份；另一种是用于直播的调音台，也叫播出调音台，输入路数一般为 18 或 24 路；第三种是用于文艺录制的调音台，有比较复杂的声音处理功能，通常为 48 路以上。

目前，数字调音台已趋于普及。数字调音台是由专用数字信号处理（DSP）硬件构成，对信号的处理完全由软件进行，调音台控制面板与装有高速运算电路的计算机相连接。其特点是充分利用演算精度，可以做到在信号处理的过程中不会引起质量的劣化。所有的参量值与预设值都能存储，利用数字信号处理的特征，具有进行新的信号处理的可能性，如应用延时器等。由于以计算机控制为主，容易与数字音频工作站等外部设备构成系统。

2. 电视节目制作设备

电视节目制作是指根据节目内容和要求，采用有效的技术手段及制作方法，制作出具有声音、图像和艺术效果的电视节目。其过程一般可分为前期和后期两个阶段。前期制作主要为电视节目收集所需的素材，例如，用摄录像机进行现场采访，用转播车录制大型歌舞及比赛，在演播室录制节目等；后期制作是将所得到的各种素材进行加工处理，例如，对素材进行编辑、加字幕、特技处理、配音等，最后制作成符合播出要求的成品节目。

（1）摄像机

摄像机是一种把景物的光学图像信号转换成电信号的设备。当拍摄一个物体时，物体上发射的光线被摄像机镜头收集，使其聚焦在摄像器件的受光面上，摄像器件把光信号转变为电信号，即“视频信号”。

彩色摄像机的种类很多，根据摄像器件的不同，主要可分为 CCD 类和 CMOS 类；根据视频信号存储介质的不同，可分为磁带类、硬盘类、光盘类、储存卡类等；根据用途又可分为广播级、业务级和家用级。其中，广播级主要应用于电视广播系统，其特点是图像质量高，价格较为昂贵。按使用场合不同，摄像机还可分为演播室制作（ESP）用摄像机、电子现场节目制作（EFP）用摄像机和电子新闻采集（ENG）用摄像机。目前，摄像机正向摄录一体化、高质量、通用型、数字化和小型化等方向发展。所以上述分类方法并非是绝对或一成不变的。不少厂家也已不再严格区分 ESP、EFP 或 ENG，使用时可根据制作方式的不同，将各种附件与摄像机组合成符合实际需要的摄像系统。

（2）录像机

录像机是以磁带、硬盘、光盘、半导体介质等为存储媒体对视频信号进行记录和重放的设备。磁带录像机是利用电磁感应原理，将视频信号和声频信号以剩磁的形式记录在磁带上，并可进行重放的电视节目制作与播出设备。数字录像机与模拟录像机的主要区别在于录放系统，数字录像机录放的是纯数字信号，因此要根据数字信号的传输和录放要求进行一系列处理，如通道编码、解码，纠错编码、解码等。近年来，随着非线性编辑和计算机辅助制作技术的普及,使用大容量硬盘存储视频文件已成为一种非常主流的方式。

(3) 编辑系统

线性编辑(linear editing)系统即磁带编辑系统,简单地说,就是采用两台录像机进行有选择的复制方法,一台重放素材带,将选好的素材镜头顺序录制到另一台具有编辑功能的录像机内的磁带上,并精确地控制两台录像机的伺服与同步,保证镜头间连接点的准确与稳定。在这种方式下,素材均存储在磁带上,对素材的查找必须沿磁带方向顺序进行。由于编辑时磁带只能从一端走到另一端,无法随意跳跃到某个位置,所以这种工作方式被形象地称为“线性”编辑。线性编辑系统主要由编辑录像机和编辑控制器构成。

非线性编辑(nonlinear editing)系统即硬盘编辑系统,是指使用盘基媒体进行存储和编辑的数字化视频、音频后期制作系统。非线性编辑系统将音、视频素材以数字方式记录在计算机硬盘上。硬盘上的信息按照磁盘操作系统的规则进行分配,其存储模式与时间顺序无关,操作者可在任何时刻随机存取任何信息,不受时间顺序“线性”约束,因此,被称为“非线性”编辑。非线性编辑系统集录像机、切换台、特技机、图文创作系统、调音台、编辑控制器等于一身,在完成编辑功能的同时,还能实现特技效果、切换、字幕叠加、配音、配乐等功能。从这个意义上说,非线性编辑系统实际上是一个完整的节目制作系统,它带来了编辑的方便性、瞬时性和随意性,大大缩短了编辑时间,为电视节目制作提供了良好的环境。

二、节目播出系统

所谓播出是指按照预先编排好的节目时间顺序,在播出机房用切换方式将节目的图像或声音送往传输与覆盖部门。“广播电视节目的播出方式一般有三种:录播、直播与转播,通常是录播与直播穿插进行,而转播主要使用外来信号。”①

1. 直播系统

直播是指节目形成的同时就直接播出的方式。一般来说,直播节目可以分为播音室(演播室)直播和现场直播两种。该方式播出节目不经过录制工序,其特点是时效快,具有亲切感,是新闻和评论节目经常采用的方式。随着生活节奏的加快,热线电话、群众点播等生动活泼的直播方式越来越受到受众的喜爱。借助短信平台,还可以与受众进行互动交流,甚至邀请嘉宾进入直播

① 宫承波:《广播电视概论》,中国广播电视出版社,2009年,第62页。

间，对有兴趣的话题进行讨论。在直播现场，也可以配合播出内容插播一些先前录制好的节目。在广播直播节目中，放音机、激光唱片、调音台等设备常由播音员自己操作控制。由于直播方式要求不能出现差错，因而对播音员或主持人的要求较高。

播音员或主持人在进行直播时，也可同时对声画信号进行记录，这种方式称为“播录”，它是指在进行直播的同时，又从输出端接出一路节目信号送到信号存储设备中，进行录音或录像，这种方式适合于多次重复播出的节目。

播出机房是电台、电视台中信号流程的最后一部分，为使播出的信号符合标准，需要在播出之前对信号进行一些加工处理，所需设备主要有视频均衡分配放大器、音频分配放大器、视频处理放大器、电缆校正放大器等，此外，还有一些监测设备和仪器，如图像监视器、波形监视器、矢量示波器等，用来检查和测试播出信号的质量。电视系统对图像信号和伴音信号是分别处理的，因此在播出时需要用视频切换台和音频切换台同时对各路节目的图像及其伴音进行切换。

2. 录播系统

录播是指播出事先制作好的节目的录音带或录像带，并按照预先规定好的节目运行程序依次播出。以广播节目为例，通常是信号送到调音台的声音信号输入端，经过电平调节和音质修饰后，由调音台输出，经电缆、光缆或者计算机网线送往中央控制室进行交换、放大、分配，再通过传送系统将节目信号送到发射台或者其他传送通路。录播可以减少差错的产生，并且可以从容地对节目进行反复录制、精细加工，保证节目的播出质量。另外，录播可根据节目要求的时间长短进行编辑，使节目更紧凑。有时，在录播的过程中也会穿插一些直播的内容，称为“插播”。

在数字化播出平台中，可以直接采用已经联网的节目录制站制作好节目，按照需要将节目发送到播出站，播出站按照编排站已经排好的节目单自动播出，并且可以随时调整并播出所需的节目。当前，这种非线性播出系统（硬盘播出系统）已得到广泛使用。在这类系统中，借助上载工作站，可通过网络向播出服务器上载需要播出的音视频节目；播出工作站用来控制播出服务器的输出通道，实现节目的自动播出；文件管理器为以太网中各台工作站服务，同时也是公共数据存储的地方；播出服务器是硬盘播出系统的核心，它可通过网络实现音视频数据的上下载，并实现多频道的自动播出。其存储器通常采用磁盘阵列结构，具有容量大、工作稳定的特点。播出服务器通常有一主一备两个，主服务器出现异常时，可自动转到备用服务器。

3. 转播系统

转播是指直接转发播出外来的节目信号。这种音视频信号可以是专业人员外出摄取(拾取)后传回的,也可以是别的电视台(电台)提供的。一般来说,转播可分为实况转播和台际转播两种。实况转播的节目源来自现场,如剧场、会场、体育场馆等,播音员一般也在现场进行播音解说。利用便携设备或安装有播控和制作设备的转播车对现场获取的信号进行放大、修饰、调节等处理,再将节目信号通过电缆、光缆、微波线路或广播卫星送到中央控制室,经过中央控制室送到直播间,经放大调整后返送回中央控制室,最后由中央控制室放大后传送到发射台。传送线路应有主、备节目信号线和专用联络电话线等。另外,也可由转播车直接将节目通过卫星进行转播。

台际转播是由接收台、微波站或卫星地面接收站将收到的其他电视台(电台)的节目信号送至本台后播出的形式。

三、信号传输系统

传送广播电视节目信号的过程称为传输。广播电视传输方式主要有电缆传输、光缆传输、微波传输、卫星传输和地面超短波传输等。传输通道分为无线和有线两种形式。无线传输方式是指将信号以电磁波形式通过空间辐射方式来完成信号的传输,包括地面传输系统和卫星传输系统。有线传输方式是指将信号通过电缆或光缆直接传送给用户的传输。

1. 地面传输系统

地面传输系统是指把图像电视信号和伴音电视信号经发射机调制后由发射天线以电磁波的形式辐射出去,用户可直接利用电视机进行收看的电视系统。利用高频电磁波在空中传递信号,无须架设电缆,在覆盖范围内的任何地点都可接收。因为发射台和转播台建于地面,故称地面传输,采用地面传输方式的电视称为地面电视。这种传输系统发展最早,接收技术最成熟,由于覆盖范围广、普及程度高,在城郊及农村地区的广播电视传播方面具有重要作用。其缺点在于:保密性相对较差,覆盖范围有一定限制,重影和空间杂波辐射引起的各种干扰会导致信号质量下降。

电视的地面传输主要使用微波和超短波两种电磁波波段。采用微波传输可将省会及附近城市的有线电视网连接在一起,组成一个大规模的网络,如全省有线电视网。另外,在一些临时性的场所或外景地进行新闻采访、体育转播等活动时,也可采用定向微波把现场节目传回到电视播控中心,这样就避免了临时铺设电缆或光缆的麻烦。超短波传输主要用于 VHF(甚高频)和 UHF

(特高频)电视广播。另外,声音调频广播也采用超短波传输方式。承担信号发射任务的发射台主要由两部分设施构成,一部分是发射机,一部分是发射天线。其附属设备一般还有电源装置、发射机冷却装置、信号调度装置、天线倒换装置等。

2. 卫星传输系统

卫星传输系统是指将广播电视信号经一定处理后发送给地球同步卫星,再由卫星将信号转发给地面的广播电视信号传输系统。1963 年,美国在卡纳维拉尔角发射了第一颗地球通讯卫星"电星号"。这颗卫星可以传送美国和欧洲之间的电话等信号。1964 年 10 月 10 日,美国的 Syncom 号卫星在太平洋上空 37 000 千米的同步轨道上向美国转播了东京奥运会的开幕式,这是第一个横穿太平洋的电视画面。

卫星电视广播系统主要由广播卫星、上行地球站、地球接收站、测控站组成。广播卫星是卫星广播系统的核心,其星载广播天线和转发器的主要任务是接收来自上行地球站的广播电视信号,并经低噪声放大、下变频及功率放大等处理后,再转发到所属的服务区域。与地面广播电视相比,相当于把原来的发射天线提高到距离地面几万千米的高空。卫星广播系统特别适合于面积比较大的国家或地区使用。因为在比较大的国家或地区要建造十分庞大的地面广播电视发射网,需要巨额投资和长时间的建设。采用卫星广播更加经济,而且建设容易,效率更高。

3. 有线传输系统

通过光缆和电缆将广播电视信号传送到家的方法称为有线传输。有线广播源于有线电话;有线电视则始于美国。1949 年,美国建立了一套有线分配系统,将天线接收到的电视信号进行放大、分配并输送给各个电视接收机,称有线电视或电缆电视(CATV)。这样,一定范围内的许多用户可以共用一副或一组天线来接收电视节目,因此有线电视又称共用天线电视。尽管最初是为了解决边远地区收看不到电视的问题,但有线传输以其频带宽、与其他无线电行业互不干扰等优点备受青睐。目前,有线电视网已成为我国城市电视信号传输的主要形式,并逐步向农村发展。截至 2010 年底,全国有线电视用户达 18 730 万户。

从传输介质来分,有线传输系统包括电缆传输网、光缆传输网及混合传输网。有线电视系统传输电视信号通常采用同轴电缆,与无线传输方式相比,屏蔽性能好,不易受外界干扰,信号在传输过程中的损失较小,因而传输质量较高。同时,同轴电缆允许传输频率范围很宽的电视信号,从而使一条电缆可以传输多套电视节目，并且容易实现双向传输。但电缆传输系统也存在传输距离短、温度变化对信号的影响较大、频带宽度较窄等弊端。近年来，人们利用具有全反射特性的光学纤维作为传输媒介，以光波作为载波，可在一条光缆中同时传送很多路电视节目。光缆传输因传输距离远、不受环境温度影响、传输频带宽和信号质量好等优势而获得快速发展。

四、信号接收系统

受众（用户）位于广播电视的接收端。接收系统的主要任务是接收传输系统送来的广播电视信号，并经一定处理后还原成为图像和声音。“能够接收到广播电视的地方称为广播电视覆盖区。通常以人口覆盖率来衡量广播电视的有效覆盖情况，其高低是衡量广播电视事业发达程度的重要指标。”[①]广播电视覆盖方式是指将广播电视节目传送到受众的途径。目前我国采用多种技术手段实现混合覆盖，无线、有线、卫星是主要的传输覆盖方式。

根据广播电视覆盖方式的不同，接收方式也有所差别。无线广播电视接收需要借助天线接收。传统有线电视系统的终端可直接与电视机相连，供用户收看模拟电视节目；现代有线电视系统的终端要通过机顶盒连接到电视机，以便收看数字电视节目。卫星广播电视信号由接收站接收，接收站分集体接收站和个体接收站两种类型，主要由室外单元的天线、高频头和室内单元的接收机组成。

第三节　新传媒技术与广播电视新形态

新传媒技术的发明和应用推动了广播电视传播手段、服务质量及技术水平的不断提高。广播电视新媒体的发展和传统媒体与新媒体的融合步伐持续加速，各种全新形态的广播电视不断出现。

一、新传媒技术概观

新传媒技术是指依托数字技术、网络技术、移动通信技术等新技术而形成的新的传媒技术体系，其核心是数字技术。数字技术的普及堪称现代信息领域最大的一次技术革命，这场革命的浪潮在20世纪末的最后几年迅速席卷全球。所到之处，不仅改变了人类的信息传播方式，也改变了人类的生活方式和

① 张振华：《中国广播电视概要》，北京广播学院出版社，2003年，第219页。

思维方式。新传媒技术具有不同以往的技术秉性。

一是“包罗万象”，应用终端具有丰富性和广延性特点。数字技术使得传统的媒介边界走向消解，为媒介内容的共享提供了可能。而网络技术的发展，则是在实施这种共享，使得人们在任何时间、任何地点可以接收到任何形态的信息内容，如在手机上看报纸、看电视、上网。如今，无论是普通的家用电脑、笔记本、手机、iPad、MP3、MP4 播放器，抑或是如 PDA、PSP 等移动多媒体终端，都可以搭载数字格式的音视频内容，而多功能的“跨界”产品更使得新媒体终端具有融合色彩。在我国，数以亿计的网民和手机用户足以使广播电视的覆盖面大大扩展，而新媒体应用终端与传统传播载体的区别在于其是个性化和因人而异的，具有更佳的传达率。

二是“四海一家”，计算标准具有统一性和开放性特点。新技术是基于 0 和 1 的二进制数字技术，数字平台的标准具有统一性和开放性特点。因此，所有的媒体内容都必须数字化，数字广播、数字电视、数字出版、数字音乐，都必须在数字平台上运行。数字媒体平台由于使用标准化的技术，可以不分国界，无视种群，不仅可以使信息、娱乐和广告传播变成个人化的、参与式的、亲密的、移动的、可测的，而且可以搭载人类文明的所有创造物，可以延续传统媒体的生命。对于广播电视而言，还无疑增加了音视频内容对外交换和共享的便利性。

三是“以人为本”，服务环境具有人性化、个性化的特点。在数字时代，大众传播的对象往往是单独一人，这在很大程度上接近人际传播，也被称为当代的“非群体化的传播”。尼葛洛庞蒂曾举天气预报的例子说明其人性化、个性化之处，“关于气象的比特抵达你的 computer - TV(电脑电视)之后，位于接收端的你，直接或间接地运用电脑的智慧，将比特转换成为有声的报告、印制出的地图，或是你喜爱的迪士尼卡通人物……传送信息的传播业者根本不知道传送出去的比特最终会以何种面目——影像、声音，还是印刷品——在接收端出现。这由你决定。比特离开传播源之后，你可以把它们转换成各种不同的形式，凭借不同的电脑程序使之个人化，一切全都取决于你”①。

数字技术使整个信息领域打破了行业界限、系统界限和部门界限。在模拟时代，广电系统是广播电视内容的“唯一”提供者，而在数字时代，广电系统则变成了提供者“之一”。“唯一”和“之一”的区别是革命性的，这意味着当广电满足不了用户需求时，用户可以选择其他手段。当前，全球有三个较为普及

① [美]尼葛洛庞帝:《数字化生存》，海南出版社，1996 年，第 71 页。

的信息入户终端，即电视机、计算机和手机，谁掌握了终端，谁就掌握了用户，谁就占领了这个市场。争夺业务、争夺终端、争夺用户、争夺市场的竞争日益激烈。

二、新传媒技术对广播电视技术系统的再造

技术变革最先撞击了广播电视技术平台，波及采编、制作、存储、传送、播出、发射、接收等各个环节，使整个广播电视节目制作与播出质量都有了显著改善，资源利用率大大提高。

1. 对节目制作系统的再造

相较于传统方式，数字化广播电视节目制作不仅效率更高，效果更好，而且观念全新。例如从模拟(线性)编辑系统向数字(非线性)编辑系统的转变，“要求的不仅仅是不同的操作技术，更是一个全新的编辑理念”①。线性和非线性编辑系统之间的基本区别在于，“线性系统将信息从一盘录像带复制到另一盘录像带上；而非线性系统以特定的顺序创建和排列音画数据文件，它不是一个镜头一个镜头地逐个编辑，而是基本上类似于文件管理”②。

随着网络技术发展，非线性编辑系统还从单机制作过渡到网络制作阶段。网络非线性编辑系统主要是利用以太网络技术将多台计算机组成局域网。它们可以共享一台服务器上的资源，从而提高编辑效率，降低单台编辑系统成本。当然，音视频资源能够联网共享，从根本上说还是得益于数字文件传输、交换、复制的便利。由于数字技术大大提高了电视画面的清晰度，在非线性编辑系统中，即使画面和声音经过多次编辑，也不会出现信号损耗和衰减。网上海量资源分享，也使广播电视节目制作拥有了前所未有的素材支撑。

虚拟现实技术对于传统“眼见为实”的电视观念带来颠覆性的冲击。其在电视制作领域一个典型的应用当属虚拟演播室。虚拟演播室技术是计算机图形处理技术与传统的色键技术相结合的产物。自从1994年第一套虚拟演播室系统(The Virtual Studio System，简称VSS)亮相以来，虚拟演播室系统已在世界各地得到广泛应用。虚拟演播室实质是将计算机制作的虚拟三维场景与电视摄像机现场拍摄的人物活动图像进行数字化实时合成，使人物与虚拟背景能够同步变化，生成三维虚拟场景、真人与道具融合的效果。由于虚拟演播室布景是经过计算机处理生成的，能克服常规物理布景的局限性，储存在服

---

①② [美]赫伯特・泽特尔：《电视制作手册》(第七版)，北京广播学院出版社，2004年，第23页，第268页。

务器中的虚拟布景可同时供给多个演播室应用，节省人力、物力，缩短了节目制作周期。此外，许多真实演播室无法实现的效果，对于虚拟演播室来说，却是“小菜一碟”。例如，在演播室内搭建摩天大厦，演员在月球进行“实况”转播，演播室里刮起了龙卷风，等等。

除了虚拟布景外，计算机还可以生成虚拟的动画人物，模仿真实演员或主持人的动作等。在广播制作中，得益于数字技术，拟音的逼真性大大提高，甚至还可以“模拟”出一些并不存在的音响，比如科幻作品中的激光发射声等。这无疑给广播电视节目的生产者提供了更广阔的创意空间。

2. 对信号传输系统的再造

传统信号传输方式为模拟方式。1997 年，我国启动数字电视工程，按照国家“先有线，后直播卫星，再地面广播”三步走的发展战略实施。目前，我国广播电视数字信号传输已形成规模网络。截至“十一五”末期，全国已有 170 个城市完成了有线数字化整体转换，数字化率为 45%，其中，数字电视用户数达到 8 798 万户。预计到 2015 年，全国县级(含)以上城市有线网络全面实现数字化。基于电缆宽带接入技术的下一代广播电视网(NGB)呼之欲出。NGB 能够提供家庭接入速率 100Mbps、企业接入速率 1Gbps 的能力，其建设对于推动有线电视网络双向改造，促进有线电视网络演进为大容量、全双向、全交互、多媒体应用的综合传输网络，具有重要意义。

卫星技术得到广泛应用。国际电联定义了卫星广播业务和卫星固定业务，前者通常叫卫星广播，后者通常叫卫星通信。卫星通信包括卫星固定业务、卫星间业务、卫星移动业务、卫星航空移动业务等。[①] 由于卫星功率问题，属于卫星固定业务的 C 频段卫星首先得到了应用，开创了卫星直接入户业务(DTH, Direct to Home)，即指使用卫星固定业务频段将电视节目直接送到户的业务。1983 年 11 月 15 日，美国首次播送可在住户家庭中直接收看的卫星电视节目，预示着电视传播方式之间竞争新阶段的来临。联合卫星通讯公司是提供直播电视节目的第一家公司。随着卫星功率的逐步增大，使用小型天线就可以接收的卫星广播业务迅速扩展，尤其是数字压缩技术的发展，使原来只能传一套模拟节目的一个卫星转发器可以传送 4 至 8 套数字电视节目，每个频道的广播成本降低到原成本的几分之一。可以接收几百套广播电视节目的卫星直播系统(DBS, Direct Broadcast Satellite)发展迅速。20 世纪 90 年代中期以来，卫星数字电视直播业务在美国及世界各地发展迅速。我国计划“十

① 广播影视业务培训丛书编写组:《广播电视基础知识》，中国国际广播出版社，2005 年，第 76 页。

二五”期间完善卫星直播技术平台、业务支撑与运营管理系统。卫星直播平台将具备提供100套标清和40套高清电视节目的能力，满足用户多样化、个性化的需求。

利用无线技术实现高速数据服务及双向传递的无线宽带接入业务已在全球大行其道。1997年3月，美国率先确定采用无线宽带接入技术。这种技术具有双向、宽带、高速传输的特点，投资少，接收灵活，维护方便，应用范围广泛。目前，我国自有知识产权的地面数字电视传输标准在国际电联取得了数字电视标准D系统代号，为该领域第四个国际标准，并在国外得到了推广应用。在无线覆盖网方面，预计到2015年完成县级(含)以上城市地面数字电视覆盖，在各省会以上城市开通1套地面高清晰度电视频道节目，满足固定接收的质量需求。随着调频和中短波广播的数字化推进，数字音频广播新体系也正在构建之中。

三、广播电视媒体的新形态

新技术应用使传统广播电视媒体的形态、内容、服务方式都发生了革命性改变。使其成为能融合多种技术手段，为受众提供多功能、个性化服务的强大的新型媒体。在数字技术、网络技术和移动通讯技术的牵引下，传统广播电视与新兴媒体融合发展，演变出一系列全新的媒体形态。

1. 高清晰度广播电视

(1) 数字立体声和高清广播

数字音频广播系统，即DAB(Digital Audio Broadcasting)系统是继AM广播、FM广播之后的第三代广播方式，它的出现标志着广播系统由模拟向数字过渡。DAB以数字技术为基础，采用音频数字编码、数据压缩、纠错编码及数字调制技术，在接收端可获得与原始发送信息相同质量的节目内容。目前国际上有三种DAB系统：欧洲的尤里卡147-DAB制式、美国的带内同频道(IBOC)DAB制式、日本的单路节目的DAB广播方案。不论固定、便携或移动接收，DAB都能提供CD等级的接收质量。除了可容纳多路立体声节目之外，还可传送其他附加信息，开展新业务，如在DAB广播上可以叠加图像、文字和信息。这种组合就是数字多媒体广播(DMB)。

高清广播(HD Radio)是全球主流的数字广播技术之一，可以在不影响原有模拟广播的前提下，使用模拟广播的频谱提供多路高清晰度的数字音频广播和数据业务，为模拟广播向数字广播的平滑过渡提供了很好的解决方案。

(2) 高清电视

原国际电联给高清晰度电视(HDTV, High Definition Television)下的定义是:"高清晰度电视应是一个透明系统,一个正常视力的观众在距该系统显示屏高度的三倍距离上所看到的图像质量应具有观看原始景物或表演时所得到的印象。"①目前高清电视系统的水平和垂直清晰度是常规电视的两倍左右,配有多路环绕立体声。当前主流的高清电视系统源于美国,即 1987 年开始的高级电视(ATV, Advanced Television)系统。这一系统使用数字技术,可与原有地面电视广播频道兼容。此前,日本已从 1970 年开始研发模拟 HDTV 技术,于 80 年代提出 MUSE 制高清晰度电视系统并试播成功。随后西欧提出了 HD－MAC 制的高清晰度电视系统方案。但这些模拟高清电视系统在数字技术出现后很快被各国放弃。目前的全高清电视(Full HD)分辨率为 1 920×1 080,宽高比为 16∶9。

高清电视是电视技术进步的必然趋势。从 2008 年 5 月 1 日央视综合高清频道开播,到 2010 年 9 月 28 日高标清同播一周年之际,我国已有 13 套免费及付费高清频道开播。高清频道的开播和高标清同播政策的推出极大促进了高清电视节目和影视剧的制作,带动了高清电视设备的研发和生产,从而提高了广播电视的服务水平和竞争力。目前,全国多数城市都能接收 CCTV 高清综合地面数字广播,同时全国 100 多个有线网络实现了全部或部分高清频道的落地。

(3) 超高清电视

超高清电视(UHDTV)是国际广播电视技术发展的下一个目标。其图像格式分为 UHDTV1(3 840×2 160)与 UHDTV2(7 680×4 320)两个层次,支持 50Hz、60Hz 帧频,系统采用逐行扫描;其声音采用 22.2 声道方式记录。超高清电视因其视觉上的强大冲击力,有望在户外广告、剧院实况、家庭影院、游戏等场合得到广泛应用。2012 年伦敦奥运会上,英国 BBC 和日本 NHK 两家广播公司试播了这种 16 倍于现今全高清电视的信号,即超高清(Super Hi－Vision)系统,达到 7 680×4 320 的分辨率。由于个人很少拥有能接收并放映超高清信号的设备,此次 OBS(奥运会转播机构)、BBC 和 NHK 采取的是街头大屏幕公开展示的形式。英国 4 处会场分别为伦敦、IBC、格拉斯哥、布拉德福德,而日本分别设在东京的涩谷和秋叶原以及大阪。美国独家转播机构 NBC 也取得许可在首都华盛顿设立了展示场所。NHK 计划在 2022 年前开办超高

① 张振华:《中国广播电视概要》,北京广播学院出版社,2003 年,第 253 页。

清电视节目。

2. 网络视听业务

网络视听业务“指制作、编辑、集成并通过采用互联网协议所构成的网络向公众提供视音频节目,以及为他人提供上载传播视听节目业务的活动”①。

(1) 网络广播

所谓网络广播(Internet Broadcasting),亦称“在线广播”。1995年8月,美国ABC广播公司首先利用互联网进行全球播音,标志着网络广播的诞生。随后,世界上主要的国际广播公司纷纷踏进网络。网络广播有直播和点播两种形式。对于一些有意义的重大活动或一些需要即时报道的事件,可以进行网上直播。这时,实况信号源以恒定的速率传输数据,原始记录的时间同传输播放的时间同步进行,用户可以边下载边播放。网络广播的点播方式是,根据内容将节目做成一个个片段,用户根据题目选择所关心的内容。点播方式可以更合理地满足用户的要求,同时也能更好地利用带宽资源。

(2) 网络电视

为了应对互联网的冲击,更好地满足受众不同的收视需求,传统电视台“触网”积极性高涨。1996年,美国广播公司(NBC)与世界最大的电脑软件生产商微软公司联合创办了微软全国广播公司电视频道——MSNBC。这是一个集有线与在线于一体的电视频道,观众既可以在家里通过电视收看该台的有线电视节目,也可以通过互联网获取MSNBC的信息。这标志着美国商业电视全新形式的出现,也标志着美国广电产业与网络整合的开始。1997年9月,英国广播公司在互联网上推出了网络频道。目前,互联网已成为电视节目播出和电视产品发行分销的另一重要渠道。中国网络电视台(CNTV)于2009年底正式开播。不少地方电视台也在积极开办网络电视业务,如湖南的芒果网络电视、浙江的新蓝网络电视、上海广电的新闻频道等。

3. 交互电视

交互电视即IPTV,是一种利用宽带有线电视网,集互联网、多媒体、通讯等多种技术于一体,向家庭用户提供包括数字电视在内的多种交互式服务的新技术。传统有线电视和经典的数字电视都具有频分制、定时、单向广播等特点,观众通常只有选择频道的权利,而不能选择节目得到其他信息服务。借助IPTV,用户与电视机或机顶盒或电视发送端能有更多互动,用户选择的可能性大大增加,因此称之为交互电视。

---

① 广播影视业务培训丛书编写组:《广播电视基础知识》,中国国际广播出版社,2005年,第76页。

享受 IPTV 服务一般有两种方式:(1)计算机,(2)网络机顶盒+普通电视机。其最大特点在于突破了只能通过计算机看网上电视的瓶颈,实现了通过电视机看网上电视。交互电视又可以分为存储释放式交互方式和直接交互方式两种。前者没有回传通道,通过广播通道的附加通道传送与内容有关的信息或短片供收看时交互选择收看或点播。后者还有附加的回传通道,用户可以根据发送端提供的业务选择清单通过用户端的机顶盒选择相应的服务,发送端在收到相应的选择信息后再向该用户提供相应服务,如视频点播、网络游戏等。1999 年,英国 Video Networks 推出了全球第一个 IPTV 业务。目前,美国 IPTV 占电视家庭市场份额的 5%。在中国,广电总局先后向央视、上海文广、国际台、南方传媒等单位发放了 IPTV 牌照。2010 年底,上海广播电视台 IPTV 用户已达 200 万,上海市 130 万 IPTV 用户位居全球第一,显示出这项业务的生命力。

4. 移动多媒体广播

移动多媒体广播是指"通过卫星或地面无线广播方式,供 7 吋以下小屏幕、小尺寸、移动便携的手持终端如手机、PDA、MP3、MP4、数码相机、笔记本电脑等接收设备,随时随地接收广播电视节目和信息服务等业务的系统"①。

CMMB 是我国自主创新的移动多媒体广播电视技术和标准,已经形成完整的产业链。截至目前,CMMB 信号已经完成了 331 个地级市和 36 个百强县的基础覆盖网络建设,城区室外覆盖率达到 90%以上。其中 180 个城市实现深度覆盖,城区室外覆盖率达到 95%以上,2010 年底基本完成全国网络覆盖。开播城市中 97%以上可以保证 7×24 小时播出。全国已有 31 个省份完成了业务运营支撑系统建设和运营签约,并与中国移动一道,推动我国自主创新的 TD+CMMB 的融合发展,开启了我国具有自主知识产权的无线通讯广播事业融合发展的新领域,是实践"三网融合"的有益探索。

5. 手机广播电视

手机广播电视是指借助 3G 移动通信平台开展的广播电视业务。相对于第一代模拟制式手机(1G)和第二代 GSM、TDMA 等数字手机(2G),第三代手机(3G)是将无线通信与国际互联网等多媒体通信结合的新一代移动通信系统。它能够处理图像、音乐、视频流等多种媒体形式,提供包括网页浏览、电话会议、电子商务等多种信息服务。为了提供这种服务,无线网络必须能够支持不同的数据传输速度,也就是说在室内、室外和行车的环境中能够分别支持至

① 广播影视业务培训丛书编写组:《广播电视基础知识》,中国国际广播出版社,2005 年,第 76 页。

少 2Mbps、384kbps 以及 144kbps 的传输速度。

作为广播电视内容承载传送平台的一种转移，中央电视台、上海文广先后与中国移动、中国电信联合开展了手机电视业务。2010 年 11 月，中央台承建的 3G 手机电视集成播控平台通过了广电总局验收，并与中国移动的视频运营中心实现了互联互通。之前中央台已与中国联通、中国移动、中国电信合作推出了手机视频节目，成为目前国内最大的正版手机电视集成运营商。

6. 图文电视

在模拟电视系统中，电视屏幕每秒显示 25 帧电视信号，每帧 625 行，每行从屏幕左侧扫到右侧，每帧分两场从屏幕上边扫到下边。每次从屏幕右侧回到屏幕左侧或从屏幕下边再回到屏幕上边需要一定空余时间，称为逆程。每帧 625 行中实际显示在电视机屏幕上的只有 575 行，还有 50 行是逆程，是看不到的。逆程通常除了用来传输测试信号外还可以用来传输额外的数据信息，包括图形、文字。在接收端观众使用专用的图文电视解码器可以在电视屏幕上收看到所传送的信息。早在 20 世纪 70 年代初，英国首先推出面向家庭的图文电视广播业务，用于播送人们关心的新闻、气象、旅游等信息。1993 年 12 月 18 日，中央电视台宣布正式开播图文电视，目前每天有数百页图文电视和几十个专业信道信息随电视信号同时送上通信卫星覆盖全国，凡是能收看到中央电视台节目的地方，都能通过相应接收设备享用图文电视传送的大量实用信息。

7. 立体电视

立体电视是一种能够模拟实际景物的真实空间关系的电视系统，又称三维电视（Three-dimensional Television, 3D-TV）。立体电视图像不仅能给观众一种深度感觉，而且能给观众一种景物伸展于荧屏之外似乎伸手可触的观感。自从电视问世以来，人们就开始探索实现立体电视的方法和技术。从 20 世纪 50 年代初起，英国、美国和苏联等国家开始公布试验立体电视的消息。80 年代立体电视已成功应用到教育、科研、工业及军事等部门。立体电视的技术原理建立在生理光学中有关立体信息的各种感知线索基础上，即利用两路有视差的普通平面视频形成立体视频。立体电视机等显示产品将上述两路视频分别送入观众的左眼和右眼，人脑根据两个视频之间的视差产生立体感。在具体实现中，组合两路平面视频有多种方法，常见的有双拼高清、全高清同播、全高清增强三种方案。

目前立体电视广播没有业界公认的标准，但美国 ATSC 与欧洲 DVB 等组织已相继制定了 3D 电视广播的规范。2012 年元旦，中国首个 3D 电视试验频道开始播出。有线数字电视网覆盖的用户，可以通过具有 3D 功能的电视机和有线数字高清机顶盒收看立体效果的电视节目。

8. 公共视听载体

所谓公共视听载体，“是指利用地面数字电视技术、互联网技术、硬盘播出技术等手段，通过室内外公共场所的电子显示屏播放视听节目的服务”①。车载移动电视方面，随着各地政府大力发展公共交通特别是地铁交通，公交移动电视屏和地铁移动电视屏将保持快速增长。2010 年 12 月 28 日，中国网络电视台开通“CCTV 移动传媒—民航频道”，形成覆盖全国 37 家机场的航空电视播出网络。此外，楼宇电视、户外大屏幕等公共视听载体也随着城市化进程不断发展。相关数据显示，2010 年我国公共视听载体广告收入约 74.1 亿元，比 2009 年增长 29.1%。

从技术层面讲，在公共视听载体领域，现有的硬盘、CF 卡、光盘等播出手段，都将逐步向网络化播出转型，广泛采用地面数字电视单频网技术、互联网技术、3G 技术、Wi-Fi 技术、泄露电缆技术、有线电视网技术等。

① 国家广播电影电视总局发展研究中心：《中国广播电影电视发展报告(2011)》，社会科学文献出版社，2011 年，第 105 页。

第五章　广播电视的传播特性与功能

广播电视的诞生源于电磁波的发现和电子技术的发展。电子技术的每一次创新和变革，都直接推动了广播电视的发展。同时电子媒介的物质技术基础和独特的视听符号系统决定了广播电视的传播特性。在广播电视诞生后的近一百年里，广播电视对人类社会生活、文化生活、经济生活中的重要作用日益显现。社会发展科技进步孕育了媒介，同样广播电视媒介功能的发挥，也反作用于社会发展和科技进步。

第一节　广播电视的传播特性

广播与电视虽同为电子媒介，也常被人们一起称谓，但作为听觉媒介的广播和兼具视听“双通道”的电视在传播特性上具有明显的差异。正确把握其传播特性，是科学理解广播电视媒介的前提。

一、广播电视的传播共性

1. 快速性

广播电视传播的快速性源于电子传输的光速速度，它使广播电视节目在播出后立刻就可被受众接受。只要所有的信息接受者都拥有或可利用接收工具，就可以实现所有接受者同步接收广播电视传播的信息。“传受同步”是广播电视传播快速性优势的最集中体现，这是其他任何传统媒介无可比拟的。特别是通过广播电视，有可能在事发同时，就能将现场信息以直播的形式传播给亿万受众，实现信息发生、传播和接收三者之间同步进行，如 SNG 直播报道。

需要注意的是，广播电视传播的快速性主要是指电子媒介传输的即时性，而不能简单将其理解为广播电视节目的时效性。一般而言，节目制作有一定的周期，节目播出也有固定的时段，就如同报纸要有编报、印报、发行、流通的周期一样。在广播电视的历史上，由于技术条件限制，节目制作周期曾经比较长。比如，在摄像机发明之前，电视图像是靠电影摄影机拍摄的，经过洗印后由电影放映机放映播出，后发展为经专门设备转录为磁带，然后编排播出。这样时效性自然就不强。国外在 20 世纪 70 年代末，我国在 20 世纪 80 年代中期才淘汰摄影机，改用摄像机。目前，采录设备日趋小巧灵活，机动性强，制作简单，便于记者迅速采制报道，因此，能够在“第一时间”发布信息，甚至做到于事件发生发展过程中进行同步报道。在 2008 年年初南方雨雪冰冻灾害的报道中，这一优势就充分得到体现。2 月 2 日，在前往重灾区湖南郴州的列车上，温家宝总理通过中央人民广播电台向全国听众、向灾区的群众拜年。随团记者在信号微弱的情况下通过手机连线将这个消息告知中央人民广播电台本部的导播，很快在第一时间播出，将党中央和国务院的温暖传向四面八方。可见，发挥广播电视传播快速性优势的最佳方式是与事件同步直播。但并非所有的节目类型都适合这种方式，如电视剧、纪录片等就只能做到“传受同步”，而无法实现“采传同步”。

2. 广泛性

广播姓“广”，因其受众广泛，覆盖面广。广播电视以声音和图像的形式传播信息，其接受对象具有广泛性的特点。广播电视的接受对象基本不受年龄和文化程度的限制，即使没受过教育、不识字的社会群体也能接受广播电视信息，收看广播电视节目。

广播电视传播是“一对多”的大众传播，接受对象基本不受时间、空间的限制。电波可以不受地域、位置和地理结构的限制，与卫星结合后，可以覆盖全球。广播电视因此具有极强的穿透力和极为宽广的覆盖面。尤其是广播，在发生自然灾害以至战争的区域，在人烟稀少、交通不便、接受电视信号有困难的地方，具有其他媒体难以企及的传播优势。电视媒介的覆盖虽然没有广播媒介那么容易，但在有线、无线混合覆盖，卫星电视、数字电视、移动电视不断发展的今天，相对于印刷媒介来说，无疑也具有传播的广泛性优势。

3. 丰富性

广播电视传播的丰富性体现为传播符号的丰富性和传播内容的丰富性。广播电视是综合性的信息传播媒介。从物理功能上看，广播和电视分别以声音和图像为主，传播多种信息符号，尤其是电视，它可以传播语言、音响、图像、文字、图表、图形等各类信息符号；广播除传播人的语言外，还可以传播音乐、音响。广播电视除了传播自然界原生的图像和声音外，还可以传播人造的符号和语言，甚至超现实的虚拟图像和声音。

广播电视传播的内容兼容并蓄，无所不包，对几乎所有的自然事物和社会事物都具有极大的包容性。广播电视有新闻传播、文化娱乐、信息服务和社会教育等多种功能，节目数量之大、种类之多、范围之广、内容之丰富，除了网络媒体之外，其他大众传播媒介都不能与之相比。一般来说，电视出现一个特写画面约 2 秒钟，中(近)景画面约 5 秒钟，全景画面约 8 秒钟，1 分钟新闻出现 6 至 8 个画面，而在报纸，6 至 8 幅新闻图片要占一个版，电视新闻只需 1 分钟就完成了这种新闻画面组接。[①] 可以想象，24 小时不间断播出的广播电视，其日发信息量比平面媒体要大得多。广播电视在专业化、类型化方向上的拓展，也进一步丰富了传播内容。如我国中央电视台已相继开办了电影、电视剧、经济、综艺、体育、国际、少儿、新闻、军事、农业以及科教等多个频道，其他省市还开办有旅游、女性等专业频道，节目内容包含了社会生活的方方面面。

4. 形象性

广播电视传播具有形象性、传真性的特点。传播的内容以形象的方式直接诉诸人的听觉和视觉器官，使信息的接受者对信息具有较强的感受力，这也是广播电视深受人们喜爱、具有广泛的群众基础并得以迅速普及的主要原因。报纸主要依靠文字符号传播信息，虽然也作用于人的视觉器官，但报纸传播的不是直接的形象，需要人们通过阅读文字产生联想才能形成对形象的认识。与纸质媒相比，广播通过声音传播作用于人的听觉感官，可生动表现形象，使人们方便地理解传播的内容；电视则直接传播客观事物的图像"信号"，以电子图像实现对事物外在形象的客观还原。多符号、双通道、形象直观的信息使广播电视传播更加直接、形象生动。

当然，形象化的传播也并非无懈可击。由于类型化的视听形象过度泛滥，内涵和意义表达常常被轻易淹没，人类对文本深层解读的能力被禁锢了。久而久之，受众可能形成日常的"自动化"思维惰性，丧失思考能力进而彻底跌入了视听语言的陷阱。比如，将职业女性等同于秘书、公关小姐、教师和护士，而美女则必然是"大眼睛""高鼻梁""细腰""长腿"，等等，刻板印象的强化即与形象化的传播模式有着密切的关联。

5. 时间性

任何传播媒介都以一定的形态存在于时间和空间之中，并显示出自身独特的性质。书籍、杂志、报纸、照片、石碑等，是占有空间的媒介；广播、电话、对

① 邵华泽：《马克思主义新闻观及其在当代中国的运用和发展》，人民出版社，2009 年，第 134 页。

讲机、无线通讯等，是时间性的媒介；面对面交谈、面向公众演讲、电影、电视、电脑等，则是时空兼具的媒介。空间性媒介较适宜用来传播高深的观念、复杂的思想、琐碎的情报和严谨的材料，也适合用于传播篇幅长的、准备作为证信的或不紧急的信息资料。时间性媒介则与之相反，以负载有规律的诉诸感官的符号为主，因此较适合用来传播悦耳的音乐、紧急的事情和短促的、无须留存或不准备作为证信的信息。广播电视媒介具有鲜明的时间性特征。广播电视节目以时间为“篇幅”，其传播不占据物理空间，而仅在时间中展开。

广播电视的时间性主要体现为传播的瞬时性和时序性。广播电视传播一停止，附载于电磁波上的信息也就不存在了。因为转瞬即逝，难以保存，受众不易对广播电视节目内容留下深刻印象，特别是对一些复杂抽象的内容，很难在稍纵即逝的条件下获得透彻理解。又因为广播电视节目是按照编排的时间顺序依次播放的，不可能任意打乱播放的时间顺序，更不可能颠倒时间顺序。如果不借助录音、录像技术，广播电视传播的信息是无法留存的。如果人们对广播电视传播的内容没听到看到，或没听清、看清，或误听误看，也难以弥补。而人们在看报纸时，可以对重要的信息仔细地看，慢慢地读，不仅可以反复阅读，而且可以暂时中止，留待下次续读，只要愿意，信息可以长期保留。广播电视传播的线性不可逆性质，使接受者在信息的选择上受到限制。这是传统广播电视技术的一大缺陷。当然，数字广播电视的传播将会改变这一状况。

二、广播的传播特性

1. 单信道

声音是构成广播的唯一的物质材料和运动形式，没有声音便没有广播。用声音传播信息是广播的主要特点，听觉感知是广播的本质属性。声音性是广播传播的首要特征。因此广播在采集和制作节目的过程中必须把所有的具象和抽象符号都转化成声音才能传递出去，才能在听众的脑海中形成概念。广播节目和电视节目的最大区别也在于此，广播以创造声音形象为己任，而电视则给人们视听兼备的直观形象。

相对于电视的边看边听的传播，广播的传播有着记忆上的劣势，但是，也有着它独特的传播优势。与电视的传播特性相比，广播传播的一切内容都是通过声音这一唯一的符号承载的，不会产生传播因素间的矛盾，更不会因为冗余信息而干扰了受众的思维。而且，因为声音形象是诉诸听觉的，通过听觉激发人的思维和想象，能够产生“闻其声如见其人”的效果。从这个意义来说，广播能够最大限度地调动人的心理能力，特别是想象力来参与创作过程。这便是广播传播的“单信道优势”。

2. 伴随性

广播的伴随性是广播区别于其他电子媒体的重要属性。伴随性也称“伴侣性”，是指人们在收听广播时，还可以从事其他工作，也就是说，收听广播可以只作为一个伴随行为。[①] 这是广播最突出的特点之一。广播的伴随性有两层涵义：其一是说广播收听行为常常与人的其他活动同时进行；其二是说广播具有便携、移动的接收优势。众所周知，一定响度的声音传播距离是有限的，距离声源越远，清晰收听信息的难度也就越大。如果广播的接收终端无法便携，则必然导致听众只能在声源附近的有限距离内活动，其结果，不是广播伴随人，而是人伴随广播。直到便携式、移动式的收音设备普及，广播的伴随性才真正得以实现。“随身听”正是对这一状态的形象化描述。

现如今，便携式电视接收机、便携式影像播放器、便携式电子书、便携式互联网终端（手机、笔记本电脑、iPad 等）纷纷出现。但真正能在伴随性上达到广播程度的还没有。人们之所以在各种新兴电子媒介已经普及的情况下，仍然还离不开广播，就在于广播是接收机动性最强的现代媒介。人们可以在骑车、开车、读书、料理家务的同时想听就听。

三、电视的传播特性

1. 视听兼备

既能听见又能看见，是电视的最大特点。看和听是人类接收外界信息的主要途径。传播学研究表明，人对外界的感受，60%以上来自视觉，视觉在人类的感官中是最重要的，通过眼睛，可以比通过耳朵更了解和熟悉周围的世界。眼睛记录下的是物体对光线的反应，以让人们知道物体在空间的形状、颜色、表面特点和运动形式；耳朵记录下的则是物体运动中产生的声波。眼耳并用，便在人脑中记录下了事物的最基本的特征。从记忆的效果来看，听到的信息能记住 20%，看到的信息能记住 30%，边看边听能记住 50%。人感知语言符号，以左脑为主，感知非语言符号（图像、姿态语言），右脑占优势，同时感知多种符号、交叉符号，视神经能进行筛选、分类、编码成神经活动的信号，送入大脑相关部位，形成明晰的神经语汇、大脑语言，最后由神经中枢进行组合和整合，产生对外界的认识。[②] 声画并茂、视听兼备的综合传播，顺应人的生理特

① 毕一鸣：《现代广播电视论纲》，中国广播电视出版社，2007 年，第 315 页。

② 鲁道夫·阿恩海姆：《符号心理学》，五洲出版社，1998 年，第 22 页。

点，这是电视得天独厚的优势。

从电视传播的符号系统看，电视传播视听兼备，声像互动，可以传递比其他媒介更多的信息。电视同时调动图像、声音、文字和画面景别、角度、色彩等手段传播信息，以达到真实、全面、生动地反映社会生活的目的。

2. 现场感强

电视诉诸视觉，长于再现，具有极强的现场感和场效应。在物理学上，场的概念是指在同一空间里，所有物质之间都互相有引力作用，力的互相作用从而形成更强大的能量。电视图像是直观的形象系统，电视在真实再现事物的变化过程方面，具有得天独厚的优势。在现实中事物发展变化的信息往往是多形式全方位同时发生的，例如伴随着一个具体事物发展变化的氛围、条件等等，电视传播把视听因素同时存在的事物的原生状态直接呈现在屏幕上，形成动态的场信息结构，即利用电子摄像设备的优势，尽可能地将一段生活素材保持完整，以足够的时空为观众提供一个由形象、声音、环境氛围所组成的"场"，其中有人物关系的碰撞，情感的发展积累，氛围的形成，事件的动态过程，使观众有足够的时空来观察，具有较大的获取信息的自由度。

对于电视，一个镜头就是一次"完整的传播"。在新闻节目中，电视将新闻人物之声、新闻发生现场之声、现场记者之声、同期声等与其视像结合在一起，全面地记录反映这一状况，使观众真正进入见其人、闻其声的接收状态。电视屏幕上所展示的是信息源所发出的真人、真事、真情、真景。受众通过自己的眼睛和耳朵直接了解、感受信息，现场感强，从而提高了新闻的客观性和真实性，而原生态素材的多义性也带给观众更大的思维空间。

上述优势使电视成为当今世界最具影响力的强势媒体之一。据统计，2008 年北京奥运会的前 10 天，全球观众已经达到 44 亿人，约为全球人口的 2/3。在中国，仅 8 月 8 日的开幕式，收看电视直播的观众人数就有 8.42 亿，占全国电视总人口的 68.8%。相距千万里，天涯共此时。每逢盛会或重大事件，全球观众通过视听兼备的电视传播分享如在现场的真切感受，这正是电视传播优势的绝佳体现。

四、广播电视传播特性的变化

"真正有意义、有价值的讯息，不是各个时代的传播内容，而是这个时代所使用的传播工具的性质、它所开创的可能性以及带来的社会变革。"加拿大传播学者麦克卢汉的上述言论提示我们，每一次技术的革新，都推动着社会生产力的跳跃式发展，广播电视新技术的运用和普及，使其传播特性不断发生变化。

1. 突破广播电视的传播局限

随着数字技术、网络技术的崛起，运用新媒体技术的广播电视得以实现非线性制作和播出。非线性制作使广播电视的制作周期大大缩短，制作效果大大提升；非线性播出则改变了以往广播电视时序播出、稍纵即逝的弊端。经过数字化改造的有线电视，可以实现“时移”功能，即对已播出的节目进行回放；还可以借助屏幕菜单，对已播、未播甚至常规频道不播的节目进行“点播”，以满足个性化需求。网络广播电视台的出现更是改变了广播电视节目播出的原有生态，海量视频信息可以由超链接相互关联，用户也可以在收听观看节目的同时进行即时的互动。

2. 拓展广播电视的传播优势

数字立体声广播和高清电视技术，进一步优化了广播电视的传真性；卫星通讯技术使新闻现场、广播电视媒体和千家万户实时相连；微型数字摄像机的应用促使电视媒介更多地将触角伸向社会末端；网络技术的运用使得广播电视传播的快速性优势进一步强化。由于网络传播不受时段和时序的限制，采传同步的广播电视节目大量出现，由此带来广播电视新闻时效性的进一步提升。同时，广播电视原有的“热线互动”借助网络变得更加迅捷和灵活，即时互动、延时互动、双向互动、多向互动都已成为现实。

个人数字媒体的普及和应用使广播电视的分众化、类型化趋势得以强化。随着数字移动终端的发展，广播电视接收的机动性不断得到拓展。定制功能和自动录存功能的出现、手机收视收音功能的增加，在提高接收质量、提供方便度的同时，进一步增强了接收的机动性。移动终端的小型化，也使广播电视的收视收听越来越成为个人行为。电视由凝聚家庭成员的“起居室”媒体，开始变得带有越来越多的个人性，“我们的电视”渐渐成为“我的电视”。与此同时，关注小众、着力“窄播”的类型化频道和广播电视节目开始勃兴。

第二节 广播电视的正能量

广播电视的社会功能主要是指它对社会能够施加什么样的影响，发挥什么样的作用。作为现代大众传播媒介中最重要的形式，广播电视在传播信息的方式上具有其他媒介无法比拟的优势，因此也就承担着多种多样的社会功能，发挥着显著和巨大的社会作用。从传播的影响和效果看，广播电视主要有以下积极功能。

一、传递新闻信息

从广播电视自身的内在运动规律来看，传播信息是其最重要和最基本的属性。作为信息传播媒介，广播电视通过广泛传递信息对社会产生影响。从诞生之日起，就被人们用来传播新闻，比如市场行情和天气预报之类的信息，一开始就被列入广播节目之中。接着重要政事、社会要闻之类的信息，也开始成为新闻的组成部分。“像 KDKA 的开播，就是以其对美国总统大选结果的播报为标志的。”[①]今天，新闻传播是广播电视节目内容的主体，是广播电视信息传播中的重点，也是广播电视最主要的社会职能。在现代社会，人们对新闻信息时效性和数量上的要求越来越高，广播电视媒介持续不断地公开、大量地向观众提供着各种事件发生、变化的信息，以满足社会各团体组织和个人的信息需要。尽管网络等新兴媒体在新闻信息传播的时效性、便捷度等方面更具优势，但广播电视至今仍然是最有影响的新闻传播媒介。

近年来，为了与广大受众及社会需求相适应，在世界各国的广播电视机构中，新闻节目占据传播主导地位的倾向在继续强化。大多数广播电台、电视台的新闻节目占其全部播出时间的 1/4 以上，商业性广播电台、电视台的新闻节目播出时间也在逐步增多。已经成功运作了 30 多年的纽约“1010WINS”电台，以每 20 分钟作为一个新闻组合体，每条新闻长度不超过 40 秒。它的广告词是：“给我们 20 分钟，我们给你整个世界。”在我国，2003 年开播的央视新闻频道以实时滚动的新闻播报模式，体现了新闻传播的重要性和观众对新闻信息的巨大需求。中国国际广播电台 2005 年开播的环球资讯广播（CRI NewsRadio）以小时为单位，每小时又细分为若干个板块，涵盖国际、国内、财经、科技、体育、文化、娱乐、媒体浏览、天气资讯、新闻英语等内容。听众想获知新的新闻，等待时间不会超过三分钟。可以说，广播电视是为适应人们迅速传播信息的需要而产生的。现代广播电视最主要、最基本和最经常的状态就是信息传播的状态，无论是传播政治信息、经济信息，还是广泛意义上的文化信息，它总是在进行新闻的传播、信息的扩散。

二、引导社会舆论

舆论虽然不是新闻报道本身，但是新闻报道的事实会在一定程度上引发舆论，影响社会情绪。从本义上讲，舆论是指众人的意见，而众人意见的产生、

---

① 李岩：《广播学导论》，杭州大学出版社，1997 年，第 112 页。

发展与认同，主要依据媒介中所提供的某种信息、某类说法。新闻报道作为人们对客观事物（包括自然现象和社会现象）的反映，是人们意识的产物，是建立在人们能动地认识客观事物这一基础之上的。由于认识事物的立场、观点、方法不同以及所处的社会地位、社会关系、个人素质等方面的不同，人们对同一事物也会形成完全不同的认识，这种新闻报道的意识性特征和主观色彩，经过广播电视传播的扩散与放大，便足以对社会舆论产生影响。此外，新闻报道对事件的关注和报道角度，尤其是在较长一段时间内侧重报道的内容，也会影响或左右人们对事件的判断力，影响舆论的导向。

随着广播电视事业的迅速发展，它在社会生活中所发挥的影响也越来越大，成为影响社会舆论的重要途径和手段。在美国，“随着电视成为美国人生活的核心，电视新闻成为美国人获取政治新闻独一无二的、最重要的信息来源。无论是与非，电视新闻已然成为美国政治过程中一个定期的参与者。每天晚间电视新闻里的报道，强有力地影响着美国人对社会和国家的看法”[①]。在我国，“广播电视是教育、鼓舞全党、全军和全国各族人民建设社会主义物质文明、精神文明的最强大的现代化工具”[②]。这就要求广播电视媒介通过新闻传播既不失客观又态度鲜明地引导社会舆论，将其引导到有利于社会和人民的轨道上来。2010 年，日本大地震后福岛核电站发生核泄漏事故，与日本邻近的我国是否会受到影响，一时间民众议论纷纷，甚至还传出食用碘盐能够防止核辐射的谣言，并引发“抢盐”风波。这时，作为主流媒体的广播电视坚持正确的舆论导向，通过及时开辟专栏，进行直播报道，邀请专家坐进直播间，向全社会普及科学常识，消除了民众的恐慌情绪，成功引导了社会舆论。

三、促进沟通交流

现代社会紧张的生活节奏、细密的社会分工在一定程度上导致了人际关系的疏离、社会交往的散淡。以广播电视作为交流渠道，开展精神交往，有利于增进人和人之间的沟通，促进社会和谐。广播电视之所以能够有效地促进沟通与交流，是因为广播电视传播融入了诸多人际传播的因素。例如谈话节目，主持人和受众之间利用人际通信媒介——电话，沟通感情，交流思想，再通过大众媒介把人际间的这种真情实感广泛渗透，深入人心。调查发现，参与广

---

① [美]仙托·艾英戈、唐纳德·R. 金德：《至关重要的新闻：电视与美国民意》，新华出版社，2004 年，第 165 页。

② 徐光春：《中华人民共和国广播电视史》，中国广播电视出版社，2003 年，第 211 页。

播谈话节目的听众消除了披露个人隐私的顾虑，从而保护了他们的自尊。同时它又有助于听众克服孤独感，与社会保持联系。法国国际广播电台的《喂！玛霞》节目，曾经产生过很大影响。主持人玛霞·贝朗治女士每天深夜1点到3点，在电台播出听众与她通话的实况，她把普通的谈话化为倾诉衷曲的谈心，她热心为听众服务，甚至成全了21桩姻缘……由于电话产生的双向交流更加直接、便捷，使得广播谈话节目益愈兴盛，其社会影响不容低估。

在我国，早在上世纪80年代，广东珠江电台便首开先河，以主持人形式鼓励听众通过电话参与广播，与社会开展精神交往。后来，中央电台的对台湾广播也改变了播音调门，力求以交流的形式获得听众认同。当时，由"徐曼小姐"主持的《空中之友》节目播出后，有一位台湾听众要经日本来大陆旅游，到我驻日使馆办理手续，在"大陆亲友"一栏填上了"徐曼"的名字。他说，我是徐曼空中的朋友，徐曼是我的亲人。这个例子说明，以广播电视为中介的沟通交流对人们的精神交往起着不可忽视的巨大作用。进入新世纪，以江苏卫视为代表的广播电视媒体致力于促进人与人之间的精神交流，该频道以"情感"为定位，确定品牌口号为"情感世界，幸福中国"，并以此建构出庞大的节目体系，先后推出《人间》、《非诚勿扰》等优秀栏目，满足人际关系调适、精神疏导和心理抚慰的需要，赢得了观众的认可。

四、实施舆论监督

在西方，包括广播电视在内的传媒界享有"第四权力"的美誉，是社会的瞭望者和权力的监督者。在一些国家，大众传媒被视为"看家狗"(watchdog)，以监督政府为重要职能。1973年，"水门事件"轰动一时。美国哥伦比亚广播公司播出了一部介绍"水门事件"的纪录片，吸引了超过3 000万受众观看，使得"水门事件"成为街头巷尾广泛议论的话题，最后导致了尼克松总统的辞职。

在我国，广播电视媒体实行舆论监督的社会功能在于，"以新闻批评或受众参政议政的形式协调社会的相互依赖关系，促动政府职能部门解决群众生活和工作中存在的难题，以及督促和鞭策国家工作人员纠正错误，改进作风，联系群众，安定民心"①，以推动国家政治生活民主化的进程，揭露腐败现象，促进廉政建设，端正社会风气，从而维护社会的稳定与繁荣。广播电视的舆论监督包括：人民群众通过广播电视对党和政府的宏观决策的监督，对宏观决策贯彻执行的监督，对政府公职人员行为的监督，对企事业行为的监督，以及对社

① 蔡凯如：《穿越视听时空》，新华出版社，2003年，第25页。

会行为的监督，等等。

1995 年，中央电视台开办的《焦点访谈》栏目便以电视舆论监督见长，被群众誉为"焦青天"。它抓住群众关心、领导重视、普遍存在的社会现象和热点问题进行分析评述，针砭时弊，伸张正义，受到中央领导和广大群众的一致好评。1998 年 10 月 7 日，中共中央政治局常委、国务院总理朱镕基与该栏目工作人员座谈时，送给栏目四句话："舆论监督、群众喉舌、政府镜鉴、改革尖兵。"近年各地广播电台兴办的"行风政风热线"节目，则融入听众的参与和互动，形成了一个个空中的"舆论场"。以河北台《阳光热线》为例，节目每天邀请参加行风评议的省直 51 个职能部门的主要领导和有关处的负责人轮流走进直播室，通过"热线"与听众对话，或围绕某个主题，解答听众的政策咨询，受理听众对相关部门的投诉。与此同时，《阳光热线》的记者现场追踪，即时采访，在第二天的节目中通报问题的处理结果。自开播以来，该节目每期都有一万多人(次)拨打热线，被业界和学界称为"《阳光热线》现象"。"行风政风热线"为政府职能部门开辟了以人为本的"政务公开窗口"，实现了专门机关监督、舆论监督和群众监督的"合三为一"。这种形式有利于延伸和保障广播的舆论监督功能，也最大限度地满足了公众的知情权和话语权，促进了舆论的充分表达。

五、普及文化教育

广播电视历来被誉为"空中学堂""没有围墙的学校"，它担负着社会教育和文化知识普及的重担。早在 1921 年，美国马萨诸塞州普林菲尔德 WBZ 电台就播放"为农村听众讲解农场经营"的教育类节目，受到当地农民的热烈欢迎。我国中央人民广播电台于 1950 年举办教育节目，开设了理论学习栏目，进行马列主义宣传教育。中央电视台创建之后，就开办了教育节目。如 60 年代的电视大学，80 年代的《跟我学》外语教学节目，以及技术、技能培训讲座等等。1979 年 2 月 6 日，由教育部和中央广播事业局共同创建的中央广播电视大学正式开课，通过广播电视播出教学节目。1981 年 7 月 11 日，由国家农业部、教育部、中央广播事业局等 10 个单位联合举办的中央农业广播学校开办。1986 年，中国教育电视台建立，随后，全国各地方教育电视台纷纷创办，数量最多时达到 1 000 多所。2001 年 7 月 9 日，中央电视台科教频道(CCTV-10)正式开播，重点宣传普及现代科学技术知识，传播现代教育理念，推出了《走近科学》、《探索发现》等一大批深受观众喜爱的电视节目。

通过广播电视进行教育是一种现代化的教育方式，它借助电子媒介，进行社会教育，提供文化教养，向社会成员传授维系社会发展所需的社会规范和知识，帮助社会成员认知各种问题。在多种社会教育形式中，广播电视的社会教育是影响面最广、最生动、最活跃的一种。广播电视的教育功能包括两个方面：一是通过日常播出的各类节目，对听众、观众进行德、智、美以及意识形态、价值观等诸方面的教育，以提高全民族的思想觉悟、道德素养和科学文化素质；二是通过开办各种传授系统知识的正规的广播学校和电视学校以及举办专门性的知识讲座，直接为社会培养专业人才。在我国，通过广播电视开展理论教育、思想教育、法制教育、科学知识教育、文化教育等，都是广播电视文化教育功能的具体体现。在数字技术迅速发展，网络教育大行其道的今天，广播电视传媒仍然有作为教育载体的必要和可能。在今后相当长的历史时期，普及教育和普及科学文化知识仍是其不可推卸的职责和义务。

六、开设公共论坛

公共领域是"一个介于私人领域与公共权力领域之间的中间地带，它是一个向所有公民开放，由对话组成的，旨在形成公共舆论、体现公共理性精神的，以大众传媒为主要运作工具的批评空间"[①]。广播电视以其即时、直观、互动的传播优势，在参与构建公共领域的过程中，发挥着重要作用。广播电视传播具有参与性。参与性又称介入性，不仅仅是指听众打入"热线"，或作为来宾参加演播现场的互动，更主要是引发受众心理上的参与感受。广播电视传播的参与者多是普通民众，不受思想、文化、表达能力限制，大家可以实话实说，畅所欲言。因此，广播电视实际上建构了一个虚拟的、广泛参与社会生活的话语平台，或称公共论坛，它在一定程度上启发了社会民众的自主意识，调动起公众民主参与的热情。从更加积极的层面来理解，对推动社会民主政治建设也会起到积极作用。

早在 20 世纪 80 年代，美国就出现了现代的"广播论坛"节目，它给广播事业注入了活力，成为一支社会政治力量。美国著名广播节目主持人布鲁斯·杜经常通过节目影响公众意见，并在某种程度上影响到政治决策。他说："我认为广播谈话就是一个会发声的公告牌，而我在自己节目中想做的事情之一，便是为人们提供一个讲台，使大家可以讨论解决问题的方法，并且得到回答。"1989 年，美国国会企图给自己加薪 51%，全美国成千上万的听众打电话给节目主持人，表达他们的愤慨，并让主持人将电话信息转达给国会办公室，迫使国会让步。众议院在 1990 年提高了薪金，但远远低于原先设想的标准。纽约

① 展江等：《新闻舆论监督与全球政治文明》，社会科学文献出版社，2007 年，第 15 页。

杂志分析家形容论坛节目主持人是“90年代的政治组织家”。①

在我国，1992年，上海人民广播电台开办了《市民与社会》节目，把党政领导、专家学者、普通市民都邀请到广播中来，相互对话，共同讨论。在传播方式上改变了“你播我听”的单向模式，建立起在同一时间里有来有往、有问必答、此呼彼应、平等讨论的双向和多向交流模式，国外传媒称这个节目为中国独特的“公众论坛”。1998年6月30日，当时正在上海访问的美国总统克林顿应上海电台邀请在上海市长徐匡迪陪同下到该栏目做客，就他访沪过程中市民感兴趣的话题与听众进行实时交流。这次直播在海内外引起轰动，外电对中国普通市民这种通过广播电视参政、议政的方式给予积极评价。

七、充当服务中介

作为服务中介，广播电视为受众提供的服务包括公益服务、经济服务、生活服务、收听服务、广告服务等。现代广播电视首先强调信息服务的功能。广播电视信息服务可以囊括经济、科技、市场、文化、生活等各个领域。从具体的节目内容看，路况信息、天气预报、证券行情、彩票信息、演出动态等，是近年来出现的最主要的信息服务节目类型。新闻信息服务的兴起与市场经济的发展和社会环境的变化密不可分。比如，早在解放初期，一些地方电台就根据实际需要开设了《广播体操》、《报时刻》等节目；80年代以后，随着证券市场的发展，播报、分析股市行情，提供股市信息的证券节目，又受到广大受众的欢迎；而人们对天气变化的关注，对灾害性天气的预警，使得天气预报成为收听率最高的节目；近年来，随着城市汽车拥有量的增加、交通问题的凸显，使得路况信息炙手可热。

生活服务、心理服务等是广播电视服务功能的重要内容。在国外，访谈节目主持人(Talk-master)、热线电话节目主持人(Hot-liner)被视为能够阐释各类社会问题、公共关系问题或心理问题的专家。美国知名谈话电台WOR710HD的《乔伊·布朗博士秀》(The Dr. Joy Browne Show)栏目，是美国最受欢迎的心理服务节目。20世纪80年代，主持人乔伊·布朗是全美第一位做广播节目的有行医执照的心理学家。今天，她的节目是美国本土电话交谈治疗类节目中经营时间最长的节目之一。节目由数段听众热线电话组成，在对话过程中，主持人帮助听众找到面对问题的解决方法，在家庭伦理、性、子女教育、工作关系等方面给予具体的建议和行为引导。在我国，中央电视台

① 詹姆士:《广播对话的力量》，载《北京广播学院学报》，1993年第3期。

1979年8月开播《为您服务》节目，1982年将其设为固定栏目，由沈力出任主持人。这种全新的服务类节目与普通百姓的衣食住行息息相关，在以前的中国荧屏上是没有的。仅1983年1月到5月，该栏目就收到来自全国的1.3万封信，主持人沈力成为老百姓心目中的"百事通"和"知心人"。

广告是广播电视服务功能的具体体现。中央电视台自1979年12月起，正式开播电视广告。从1997年下半年开始播出为农村、农民推荐农业产品服务的"扶贫广告"。目前，广告已成为广播电视媒体的主要经费来源。在市场经济体制下，广告既增加了广播电视媒体的收入，又有利于商业信息的传播交流，树立企业和产品的品牌形象。

八、提供文艺娱乐

现代社会人们的生活节奏加快，增强了人们对健康、正当的娱乐活动的需求，广播电视作为休闲娱乐的主要工具和手段成为多数人的选择。广播电视的文艺娱乐功能是广播电视为人们的社会生活服务的一个极其重要的方面，也是它有别于其他大众传播媒介的显著标志之一。在广播鼎盛时期，"音乐＋喜剧"的娱乐模式就已确立，还出现过颇具特色的"广播表演(news acting)"，人们称其为功能齐全、品种丰富的"空中舞台"。目前，欣赏广播电视文艺娱乐节目是世界各地普通民众日常生活中不可缺少的重要内容之一。广播电视是世界上与人们日常生活关系最为密切的娱乐工具之一，文化娱乐节目是广播电视节目中比重最大、时间最长、形式最为多样的节目形式，而电视剧也被证实是最受观众欢迎的文艺形式。例如，在法国开展的一项调查表明，电视被大众视为工作后的一种休息方式。"电视即休息，也许正是这种观念造成了连续剧、体育及游戏类节目的经久不衰。"①在我国，早在延安时期，新华广播电台就播出音乐等文艺节目；北京电视台1958年5月1日试播的节目表中也有"四小天鹅舞"、诗朗诵等文艺节目。改革开放之后，综艺娱乐类节目发展迅速，春节联欢晚会是其典型代表。中央电视台1983年正式开办"春晚"，每年都要花费长达半年的准备时间，耗资巨大。年三十全家人齐看"春晚"已成我国老百姓的新民俗。

在社会娱乐生活日趋丰富的情况下，广播电视以其视听媒介的独特优势，依旧是现代社会最重要的娱乐工具和最完备的文化载体。1996年1月1日，

① [法]弗雷德里克·巴尔比耶等：《从狄德罗到因特网——法国传媒史》，施婉丽等译，上海人民出版社，2009年，第254页。

中央电视台正式开办文艺频道和电影频道；1997 年开播戏曲·音乐·综艺频道，后调整为综艺频道；1999 年 5 月 1 日，推出电视剧频道。中央人民广播电台 2002 年推出的“音乐之声”频率，开播第二年即在北京创下 31.13%超高收听率。2005 年，湖南卫视推出的歌唱选秀节目《超级女声》，以大众海选、平民娱乐为特征，赛事历时半年，参赛人数超过 15 万，总决赛收视率 11.65%，位居同时段全国第一。

需要加以注意的是，不同文化层次、不同欣赏水平的受众对广播电视的文艺娱乐功能的要求是不同的。“一般来说，有两大主要需求：一种是通过广播电视赏心悦目的画面和声音带来的审美心理满足之后的愉悦；另一种是由非艺术的、非思考性的内容构成的简单感官满足所带来的情绪上的愉悦。”[①]只有满足受众差异化、多元化娱乐休闲需要和审美需求，才能更好地发挥广播电视的文艺娱乐功能。

第三节 电视传播的负能量

在传播史上，很难再举出其他形态的新闻传播媒介和文化娱乐工具像电视那样，广泛而深刻地影响了人类；但是也几乎没有一种媒介像它那样，招致全球范围的批评：在欧洲，不少知识分子将电视机贬为“白痴箱”；在加拿大，许多教师上街游行，要求把电视当作“社会公害”加以抵制；在美国，1995 年 4 月大量居民“拒看电视”一周，以响应全国性组织“免看电视的美国”的倡议，很快，这项活动便扩展到英国、加拿大、丹麦、澳大利亚、新西兰等地。

电视媒介的负面影响大多表现得比较隐蔽，普通受众常常处于无意识状态。法国当代著名社会学家布尔迪厄认为，这是一种“象征暴力”(symbolic violence)，“是一种通过施行者和承受者的合谋和默契而施加的一种暴力，通常双方都意识不到自己是在施行或承受”[②]。那么，如何评判电视这种不太看得见的影响呢？“唯物史观考察问题的视角至少有以下三种：一、说明社会发展的自然过程；二、说明人类整体发展的过程；三、说明人的个性的发展过程。由此分别产生了各个不同视角的许多论断和一系列的概念范畴。人的本质便是由第二、三个视角带来的马克思主义的重要理论之一，它说明了精神交往的

① 欧阳宏生：《广播电视学导论》，四川大学出版社，2002 年，第 184 页。

② [法]皮埃尔·布尔迪厄：《关于电视》，辽宁教育出版社，2000 年，第 14 页。

产生和发展是人的内在动因。”[1]基于这样两个视角，可以提出电视媒介负面影响的衡量方法，即考察和评判人通过媒介获得“对自己本质的全面占有”的过程。文化作为人类社会发展进步的重要内容，也是推进人的全面发展的决定性因素。20世纪90年代，持综合发展观的未来学家们提出了“以满足人的需要为中心的价值取向”，从而将发展的内涵界定为“发展＝社会＋人”，其中，人是发展的中心。那么，不利于“人的全面发展”以及“不利于社会整体进步”的传播影响便可以被定义为“负面的”。依据这样的标准衡量，电视可能存在的负面影响主要体现在以下方面。

一、削减受众思考、想象、创造和表达的能力

当“影像逻辑”压制“印刷逻辑”时，便有必要警惕由此带来的思维方式的改变和这种改变造成的人体机能退化。由于电视在人们业余生活中所占比重过大，因而导致了对大众精神生活的独霸和垄断，加上电视口语和图像的直接性，电视常常被指责束缚了人们的思想，削弱了智力水平，导致人们注意力分散，创造力匮乏，表达能力低下和想象力退化，从而成为“心灵侏儒族”。

电视收看是被动选择的人类活动，传播的标准化倾向更是加剧了受众在精神结构和行为模式上受到的宰制，而思考、想象、创造和表达的能力的削弱将必然导致受众个性的消亡，人成为与他人相同的“大众社会人”。曾任联合国教科文组织总干事的马约尔曾一针见血地指出：“如果让视听传媒、电脑游戏之类的东西取代了思想、个人意见和社交聚会的话，我们的日常生活就会逐步地陷在这些‘外在化的东西’当中。个性正在屈从外在的力量：由不同的社会公共机构发展出来的‘文化产品’正在夺走越来越大的一部分自我。因此，我们必须把科学和技术工具置于我们的支配之下，而不能让我们自己受它们的摆布。”[2]麦克卢汉在著名的“媒介即讯息”(The medium is the message.)之外，还有一个同样著名的论断“媒介即按摩”(The medium is the massage.)。麦克卢汉认为媒介是“止痛耳机”，在病人太痛时，就戴上它，声音大得让人忘记病痛。作为起居室必不可少的一部分，电视常常被当作一件特殊的家具，以致在台湾口语中“电视观众”常常被说成“电视机观众”。由此诞生的是一种“伴随式”的收看方式，受众逐渐习惯并依赖于“媒介伴随”状态，于是就有了“电视瘾”“电视病”，就有了“电子婴儿保姆”(electronic baby-sitter)的别称。

---

① 陈力丹：《精神交往论——马克思恩格斯的传播观》，开明出版社，1993年，第40页。

② ［德］马约尔：《冷战之后》，中国社会科学出版社，1997年，第82页。

为了抓住观众的注意力，电视节目通常三五秒就会出现闪烁的色彩、特写的画面、大分贝的声音。这些看来丰富的刺激，却只能刺激脑部较原始的部分，不能帮助受众发展思考能力。医学研究发现，大脑思考区域至少需要五到十秒来处理刺激，但是大部分的电视节目每五六秒，有些广告甚至每两三秒就变换画面，像连珠炮一样，让思考区域毫无参与机会。而如果缺乏思考习惯，电视节目就算提供丰富的信息，也只能降低人的创造能力。再者，人的右脑是直觉区，对于视觉影像、色彩、新奇的经验特别有反应；左脑则是处理逻辑推理，负责分析语言的声音、意义与抽象思考。电视的色彩刺激，几乎全由右脑处理，相对减少了对左脑的刺激，削弱了左脑的功能。这不仅影响到受众对语言、阅读、分析能力的培养，也减少了联系左右两脑之间的神经发展。这种负面影响对于成长中的儿童表现尤为突出，在西方，一些患“电视病”的儿童被形象地称为“坐在沙发上的土豆”。

二、诱引受众的反社会行为

现实经验多次将暴力影像和受众的反社会行为联系在一起。南京某高校一名女大学生煞费苦心设计作案手段实施盗窃，又将盗窃来的物品精心销毁和遗弃。被捕后她坦言：“我模仿警匪片中的情节，每次作案时都有成就感，特别刺激。”80 年代以来，《加里森敢死队》、《神秘的大佛》、《上海滩绑票奇案》、《代号美洲豹》、《CI5 在行动》、《神探亨特》等国内外电视剧都相继引发未成年人的行为模仿，或偷盗抢劫，或杀人绑票，其行凶手段无一例外来自剧情。

暴力影像对个人行为影响的原因，存有各种假说。古希腊哲学家亚里士多德的“宣泄理论”，后来发展成为“净化作用假说”(Catharsis Hypothesis)，认为媒体中的暴力内容可以成为宣泄人们内在暴力冲动的解毒剂，有助于个体的心理健康以及社会的安全有序。然而，同样古老的“模仿假说”(Modeling Hypothesis)，则完全推导出相反的结论。另一个著名假说是“免除抑制假说”(Disinhibition Hypothesis)，它认为电视降低了人们对侵犯他人行为的抑制，如果这一假说成立的话，暴力可能被误读为一种与他人交往时可以接受的方式。此外，康斯托克关于电视对个体行为之影响的心理学模式也是一个重要的理论假设。在这个模型中，可能出现的电视收视后果被作为重要的激发要素来讨论，他列举了新闻报道中警察痛打毒贩和动画片中巫婆毒死公主的例子，前者会被判断为是“正当和必要的”，从而引发模仿，而后者被认为不真实，且由“一位没有吸引力的行动者执行”，所以模仿的概率几乎为零。但这一理论模型的缺陷是显而易见的，因为将暴力行为误读为“合法性行为”时，很难将暴力行为的前因后果做细致区分，特别是儿童，很难对行为之外的意义做出准确判断，也往往忽略暴力行为最终受到惩罚的结局。更糟糕的是，许多电视文本并没有明确的善恶区分，暴力行为成为一种常态的交往手段，甚至异变为“暴力美学”。

电视暴力的“美学化”是一个较新的现象，中国特色的功夫片、武侠剧堪称代表。美学化的暴力影像增加了行为的造型性和游戏性，降低了暴力的残酷程度，但康斯托克理论带给我们最大的启发在于，他认为一位“有吸引力”的暴力执行者可能引发更为普遍的模仿，这就直指“暴力美学”的要害。当受众被武打明星那种大战300回合，游打十余分钟的杂耍式表演所吸引，或误认为华丽视觉包装下的血腥征服“不是暴力而是美学”的话，就极有可能忽视暴力本身对生命和人性的抹杀。这正是“暴力美学”虽在表面掩盖了血腥刺激，却在实质上增加了暴力程度的原因。例如，曾在央视播出的动画片《虹猫蓝兔七侠传》虽被誉为“我国第一部中华传统武侠卡通片”，却因含有血腥暴力场面遭到部分观众的投诉。

实证研究认为，暴力内容与受众的反社会行为之间存在密切的关联，这种关联在未成年人（儿童）中表现得更为明显。暴力在电视媒介中是一种常态存在，它对受众的语言、行为和生活方式存在直接影响。在“媒介与暴力”研究中，暴力的定义常常较为宽泛。格伯纳将暴力定义为“有意伤害或杀害的公然武力表现”；在美国加州大学洛杉矶分校传播政策研究中心自1995年起每年进行的全国大众媒介暴力检测中，暴力“包括运动暴力、滑稽暴力、口语暴力，任何能导致身体伤害的行为，无论是故意的还是非故意的，无论是伤害自己还是伤害他人，均为暴力”①。此外，暴力还包括“财物损毁暴力”、“心理暴力”等。而反社会行为是指社会所不能接受的行为。这些行为不利于形成良好的人际关系，往往造成人际间的矛盾、冲突，甚至犯罪、伤亡等，是一种消极的社会行为，因此被人类社会所反对和抵制。未成年人的反社会行为是一种过失行为，主要是指违法犯罪行为和某些影响社会安定的问题行为，例如敌视权威、破坏公物、拉帮结伙、粗暴的不服从、违抗公共道德，以及施虐、群殴等严重暴力攻击性行为。国内实证研究表明，电视中的刺激性戏剧内容对儿童的道德得分有显著的负影响。这种内容的特点是幻想性，真实程度较低，而且与社会相符的观念较少。由于这类故事几乎都为成人编写，儿童缺乏理解这些故事的必要知识和经验，而电视媒介的生动直观特性又容易吸引儿童的注意力，因此，

---

① UCLA Center for Communication Policy, *The UCLA Television Violence Monitoring Report*, 1995, p. 22～23.

沉浸于刺激性戏剧内容的儿童容易"误读"媒介内容和社会真实,难以正确理解和适应现实的道德规范,进而逐渐发展出反社会性格。

三、催生负面"刻板印象"的形成

所谓刻板印象(stereotypes),是指人头脑中存在的对某人或某一类人的比较固定的印象。一般来说,生活在同一地域或同一社会文化背景中的人,在心理和行为方面有一些相似性,同一职业或同一年龄段的人,其观念行为也比较接近。如在地域方面,人们有英国绅士、美国西部牛仔、原始的非洲人、保守落后的东方人等印象;在职业方面,人们会自然想到教师的文质彬彬、医生的严谨、钢铁工人的粗犷等等。这些特征的固定化,便产生了刻板印象。这一术语最早出自李普曼的《舆论学》(1989 年林珊译本译为"固定的成见"),他明确指出关于民族和种族的刻板印象是错误的,是一种过分简单的宣传。在传播中,刻板印象实质上是一种顽固的经验(偏见或成见):它将人、团体、事物类型化,使主客观世界因机械对应而影响信息的正确传达,由于它是固定化的,所以也很难随着现实变化而改变。

电视有强化刻板印象的作用,因为媒介要利用刻板印象争取大众认同。如果美国牛仔不是硬汉,而是一个温柔且有很好知识艺术修养的女性,人们会觉得很别扭,难以接受。不仅如此,电视作品还要超越现实生活,塑造更为典型的某类群体的视觉形象,以刺激大众的观赏兴趣。类型化是刻板印象产生的重要原因。我国新闻报道中出现的干部、教师、工人、农民、企业家等一般都有类型化特征,影视剧中也有所谓"类型片",尤其是后者,充分体现了"文化工业"的商业逻辑。类型化最大的问题不在于某部 MV、某部电视剧"说了什么或没说了什么",而在于绝大多数 MV 或电视剧都以类似的方法表达特定人物、事件与故事意义,此时,受众很有可能把这些"再现"内容视为理所当然。当人们需要依靠媒介来了解社会和他人时,刻板印象就会影响其社会认知,阻碍其看到新的现实,接受新的观点,结果导致人们的认知偏差和价值误判。这便是一种负面的"刻板印象"。比如调查显示,美国电视节目中存在"女科学家被低估"的现象。斯坦克和郎在 1996 年普通儿童教育科学节目的分析中,发现男性人物是女性的两倍以上;节目中出现的 86 个女性中,68 个被表现为学生和实验员等次要角色。这种媒介再现促生了"科学形象男性化"的刻板印象,而这种印象的内化影响了女孩对科学事业的理解,并降低了她们对科学的兴趣。[①]

---

① 陈彤旭编译:《改变性别刻板成见——美国电视中的女科学家形象对女孩的影响》,载《国际新闻界》,1998 年第 5、6 期合刊。

我国当前最具负面“刻板印象”特征的电视文化现象是所谓“帝王情结”与“白领趣味”。电视剧中太多的霓虹闪烁、腰缠万贯、美人翔集，不仅造成了受众自身生存状态与媒介的巨大隔膜和疏离，而且是对社会主义初级阶段中国国情的严重误读和歪曲。这种对特定阶层的“过度再现”(over-representation)，导致了受众对“别人的世界”的刻板印象，当把自己的真实生活与屏幕人物生活相比较感觉差距太大时，自然会抱怨自身命运悲凉，感觉心理不平衡，嫉恨社会分配不公。而电视中的“高富帅”、“白富美”，以及帝王将相、后宫丽人的种种“活法”，更是冲击着本土文化必不可少的平民感和底层情结，动摇了传播媒介对民众生存状态的当下关注和对民族命运的殷切关怀。所以泛滥的此类电视剧，绝不是给生活增添亮色，而是给社会蒙上了虚伪的帷帐，带来严重的价值误判。

四、造成社会伦理道德和价值取向的扭曲

电视既有大众媒介虚拟、媚俗、炒作等一般性陋习，又有自身特点，它满足人的偷窥欲，满足人对梦幻的需要和对现实的逃离。一些受众特别是青少年很容易把自己封闭在电视媒介的“自我”之中，成为所谓的“容器人”。在现实世界中，他们木讷，无所适从，不思进取；在媒介世界，他们异常亢奋。他们逃避现实，把自己的思想、感情沉浸于传媒内容中，视野狭窄，极端自我内化，久而久之，就会造成忧郁焦虑的心理，甚至发展成为忧郁症。“容器人”效应不仅对受众健全人格的形成、顺利的社会化和正常的社会活动非常不利，对国家和民族的整体道德发展也有着潜在的危机。曾任美国总统高级顾问和国家安全事务助理的布热津斯基，就将好莱坞影片和电视制作厂家视为“文化的颠覆者”，“一直不断地传播自我毁灭的社会伦理”。他在关注电视文化吸引力和影响力的同时，对其在伦理道德和价值取向上的偏颇提出了尖锐批评：“在一定程度上也可以从电视节目中推断出所倡导的价值观念：它们显然颂扬自我满足；视强暴和野蛮行为为正常现象；通过实例及对同龄人激起仿效的压力(向美国青少年和儿童播放的避孕套广告，渲染了他们是‘性主动’的潜在的顾客——显而易见的负面推论是，不这么干的人是‘性冷淡’)，鼓励性乱行为；以及迎合最低级的尽人皆知的本能。其结果是对社会行为失去了控制。”①

布热津斯基的“预警”式批判与上世纪中后期欧洲法兰克福学派的大众文

① [波兰]布热津斯基：《大失控与大混乱》，中国社会科学出版社，1995年，第81—82页。

化批判殊途同归。大众文化因技术而生也为技术而生。在《启蒙辩证法》这部名著中，霍克海默和阿多诺认为，西方文化以科学技术为前导，把自然作为剥夺对象，虽然带来了物质财富的成倍增长，但付出了人和自然严重对抗以及人性堕落的昂贵代价，科学技术在建树文化的同时又在摧毁文化，这就是所谓"启蒙的辩证法"，即科学技术发展的辩证法。马尔库塞在《单向度的人》中将当代工业社会称为"病态社会"，其最大病症在于使人变为单向度的人，即丧失了对现存社会否定和批判的原则这一"第二向度"，只剩下屈从于现存社会制度的向度。本雅明在上世纪前半期写下《机械复制时代的艺术品》，为收音机、留声机和电影给文化带来的新契机感到欢欣鼓舞：艺术品不再一次性存在，而是可批量生产的，这就使其从少数人垄断中解放出来，为大多数人共享。但这种欢欣鼓舞在其他法兰克福作家笔下并不存在，取而代之的是对大众文化商业化、标准化、模式化、伪个性、反艺术和批量化等特征的诘责。而通常所称的文明的"进步"，常常只是技术和科学的提高，这跟道德（伦理）上的提高，不能相提并论。批判学者们杜鹃啼血般的警世恒言，随着"克隆电视剧"的泛滥，随着"电视真人秀"将真人关入"阁楼"，随着电视游戏节目的参与者为争夺大奖而装疯卖傻，随着"新闻娱乐化"浪潮在荧屏翻滚，随着抢劫直播、凶杀直播甚至战争直播成为一种时尚消费，无不让人感到深深的忧虑与悲哀。如果不是借助技术补充文化和审美的不足，而是妄图取代之，则难免要扭曲自身的伦理和道德价值，这是电视文化作为高技术的消费文化必然存在的局限。

对电视媒介影响的评判是个异常复杂的问题。通常情况下，会受到时代性、地域性、阶级性、民族性、意识形态因素，甚至个体因素的影响，没有绝对的普世标准。但是，电视媒介对青少年认知方式的不良影响，影视剧中过多的色情和暴力镜头刺激社会犯罪率上升，电视广告追求豪华气派对社会奢靡之风的助长，高雅艺术和民族文化的生存空间受到挤压，等等，这些电视传播的负面效应在世界范围内都不同程度存在。要尽可能地降低电视带来的负面影响，首先应该着眼于优化舆论引导，推进媒介自律，加强传播监管和完善法律规范；此外，还应通过开展视听素养教育，提升大众的媒介素养，帮助其正确认识电视媒介的基本特点、性质、功能和局限，客观判断媒介信息的意义和价值，提高对负面信息的免疫能力，并掌握创造和传播信息的知识、技巧，能够利用大众传媒发展自己。

第六章　广播电视传播的符号系统

符号是人类传达知识、思想和感情的一种形式、一种载体，它具有承载、象征、暗示自身以外另一种东西的功能。符号是信息传播的意义基础。广播电视以其特有的符号系统区别于印刷媒体。广播以创造声音形象为己任，听觉器官正常的人基本能够听懂广播；广播能够最大限度地调动人的心理能力来参与创作过程。而电视则给人们视听兼备的直观形象，电视的视听符号系统依托声画“双声道”以及声画的不同组合方式来传递意义，观众通过耳闻目睹，可以获得非常清晰、完整的印象，感觉更加直观、具体。广播节目和电视节目的最大区别正在于此。从这个意义上来说，广播和电视适应各种不同内容的表现，由此也产生了广播节目与电视节目在形式方面的种种差异。

第一节　广播传播的听觉符号系统

广播的传播符号是诉诸听觉的。广播通过听觉激发人的思维和想象，产生“闻其声如见其人”的效果。声音是广播传播的本体媒介。声音是“构成广播的唯一的物质材料和运动形式，没有声音便没有广播。用声音传播信息是广播的主要特点，听觉感知是广播的本质属性”。广播以声音为传播符号。“声音对人的依赖、声音的独特感染力、声音在时间中展开时具有的空间容量（多路声音同时混播）、声音的转瞬即逝等，是全部广播节目制作的根据。”①

① 李岩：《广播学导论》，杭州大学出版社，1997 年，“自序”。

一、声音的特性

1. 物理特性

声音在本质上是一种波动。声音的传播，就是通过媒质以振感的方式传递，以波动的形式呈现。人之所以感受到不同的声音，首先是因为传到人耳朵的声波存在差异，具体体现在音高（音调）、音强（响度）、音色（音质）和音长等几个方面。

2. 知觉特性

按照知觉心理学理论，外界的声音刺激、人的知觉以及人的内在情感之间，存在着统一的联系；人常常对外界刺激（如声音）表现出一种“不由自主”的知觉反应。因此，声音响度、音调、音色的不同组合，能够作用于人的心理，具有表情达意的功能。我国著名戏剧理论家洪深曾讲过一个故事：一位著名的波兰悲剧女演员，用波兰语念一段菜单，同样能让不懂波兰语的英国人潸然泪下。在广播中，口头语言的表现力，能够比文字语言对受众施加更大的影响，因为充满感情的人的话语往往比书面文字更能触动人心。

3. 心理特性

同样的声音，在不同的人听来，或者同一个人在不同的情境中去听，都可能会产生不同的感受。这是因为人们听到的声音，实际上掺杂了复杂的心理因素。声音会引起人们的种种联想、思维或条件反射。人的生活经历、审美经验各不相同，也可导致人们对同一声音的不同反应。例如，在老师讲课的时候，有人在教室里放音乐，干扰了讲课，这时音乐就不再只是音乐，而是噪音；再比如，睡眠时的脚步声是噪声，但是当你听见你等待很久的朋友的脚步声时，这个脚步声就成了悦音。可见，对声音的感知包含了接受者的主观因素。

4. 社会特性

声音在人脑中形成的形象，不但可以反映出声源的内容，还带有这个形象本身的环境和时代特点，这便是声音所具有的社会性。一些声音与特定的时空环境紧密相连。例如，“1231 | 1231 | 345— | 345—”这个曲调对不同时代、不同地域的人来说，其涵义是不同的。有的人想到“两只老虎，两只老虎，跑得快，跑得快”的儿歌，有人说这是《闪闪的红星》里的“打倒土豪”，还有人说这是北伐军唱的“打倒列强，逐军阀”。事实上，这首歌曲是从日本传入我国的，而其本身则是法国19世纪作曲家古诺的歌剧《浮士德》的插曲。

二、听觉符号系统的构成

广播的听觉符号系统包括有声语言、音乐、音响三大要素。其中，有声语言也称语音，是信息的主要载体，是广播传情达意的主要手段；音乐、音响则是渲染气氛、增强真实感、提高传播效果的辅助手段。由语音、音乐、音响等听觉讯息构成的节目内容，通过无线电发射、接收设备或导线传送，转换成电波讯号，听众通过听觉器官感觉到声音讯息，通过对声音的感知、分析和理解，接受广播节目中加载的信息内容——这便是广播传播的全过程。

1. 有声语言

有声语言是广播最基本、最直接、最重要的传播手段。与印刷文字相比，用语音作为传播符号显得更直接、更亲切，而且不受受众文化水平的限制。在广播中，有声语言是诉诸听觉的社会约定俗成的音义结合的符号系统，包括传情达意的言语，以及起辅助作用的“类言语”。“言语是声音和语义的结合体，类言语则是声音和情态的结合体。”①在广播传播实践中，言语与类言语相类相从，不可或缺。

广播的形象主要凭借有声语言来塑造，广播的内容需要依托有声语言来传达。有声语言的主要功能在于，将听众共同会意的语音讯息通过修辞手段传达出特定的含意，从而达到“信息交流与共享”的目的。有声语言是广播媒介传递信息最基本的符号。在新闻广播中，有声语言的基本形态有三种：一是新闻播音语言，二是新闻报道语言，三是实况语言。新闻播音语言是指广播机构承担向听众口头传播语言信息工作的人员（播音员、主持人）在播讲稿件时使用的语言。新闻报道语言是指广播机构中承担信息采集、编辑报道工作的人（记者、编辑）为报道新闻而播讲报道词、解说词时使用的语言，它比播音语言更自然。实况语言是新闻当事人及记者在采访活动中发生的语言交流，具有原始的真实性。

在广播中，有声语言主要发挥以下作用：一是传布信息。这是有声语言最主要的任务。广播中的新闻、教育、服务等节目，需要传递大量的信息，而这些信息不能靠模糊的音乐、音响来确切地表示，主要依靠人声语言来传递。同样，主题节目所要表达的各种意义信息，如节目的中心思想、中心观点，要弘扬的某种精神，或是要批评的某种行为，都需要通过有声语言来提炼和传达。二是整合节目。有声语言将涵盖语音、音乐、音响等元素的广播内容整合为一体。例如，某些节目的各个段落之间，或者不同的栏目、节目之间，可以用主持人或播音员的人声来进行连接、过渡。这样就不会因为内容的突然转变，造成听众理解上的断裂感，从而维护了广播节目的完整与和谐。在一些直播节目

① 毕一鸣：《现代广播电视论纲》，中国广播电视出版社，2007 年，第 149 页。

的开始，主持人也会反复告知台名、频率和节目的标题，以此来提醒听众，把注意力从上一档节目转移到正在播出的节目中来。三是渲染气氛。广播节目可以用特定的语气、语调来表达各种情绪，渲染特殊的气氛，让听众在其中产生恰如其分的联想。例如急切的呼救声可以表达人物紧张、害怕的情绪，而欢声笑语则可以渲染欢乐祥和的气氛。四是描述情节。通过有声语言，可以准确、具体、生动地讲述事件的起因、经过、结果，详细描绘现场人物的种种细节。这种语言符号最准确，不像音乐或音响常常存在多义性，可能使听众产生歧义；这种语言又非常生动，特别是经过创作者的艺术加工，能够准确传递细致入微的情绪，使听众产生如见其人、如临现场的感受。

2. 音乐

音乐是通过一定的谐音曲调形式来表达感情、反映社会现实的艺术。通过音乐旋律、节奏、和声、复调、音色、力度、速度等要素构成艺术表现形式，它是在一定的时间和空间条件下延展声音旋律的动态艺术。它与组织声音（主要是词语）表达思想的人声语言一起，构成了现代人类声音表达的主要方式。当音乐经过电子技术处理，并列入广播节目序列时，就成为我们常说的广播音乐节目，包括声乐、器乐等演唱、演奏艺术，以及带有曲调特点的戏曲、说唱、曲艺等艺术形式。由于广播中的音乐表演自动失去了舞台上的视觉成分，所以实为“听感音乐”。广播中的音乐既可以成为独立的节目单元，也可以成为节目单元的一部分。前者称之为音乐节目，后者称之为节目音乐。此外，由于广播的传真性特点，节目中还存在大量实况音乐。

（1）音乐节目。音乐节目是以主题音乐为结构的节目形式，其主要功能在于欣赏。节目编播人员通过对音乐作品的编辑、组合，形成具有较高欣赏价值的内容单元，这就是音乐节目。音乐广播是广播中播出时间最长、栏目最多的节目。在综合台中它的播出时间也会占到一半以上，更不要说专业的音乐频率了。

（2）节目音乐。节目音乐是指在节目的后期制作时配制的音乐。节目音乐主要担负在节目中配合、辅助其他传播要素的功用，如节目的版头音乐、片花音乐、情境音乐、间隔乐、结束曲等。它以节目的宗旨、结构和风格作为自己的出发点，与有声语言、自然音响有序组合，相互补衬，融为一体，以形成节目的整体效应。节目音乐主要具有以下功能：一是深化节目主题，产生渗透力；二是渲染环境氛围，增强感染力；三是协调节目要素，提高表现力。可以认为，节目音乐是表现节目主题的音乐素材。

（3）实况音乐。新闻现场本身也会存在一些音乐，称为实况音乐，例如音乐会、演唱会或重大场合的升国旗唱国歌的仪式等。实况音乐和现场的环境、氛围或事情的发展情况密切相关，是新闻事实的重要组成部分，记者必须在现场即时摄录。实况音乐一般是作为新闻的事实性要素发挥传播作用，再如典礼活动中的礼乐、阅兵式上的军乐等。

3. 音响

音响不同于音乐，它是客观环境中自然产生的，给人以真情实感的听觉效果，譬如笑声、哭声、喧嚣声以及汽笛、喇叭、雷电等。音响蕴含着丰富多彩的表现力，比音乐具有更强的时空感和逼真性。这里所谓的音响特指那些没有纳入语言逻辑表达序列和音乐逻辑表达序列的声音，它们当中自然也包括某些语言和音乐，但只能是那些处于具体表达系统之外的语言和音乐。例如，火车站台上的嘈杂人声，虽然是语言，但语言内容难以辨认，不能起到准确地传达信息的作用。又如，街头洒水车的乐鸣声，只是街头各种声音中的一个组成部分，没有独立的音乐表达意义。在现代广播节目的制作中，自然音响与音响效果有所区别。

(1) 自然音响。自然音响是指自然环境和社会生活中的原生音响，其获取的主要方式是现场采录，以求最大限度地还原真实的效果。由于是客观物质运动声波真实的再现，对自然音响而言，声音的客观存在是其真实感的来源。作为广播节目的构成要素，自然音响的准确运用能够起到叙事、表达情感和渲染情绪气氛的作用。听众根据听到的音响，便可以联想到现场的情景、人物的形象等。

(2) 音响效果。音响效果是一种通过人工方式模拟、制作或转借来的声音。它与自然音响的区别在于，自然音响具有客观真实性，而音响效果仅具有真实感，不具有客观真实性。所以，音响效果不能用于再现事实，只能用于表现、表达或虚构。在数字技术条件下，拟音的逼真性大大提高，还可以"模拟"出一些并不存在的音响。

在强调真实性的记录形态的节目如新闻、纪录片中，拟音是禁止使用的。新闻性、专题性节目中所使用的音响一般都应是真实的自然音响，其目的是为了更真实地表现事物的自然状况，给人以如临其境、如见其人的感受。尤其是新闻性节目，音响本身就是一种客观事实，不允许虚构、渲染。而文艺节目、娱乐节目以及广播剧的音响效果则可以虚构、模拟、制作、移植，以满足剧情发展的需要，达到艺术形式与内容的统一。利用拟音效果，可以创造主观化的声音，即从主观角度出发，将客观音响加以变形，或是制造出现实中不存在的声音形式，以传达作者或表现对象的主体音响感受。如采用夸张、变形的方法，把本来听不见的声音放大到听得见，把小的声音放大到震耳欲聋，还可以加上混响、延时处理等。

三、听觉符号诸要素的组合方式

广播的耳感性讯息主要通过有声语言、自然音响和音乐来传达和表现。它们是广播传播符号系统中的三大要素，这些要素的不同组合构成了千变万化的广播节目。其常见组合方式有以下几类。

1. 纯语言类组合

由于广播需要那种富有表现力、明白晓畅、悦耳动听的语言表达方式，所以我们也称它为播音艺术语言。这种语言本身就具有音乐性，所以很受听众的欢迎和肯定。除了消息、通讯、评论三大新闻性文体的朗读以外，还包括专题服务、文化教育、文学作品的播音及演播，在主持人节目中则主要是谈话类节目。

2. 纯音乐类组合

主要是指“无主持人音乐节目”或“音乐频率”等，即确定某类音乐主题以后，不需要主持人串联，周而复始按节目单元自动播放，各音乐单元有机、自然过渡。但大多数广播音乐节目都少不了语言的编串，那种简单的报题、插报仅起整合节目的作用。所以我们仍认为这类节目为纯音乐类节目。

3. 纯音响类组合

据说国外有专门播送自然音响的电台，整日播放海滨的浪声、森林中的林涛以及鸟鸣虫啾、微风阵阵的大自然音响。人们置身其中会排除喧嚣的城市噪音，得到一种静谧、和谐、温馨的环境氛围，从而放松紧张的身心，获得轻松自然的感受。这可能是广播功能的一种延伸，它满足了人们在烦嚣的都市生活中一种新的心理需求。

4. 有声语言＋自然音响

这类节目主要由有声语言和自然音响构成，常见于现场报道和录音报道。现场报道是在新闻事件发生的现场，拾取实况音响，其中，一种特殊的现场报道形式是现场直播。它所报道的事实是随发的、真实的，通过记者或主持人的解说，给人如临其境的真实感受。录音报道与现场报道的区别在于，它是非同步性的，是对已经发生的事实的报道。记者自己的描述语言和人物的讲话录音及客观事物的实况音响融会于一体，形成完整的新闻报道。这种报道是在录音的基础上，经过编辑、剪接合成之后播出的，属于选择性报道，因此音响更精练也更有表现力。

5. 有声语言＋节目音乐

这类节目除了新闻中的配乐通讯以外，大多是文学类或文艺类节目。在这些节目中，由于主题内容不同，音乐素材的运用也不一样，可以分为两种情况：一是以音乐为主，语言为辅；另一种是以语言为主，音乐为辅。前者主要是指经过语言解说后合成的音乐节目，譬如主持人在播放一首新歌或一部音乐作品时，需要借助有声语言进行点评或介绍。后者主要是配乐故事、配乐小说、配乐散文、配乐诗朗诵等文学类的广播节目。

6. 混成类形态

即“有声语言＋音乐＋音响”形态。常见于广播剧，此外有些专题性新闻报道也使用这种方式。

第二节　电视传播的视听符号系统

电视与印刷媒介和广播的最大不同在于，电视传播符号中出现了形象的活动影像，这是电视区别于其他传统媒体的最重要特点。除了这种可视性的非语言表意符号，电视传播也使用解说词、台词等有声语言符号，以及字幕等文字语言符号。电视综合运用多种视听符号传递信息。

一、画面的特性

所谓画面，是指“屏幕框架内所展示的能传达一定信息的可视形象。它是造型语言的基本视觉元素。电视画面由框架、影像、构图三个要素组成”[①]。画面是电视视觉符号系统中最重要、也最核心的要素。画面具有与声音完全不同的特性，主要表现在：

1. 再现性与纪实性

图像符号是对外部社会的反映，表现为对客体的再现功能，是由客体本质决定的符号类型。再现性是电视画面的本质特征。电视摄像机摄录的对象是具体的客观存在物，画面能客观、准确地再现镜头前的拍摄对象，包括对象的运动、色彩、影调等。电视画面具有客观性。在信息传播过程中，对观众而言有着“百闻不如一见”的强大优势，画面中的形象具体、鲜明、可信。纪实性电视画面被看作现实的真实再现，能激起观众相当强烈的现实感受。一般而言，语言文字陈述的是事件的结果，而画面表现的往往是事件的过程，是事件的现

① 赵玉明、王福顺：《广播电视辞典》，北京广播学院出版社，1999 年，第 239 页。

在时态，即正在进行的情景，由此带给观众以身临其境的现场感。

2. 时空一体的连续运动性

电视影像是电视摄录系统对事物光影状态及其变化的连续再现。影像是画面视觉形象的存在形态，它在两维空间中再现现实对象三维的立体形态。电视影像是时空一体、连续运动的。其展示的是与客观世界同样的情景，而时空一体的运动变化是人类感知客观世界的基本方式。报纸、杂志等印刷媒介使用的照片、图片只能采取静止的方式展示客观世界，而电视画面实现了时空一体性的动态再现。时空一体的运动与变化是人类感知客观世界的基本方式，电视画面的这种特性使之成为真实再现客观世界的绝佳媒介。

3. 画框的限定性

图像符号能够客观再现社会的物体，可是由于镜头自身物理属性的局限性，使它并不能做到对现实社会精确的复制。就目前而言，电视影像的拍摄与显示还无法实现全视域，观众只能在限定的显示屏幕框架内观看影像。这种拍摄与显示上的制约性，决定了电视的摄录、传达与接受方式，具有相当的强制性。虽然电视摄录系统在工作过程中，也可以实现自身的运动与变化，如水平方向、垂直方向等各种不同角度的推、拉、摇、移、升、降等镜头运动，它们提供了人们观察拍摄对象的不同视野和视角，但这种变化仍无法摆脱画框的限制，同时也受制于制作者观察、选择与传达信息的能力。

4. 摄取过程的主观性

虽然电视画面所反映的形象是客观存在的，但在千变万化的大千世界中到底拍摄什么样的画面是经过了选择的，例如选择哪些现场图景，拍摄哪个物体，运用什么样的角度，使用何种镜头运动方式等。摄录者的主观因素总会有意无意地对画面的选择产生作用。这种主观因素包括个人的思想、观点、价值观念等。因此，电视镜头拍摄下来的看似反映客观现实的画面常常是在反映摄录者的主观意图。

5. 孤立画面的含义不确定性

意义是关系的产物。对于画面来说，其意义的准确呈现在于人们对影像中显示的关系的把握。一般来说，电视表达一个意思需要用到一组画面，单个画面因为具有表意的暧昧性，其含义是不确定的。“身处事外”的电视观众对孤立的画面常常可以作多种理解。对于电视而言，单一的图像符号（比如一把枪、一个帽子）并没有实际的意义，只有将这种符号植入特定的电视符号系统当中，才可能产生出多重意义。可以认为，电视图像符号通过对一系列相对静止图像组接（编辑）后的整体产生意义，有时还必须借助解说词等语言符号才能明确传达。

二、电视画面的影像要素

1. 景别

所谓“景别主要指摄影机与被摄物体距离的远近而形成的视野大小的区别”[①]，即画面中表现出的视域范围。它直接体现为景物在画面中空间范围的大小和主体在画面中所占面积的大小。景别的大小通常由摄像机与被摄体之间的距离以及所使用镜头焦距的长短来决定。画面分为不同的景别，是为了对内容的主次轻重、被摄体的远近大小给予恰当的表现，以达到准确地叙述和艺术地表现的目的。景别一般分为远景、全景、中景、近景、特写。远景是表现较大范围的空间、环境、自然景色或众多人群活动场面的电视画面；全景是表现成年人的全身或场景全貌的电视画面；中景是表现成年人膝盖以上或具有典型意义的局部画面；近景是表现成年人胸部以上或物体局部的电视画面；特写是表现成年人肩部以上的头像或某些被摄对象细部的电视画面。1982 年，符号学家伯格总结出不同镜头所呈现的不同含义：

能指/镜头	部　　位	所指/意义
特写	脸部	亲密
中景	全身	个人关系
远景	背景与演员	环境、范围、距离
全景	全部演员	社会关系

图 6－1　镜头意义

2. 光线

光线是人类产生视觉的一个客观必要条件，没有光线就没有视觉。光线是形成活动影像并产生视觉的前提，是电视摄像创作的灵魂。在电视摄像中，各不相同的光线效果在造型上能改变和确定对象的形状；在构图上能形成不同的影调(亮调、暗调等)，能表现不同的景色情调及各种气氛，形成不同的影调结构，组织视觉重点，表现空间，表现节奏等。光线分为自然光和人工光。按照光的投射方向、角度的不同，还可以分为侧光、侧逆光、逆光和顶光等几类。

3. 构图

构图的概念源于绘画，是指画家对画面中各部分进行组织和安排，以求达

① 孙宜君、陈家洋：《影视艺术概论》，国防工业出版社，2012 年，第 74 页。

到理想的画面效果。对于电视而言,所谓构图,即对被拍摄对象以及各种造型元素进行组织和安排,使其成为具有思想含义与美感形式的画面形象的过程。电视的构图更为复杂,因为电视画面是活动的,这就造成了被摄对象、环境、光线、色彩等各种视觉元素的流动变化,摄像师必须及时跟随这种变化来调整镜头,以完成构图任务。

构成一幅画面的主要因素有主体、陪体、前景、背景与空白。影响画面构图的主要因素有影调、形状、线条、色彩等。画面构图就是要通过合理选择拍摄角度、拍摄方向、拍摄距离,把这些因素进行比较、搭配、组合与结构,使它们具有一种和谐的关系。画面构图是决定造型形式的基础,不同的表现目的和审美要求会影响构图的处理方法。好的构图能准确地传达作者的意念,表现情节(叙事),同时具有独立的审美价值。

4. 角度

画面拍摄角度的变化是从人们的生活及习惯演变而来的,生活中人们用眼睛观察一切事物,都有一定的角度,这些角度一般代表了人的某种习惯与心理要求。在电视画面中,不同的拍摄角度可以形成画面不一样的表现力。

画面角度的变化一般是由拍摄的方向、高度、距离来决定的。根据方向不同可以分为正面、侧面、背面等。正面角度具有稳定、庄严的感觉,拍摄人物时,被摄对象与观众容易产生面对面的交流感。侧面角度适于表现画内人物之间的交流,受众仿佛是处在旁观者的位置上。背面角度则常常带有主观色彩的抒情意味。根据高度不同可以分为平视、仰视、俯视,分别具有不同的叙事功能和情绪色彩。平视镜头表现的是正常的情绪,给人的感觉比较自然,是最常用的拍摄角度。仰视镜头使被摄物显得高大壮观,有利于表现人或事物的高尚、宏伟,带有赞颂的色彩。由于透视效果的关系,俯视镜头会显得人或物比较矮小,常隐含轻蔑、鄙视的情绪,此外也特别适宜拍摄大场面,或用于表现居高临下的主观视角。

5. 运动

电视镜头的本质就是运动,把被摄主体的运动状态通过摄像机的运动镜头呈现出来,这是电视的魅力所在,同时也是影视艺术区别于其他造型艺术的一个重要标志。通过镜头运动,电视可以最大限度地还原现实生活,使画面表现的背景空间不断变化,在一个镜头中出现对空间表现的多平面、多层次画面,从而打破画面的单一结构,使电视画面在屏幕上展现出一个富有纵深感的三维立体空间。通过镜头运动,创作者还可以转换视点,调控节奏,渲染情绪,形成整个电视节目的风格。

电视镜头的每一种运动都有其特定的含义和明确的目的，不同的运动方式在传达着不一样的镜头含义。镜头的运动可以分为三种形式：镜头内部运动、镜头外部运动和镜头综合运动。镜头内部运动即摄像机机位和镜头不动，主要靠画面中物象的运动来表现动感，如镜头中熙熙攘攘的人群、呼啸而过的火车等。镜头外部运动主要是指摄像机的运动，包括推、拉、摇、移、跟、升降等运动方式，一般是通过摄像机焦距的变化或者摄像机本身位置的变化来实现的。镜头综合运动即指既有画面内部被摄体的运动，又有画面外部镜头的运动。这种综合运动动势效果极为强烈，拍摄方法很多，也十分灵活。镜头的运动有时隐含着一定的含义，如推、拉镜头就分别包含“引入、关注、集中”和“离开、疏远”等意义。

6. 蒙太奇

蒙太奇，是法语“组接”(montage)的音译，它原是建筑业的一个术语，意为装配和构成，即将个别材料根据总体装配组合起来。法国电影艺术家很贴切地把建筑学上的术语引申到电影创作镜头组接这一环节上来，蒙太奇于是成了影视语言的重要术语和概念被广泛引用。蒙太奇作为语言中的话语构成手段，在影视作品的创作中，能将一个一个镜头，根据一定的逻辑关系组接在一起，通过形象之间相辅相成或相反相成的关系，相互作用，产生连贯、对比、呼应、联想、悬念等效果，形成一个含意相对完整的表意整体。从广义上讲，蒙太奇作为影视艺术的特殊语言形态具有以下三个层次的意义：一是作为影像表达反映现实的独特的思维方式，即直观视听形式的思维；二是作为影像作品基本的叙事方式和结构方式；三是镜头剪辑的具体技巧和技法。

在蒙太奇语言中，两个以上镜头连接后所形成的意义要超过它们各自基本含义之和，也就是所谓的“1＋1＞2”。因为在这里镜头与镜头之间已经形成了关系，产生了新含义，就像两个化学元素放在一起引起了化学反应形成新的物质一样。蒙太奇就是通过队列构成来发掘一个影像与另一个影像，一个镜头与另一个镜头之间的内在关系，并依据内在关系来组接的，使观众在镜头队列所形成的冲突和联想中，在心里激发起新的认识和思想，这是蒙太奇的本质意义所在。

三、电视视觉符号系统的其他构成要素

1. 非活动图像

主要是照片与图片。一般是作为影像的补充，用于没有、无法或不宜拍摄活动影像的情况。传播形象画面是电视的优势，但对摄录设备的依赖又制约了它的灵活性。在某些特定条件下，无法或不容许进行拍摄，不能获得活动影

像，此时照片或绘画图片成为形象表达的另一种选择。例如，按照美国法律规定，庭审现场是禁止摄影和摄像的，于是，由专门画师绘制的庭审现场图画便成为新闻报道重要的视觉素材。

2. 示意图与图表

示意图是事物、形态、关系等的简约化形式。由于它删除了一切无关的细节，使其意义得以凸显。图表是以坐标系统形成的结构，用以显示数量或层级的差异和关系的。示意图和图表在信息传达上具有展现内在状态、使抽象概念形象化、复杂信息简明化、复杂关系条理化等能力，适用于传达内在性、系统性、整体性、宏观性、对比性的信息。它能够化繁为简，使影像难以涵盖或表现、语言叙述头绪繁多难以表达和理解的内容变得一目了然。简化、形象、直观是图表传达信息的优势所在。

3. 文字

通过文字传达准确的限定性信息，能够弥补影像多义性和声音易产生歧义等局限，发挥补充、说明、介绍、引导、强调、扩大信息量和美化画面构图等作用。文字还能在电视中单独传达信息，如在不中断节目播出的情况下以字幕的形式发布最新消息和节目预告等。另外，有声语言和文字同步播出，既利于受众接收，也有利于加深记忆，加之与有声语言相比，文字具有不易产生同音歧义的优点，因而对于重要会议公报、政令、名单等密集抽象性信息内容的传播，可以帮助观众更好地接收。此外，文字还不会对声音产生干扰。在不宜出现解说语言的特定条件下，通过文字传达必要的信息，就是一种可行的方式。

文字包括两类：一是画面文字，一是屏幕文字。画面文字是指出现在画幅内的文字（如路标、招牌、会标、文件等），这类文字由于处于特定的现场，因而它往往表现了现场的某些要素，如路标表明了事件地点，会标有时能表明事件参与者的身份，文件用于证实被采访者反映的情况或者记者的调查采访。画面文字的巧妙运用，有时比使用单纯的语言描绘更为简洁，更有说服力。屏幕文字又称画外文字，是电视节目制作者在后期制作时通过字幕机或字幕制作软件叠加到画面上的字幕，包括节目标题、人物姓名等信息，重要的数字、时间、地点等；还包括为避免口音等问题造成传达障碍而在图像下方打出的唱词字幕，以及在片尾标出的工作人员名单及制作时间等。

4. 电子特技画面

即运用电子特技手段处理过的画面图像，如快慢镜头、定格等。电子特技常用作“转场方法”，包括淡出淡入、化出化入、叠化和叠印、划、定格、翻转、多画面、马赛克效果、位移等。一些特技带有含义，被称为电视的"'标点符号'语言"[①]，比如画面由明转暗直至完全隐没的过程叫淡出，它象征着时间的流逝；画面由暗转亮直至清楚的过程叫淡入，给人以新段落的开始感。

动画也是特技的一种。它是指"利用人类视觉暂留的特性，快速播放一系列静态图像，使视觉产生动态的效果。动画属于假定性手法，人物、动物、植物等是通过绘画手段画出来的；同样，环境也是画出来的。动画具有广阔的思维时空，它广泛地运用夸张、变形、装饰等手法。"[②]当前，随着计算机图形学和硬件技术的高速发展，电视制作人已普遍使用计算机生成高质量的图像。在艺术类电视节目中，动画可以丰富电视画面语言，带给观众完美的视觉享受；在纪实类电视节目中，适当运用动画，也可以弥补现场画面素材匮乏的局限，增加电视节目的形象性。

四、声画关系

法国著名导演阿伦·雷乃曾说过："电影是视觉节奏与听觉节奏的联合，是联合而不只是画面。"电视也是如此，是声音和画面的组合。声音在电视传播中发挥着至关重要的作用。听觉元素与视觉元素共同组成的符号系统构成了电视艺术的特殊魅力。"声音和画面是影视艺术的两大元素。这两大元素既相互独立又相互联系，既能交融相处，又存在一定矛盾。"[③]如何认识这两大元素及其相互间的关系，这确实事关我们能否正确地运用电视语言的大问题。

1. 电视声音的类别

参照广播媒介听觉符号系统的分类方法，电视声音也可以分为有声语言（人声）、音乐和音响。但与纯听觉媒介不同，"视听双信道"的存在决定了电视中的声音必然与画面组合运用，共同发挥作用。考虑到画面因素，电视中的声音又可以划分为以下两类，一是镜头内的声音，一是镜头外的声音。

（1）镜头内的声音

镜头内的声音与镜头所摄画面处于同一事件时空。电视影像具备声像一体记录的能力。如果将由电视摄录系统记录的一段连续的动态影像流程称为一个镜头，那么，它便是电视语言的基本表意单位和叙事单位，相当于语言中的词汇。电视镜头既有两维平面表现三维立体的空间特性，又有影像连续运

① 宋昭勋：《非言语传播学》，复旦大学出版社，2008年，第188页。
② 黄匡宇等：《电视节目编辑技巧》，中国广播电视出版社，2002年，第206页。
③ 孙宜君、陈家洋：《影视艺术概论》，国防工业出版社，2012年，第89页。

动的时间特性。在现代电视观念中，声音是镜头的有机成分。电视镜头作为事物时空的影像记录，从本质意义上讲，展现的应该是声像一体化的形象，正常拍摄的镜头无不负载有声音。现实中的事物一般都是存在于特定的声音背景中的，声像一体是人类接受外界信息惯常的自然方式，声像一体的相互引导与印证作用，可以使受众更准确、更全面、更轻松自然地把握信息。

镜头内的声音不同于“画框内的声音”。“画框”是二维的，但声音是三维立体的。可视的画面空间并不是独立的，它与其他一些不可见的空间紧密相连。要表现一个完整的现实空间，离开了听觉元素的支撑作用，则无法将“画框”内外空间联系起来，如画框外传来的对“画中人”的呼喊，以及人物的视线方向随着画面以外的声音向远方扩展等等。声音元素扩大了视觉形象的范围，形成了更加自由灵活的影视空间。

从制作角度看，镜头内的声音一般是由摄像机或专门录音设备在电视画面录制现场同期采录的，这种声音也被称为同期声（actual sound）。同期声是现场的真实声音，相对于前期录音和后期配音来说，它的特点是声画结合紧密，声音空间真实，因此更为自然、逼真。对于新闻报道而言，使用同期声有助于增强报道的真实性，增加报道的信息量，以及提升报道的感染力。同期声可以是人声，也可以是音乐和音响，其功能各异。在电视新闻类节目中，记者与被采访者，或多个被采访者之间进行的现场对话，以及记者的出镜述说都是同期录制下来的。

在电视文艺类节目特别是影视剧中，出于高质量声音制作效果的考虑，镜头内的声音也可以后期配录。就人声而言，此类影视配音又可分为对白和独白。对白也称对话，是电视节目画面中演员之间相互交谈（或问答）的一种形式。它在两人或两人以上的范围内进行，是有声语言的主要表现形式。独白是电视剧中演员潜在的心理活动的表述，是人物内心情感处于复杂矛盾冲突下的产物，它只能是第一人称。独白有两种表述方式：一种是以自我为交流对象的独白（自言自语）；另一种是有其他交流对象的大段述说。无论是对白，还是独白，都是由演员后期配音而成，但从叙事上看，这些声音与前期在摄影棚或外景地拍摄的画面同属于一个戏剧时空，是画面中人物的有声语言，且是对“戏剧现场”同期原声的模拟，因此也可以认为是镜头内的声音，哪怕配音演员与出镜演员不是同一个人。

（2）镜头外的声音

镜头外的声音与镜头所摄画面分属于不同事件时空。从制作上看，“镜头外的声音”多使用前期录音或后期配音的方式录制。电视新闻节目中的解说词便是一种重要的“镜头外的声音”。解说词多是从客观叙述者的角度，来交待、说明或评论的。因为解说的直接交流对象是观众，所以在表达创作者的态度、愿望时，解说常随画面的景别、节奏、情绪的变化而变化，其语调风格也与作品的内容、风格相统一。

再比如影视剧中的旁白，亦称“画外音”，是以画外人物的解说形式出现的介绍性、叙述性或评论性的有声语言。在镜头中，旁白中的人声一般不出现声源。它有两种具体的表现手法：一种是以第一人称的形式进行的自述、介绍；另一种是以第三人称的形式进行的议论或评说。在情节化节目中，旁白可以起到承前启后的作用，它能把时空间隔很大、年代上隔很远的生活片段衔接起来，形成一个完整的故事。此外，可以交待画面不宜表现的场面，节省次要场景，以突出主题，达到延伸画面表现力的作用。此外，心声也是以“画外音”形式出现的表现人物内心活动的自白，可能是来自画外的人物自己的声音，也可能是由他人发出的声音。心声来自画外，口无形而心有声。其与旁白的区别在于，心声是以画中一个人物为主体表达的，而旁白则是以画面内容为主体解说的。

2. 声画关系的呈现形式

声画关系问题的实质是声和画究竟谁居于电视符号系统的主导地位的问题。曾经有一种代表性观点以“图像崇拜者”的姿态将画面作用绝对夸大；而后也有人片面夸大了声音和语言的作用，忽视了画面的叙事能力的客观存在；主流观点认为，声画之间是一种“双主体”关系，声音与画面只有协调、巧妙有机地配合，才能产生立体、完整的感官效果。

在电视节目中，声音和画面以不同的形式结合在一起，有时同步、对应，有时交叉、补充，形成声画蒙太奇。由于电视声音由人声、音响、音乐三部分组成，而人声、音响、音乐的各自特点又决定了它们与画面的关系也各不相同。比如，人声可以比较系统地表达人的思想感情，因此和画面结合得十分紧密；音响是自然环境中由动物以及其他物体发出的，所以它和画面的关系也非常密切；音乐（除镜头内音乐以外）是由创作者根据电视节目内容、情节、情绪发展主观创作出来的，因此与画面的结合则带有较强的“随意性”。声画结合是电视传播的最重要特征。声音与画面之间的关系也在影响着传播的效果。目前常见的电视声画关系主要有以下几种形式。

(1) 声画合一

即声画同步，电视画面和声音同时指向一个具体形象的结合形式，它的特点是声画同步发生、发展，视听高度统一。其依据是人类视听接受的同步习惯和立体思维，作用在于加强真实度，丰富影像表达的层次性和立体感。这种关系是电视创作中最常用、最基本的一种声画关系。在这种结构中，声音所表现的情节、思想、情感、情绪及氛围等与画面表现相一致。声音与画面互为加强、补充，互为因果。如果是人声，则画面中的视像和它所发出的声音同时呈现并同时消失，两者步调协调一致；如果是音乐，则保持与内容情节相统一。在电视新闻或纪录片中，跟拍事件经过时呈现当事人的同期声，便是典型的声画合一形式。

（2）声画对位

对位概念借自音乐的对位法，原指复调音乐中两个以上的、有独立表现的旋律的同时存在。音调不同、节奏不同的若干声部可以结合，共同构成一首乐曲并形成复杂多变的对位。各声部的强音、高潮、终止都不同时出现，各声部长短不一，力度、音色各不相同，但在统一风格的统领下，多声部可以达到和谐。

在电视中，声画对位也称声画并行，是说声音不是来自画面中的发音体（人或物），或者不简单重复、说明画面内容，声画按照各自不同的规律，独自表现不同事物的信息，却又相互结合，有机地围绕和表现同一内容，造成一种非画面或声音能单独产生的整体效果，形成看似分立，实则合一的关系。对位关系下的声画由于承载了同时进行的多种信息，它们的并置组合可以产生强烈的冲击力，触发观众思考超出画面和声音之和的新的意义。就人声而言，声画对位意味着它和形象的关系是同质异构的，也就是说，人声的形式与画面内的形象运动并无必然性，但在隐喻的意义上，二者可以借助蒙太奇手段获得同质性。比如，在新闻性节目或电视专题片中，画面信息十分清晰、一目了然，编导则通过解说词做进一步的解释、分析、说明、背景介绍或评论，挖掘画面内在的涵义，交代画面无法交待而又必须传达的信息，此时的声画并非简单重复，却围绕同一内容和主题展开，是一种典型的“对位”关系。

（3）声画对立

即声画对比或声画分立，是指画面和声音性质相反，存在强烈反差，通过声音和画面的对立、冲撞，产生一种特定的含义。正如法国电影导演让·雷诺阿所说的那样：“就电影配乐而言，我更相信音画对立。如果对话说的是‘我爱你’，那依我看，音乐似乎就应处理成‘我讨厌’。围绕这个字句的一切应由相反元素组成，这样才更有效果。”[①]电视亦是如此，在此种形式下，声音和画面具有相对独立性。人声和画面内的声源对应关系不确定，依靠对比方式来联结，通过对比，呈现别具一格的风格特征或实现特殊的修辞效果。此种声画关系

① [法]马赛尔·马尔丹，何振淦译：《电影语言》，中国电影出版社，1980年，第98页。

主要用于电视文艺类节目。如在电视剧《唐明皇》中，李亨即位后，李隆基独自面对太极宫的冷落，此时的声音处理依旧是“吾皇万岁、万万岁”的呼声。

在实际的运用当中，常常是根据内容表现的需要，将声画的多种组合方式并用，以达到内容与形式的完美结合。

第三节　广播电视的非言语符号

传播学认为，人类使用的信息传播符号分为两大类：一类是言语符号，即运用概念作出判断推理的抽象符号；另一类是直接为人的感觉器官接受的表象符号——非言语符号。言语符号是人类最重要的信息传播工具，也是人类交流信息最明确的媒介之一，包括人声语言与文字语言两大部分；非言语符号带有具象性特点，如人的神态、姿势、服饰、色彩、音响和音乐等。广播电视除了运用言语符号进行传播外，非言语符号也是非常重要的传播手段。

一、听觉系统中的非言语符号

在广播电视的声音符号中，音响和音乐作为直接为人们的感觉器官所接收的具象符号，属于听觉系统的非言语符号，也是广播电视媒介所共有的非言语符号。此外，依附于有声语言的副言语亦属于重要的非言语符号。

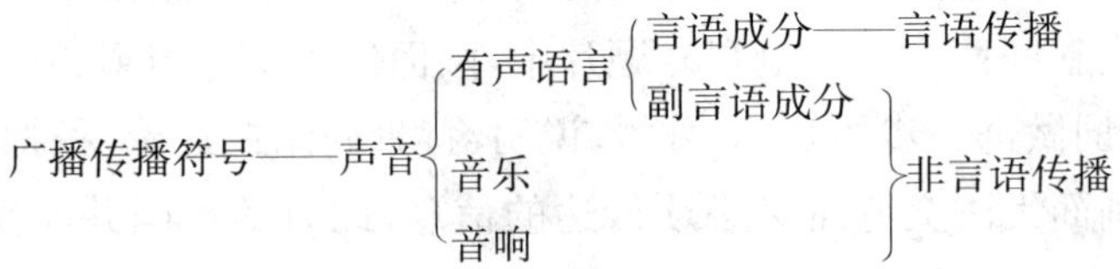

图 6－2　广播传播符号

1. 作为非言语符号的音乐和音响

与人声语言的抽象概括性相比，音响和音乐的表意形象而生动。音乐、音响常常是画面和人声语言的补充，是语意的延伸、人物感情的深化，也是感染受众的力量所在。音乐与音响比较，音乐指的是有旋律、节拍、节奏、调式、和声、速度、力度、音色、音域、音区、曲式的，经作曲家依照一定规律创作出来，由演奏家、演唱家表演而成的作品；音响则是只有速度、力度、音色，没有旋律、节奏、和声、调式和曲式，它包括自然界发出的风声、雨声、雷声、山呼、海啸、地震声等一切物体运动磨擦碰撞产生的声音。因此，音乐是写意的，音响是写实的。例如，音乐中所表现的景物都是利用旋律、节奏、和声描绘的场景、画卷，是在自然景象基础上充满想象的意境，有景有情，是对大自然的讴歌。而音响对于景物的表现则是写实的，音响首先是真实的、客观的，农村的鸡鸣狗叫、牛羊欢歌，城市里的车水马龙、熙熙攘攘，都是自然界和人类社会里原来就有的声音。对于广播电视媒介而言，音乐和音响都是其传播符号系统中非常重要的非言语符号，有着多方面的作用。

（1）强化写实性信息

一些音响和音乐具有自然效果，它们是来自自然界或社会生活环境的真实声音，主要用来展现环境、气氛，交代时代背景。在广播电视节目中，可用具有典型性的声音暗示出画外空间环境。例如：当听到海浪声时，观众会感觉到故事发生在海边；听到车辆行驶的嘈杂声时，则感觉到故事发生在城市。而来自各种动作的音响，从听觉上可以说明事物的特征和形式，以增加节目的真实性。

（2）体现动作效果或动感

实况音响和音乐会随着与听者相对位置的改变而引起音量及音调的明显变化（声学上称之为多普勒效应）。例如：当急救车鸣笛向听者驶来时，其笛声的音调会逐渐提高，音量也逐渐增强；而从听者面前驶过那一时刻起，其音调又逐渐降低，音量也随之减弱。利用这个原理可以表现物体的运动速度，在描述画外声源体的运动时，有着强烈的表现力。流动的音乐也可以增加静止画面的动感，因为音乐是在时间的流程中运动的，它能在声画结合过程中赋予画面特殊的生命力。

（3）呈现人物的主观性

即客观声音主观化。比如将人对声音的感觉和反应相分离，或视无声为有声，或视有声为无声，表现人的心情和境遇。有时甚至在一段时间里无任何声音，视有声为无声，强调人的专注、等待与期盼。至于音乐，则更能直接把人的喜、怒、哀、乐等情感淋漓尽致地表现出来。

（4）象征、隐喻功能

与色彩一样，声音也有某种特定的象征意义，每个国家、每个民族都有自己特定的声音象征含义。可以利用自然效果来表达特定的象征意义。如用乌鸦叫暗示灾难降临，而用喜鹊叫来表示好事上门，用公鸡叫象征黎明、舒畅，教堂里的钟声隐含着沉静、悲伤、压抑和神秘。使用声音这种功能，既要符合节目的内容情境，又要考虑到不同国家和不同民族的文化背景，这样才不至于造成受众的误解。

2. 副言语

所谓副言语（paralanguage），也称作辅助言语、类言语等，“是指超出言语交际分析范围的各种不同性质或种类的伴随言语语言的声音，有两种类型：一种是功能性发声，如笑声、哭声、叹息声、呻吟声、咳嗽声以及因惊恐而发出的喊叫声等；另一种是伴随有声语言出现的语音特征，如语音、语调、语速、语顿、音质、音高、音量、停顿等”①。有声语言由于其中包含了人声的直接的、生动的表达，使其超越了言语实用性和理解性的层面，具有了感知性。人声表达中的声音物质基础——语音、音高、音色、共鸣、气息等对语调、语势、语流的影响是微妙而普遍的，在听感上有明显的差别，即使这种差别只可意会不能言传，在受众的心理上都会产生相应的感受和体验，受众可以通过这些来感知说话人的性格、特点以及说话时的情绪、状态，所处的氛围环境等。

广播和电视虽有诸多不同，却有一个共同的特征：都必须借用声音来传递信息和感情。印刷媒体的读者只能了解言词的内容，而广播电视的受众却能够同时感知对方说话时的情绪。这种超越意义的感知性正是广播电视的魅力所在。广播电视的播音员、主持人、记者等都是直接面向广大受众，以有声语言为传播手段的专业的语言传播工作者。一些很受欢迎的播音员、主持人正是利用富于个性的语言赢得了观众的喜爱。例如中央人民广播电台中，主持《中国之声》庄重大气的于芳，主持《音乐之声》开朗活泼的章莹莹，主持《都市之声》亲切自然的小莫……不同的语言特点就是受众识记这些主持人的标志，粗犷的、纤细的、柔和的、浑厚的、活泼的、稳重的，人声语言的不同特色在观众心目塑造了一个个个性鲜明形象。

还有相当一部分播音员、主持人，之所以不受人们欢迎甚至令人反感，除了政治素质、文化素质、心理素质等方面的原因之外，还有一个重要原因——缺乏副言语知识和技能。对于播音主持工作而言，副言语中声音造型元素的使用至关重要。

（1）停连

停指停顿，连指连接。停顿和连接不当，会引起歧义，甚至与所要传播的信息完全相反。比如，“妻子对丈夫不好”这个句子，可以读作“妻子对，丈夫不好”，这样停与不停（连接）意思就不一样。又比如，“哥白尼认为，日月星辰绕地球运转这种学说是不对的”，如果读成“哥白尼认为日月星辰绕地球运转这种学说，是不对的”，这样的停顿就大错特错了。

（2）重音

同一句话，语言目的不同，强调的词语也就不同；强调的词语不同，表达出

---

① 宋昭勋：《非言语传播学》，复旦大学出版社，2008年，第70页。

来的含义就不同。例如在“我国的石油已经基本自给”这句话中，强调“我国”那是在与“别国”作比较；强调“石油”，是和“粮食”之类的“别物”作比；强调“已经”说明不是“即将”；强调“基本”是说“还不能完全”；强调“自给”是说“可以不依赖于进口了”。只有了解了稿件写作的目的之后，我们才能确定到底哪个词该重读，才能准确表达出原作的本意。

（3）语气

从专业的角度讲，“语气是内外部技术的结合体，它源于内部感受，表现为语言的色彩与分量，形成一定的外部表现”①。播音语气是指在一定的思想感情支配下具体语句的声音形式。由于每句话的本质不同，使用的语境不同，表达的情感及分量也不同，因而在语气上就表现出千差万别的声音形式来。例如“这事你不说，他不知道”这句话，放在不同的语境下，含义千差万别。它可以是“叮嘱”：你不要告诉他。而这中间又有分寸感的细小差别，如关心地叮嘱、神秘地叮嘱、小声地叮嘱；也可以是“恳求”：他受不了这样的打击；也可以是“恐吓”：就看你的了！还可以是责怪：谁让你说的？到底这句话的感情态度的本质是什么，它包含的情感分量有多大，就需要播音员从具体的语境和“内在语”中去推敲和把握了。只有准确把握语句的内在含义、感情、态度，才能引发出贴切的播音语气，使得播音语言深刻丰富，耐人寻味。

（4）节奏

语气以语句为单位，节奏以全篇为单位。播音员从全篇稿件的思想感情出发，以恰如其分的抑扬顿挫、轻重缓急的声音形式，回复往返地传播信息，形成全篇的节奏。播报讣告，节奏应缓慢、低沉；播报抗洪抢险，节奏应紧张、高亢；播报旅游览胜，节奏应轻快、活泼……正确选择播音的节奏，能立即使听众产生应有的情绪并造成一种必要的意境，使传播内容准确而鲜明地表达出来。如果节奏与全篇稿件所要表达的思想不协调，就会大大削弱传播效果。

通过电波传递声音的广播，通过电子技术传播图像和声音的电视，以及其他作用于受众听觉器官的电子传播媒体从业人员，必须高度重视并努力掌握大众传播中的副言语技能，只有这样才能以“声”动人，以“情”感人，提高传播效果。

二、视觉系统中的非言语符号

除了听觉系统中的非言语符号外，电视的非言语符号更多源于视觉元素。非言语符号在电视传播中占有重要的位置。

① 罗莉：《电视播音与主持艺术》，北京广播学院出版社，2001年，第17页。

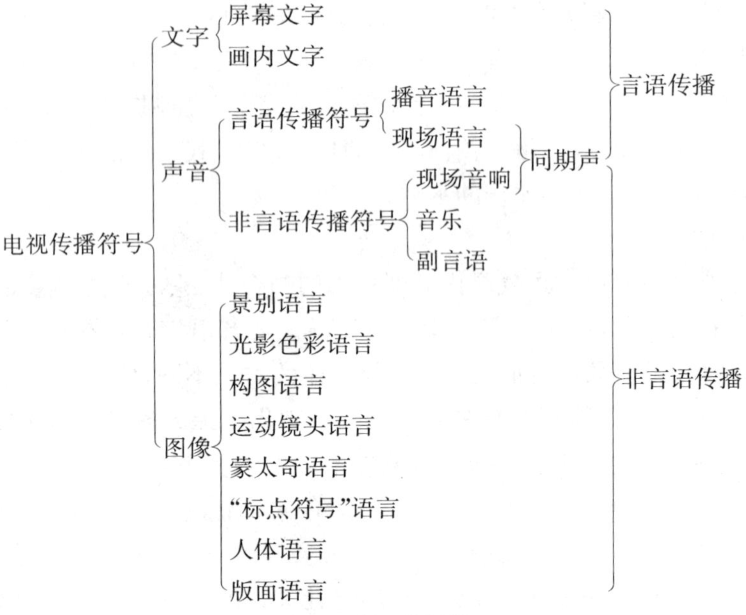

图 6-3　电视传播符号

从上述图示可以看出，电视传播中的非语言符号种类繁多，发挥作用的方式也更加复杂。其中一些非言语符号在本章前几节已做过分析，在此着重探讨电视屏幕中的人体语言，又称体态语或体语。

1. 体态语的概念

所谓体态语，“指的是人们通过表情、动作、姿态等来传播感情和信息的辅助工具，是表露心迹、寄寓感情的语言，是具有一定语义的伴随语言”①。研究认为，所有可见的行为举止都是传播，并且是一种信息。生活中没有一个言辞、姿态或体态是毫无意义的。美国现代心理学家梅瑞宾通过大量实验得出，在信息的全部表达中，言词传播仅占 7%，副言语传播占 38%，而表情、动作等体态语则占了 55%。

对于电视传播而言，播音员、主持人、出镜记者、演员等“界面人物”的体态语无时无刻不在传递信息。例如，在一条电视新闻中，出镜记者的衣着、风度、气质、表情、语调、动作等都是电视画面中十分重要的信息传播元素。

2. “界面人物”的体态语

(1) 化妆与服饰

外表是指人的物质性的外观，分为容貌、身高、体重、肤色等不可控部分，

① 宋昭勋：《非言语传播学》，复旦大学出版社，2008 年，第 87 页。

即基本体征，以及头发、服装、化妆、装饰等可控部分。外观符号构成了电视“界面人物”的第一印象。主持人、播音员、记者在说话的同时，其风度、表情、动作、衣着等因素也构成伴随信息，出现在屏幕上，传递给观众。因此，“界面人物”们往往借助化妆、服饰等辅助手段，协调、组织、控制现场的相互关系，使节目有序进行。

电视的化妆和服饰往往有技术上的考虑，但也应遵循TPO原则。所谓TPO原则，是有关服饰礼仪的基本原则之一，即着装和化妆要考虑到时间(Time)、地点(Place)、场合(Occasion)三方面因素。也就是说，播音员、主持人在选择服装、考虑其具体款式时，既应凸显个性，又要与具体节目的时间、地点、目的协调一致。例如，中央台著名少儿节目主持人鞠萍为当好“孩子头儿”，拒绝烫发，不穿过紧、过透和西装之类成人化的服装，也不戴耳环、项链，从外形上成功地塑造了“鞠萍姐姐”，而不是“鞠萍阿姨”。

(2) 表情与动作

表情语是指人的面部表情，即通过面部表情来交流情感，传递信息的语言。表情语中运用的最多，表现力最丰富的是目光和微笑。依靠它们，可以表达内心的情感、愿望和信任等。

动作语又包括首语、手势语、体姿语等。首语是指人体头部动作所传递的信息，如记者访谈时低头、抬头、摇头、点头等动作。手势语是指人体上肢所传递的信息，它包罗手指、手掌、手臂及双手所能承载交际信息的各种动作，如电视记者用得较多的有握手、鼓掌、挥手等动作，它们的交际功能较强。体姿语是人的身体的各种姿态所传递的信息，如记者在采访时的坐姿、立姿、步姿等，都会向被采访者传递一定的信息。而不理想的体姿包括：坐姿后倾，跷二郎腿，将手插在裤袋里等。三种动作语的使用经常是同时进行的，也可以统称为身体动作。身体动作的主要作用：一是表达态度，例如抱紧双臂表示保守的态度，身体前倾表示尊重等；二是情感交流，以动作强调语言信息，主要是希望引起观众或采访对象注意的问题和细节。

“界面人物”们通常运用人体各部位的姿势、动作、表情等传递信息。其存在意义在于配合人物的口语表达，对口语中出现的不够严谨或不够完整的部分进行形象化的补充。面部表情和动作、姿态、语气等综合在一起，在镜头前会形成“界面人物”的态度，表露其情绪，而这些情绪是有信息含量的。

(3) 界域

界域是指屏幕人物在出镜时与互动对象的距离和自我空间的调整。美国人类文化学者爱德华提出“相互作用的距离”的概念，他把口语交流中的互相作用范围分为四个区域：

亲密区：距离为 0 厘米到 15 厘米。是关系最密切的人之间的交流区，常发生于情人和夫妻之间。

个人区：距离为 45 厘米到 75 厘米，为一般熟人之间的交流区。

社交区：距离为 120 厘米到 210 厘米，是相识但不熟悉的人们之间的交流活动的范围。

公众区：距离为 350 厘米到 750 厘米，包括所有类型的公众交流，如演讲、法庭辩论等。

“界面人物”在屏幕上与互动对象交流时，应注意距离问题。距离的远近，同样传播着特定的值息。只有把握好距离、空间语言，才能营造轻松愉快的交流氛围，更好地驾驭现场节奏。例如电视记者出镜访谈，与被采访者保持的合适界域应在“个人区”的范围，即 45 至 75 厘米。离被采访者太远会让对方觉得自己不被重视；太近则使人感到“逼人太甚”或产生其他不适感。对于蹲着的或坐在矮凳上的被访者，主持人最好也蹲下来，否则就会给人居高临下、盛气凌人之感。在主持专题节目或综艺节目的现场，有经验的主持人不是总把自己框定在一个固定位置上，而是灵活地走动，与现场人物和电视机前的观众形成多相位关系，以烘托出或热烈或凝重的气氛。

第七章　广播电视传播主体——机构与人

在广播电视传播活动中，所谓传播主体，就是指广播电视信息的传播者，是信息的搜集、加工、制作和传递者。广播电视传播者总体范围包含两大方面：一是广播电视媒介机构，二是广播电视从业人员。前者是指广播电视的媒介机构与相应组织、团体，即广播电台、电视台、音像出版公司、节目制作公司等；后者是指那些以广播电视传播活动为职业的、具有专门知识和技术的记者、播音员、节目主持人、编导以及录音、摄像等相关人员。广播电视传播者在传播过程中起到“把关人”的作用，决定着广播电视信息的是否传播与如何传播。

第一节　广播电视媒介机构

广播电视机构是广播电视信息的传播者。它的机构内部设置没有固定模式，往往因国家政治体制、新闻制度及广播电视台的等级、服务对象等具体情况的不同而有差别。但是，它们作为传播主体的职能是基本不变的。我们主要从媒介的组织管理与对传播内容（节目）制作和传播控制的角度进行择要介绍与分析。

一、以公司、台（集团）为媒介机构的传播主体

当今世界各国广播电视的所有制类型主要有公有、私有和国有。美国是以私有制占主体，西欧以公有、私有并存，我国传媒则是为国家所有。相应的，在媒介组织管理和传播管控上，也存在着不同。西方国家大多实行公司制机构设置，其中尤以美国多数广电集团为代表的商业广播电视媒介组织的公司制管理为代表，相较之下，我国现今则实行“事业单位、企业化管理”的方式。

1. 商业性广播电视媒介组织的公司制机构

与一般公司相似，广播电视媒介组织的公司制机构，也是以董事会为中心。董事会经由股东选举产生，是公司的最高决策机构，它任命最高管理人员，决定投资，并把经营权交由管理层代理行使，一般为CEO。形成了股东大会→董事会→CEO或总裁的治理结构。比如，一个典型的美国传媒集团的管理模式是，股东大会→董事会→发行人→总经理、总编辑。一般来说，一个商业电视台/电台会设置以下一些部门：

（1）节目部：在经理或总监的指导下策划节目，挑选节目，安排节目，并在制作人员的协助下制作节目。

（2）节目销售部：主要向广告客户销售广告时段。

（3）新闻部：负责日常的新闻播出、新闻特别节目和体育特别节目、纪录片和公共事务性节目。

（4）工程部：由技术经理领导，负责演播室、控制室和播出设备的选择、操作和维护，还要依据美国联邦通讯委员会的要求负责技术监控。

（5）事务部：广播电台/电视台作为一个商业机构必须承担的多种任务都由事务部负责，包括文秘、报表、工资等。

下图是一家中型的商业电视台的组织结构。[①]

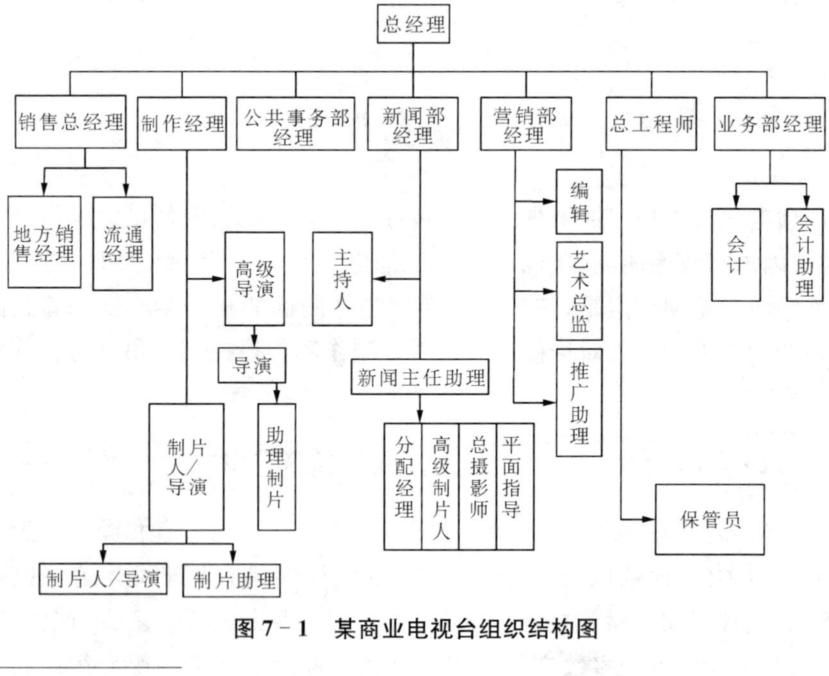

图7-1 某商业电视台组织结构图

① 王学成：《全球化时代的跨国传媒集团》，社会科学文献出版社，2005年，第80页。

规模庞大的跨国传媒集团由于跨行业、跨地区的经营模式，其组织管理结构更为复杂。但从内部组织结构而言，一般也是遵循股东大会→董事会→总经理或CEO→中间管理层模式。比如默克多执掌的新闻集团的内部结构就是如此，股东大会是最高权力机构，董事会是最高决策机构，董事会下设任命委员会、薪酬委员会、期权分配委员会和审计检查委员会。由集团、董事会和经理层组成一种组织结构，并且互相制衡。下属的公司在董事会的授权下进行经营。

此外，像美国三大电视网美国广播公司(ABC)、全国广播公司(NBC)、哥伦比亚广播公司(CBS)，日本的日本电视公司(NTV)、东京广播公司(TBS)、全国朝日广播公司(ANB)、富士电视台(Fuji TV)，香港地区的电视广播公司(TVB)、亚洲电视公司(ATV)等都是商业广播电视的代表。

2. 我国广播电视媒介组织的传播机构

改革开放以后，我国媒体多年来实行的是"事业单位、企业化管理"的机制，报纸、电台、电视台作为事业单位，允许进行"企业化经营"。"企业化经营"和"企业经营"虽然只相差一个字，却是本质的差别，这意味着我国的媒体并非市场经济环境下完整意义上的企业。许多媒体不单是事业法人，有时还是政事合一，比如某些省的广电局局长，又是广播影视集团董事长。这种体制使电视媒体始终处于严格的行政管理之下，不能完全按照市场经济环境下企业经营的规范准则开展活动。

(1) 中国中央电视台的组织结构

中国中央电视台(简称"中央电视台"、"央视"，英文简称 CCTV)，是我国的官方电视媒体之一。现为国家副部级事业单位，内设 16 个副局级中心(室)，包括办公室、总编室、人事办公室、财经办公室、机关党委、新闻节目中心、海外节目中心、社教节目中心、文艺节目中心、广告经济信息中心、体育节目中心、青少节目中心、网络传播中心、技术管理办公室、技术制作中心、播出传送中心；有 3 个直属处级单位，包括监察室、审计处、中国电视报社。中央电视台的直属单位包括：中国电视剧制作中心、中央新闻纪录电影制片厂、北京科学教育电影制片厂、中国国际电视总公司、中央卫星电视传播中心、中央数字电视传媒有限公司、中国爱乐乐团。此外，中央电视台开办有中国网络电视台、《中国电视报》和面向全国公开发行的刊物《电视研究》、《现代电视技术》等，拥有国内最大的广播影视音像资料馆(与广电总局共建)。

中央电视台目前已初步形成以电视传播为主业，电影、互联网、报刊、音像出版等相互支撑的多媒体宣传、广告经营和产业拓展的多元化经营格局。改革开放以来，中央电视台发展迅猛，日新月异，目前共开办 45 个频道，分别为综合频道、财经频道、综艺频道、中文国际频道等，内容几乎涵盖社会生活的各个领域。目前全台栏目总数400多个，日播出量达270小时，其中自制节目量约占总播出量的75.31%，使用中、英、法、西班牙、阿拉伯、俄六种语言和粤语、闽南话等方言向国内外播出。全国人口覆盖率达90%，观众超过11亿人。它是我国目前影响力最大的电视媒体。其网络媒体是中国网络电视台（CNTV）。

中央电视台拥有相当规模的、具世界先进水平的技术设备和设施，其中移动地面卫星系统（DSNG）可随时随地对重大新闻事件进行现场直播。节目制作、播出传输、卫星转发、新闻回传全面实现数字化；多媒体联网系统部分实现资源共享，初步形成办公自动化和智能化的管理体系。

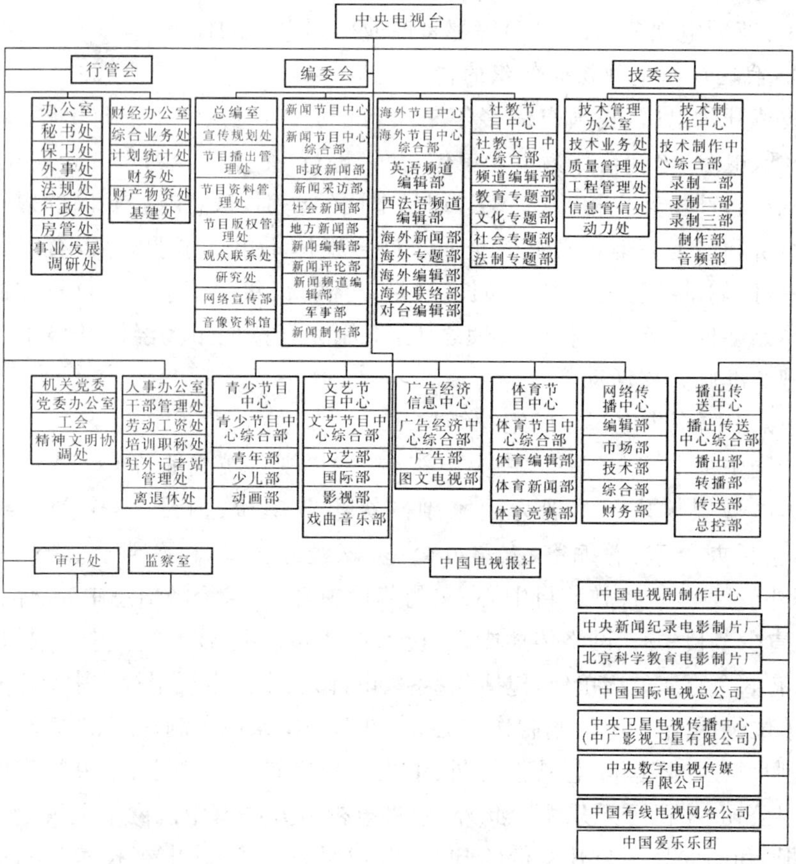

图7-2　中央电视台组织结构图

从上图我们可以看出，“中央台的内部分工很细，从中心到各个中心下设的若干个部门，基本继承了原事业单位的组织运行方式。中央台的节目基本也由这些部门自己来完成，它们自己制作节目、监播节目，并没有和市场真正接轨，实现真正的市场化运作。这不但与我们之前所谈到的商业广播电视媒介组织的公司制管理模式相去甚远，就连与很多地方广电集团相比，其组织管理模式也差距很大”①。下面我们不妨分别对照湖南和深圳的广电组织结构模式，从中了解国内广播电视业在“事业单位、企业化管理”中的不同做法。

（2）湖南电广传媒股份有限公司的组织结构

湖南电广传媒股份有限公司成立于 1998 年 8 月，1999 年 3 月在深交所挂牌上市，因在全国传媒行业率先进入资本市场，且资本经营成效突出，被公认为“中国传媒第一股”。上市 11 年来，电广传媒已经发展成一个以有线电视网络运营、创业投资、影视节目制作发行、广告代理四大业务为主，旅游、房地产、酒店等投资业务为辅，经营地域横跨长沙、北京、上海、广州、深圳的大型综合性文化传媒公司。截至 2010 年 12 月 31 日，公司总资产 115.84 亿元，同比增长 24.97%；净资产 38.91 亿元，同比增长 38.96%；2010 年实现主营业务收入 61.97 亿元，同比增长 48.29%。

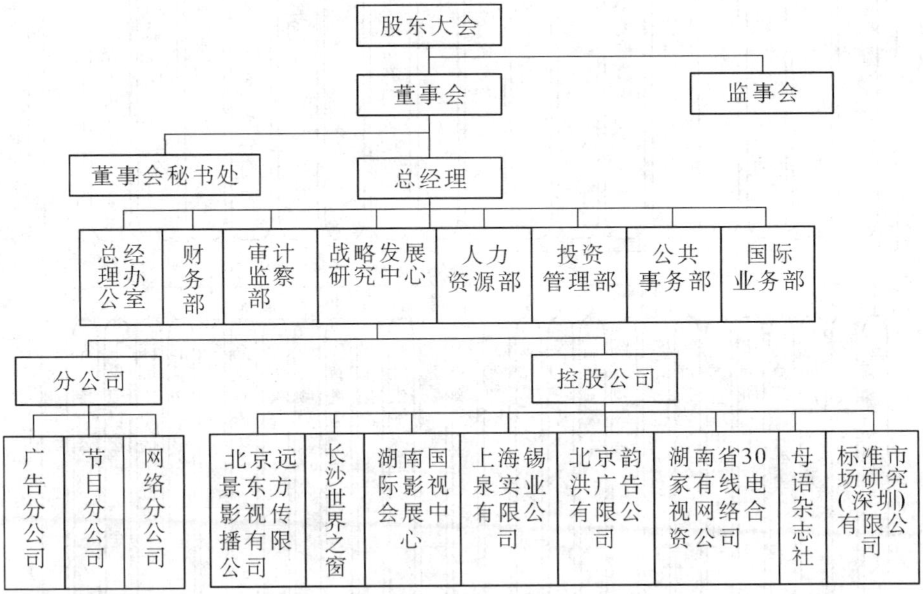

图 7-3　湖南电广传媒集团组织结构图②

目前，电广传媒有线电视网络业务全面发展，已经基本完成湖南全省有线电视网络整合，长株潭“三网融合”试点有序推进，网络内容业务日益丰富。2010 年，电广传媒创投业务取得丰硕成果，旗下的深圳达晨公司各项业务捷报

① 吴玉玲主编：《广播电视概论》，中国传媒大学出版社，2007 年，第 148—149 页。

② 周鸿铎等：《传媒集团运营机制》，经济管理出版社，2005 年，第 47 页。

频传。截至2010年底，深圳达晨累计投资96个项目，累计上市17个项目，累计管理九期基金，管理规模65亿元人民币。

（3）深圳广播电影电视集团的组织结构

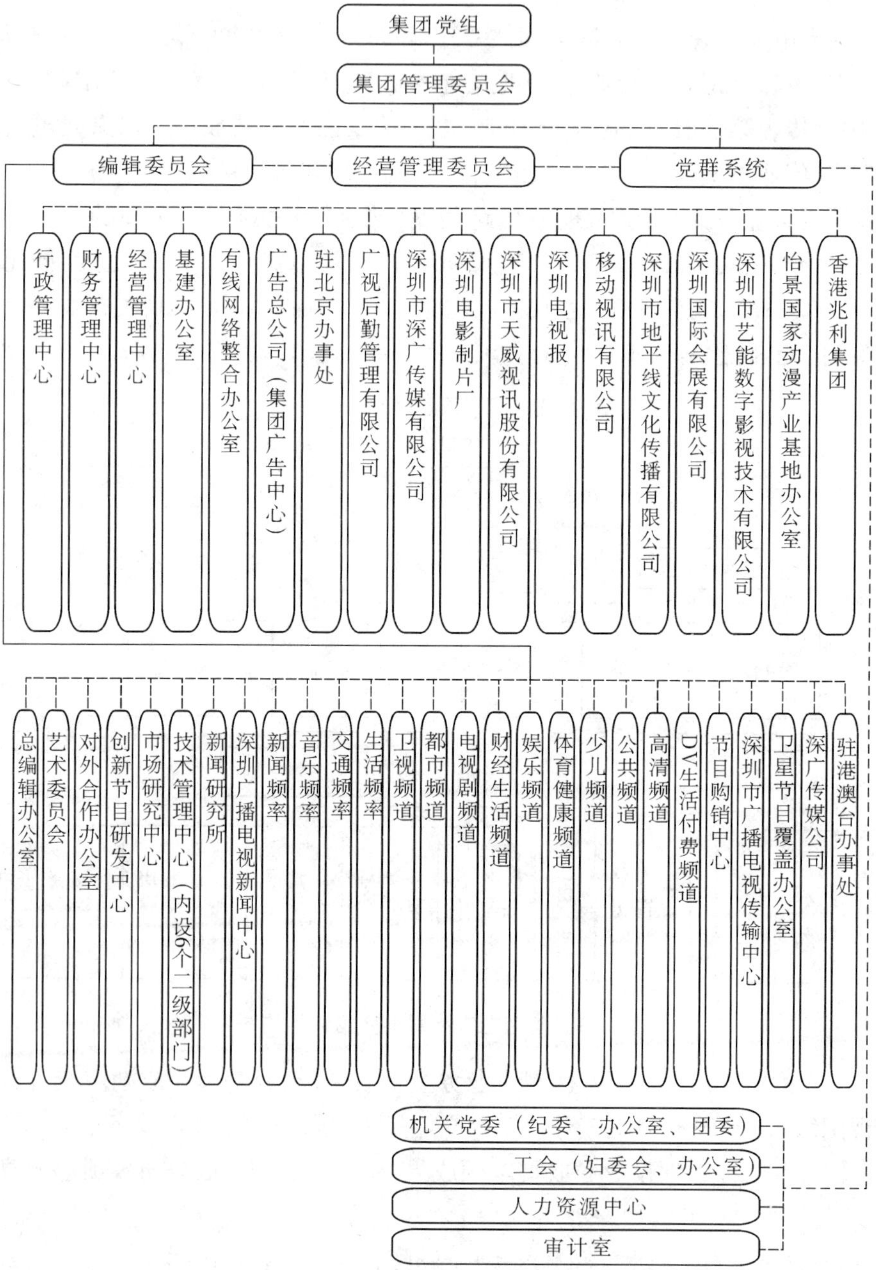

图7-4　深圳广播电影电视集团组织架构图

深圳广播电影电视集团于2004年6月28日正式挂牌成立，是一家拥有11个电视频道、4套广播频率和电影制片厂、电视剧制作公司、广播电视传输中心、有线电视传输网络、移动电视、DV电视、手机电视、宽带接入、新媒体网站等多种业态的综合性传媒集团。集团控股、设立了天威视讯股份有限公司、移动视讯有限公司等二十多家产业经营企业，形成了广告、网络传输与服务、新技术新业务、内容等“四足鼎立”的产业结构。集团现有员工5 000余人，年经营收入近40亿元，总资产达70亿元。

二、以频道与栏目为媒介单位的传播主体

1. 以频道为单位的频道中心制的传播管理模式

频道中心制也称频道总监制，是基于受众市场细分理论和准确定位理论而形成的以频道为单元，构筑自己的节目平台和传播经营平台。不同频道根据自己频道受众的专业化对象，确定节目构架、栏目构成及频道经营策略，以形成自己的频道特色，满足观众的专业化信息需求。对频道内的栏目设置和节目传播、人力资源使用、报酬分配等实施统一管理的现代电视媒体管理模式。20世纪60年代，西方国家电视媒体开始走向专业化，实行以频道为基本单位的管理模式。随着我国广播电视事业改革进程的推进，21世纪初国内电视媒体才开始实行频道中心制，并注重传播的特色和培养各自的品牌。以中央电视台经济频道为例，2003年10月，中央电视台经济频道在频道改版的同时，也对频道管理体制做了重大的调整。根据央视改制方案，此次从组织架构上进行根本变革：撤销原经济部、信息部，淡化行政级别，从“中心→部门→科组→栏目”的四级体制变为“频道→工作室主任→栏目”的三级体制，实行频道总监负责制，频道总监、副总监由台长聘任，任期内如达不到考核指标的要求，予以解聘。工作室主任负责本工作室内各栏目的统一协调与调控。各工作室制片人负责本栏目各项工作的组织与实施。

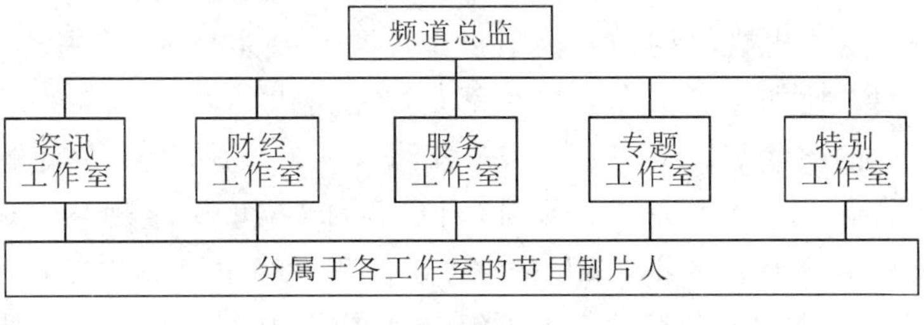

图7－5 中央电视台试行的频道总监制管理三级模式

同时，设频道运营总监、频道节目总监。基本明确各级别组织分工原则：频道总监对频道各项工作负全面责任，频道节目总监管理频道节目的生产、播出等方面的工作，频道运营总监负责频道的行政、人事、财务、推广、经营等方面的工作。央视经济频道按照"资源为本，效益为先"原则，基本确立了现代电视媒体管理的基础架构——频道总监制。在传播流程上，合并于同一工作室的各栏目初步实现资源共享，统一调配栏目生产所需的设备、演播室、新闻线索、节目选题、专家嘉宾、画面素材等一切可共享资源，彻底打破部门之间、栏目之间的壁垒。内部资源的有效整合降低了成本，提高了效益，提升了竞争力。

2. 以栏目为单位的"制片人中心制"与"主持人中心制"传播机构

(1) 制片人中心制传播机构。制片人中心制起源于20世纪20年代的美国，它的出现是西方影视事业发展的需要。1985年，中国电视剧制作中心任命了4名制片人，开创了内地电视界制片人制的先河。1993年5月中央电视台又在《东方时空》实行了制片人制，第一个在栏目中采用了这一机制。随后，这种新的节目管理方式，很快被全国各地电视台所接受，到90年代后期，全国已有88%的电视台实行了制片人制，77%的栏目实行了制片人制。

经历近二十年，实践说明，制片人制这种节目传播管理方式是目前较先进的一种，对《东方时空》、《焦点访谈》等一大批优秀栏目的涌现起到了决定性的作用。电视制片人制的实行是我国电视节目传播机制的一项重大改革。这种新机制，调动了电视工作者的积极性、创造性，使电视台的人财物等资源在一定程度上实现了合理配置，传播信息的"把关"责任更明确。但是，在对制片人制充分肯定的同时，也应该看到其中所暴露出的内部监督不够等许多不足。

(2) 主持人中心制传播机构。所谓主持人中心制，是指以主持人为中心来打造整个节目，主持人是整个节目的灵魂，参与节目的整个创作和制作过程，甚至有对节目人员、设备甚至资金的使用和支配权。美国是最早实行主持人中心制并且是唯一真正意义上运作成熟的主持人中心制的国家。其主持人中心制自20世纪50年代发展至今，历经半个多世纪的运作，机制已经相当成熟。各大电视机构的各类节目都注重包装主持人，靠主持人的影响力打造栏目。比如美国很多脱口秀都是以主持人的名字来命名的，像奥普拉·温弗瑞的谈话节目、《杰·雷诺今夜秀》(NBC)、《大卫·莱特曼深夜秀》(CBS)、《杰瑞·斯普林格谈话节目》(FOX)和《拉里·金现场》(CNN)等。美国的著名主持人大多参与节目的整体运作和管理，由于他们经验丰富，知识渊博，对事物有着自己独特的个人见解，他们参与甚至主导节目的选题，策划采访制作的全过程，如克朗凯特、丹·拉瑟等在担任主持人时也是编辑主任，所有的制片人和撰稿人完全听命于他。我国自 20 世纪 90 年代初实行制片人制以来，渐渐出现了一批名栏目和名主持。如《东方时空》的白岩松、《小崔说事》的崔永元以及《曲艺杂谈》的汪文华等。他们对节目传播负有重要的“把关”责任。

三、社会化制作与传播机构

从世界范围看，广播电视节目既可以“自产自销”，也可以由广播电视台委托下属的节目公司进行制作，甚至直接从市场上购买。由于外购节目不断增加，社会化的节目制作机构已成为广播电视信息传播的重要主体。例如，英国的《广播法案》要求 BBC 和商业广播网的新节目(除新闻性节目)中至少 25% 要由独立制作公司制作；韩国的《广播法》规定电视网在黄金时段必须播出 15%的外制节目，否则将受到处罚。引入独立节目制作公司制作的节目既可以降低成本，又能增加节目的多样性。美国的节目体制商业性突出，它的娱乐性节目基本上是通过买卖进行的商业市场行为。

在我国，影视剧的社会化制作从上世纪 80 年代起步，已经比较成熟。当前，积极实施电台电视台制播分离改革，要选择部分条件成熟的影视剧、娱乐、体育类等节目栏目，按照先台内后社会进行制播分离试点，引入市场机制，实现投资主体多元化、制作主体公司化。

第二节　广播电视记者

当今时代，借助于现代传媒，大量新闻信息正以前所未有的广度和深度，介入人们的生活并对其产生深刻影响。但是，新闻信息不是自然产生的，它是记者经过艰苦的采编过程后进入传播领域的。记者是新闻信息的采集者和传播者，报道事实和传递信息是记者的主要职责和使命。广播电视记者就是经常在广播电视中出声露影进行新闻报道的人，他们典型的特征是手持话筒，面对受众，进行现场口头报道。

一、广播记者的个性特征

广播的最大优势是传播速度快。快速采访是广播记者首先应具备的基本功，如果能在迅速及时上把握主动，采访就可以说成功了一半。因此，广播记者必须练就一套迅速且成功采访的过硬本领。快速采访要求广播记者反应灵敏，判断准确，也要求广播记者“出口成章”，即时完成现场报道。

1. 采访报道同步化

广播记者采访的过程往往就是报道的过程。现场报道、记者口播新闻等报道形式要求广播记者掌握采访报道同步化的特点和技巧。不仅能用笔头表达事实，还要具备口头表达目睹的事实的能力。过去，这一任务主要由播音员完成，但随着广播新闻的发展，记者上广播的机会、次数日益增多。现场报道是发挥广播优势最好的一种报道形式，面对一件突发性新闻事件，广播记者要想抓时效，就非得立即做现场报道不可。这就需要记者有良好的口头表达能力。在某种意义上说，现场报道的水平高低与记者的业务素质高低成正比。因为在这种紧急情况下，记者根本来不及先思考一番，然后再构思，再撰写新闻稿件。记者只能立即做出反应，一边观察一边发出报道。这种现场叙述或报道是广播记者迅速发挥综合能力的体现，也是一种高级报道。

2. 采访播报并重

广播谈话、演播室专访、广播热线等节目要求记者采访、播报同时进行，这是广播记者采访的个性特点之一。当前，广播记者的播报越来越受重视，已逐渐开始成为其业务素质的一个重要方面。广播记者要想在业务上立住脚跟，就必须做到采访、播报并重。不能像过去那样，只是撰写稿件，让播音员播读。因为在新闻广播节目中，除播音员播读外，总是有记者出现在新闻节目中，不是做综合报道，就是做现场报道，或者做人物专访。面对一些突发新闻，广播记者的报道常常是采、编、播同步进行。报道完全出自一人之口，边观察，边采访，边编辑，边播报，同时进行。

广播记者要想做出一流的现场报道，首先得具备较好的口才。所谓口才并不是指音质多么纯正，声音多么动听，吐字多么清晰，而主要是指表达准确、生动、恰当、深刻，对事物的反应能力、判断能力以及对人们的感召力等。就广播记者来讲，起码应做到能讲普通话，吐字清晰，但关键是要看能否准确叙述，能否抓住事件或人物的特征及细节，能否引起听众注意进而打动听众。因此，广播记者应像训练文字表达能力一样，训练自己的口才。

二、电视记者的特点

电视采访充分体现了声画并茂的现场纪实特征，最有可能使观众产生身临其境的感觉，并充分展示记者个人的气质、才华、个性和风格。

1. 掌握现代采集手段

电视记者离开电子化的采集手段，就无法将活动图像素材“记录”、“再现”。可以说，现代电子化的采集手段，是电视记者的必备“工具”，离开它们，就无法“生产”。这也是其不同于其他类型记者的重要特征之一。便携式摄像机、移动转播车、SNG连线、海事卫星电话……种种最现代的技术手段总是首先被电视记者掌握。

2. 使用独有的采访形式

屏幕上用特定现场背景作衬托的采访是电视采访的独有形式，也是同其他传播媒介采访形式的最大区别之一。由于有特定现场背景作衬托，电视采访不但能够传达信息，而且能够传达印象。《东方时空》记者胡健颇有体会地说：“同是采访，同是对采访对象的描述，文字记者的文章是事后做，要靠记者的观察，是高大，是矮小，笔走龙蛇，任你褒贬；而电视主持人的文章要当时做，而且要由被访者自己去表现：他的情绪，他的每一句话，所用的语词、语气，以及眼神、手势等等都是他的‘语言’……你不可能改变谁，但你能通过访谈，通过出其不意的提问使他们的真实思想、个性、风度、气质尽可能鲜明、本色地表现出来，令观众亲眼所见之下取得自己的判断。”人是电视新闻中最活跃、最生动、最有力的表现因素。电视记者必须能够在现场环境中同人打交道，同时以快速采访、提问交谈的技巧在几分钟内得到通常要花几小时才能得到的东西。

3. 运用独特的思维方式

形象的活动画面是电视新闻传播的基础，电视记者主要通过画面来报道事实，而不是单靠文字叙述、描写新闻事态。这是电视传播特点，也是电视采访特点。电视记者对电视特色的感觉、认知、思维应该每时每刻体现在采访过程中。它要求记者全面理解形象画面报道的特点，运用连续画面的形象思维来构思报道，真正调动视觉语言的力量。记者在采访时必须有能力迅速捕捉到有价值的、有特色的画面，为此，就必须强化屏幕意识。电视记者应少用文字语言，以免重复电视屏幕上正在播映的事物，分散观众的注意力。电视新闻强调形象，利用形象的手段传递信息，让图像叙述事实，力求达到用形象画面说话的最佳效果。

4. 遵循特殊的工作方式

协同工作与采摄分工是电视记者采访区别于其他媒介的又一突出特点。协同工作主要体现在，电视报道除了极简单的新闻，记者一个人可以应付以外，绝大多数报道是集体协作的成果。“采摄分家”是采访、拍摄分工的必然趋势。但是，这并不等于说一个电视记者没有掌握拍摄技巧。事实上，记者搞电视报道不熟知画面，不懂拍摄技巧是不称职的。作为电视记者应该具备多方面的本领，除了完成文字记者所做的一切采访工作外，还要亲自动手参与后期制作，编辑画面，混录合成等。作为一个电视记者，对前期、后期两个阶段的各个工作环节都要熟悉，对编辑部门整个新闻报道流程都要清楚，这样才能通晓自己在报道中的作用，以及怎样进行采访报道。

三、广播电视记者的职业道德

新闻记者的职业道德，是指新闻记者在职业活动的整个过程中必须遵循的、与所从事的职业活动相适应的行为规范和准则。它是社会道德的一个组成部分。在记者的众多行为规范中，确保公众所接受的消息真实是记者职业道德的首要要求。因此，新闻记者必须认识到，新闻之道，在于求真，真实地报道事实，真实地反映实际，是新闻记者工作最基本的原则，也是新闻事业的规律之一。

1. 新闻工作理想

新闻工作理想指的是对新闻工作的选择及新闻工作成就的向往和追求。新闻工作理想是对待新闻工作的一种总体的认识及态度，是对新闻之道——真实报道事实的认识，是新闻工作道德的核心部分或曰“灵魂”。新闻工作者只有具有远大的理想和正确的态度，才能在新闻工作中表现出良好的精神状态。

2. 新闻工作责任

责任就是义务，因此新闻工作责任就是从业者对社会、对公众所承担的新闻工作义务。新闻工作责任是一种普遍存在的道德关系和道德要求。它可以从工作者对社会、对群众、对国家等关系中发生，也可以从工作者之间的个人关系中发生。每一个从业者的工作本质上都负有小到对本单位、本部门、同仁们的义务，大到对人民、对社会、对国家的义务，即负有一定的新闻工作责任。高度的责任感表现为自觉地、主动地、积极地担负起自己作为党和人民喉舌的神圣职责，不避困难，不怕挫折，不畏艰险。

3. 新闻业务技能

新闻业务技能是指进行新闻工作的业务能力要求。职业道德不但表现为自觉履行新闻工作责任的愿望，还要表现为完成职责的过硬本领，只有具备高超的业务技能，才能出色履行新闻工作责任，更好地为社会服务。所以良好的新闻业务技能便具有了深刻的职业道德意义。

4. 新闻工作良心

一般来说，内化的规范被称之为良心。良心是人们的思想、言行的标准和尺度。新闻工作良心就是新闻工作者对新闻工作责任的自觉意识。新闻工作良心是建立在新闻工作道德责任感的基础之上的。当新闻工作者对自己应承担的新闻工作责任有了一定的认识和理解，逐步形成了一种强烈的道德责任感时，也就确立了自己的新闻工作良心。

5. 新闻工作荣誉

新闻工作荣誉包含两个方面的内容：一方面，是指工作者对自己的新闻工作活动所具有的社会价值的自我意识，也就是新闻工作良心中的知耻心、自尊心和自爱心等；另一方面，是指社会用以评价新闻工作者行为的社会价值尺度，也就是社会对工作者履行职责的行为做出赞赏和评价。新闻工作者应通过自身的形象和行动去塑造优秀的职业形象，以获得良好的声誉和荣誉。

第三节 广播电视播音员

所谓播音，就是广播电视大众传媒直接面向听众、观众进行的有声语言的传播活动。在话筒前或镜头前按照文字稿进行有声语言的创作活动，这是“有稿播音”；而那种即兴阐述、出口成章的口头报道或评论活动，被称为“无稿播音”。作为媒介人物的播音员就是专门从事这些工作的专业人员。

一、播音员的特性

播音是一种再创造。播音是再现稿件的内容、思想和观点，体现作者的意图、构思和风格，这种把他人文字稿件转化为有声语言的播音，包含着播音员大量的创造性劳动。播音员是以有声语言为表达手段的广播电视工作者。

播音的环境是安静的播音室。播音员面对话筒，虽然每天向全市、全省、全国甚至全世界播音，却看不到一个听众，但又要与听众交流，对他们宣传，做他们的知心朋友，播音员只能进行想象的交流。

播音员的创作必须通过声音去体现，强调的是声色、用声技巧，有声语言是他的唯一手段。电视播音员虽然有形象问题，但仍以运用有声语言为主。因此，播音员应注意锻炼自己的声音，并会驾驭自己的声音，使声音成为得心应“口”的创作手段。广播电视报道内容的广博，形式体裁的多样，思想感情的多彩，要求播音员要有高度的用声技巧。

播音员在节目中不是以“我”的形式出现的，而是党和政府的喉舌。在这里，播音员以报道者和代言人的身份出现，播音员只能是客观报道，播音态度是客观的，基调应用“超脱”两字来形容。要正确认识播音员是党和人民的喉舌的职业性质，明确为党的新闻事业贡献自己聪明才智的责任和使命，要像爱惜自己的生命一样爱惜自己的职业名誉。播音员要正确对待由于播音职业本身在社会和人们心目中所处的地位，正确对待播音上取得的成绩和赢得的声誉，不应利用宣传工具和播音员身份来炫耀自己，扩大自己的影响并从中得到个人的某些好处，这是播音员最基本的也最重要的职业道德。

二、播音员的任务

播音员是稿件的传达者，以稿件为依据，进行有声语言的再创造。播音员的任务是把稿件播好，把现有的稿件信息传播给受众，以起到正确传达稿件信息的作用。无论从理论上还是从实践上讲，播音都是一个非常复杂的创作过程，要求做到层次清楚、主题鲜明、联系背景、重点突出、明确目的、基调准确。特别是播音员要具有扎实的语言功夫，解决好语言的外部表现形态问题。

播音员又是群众的语言老师，应注重声音的基本色彩，担负推广普通话的责任。发声是播音员应勤于磨练的一项基本功。基本功扎实与否，直接影响到播音的质量。

播音是一门学科，涉及面较广，诸如发声技巧、播音文体等，需要播音员认真学习，苦练基本功，并适应和驾驭各种文体的播音，如新闻播音、通讯播音、评论播音、文艺播音、对话播音等。随着时代的发展，广播电视节目的形式、样式越来越丰富，新闻有录播、直播、现场报道、口头报道等，专题有有稿播音、无稿播音等。这就要求播音员在有稿播音时，分析稿件和文字语言，发现并开掘文字背面、文字之外的意蕴和观念，以深化和美化的有声语言表达出来，达到锦上添花的目的。无稿播音要求播音员作好播音前的准备，选择话题，搜集资料，了解背景材料，形成提纲，唤起播讲愿望等。无稿播音，关键是出口成章，因此特别强调勤于学习、善于积累。多读、多看、多听、多记也是对播音员的要求之一。

三、播音员的语言

播音员的语言注重的是外在表现形式，要求字音准确，语言规范，吐字清晰，声音圆润，感染力强，优美动听。播音语言不同于一般口语，声音是播音员主要的影响受众的手段。为了吸引受众，满足传情达意的需要，要求字音准确、清晰，声音色彩还必须富于变化。播音员在创作过程中要注重语言的整体结构。

播音员的语言是书面语的口头方式，具有精练简洁的特点，没有主持人口语化的赘语、重复和拖腔，要求在较短的时间内传播较多的信息，播音员一字播不准，往往影响受众对整句的理解，所以播音时要准确、清楚。

播音员播稿件，就是对现有的稿件进行二度创作，这里指的并不是脱离稿件。虽然一字一句都不去改动，但播音员运用了高度的用声技巧和情感色彩，将稿件引申的一部分内涵表现出来，但在外部形式上又看不出来，这就是播音员通过二度创造，对稿件的润色、加彩和引申。

声音和语言技巧的锻炼是播音员重要的基本功，必须扎扎实实地，持之以恒地坚持练习。播音各方面的基础扎实了，才能谈到语言表达的变化和个人的风格。此外，由于电视的特点是声像结合，电视播音员除了需要声音语言的基本功外，还应该注意形象语言美。

四、播音员的能力素质

播音员素质的高低是衡量节目水准重要的参照物之一，也是广播电台和电视台形象的重要标志。做一个合格的播音员，除了学好播音专业理论外，平时必须加强自我修养和锻炼，提高各方面的水平，以适应广播电视事业飞速发展的需要。修养是指个人在政治、思想、道德、知识技能方面经过长期锻炼所达到的一定水平。

1. 灵敏的感受能力

首先表现为对文字符号的感受能力和驾驭能力，在接受文字信息的同时，迅速把握通篇稿件的主题、基调以及感情色彩上的细微差别。同时也依赖于记忆、联想、想象和抽象概括能力。这些综合能力，通过语言文字使播音员调动起生活的记忆库，展开联想，捕捉到独特的感受力，使稿件内容很快融入自己的经历和情感体验，稿件中的人物、景物化作血肉丰满的形象。只有这样，才能热情讴歌生活中的好人好事，由衷地褒贬美与丑。

2. 敏锐的思维能力

职业要求播音员具有较高的政治水平和对新闻的政治敏感性，能透过新闻事实敏锐判断其政治思想意义，通过事件本身迅速捕捉住它在全局中的地位、影响力，抓住要点，宣讲政策精神。同一篇稿件，不同政策水平的播音员播，体现出来的主题、分量是大相径庭的。所以播音员要加强马列主义理论和党的方针、政策的学习，关心国家大事、时事政治。只有这样，才能深刻领会党的大政方针，才能播出饱满的政治热情和恰到好处的政策分寸感。

3. 丰富的文化知识基础

播音员的任务是播好电台、电视台的各类节目，稿件内容涉及各个领域，天文地理、科技、文教卫生、文学艺术无所不包。播音员没有一定的文化水平和较宽的知识面，是难以完成任务的。职业要求播音员既是专家，又是杂家，必须加强文化修养，随时注意知识积累，多学科学、史学、哲学、经济学、教育学、心理学，扩大文化信息量，为创作的自由驰骋添翼增羽。

4. 娴熟的播音创作能力

有声语言的表达要经历一个情感体验到语言体现的过程。一篇作品，我们在对它进行分析、提炼，有了深刻理解、感受之后，还要转化成有声语言。如何把作者的文字稿件通过有声语言活灵活现地呈现在听众面前，这就要求播音员有较强的驾驭语言的专业基本功。语言方面的基本功是播音员业务能力的核心。

5. 良好的心理状态

播音工作具有很大的灵活性、随机性和挑战性，它要求播音员具备很高的应变能力。随着科技的进步，录音设备高科技化，事故隐患的可预见性也随之削弱。因此，播音员尤其是直播间的播音员，更要具备很好的心理素质，随时准备应付各种突发情况的出现。任何突发事件对一个播音员来说，都是一次严峻的挑战和考验，是一次严格的心理测试。当遇到突发事件时，播音员不仅要使自己在最短的时间内恢复镇静，而且要迅速采取补救措施，独立解决问题，还要极力保持声音的亲切感与平和感，不能慌了手脚，乱了方寸。

6. 高尚的职业道德修养

播音员除了要遵守新闻职业道德外，还应遵守本专业的职业道德准则，不断提高职业道德修养。播音工作是广播电视事业整体的一个组成部分，又是联系编辑、记者与广大受众的中间环节。播音的准确与否和水平的高低，直接影响广播电视宣传的社会效果。因此，要杜绝播音时随随便便、漫不经心的现象。播音员必须明确认识自身工作的重要性，重视本职工作，把自己摆在整体之中，树立事业心和责任感，做到不出或少出差错，与编辑、记者共同完成播出任务。

一个播音员有没有修养，反映在播音上是大不一样的。人们看电视或听广播时常常议论播音员的形象如何或声音如何，听众、观众的一些议论，反映的不完全是播音技术问题，而是一个播音员各方面修养的综合体现。因此，播音员应自觉重视个人的修养，在平时有意识地一点一滴地学习、锻炼、积累。

第四节 广播电视主持人

作为媒介人物的广播电视主持人是随着现代广播电视事业发展而出现的一个传播者角色。广播电视节目内容和形式越来越丰富，“主持人”一词也就越来越多地出现在节目中。那么，究竟什么是主持人？它与播音员有哪些区别？其角色定位如何？又有哪些类别？它的地位与作用又有哪些？这些都需要我们具体了解，认真探究，因为与信息传播有关。

一、主持人的定义及其与播音员的区别

1. 主持人的定义

目前，国内关于主持人的定义比较有代表性的有以下几种：

(1) 节目主持人是广播电视节目在演播阶段的组织者、指挥者，是节目与听众、观众之间感情、信息交流的桥梁纽带，也是节目的代言人。①

(2) 节目主持人指这个人必须有能力把各种新闻稿件、新闻片和现场新闻报道等经过精心串联，有机地组成一个整体，起主导和驾驭整个节目的作用，是节目的设计者、节目方针的体现者、内容的组织者和主播者。②

(3) 节目主持人是节目(或栏目)的出声、出面的组织者和驾驭者，以有声语言为主干或主线，要以真实的、比较稳定的身份为听众或观众服务。主持人可以参与节目的采访、编导、制作，但必须成为节目本身的重要的构成因素，使节目的整体和谐统一而不能游离于节目之外。③

(4) 节目主持人是在广播电视中以个体行为出现，代表着群体观念，用有声语言、形态来操作和把握节目进程，直接、平等地进行大众传播的人。④

(5) 主持人就是在广播电视节目中出面以交流方式驾驭节目的传播者。⑤

以上五个代表性的表述，虽然有些差别，但实质上有以下共同内涵：

其一，主持人是节目的出面人物或代表者，他以第一人称的个性形象出现，以保持节目中面对面的“人际传播”的平等交流关系。其二，主持人是节目过程中的参与者，与播音员只在最后一环发挥作用的情况不同，主持人必须了

---

① 任远:《屏幕前的探索》，北京广播学院出版社，1987 年，第 43 页。

② 陆锡初:《节目主持人概论》，中国广播电视出版社，1991 年，第 58 页。

③ 赵玉明、王福顺:《中外广播电视百科全书》，中国广播电视出版社，1993 年。

④ 俞虹:《节目主持人通论》，杭州大学出版社，1996 年，第 5 页。

⑤ 毕一鸣:《现代广播电视论纲》，中国广播电视出版社，2007 年，第 256 页。

解节目的策划安排,或多或少地参与节目的采编制作过程。其三,主持人是节目元素和过程的组织者和驾驭者,他(她)将根据节目的目标,把各种节目要素协调、整合起来,使内容和形式之间巧妙地承接,合理地转换,顺畅地开展,形成一档播出更加自然的节目整体。

尽管主持人的定义有多种表述,也是一个长期争论不休的问题,但我们把握了以上内涵,也就把握了主持人涵义的本质。

2. 主持人与播音员的区别

(1) 传播过程中的地位不同。对于播音员而言,他是以传播者为中心,直接将信息传给受众;对于节目主持人而言,他要以受众为中心,在传播过程中时刻体现"为受众服务"。按"受众为中心"的理论,传播者与受众是"平起平坐"的关系,其传播是一个双向交流、沟通、契合的过程。节目主持人正是这种双向交流传播模式中的一个"中介"。好的节目主持人,并不在于他本人讲很多话,更重要的是一种心理上的沟通。这样的沟通无论是在现场还是在播音室里拟设的对象感,都可以造成一种与受众的交流效果。

(2) 工作职能不同。播音员从属于节目,主持人驾驭节目。在节目制作的采、编、播几个环节中间,主持人总是趋向合作或合一的。只有参与策划、创意、制作等环节,到播音时才会应付自如。在节目制作过程中,节目主持人要始终关心节目的整体风貌,他与节目有着内在的牢固的联系,他把所主持的节目看成是自己的节目,他的着眼点是节目的主体面貌。

(3) 工作情境不同。在节目传播之中,节目主持人更需要树立起"我"的整体形象。这一形象是个性与共性的统一,因为"我"体现着一种信赖或一种交流。节目主持人播音时的心理情境是"我和听众说话",不像播音员那样"我代表作者讲话"或"我代表电台(电视台)讲话"。《焦点访谈》的节目主持人水均益给自己的定位是"一个平等的人"——对观众是平等的,改原来做报告式的态度为平起平坐拉家常的态度;对采访对象也是平等的,不管面对的是什么大人物,我代表着国家和人民,还有我自己,与你也是平等的。

(4) 心理状态不同。在形象感方面,节目主持人应是具有个性的;在对象感方面,他应是具体的。对此,敬一丹说:"节目主持人的对象感运用强调具体化。他一般不做'一对众'的设想,而把交谈设想成'一对一'或'一对几'……主持人的对象感具体化,给很多受众都带来这样的心理感觉:'主持人在对我讲话。'设想的受众少,而赢得的受众多,这正是主持人的对象感具体化的力量所在。"①

① 俞虹:《节目主持人通论》,杭州大学出版社,1996年,第263页。

在距离感方面，他应是“面对面”和亲近的；在时态感方面，他应是现在时态的。在节目主持人主持节目时，尤其是在现场直播时，他是处在事件的发生与发展的过程之中，往往有可能发生一些意外事件，这自然要求主持人具有比播音员更高、更良好的心理素质。

（5）语言表达不同。从语体的角度看，播音员多使用“朗读语体”，而主持人可以使用“阐说语体”、“谈话语体”，甚至可以使用“演播语体”。相对于播音员的朗读，主持人节目多是“交谈式播音，谈话体语言”。因此，主持人在工作时也更注重表达的情感性和风格化。

电视节目主持人在向观众传递信息、表达感情时，还要借助体态语言。体态语言是人们内心情绪在身体和动作上的反映，它包括肢体语言和眉语表情。在人体语言中，主持人的眼语要富有表现力和感染力，做到“目中有人，心中有情”，同时，要善于运用表情语、姿势语和空间语，做到人体语言和谐协调、自然得体，逐步形成自己的个性化风格。

二、主持人的角色定位

主持人是在广播电视中策划安排、协调节目播出的人，是一档节目的灵魂。“主持”的本意即负责掌握和处理。主持人必须亲自现身（声），掌控节目的进程和内容的铺展。一个合格的节目主持人，其角色也是复合的。

1. 个人角色

节目主持人在观众和听众面前首先是作为“自然人”出现的。作为节目的中心人物，主持人往往是以个人身份，直接与受众见面、交流。这种形式决定了主持人节目的交流方式是平等的、对等的。主持人的语言在很大程度上展现的是一个真实的“我”，使受众产生接近感、亲切感。主持人的个人角色是栏目个性化、风格化的标签。鲜明的个人角色使得广播电视节目富有个性。所以在广播电视节目制作过程中，越来越注重主持人个人角色的适度张扬。栏目的整体策划、运行、包装也都围绕着主持人展开。一些栏目以主持人的名字命名，受众首先对主持人个人，即主持人作为“自然人”的个人角色产生认可，进而对他们的媒介角色以及社会角色所传达的信息产生认可。

2. 媒介角色

（1）主持人首先是新闻工作者。广播电视节目主持人首先应该是作为新闻人出现，应当具有新闻工作者的基本素养。其必须是，也只能是媒介意志的体现者。从与媒介的特定关系来看，为了体现某种政治意愿或实现某种社会效益，节目主持人只能是一种人性化的“工具”。在任何类型媒介的管理体制中都是如此，概无例外。我国的广播电视节目主持人应当准确地、创造性地宣传党的纲领、方针、政策，无条件地体现并维护所属媒介的公信力。

(2) 主持人是先进文化的传播者。广播电视节目是一种文化产品，节目主持人是节目文化的载体。主持人应该责无旁贷地担负起传承精神文明、传播先进文化、在社会转型时期参与文化建设的历史使命。节目主持人的文化体现，不仅来自节目的内容，还来自他们的阅历、他们的知识素养、他们的生活态度以及对生活的理解和感悟。节目主持人在荧屏前、话筒前的言语行为，包括在社会生活中的言行，应该是公众的“道德楷模”，应该体现人类高尚的道德和良知，体现一种崇高的文化精神。

3. 社会角色

社会角色即节目主持人所承担的社会责任、社会使命，或者说是其按照社会需要与期待所塑造的那种角色。作为公众人物，节目主持人的角色特征具有典型性、代表性乃至示范性。因此，在传播媒介的作用下呈现为受众潜意识的心理参照系，是受众将理想角色投射与对应到主持人个体上而形成的。当这种比照符合受众拟定的理想角色要求时，这种主持人角色将得到受众的认同、赞许和褒扬；反之，如果这种比照是错位甚至相悖的，这种主持人角色将遭到受众的批评、反对和否定。

广播电视事业发展到今天，主持人应清醒意识到自身肩负着的社会责任。这就要求其具有超越时空的眼光，以博大的胸怀，随时随地关注世界形势、社会潮流的变化，跟踪节目所涉及领域的最新动态，不断拓展新的为观众所瞩目的或欲知而未知的领域。

三、主持人的主要分类

1. 以主持人在节目中的位置和作用分类

由于各地、各台乃至同一个电视台各个节目的工作机制不同，包括有的制片人或编导对主持人节目传播特色认识不足，也因为主持人水平良莠不齐，我国被冠之以“主持人”名衔的人，在节目中的位置和作用存在着较大的差异。

大约有三种类型：一是单一型，即主持人只担负面对观众“主持”的最后一道程序，并不过多介入其他制作环节。二是主创型，即主持人除了主持播出驾驭节目进程之外，还参与节目策划构思或采访编辑等主要创作环节，他们不仅在节目传播中处于“中介”位置，而且在节目整个生产过程中处于主创地位。比如中央电视台 1993 年开办的《一丹话题》，就完全是由敬一丹独立承担采、编、播工作的。三是统领型，即主持人兼制片人，掌握节目制作权、栏目的财权，有的还有用人权，该类型亦称“主持人中心制”，他在栏目制作集体中起着统领作用，如《曲苑杂坛》的汪文华，是主持人又是制片人。

2. 以广播电视节目的属性来划分

（1）新闻节目主持人。从社会影响上来看，新闻节目主持人居各类主持人之首，包括杂志型新闻节目主持人，时事、经济专题的节目主持人。他们对时事作深入报道，并进行评论，引发讨论。这类主持人要求思想素质高，思维逻辑性强，叙述清晰，见解独到，稳重端庄，能把握好分寸。

（2）综艺节目主持人。综艺节目是电视得以崛起的重要因素之一，自我表演型主持人也曾在节目中大展身手。现代综艺、娱乐节目主持人，要求思维活跃，反映敏捷，多才多艺，语言表现力丰富，也要善于同其他专业演员或专家配合，能够调动现场观众，调节全场气氛。事实上，不少综艺节目往往请一些知名演员、运动员及知名人士作特邀主持人。

（3）社教节目主持人。社教节目由于对促进和加强精神文明建设，提高文化素质有着重大意义，所以在选材、确定主题、把握情感分寸上对主持人的要求较高，既要注意节目的思想内容和教育意义，又要具备较强的艺术性和审美价值。社教类节目有很多属于对象性节目，这类节目的主持人要贴近特定受众，自然而不做作，在语言的选择上既要有一点专业感又要通俗好懂。

（4）谈话节目主持人。谈话节目是真正意义上的“主持人的节目”，其风格与成败主要取决于主持人个人的风格与魅力。在美国，谈话节目都是以主持人的名字来命名的。主持人在谈话中的引导、控制作用，无不清楚地说明主持人的核心地位和灵魂作用。他们作为谈话的中心，有两层含义：一是主持人是谈话的组织者；二是“现在时”谈话的不可预知性所带来的“风险”由主持人承担和处置。谈话节目主持人要知识丰富，灵活机敏，风格独特，富有感染力。

四、主持人的地位和作用

1. 主持人在节目中使传播方式多样化，增强了传播效果

一般来讲，广播电视节目主要采用的是大众传播方式。而节目中加入主持人，实质上就是把人际传播、团体传播方式融进广播电视节目的传播中，使大众传播具有人际传播、团体传播的亲近性、融洽感和双向交流的特点，满足了听众和观众希望与传播者进行交流、沟通的要求，使传播效果得到了强化。

此外，主持人作为传播机构与受众之间的中介人，在节目中直接起着沟通与协调的作用，大大缩短了电台、电视台同受众之间的心理距离，确立了一种

平等的对话机制和富有人情味的互动环节，把亲切自然的人际交流形式引入大众传播媒介之中，从而使广播电视充满了生机和活力。如广播电台可以利用主持人信箱节目或电话热线节目，运用人际交流媒介——通信、电话，同受众进行坦诚、直接的感情沟通和思想交流。媒介再把这种人际交流的真情实感进行广泛传播，这样人们接受信息会觉得亲切、贴心，从而获得疏导心灵的积极效果。再如，电视台可以利用主持人节目把观众请进演播室，主持人与观众面对面，坦诚相见，侃侃而谈，或者让主持人走出演播室，走到观众中间，在现实生活中与观众进行交流，观众们可以各抒己见，形成一种活跃、融洽、轻松、愉快的人际交流氛围。总之，广播电视媒介借助这种具有人际传播特征的主持人节目，给听众或观众以亲切感，增加可视听性，激发听众和观众对广播电视节目的注意和认同，从而增强了节目传播的良好效果。

2. 主持人在节目中能为受众提供更多针对性的信息

当今信息时代，信息传播量急剧增加。越来越多的传播信息，就其数量而言已大大超过了人们头脑中已有的知识结构和认知框架。因此，一些互不关联的信息传播难以使人们在头脑中形成对所处世界的全面认识。面对眼花缭乱、捉摸不透的世界，听众和观众要求广播电视大众传播机构加强对信息的综合、分析，以使自己适应并加深对信息的理解程度。广播电视节目主持人是节目的参与者、组织者和串联者，因此能大大加快信息的采集、选择和传播进度。节目主持人根据所在节目的特征、要求以及传播对象等，把各种有关信息串联起来，有针对性地做成“信息套餐”，使听众和观众能在有限的时间内获得大量集中、综合的与自己直接有关的信息。例如，在2008年世界金融海啸来临之际，我国许多广播电台、电视台的经济节目中，主持人除了讲述经济的走势之外，还把金融风暴的发生原因及对股市的影响综合起来，使听众、观众较多地了解了有关信息，因而更好地、更从容地应对金融风暴。

3. 主持人在节目中有助于增强节目的整体性

在节目中，主持人的重要职责就是起到串联和组织节目的作用。一个优秀的主持人要能够把控节目的节奏并将不同的内容、形式或节目因素组合成一个有机的整体。“由于主持人是节目的参与者，他(她)要参与节目的制作，并在这个过程中起主导作用，因此，他(她)熟悉而且能够全面地把握整个节目，这有助于主持人调动自身的主观能动性，发挥自己多方面的才能。通过对整个节目的内容串联和结构布局进行总体考虑设计，可以使整个节目具有完整性和统一性。主持人在节目单元之间的有机穿插，使各具特色的节目单元的组合极为自然，没有生硬的跳跃感和断裂感。”①例如，在中央电视台少儿节目《大风车》栏目中，既有知识性、教育性节目，又有参与性、趣味性极高的体育竞赛节目，如果没有主持人的串联，那么这两种风格、形式迥异的节目在同一个栏目中出现，无疑会给观众一种不协调的感觉。但是节目通过鞠萍或刘纯燕（“金龟子”）的主持与协调，就较好地淡化了节目之间的节奏对比和形式差异，过渡自然。整个节目形成了一个不可或缺的整体。再如，在《艺术人生·陈凯歌专辑》的节目中，主持人朱军较好地把握了节目的内容、节奏和基调，通过对嘉宾陈凯歌的采访和道具的运用，使观众情感经历了一个逐步积累强化直到高潮的完整过程，从而多方面地了解了导演陈凯歌。

第五节 广播电视编导

编辑、导演和导播合称为编导。广播电视节目的制作是由各个环节所连接起来的，既有记者的前期采访、素材搜集，又少不了编辑的整合和修饰，最后的播出还需要导演和导播的配合。这些工作关系密切，有分有合，形成了有机整体。编导是节目的主要创作者。他有效协调各方面关系，参与前期、中期和后期的各项具体工作，统筹安排与操作执行。

一、电视编导

1. 电视编导的含义

电视编导是电视节目的编辑、导演的统称。其主要任务是组织电视台的相关人员对电视栏目、电视节目的内容实施策划，在完成选题、稿本编写以后，组织指挥拍摄、制作，将各种稿本内容、制作提纲所提供的信息内容转换成“视听语言”，并以电视剧、专题节目、新闻节目或其他的节目类型搬上屏幕，展现在观众面前。一个栏目是否受欢迎，一个节目是否有比较高的收视率，不仅在于电视编导的专业水准，还同时取决于他本人的组织力，即组织协调创作人员工作的领导能力。

2. 电视编导的主要任务

电视编导在接到节目创作任务后，首先要与制片主任一起筹建摄制组，筹备开拍前的各类工作。其中包括选定主创人员，选演员，组织全组创作人员体验生活，研究各种资料，统一创作意图，分镜头，作出拍摄预算，采外景等。编

① 黄匡宇主编：《广播电视学概论》（第三版），暨南大学出版社，2010年，第315页。

导的工作贯穿节目制作的策划阶段、拍摄阶段和后期制作阶段。

其工作内容，首先是体现在“编导阐述”的整体构思中。“编导阐述”集中体现了编导本人在节目创作上的主体思想、美学倾向和个人创作风格，并通对对各专业部门的具体要求，实现各专业部门的整体协调。

开拍后，指导主创人员参与创作，掌握表演分寸，统筹各专业在创作上的协调。“停机”后，与剪辑一同剪出全部画面，并与录音师携手完成全片的声音创作、声画结构等任务，直至混合录音，全片完成。

可见，作为电视编导，既要有宏观的创作指导倾向，又要有充分调动各专业创作人员发挥各自独特艺术效益的组织能力。电视编导不仅是艺术创作的总指挥，还是电视节目创作的轴心人物。

二、广播电视导播

1. 广播电视导播含义

电视导播是在直播过程中负责对多路信号进行选择、组合的人。在新闻类节目当中，有时也可以由节目总编导担任。由于导播工作常常表现在导演控制台上，即使用切换器对不同信号实施选择与切换，因此，导播又是集节目总体策划和直播导演功能于一体的节目控制角色。在我国，也常将其称为切换导演。

从节目制作的角度上说，直播是将制作过程与发射过程合二为一。在现场直播过程中，电视导播按照新闻发生、发展的基本过程，对一个新闻现场进行多个摄像机位的切换，选择最富于影响力、最能表现出事件本质的、观众最想看到的画面，从而使观众身临其境般地目睹现场发生的一切，满足观众与电视传播者和新闻事件同时态的心理期待。

2. 广播电视导播的主要职责

首先，全面了解与把握直播的总体构成。导播作为直播报道的主要策划者和播出现场的总指挥，负责直播段落和内容的设计、现场机位调度、各路直播信号切换和现场播出信号合成，以及调整播出内容、控制播出程序等重要工作。因此，在直播开始之前，必须参与到报道总体方案和报道细节的设计、策划和决策中去。

导播应该充分理解节目编导的总体构思，参与到节目编导分析剧作、分镜头稿本、现场排练、各录制部门协调等一系列案头工作和录制工作当中。对现场直播工作中的报道风格、报道规模、主持人设置等节目表现手段，演播室的设置、信号传输方式、播出方式、高难度直播等技术表现手段还要作出更加具体的构思。

要设计好报道内容与报道形式，电视导播必须在直播工作开始以前，深入到电视直播的现场，多方采访调查，科学预测新闻事件可能的进展程序，深入挖掘报道中可能产生的细节，全面分析各种可能，充分准备背景材料，使直播报道的内容既精彩纷呈，又符合实际，同时还有足够的变通余地。

为了保证顺利完成直播工作，导播应根据直播工作中的具体情况，编写详细的播出流程和方案。在节目筹备的最后阶段，导播要根据各方面的变化不断调整播出方案，使之尽可能优化；同时还要与现场记者、播出系统的各部门技术人员一起沟通，帮助他们熟悉播出方案，并进行必要的操作演练。

其次，实施信号切换，并对突发情况做出果断的判断和处理。不论是新闻现场直播还是演播室直播，其共同的特点都是同步拍摄、同步报道、同步切换、同步合成、同步播出。尽管在直播前可能已进行了多次排练，但在实际直播过程中，会遇到很多难以预测的情况。为保证节目顺时态播出，导播必须随时对节目的播出进度和内容进行控制，准确计算时间，包括倒计时。当节目可能超出原定的播出时间长度，或直播可能比预计时间提前结束时，导播必须果断撤换或增加节目。

在直播过程中，突发情况难以避免，要事先准备比较详细的处置预案。在突发情况下如何进行节目调整，体现出导播自身的综合素质。一般而言，当预案中没有考虑到的情况出现时，导播的首要的目标是保证播出信号的连续和重要信号的准时切入。这时，导播必须果断地垫播或掐断节目，并尽可能保证播出顺畅且不露出转换过程中的技术破绽，应该尽可能使增减的节目与原有的节目在内容上有所关联，使转换不仅在技术上自然流畅，而且在内容上尽可能前后一致。

三、广播电视编辑

1. 何谓广播电视编辑

《现代汉语词典》将“编辑”解释为：一是对资料或现成的作品进行整理、加工；二是做编辑工作的人。作为工种而言，广播电视编辑是“从事组织、取舍、加工节目文字稿件和音像素材以及编制节目等工作的专业人员”，其“日常工作和职责是：制订报道计划，为节目约稿、组稿；选择和修改稿件，编录、剪辑音像素材；撰写言论；录制节目；审听、审看和检查校对节目等”[①]。广播

① 赵玉明、王福顺：《广播电视辞典》，北京广播学院出版社，1999年，第23页。

电视编辑按专业分工，有新闻编辑、经济编辑、文教编辑、文艺编辑、言论编辑等。

在电视创作绝大多数情况下，导演和剪辑的责任难以分开，因为电视的素材基本来源于现实，对这些真实的但缺乏情节的零散的素材进行加工处理并且提炼主题，是十分细致的工作，无论是在前期采访拍摄还是后期剪辑过程中，创作者个人判断的影响至关重要，所以编辑必须承担后期剪辑、结构节目的任务，同时他也会参与前期的策划。在采编合一的情况下，他还须参加现场拍摄工作，也就是说，既是记者又是编辑。

对于全世界大多数电视传播机构来说，编辑都是一个重要的岗位。在有些国家，电视编辑工作仅限于文学范围，也就是只管写解说词或创作文学剧本，或从事一些具体的技术工作。比如在英美等国，编辑工作被称为"Editing"，即影片或电视节目的后期剪辑，这是一项比较具体的技术工作，其操作者是在电视制片人领导下的一个具体工种而已，并不承担其他工作。而在我国，电视编辑工作比较特殊，常常集编、导、制于一身。电视编辑还意味着特定的职称或职务。目前我国广播电视新闻编辑专业人员职务定为高级编辑、主任编辑、编辑、助理编辑四级。

2. 编辑的主要职责

从工作流程上来看，一部电视片的创作过程可分为前期与后期两个阶段。在前期阶段，广播电视编辑的工作是：参与选题策划，撰写节目制作大纲，与创作人员一起进行节目稿本的编写，拟定制作计划，必要时将专业稿本改写为分镜头稿本，最后组织指挥有关人员深入采访，拍摄素材。

在后期阶段，主要是完成与整合零乱的前期素材、建立完整节目形态相关的一系列工作，如拟定稿本、整理素材镜头、配合语言文稿录音、叠加屏幕文字和图形、编配音响效果和音乐、审查与修改，最后把素材镜头组合编辑成播出带。在这一阶段里，声画剪辑为重中之重，编辑工作主要围绕剪辑进行。由于电视是集体创作的产物，在后期阶段，电视编辑应充分发挥各部门的技术特长，协调各部门之间的工作，使节目能按照预先的设想得到体现，既有内容又有形式。应该认识到，后期制作的过程，同时也是广播电视编辑创作意图、艺术风格最终实现的阶段。通过后期加工，广播电视编辑可以进一步优化内容，升华主题，体现艺术品质，并将自己的创作理念融入其中，使之表达特定的意义。可见，后期制作是广播电视编辑在节目思想、艺术、风格等方面的"第二次创作"。

第八章　广播电视接受主体——受众

在大众传播过程中，受众是信息的接受主体，也是信息传播的“目的地”。同理，广播电视受众就是广播电视信息的接受主体与“目的地”。它不仅是传播链条上的一个重要环节，也是广播电视传播过程得以存在的前提和条件。广播电视受众作为信息传播的接受主体，既具有接受的主观能动性，又具有接受的被动性。他们通过收听、观看广播电视节目，并积极参与互动，显示与反馈广播电视节目的传播效果，最终实现广播电视节目的传播价值。本章将从我国广播电视节目受众的实际出发，运用传播学、社会学、心理学等相关学科理论，并结合广播电视发展的新情况与新趋势，对广播电视受众的角色、构成、特点、权利、接受心理、选择机制、受众调查等问题，进行分析和探讨。

第一节　广播电视受众的角色和构成

广播电视受众是广播电视信息的接受人群。在广播电视信息接受过程中，受众扮演着广电信息消费者、广电节目参与者、广电信息传播效果反馈者等多重角色。广播电视受众由于年龄、性别、性格、文化水平、价值观念以及所处的生活环境等因素的差异，构成了层次复杂而丰富的受众群体。但是，带有相同社会特征的受众在对媒介类别和内容的选择上具有相似性，这源于他们具有相似的知识水平、兴趣爱好、态度及价值取向。

一、广播电视受众的角色定位

1. 广播电视节目的消费者

广播电视媒体既具有意识形态的属性，也具备经济基础的属性。一方面，它传播思想观点；另一方面，它直接服务于社会生产、经济和信息产业以及广告经营，是一个具有经济功能的生产部门。因此可以说，广播电视媒体制作和播出的节目是一种文化产品。作为文化产品，必然要进入市场，追求利润，受到市场规律的制约。从这一点看，广播电视受众在收听和观看广播电视节目时，也是在消费广播电视产品。“他们除了要花钱购买接收媒体（收音机、电视机）支付收听、收视费外，还要另外付钱给大多数用广告推销的产品。”①因此，我们认为，广播电视的受众是广播电视节目的消费者。

2. 广播电视节目的参与者

广播电视受众不是消极被动地接受广播电视所传达的思想观念和社会信息，而是具有自觉能动性的主人。他们可以根据自己的兴趣爱好和价值取向选择接受相应的广播电视节目的类型和内容。而广播电视节目的价值只有在受众收听和收看的过程中被感知和理解，才能得以实现。广播电视节目从生产、播出，到受众接受、参与，是一个不可分割的整体。广播电视节目的生产考虑到了自身的目标消费者，即愿意欣赏该节目的目标受众有哪些。而受众的参与，即受众基于自身的文化水平、生活经历、审美体验等，通过感知、理解、评价等思维活动收听、收看节目，或者参加有奖问答、收听（视）意见调查等节目互动活动，不仅能检验节目的受众定位、市场定位是否成功，甚至能对节目的改进、提高乃至全面改版提供宝贵的意见。

3. 广播电视传播效果的反馈者

俗话说“众口难调”，同样的广播电视节目，也会收获褒贬不一的评价。然而，相对一致的评价和受众反馈还是能检验出广播电视节目的传播效果的。一般说来，广播电视受众对广播电视节目的反馈是通过收听率和收视率，或者直接反馈批评意见或建议等节目调查活动来实现的。观众只要接触到广播电视节目的信息，“总会根据自己的需求做出或积极或消极，或接受或拒绝等程度不同的反应。这种反应回传到传播者那里就完成了反馈过程”②。听众或观众的反馈意见不仅反映出节目播出的效果好坏与否，而且也对节目今后的改进和完善提供了动力和方向。现实生活中，节目制作者、播出者不能认真对待受众的反馈，为了追求经济利益和一时的收视率，忽视节目的社会效益，最终面临停播整改危险的案例是存在的。因此，广播电视节目的制作者、播出者要充分尊重受众的反馈意见，积极与受众互动。

---

① [美]巴格迪坎：《传播媒介的垄断》，新华出版社，1988年，第153页。

② 孙宜君：《文艺传播学》，济南出版社，1993年，第248页。

二、广播电视受众的构成

广播电视受众是一个较为宽泛的概念，而且也是一个构成复杂、人数众多的人群组合。由于受众居住的地理环境、人口因素（年龄、性别、职业等）、经济状况、生活方式、兴趣爱好等差异，不同的受众对于广播电视节目的选择也有所不同。因此，有必要对受众进行不同类型的细分。

1. 按居住区域位置划分的受众类型

按居住地理区域划分广播电视受众的群体类型又可分为几种情况。其一是按国家、地区划分，如分为亚洲受众、美洲受众、欧洲受众等；再细分如美国受众、法国受众、英国受众、俄罗斯受众、中国受众等等。不同国家、民族由于语言、政治、经济、文化传统和审美习惯等方面的因素，各个国家或地区的受众群体对广播电视节目的选择与理解方面会存在着一定的差异。有些广播电视节目在本国受众中普遍受欢迎，而在另一个国家却不一定受欢迎。其二是按城市和农村划分，分为城市受众和农村受众。由于政治、经济、文化、地理环境诸多因素发展不平衡，在每个国家中，城乡受众群体有一定程度的差异。而我国城乡受众在数量比例、文化素质、收视环境等方面差异还较大。因而他们对广播电视信息的总体要求、爱好也存着差异。其三是按自然区域划分，可分为东部地区、南部地区、西部地区、北部地区和中部地区受众。在广播电视作品信息消费和接受中，我们发现同是汉族，南方地区的受众与北方地区的受众，西北地区的受众与东南地区的受众收视趣味不一样；同是大城市，上海市的受众和北京市的受众就存在差别。

从受众居住地理区域总体来看，人们从心理上更趋同于本地节目，更加关注本地民生民情，这不仅仅是因为本地的信息与自己的生产生活息息相关，从心理层面上说，是人们先天的地域归属意识的作用。如今广播电视数字化以后，频道日益增多，节目日益丰富，地方台与中央台百花齐放，百家争鸣，各地观众有了更多的选择。随着自己生活阅历以及人生观、价值观的不断变化，观众对节目的喜好也会有所变化。作为广播电视媒介，要尊重受众的区域的差异性，进行较为精准的市场定位，从而达到较好的传播效果。

2. 按人口因素划分的受众类型

（1）按年龄层细分，可以分为儿童、青年、中年、老年受众。一般来讲，儿童观众出于认知和娱乐需求以及好奇和幻想的天性，喜欢看《大风车》、《七巧板》一类的电视节目和动画片等。青少年已经进入展示自我、追求自我发展的人生阶段，他们对电视节目中探险、意外、新潮时尚的内容较热衷，对《购时尚》节目、青春偶像剧等感兴趣。中年人背负着生活和事业的重负，往往渴求能够在一天劳累后求得精神上的松弛，在节目中追求某种心理的平衡。他们希望电视节目能够给他们指点迷津，或揭示生活真谛，更侧重于追求生活的真实意义。老年观众大多喜欢医疗保健类节目和有回忆色彩的内容，对《健康生活》、《夕阳红》等节目较为关注。

（2）按性别细分，可以分为男性受众和女性受众。男性多倾向于理性思维，构成了新闻、经济、体育等类型的广播电视节目的收视主体。女性多倾向于感性思维，构成了生活服务、情感、娱乐、广播剧、电视剧等类型的广播电视节目的收视主体。

从性别上看，男性观众一般喜欢刺激性与竞技性强的内容，比如体育节目和军事节目等。女性观众一般对持家理财、饮食类、服务类节目较感兴趣，另外，女性观众大多热衷于收看感情细腻的电视剧，如肥皂剧等。

3. 按社会职业状况划分的受众类型

由于社会职业种类比较多，所以分类时可繁可简，这要根据需要而定。比较粗略的划分是：工人、农民、知识分子（包括当代大学生）、市民、军人等。不同职业的受众对于广播电视节目的选择也有不同。比如，传媒界人士、行政人员、公务员等多倾向于新闻时政类节目，企业管理人员多倾向于经济类节目，法律界人士多倾向于法律节目等。当然，当他们脱离了职业角色，成为日常生活中的一分子时，则根据自身的喜好，又有更多样的选择。

从不同职业类别来看，受众一般对与自己职业相关的传播内容比较关心，并用专业的眼光审视节目，甚至与自己的职业生活相比较。以中央电视台第二套节目来说，白领阶层可能更喜欢看《绝对挑战》、《全球资讯榜》，企业家更喜欢看《经济半小时》，而家庭主妇可能热衷于《超市大赢家》、《我爱厨房》之类的节目。

由上可见，广播电视受众人多面广，层次丰富。根据不同的分类标准与分类原则还可以对受众进行细分。了解不同层次受众的分类与特点，有助于提高广播电视传播的社会效果。随着频道专业化的深入发展，市场细分化日益显现。目前广播电视的数字化变革为受众的多样化需求、个性化服务提供了广阔的空间与多种可能。未来的广播电视受众，尽管在构成上仍是千差万别，但他们的消费需求将会得到更好的满足。

第二节 广播电视受众的接受特点与基本权利

一、广播电视受众的接受特点

广播电视受众作为大众传播的主体，与其他大众传播媒介的受众具有共性。但是，由于传播方式的不同，广播电视受众的接受也具有自身的特点。

1. 接受人数的广泛性

接受人数广泛性具体表现在以下两方面。一是人数广泛众多。广播电视由于传播符号直观且易于理解，对于受众的智力水平和文化水平没有较高的要求，凡是具有听觉能力的人都可以收听广播，凡是具有视觉能力的人都可以收看电视，因此受众人数相对比其他媒介更多。据有关调查统计，美国等西方发达国家在 20 世纪末广播电视受众人口覆盖率已达到 97%以上，我国“截至 2010 年年底，全国广播、电视综合人口覆盖率达到 96.78%、97.62%”[①]，有 12 亿多人。

二是受众分布广泛。电子媒介的无远弗届特性使得广播电视受众可以散布在电波所及的每一个角落，特定的传播技术如卫星直播，可以使地球上的大多数人同时成为同一电视节目的受众。仅以我国为例，“在无线传输覆盖能力建设方面，截至 2010 年，中央广播电视节目无线覆盖工程对全国 3 032 座发射台的 6 626 部发射设备进行了更新改造，有效提高了中央广播电视节目无线传输覆盖能力。截至 2010 年年底，中央第一套电视和第一套广播的无线人口覆盖率均达到 85%以上”，再加上“村村通直播卫星用户数 1 350 万用户”，[②]中央第一套电视节目几乎覆盖了全国范围。

2. 接受信息的隐匿性

广播电视作为大众传播媒介，信息传播是相对公开的。然而，广播电视受众作为个体是在一种隐匿状态下收听收看节目的。他们彼此居住分散，有的甚至相距甚远，互不相识，相互匿名。其收听收看节目的行为也往往是相对独立的个人行为，而且因个体差异而接受状况相互有别。广播电视受众的这一接受特点为传媒组织了解受众的收听收视习惯和需求带来了一定困难。不

① 庞井君主编:《中国广播电影电视发展报告(2011)》，社会科学文献出版社，2011 年，第 35 页。

② 同上，第 35—36 页。

过，媒介调查机构可以通过收听率收视率抽样调查等方法，弥补由于受众隐匿性所带来的信息反馈的困难。当今的网络广播电视的互动节目也有利于了解受众的视听需求和反馈意见，从而有针对性地生产与传播节目内容，以满足受众的需求。

3. 接受的相对稳定性与变动性

一般来讲，广播电视媒体会有一些稳定的受众：喜爱某媒体的节目，每天较固定地收听收看节目，说你的好话，提有用的建议。这种受众，即是稳定受众。广播电视媒体通过他们的收视收听需要，转化为收视率，给媒体带来广告收入。广播电视受众在收视收听中会产生一定的归属感，在这种归属感下，成为某一广播电视节目的忠实听众或观众，成为该广播电视节目的稳定受众。广播电视受众虽然构成复杂、分布广泛，但只要他们存在相似的收听收看需要、相似的兴趣爱好、相似的态度，则都有可能成为同类广播电视节目的稳定受众。

当然，广播电视受众收视收听兴趣和需求也不是一直不变的。受众的稳定性是相对的，因为有的受众会将注意力转移到别的节目；有的受众则会从别的节目中转移到这里来。从微观上说，受众会因为自身地理位置、工作、社会地位的变动，会因为自身兴趣爱好、价值取向的变动，选择相应的广播电视媒体和节目。从宏观上说，新旧更迭、环境变迁、社会发展时刻都在改变受众。这些共同造成广播电视受众在接受节目内容上的变化。广播电视传播者应该顺应这种变化，不断调整和更新自己的传播定位。

二、广播电视受众的基本权利

广播电视受众不仅是信息的接受者与消费者，而且在法律意义上、在国家的社会生活中，受众又是公民，是参与社会管理和社会公共事务的公众。因此，广播电视受众的基本权利既包括作为社会公众（公民）的权利，又包括作为媒介产品消费者（信息接受者）的权利。概括起来，广播电视受众的基本权利，主要有这么五个方面。

1. 知悉真情权

知悉真情权又称知情权、获知权、知晓权、知的权利等。它指公民（受众）获取有关社会公共领域以及本人种种相关真实信息的权利，具体可以包括政治知情权、司法知情权、社会知情权和个人信息知情权等。在现代社会，公众知情权已经成为一个民主社会的标志之一。公众有权得知政府部门、公共机构等的有关公共信息以及国内外每天发生的重大事件与有意义的事件。在当今，许多国家都制定了《信息公开法》，将传统权力运作中的“保密为原则，公开为例外”变更为“公开为原则，保密为例外”，[①]除非是基于国家安全、商业秘密等公共利益考虑确有必要或出于保护个人隐私，否则一律应该公开。

在广播电视传播领域，知情权特指受众通过广播电视媒介获取公共生活信息的权利。由于信息对于社会公共生活的重要意义日益凸现，而广播电视媒介作为职业化、专门性的大众信息传媒，有责任和义务保障和实现公民的知悉真情权，传播真实的公共信息资源。另外，从市场经营的角度看，广播电视传媒是一种经营组织，传媒活动也是市场活动，广播电视媒体必须把自己的信息产品或服务以商品交换的形式在市场上销售出去，即要能够满足消费者的各种需求。受众作为广播电视媒体信息产品的消费者，按照《消费者权益保护法》第八条规定：“消费者享有知悉其购买、使用的商品或者接受的服务的真实情况的权利。”受众应该享有知悉其购买、使用的广播电视产品或者接受的服务的真实情况的权利，传媒也应按照法定方式标明商品或服务的真实情况，以满足消费者的知悉真情权。知情权是当今媒介受众权利中最重要的一环。

2. 消费选择权

选择权也是广播电视媒体受众的一种最基本的权利。《中华人民共和国消费者权益保护法》第九条规定：“消费者享有自主地选择商品或者服务的权利。”既然我们承认受众接受广播电视信息也是一种消费行为，那么，作为消费者的受众面对众多的广电媒介和信息，有权根据自己的需要、兴趣、口味和自己所能运用的方式作出自由选择——或喜爱或厌恶，或接受或拒绝，或收听或观看。在模拟电视时代，电视频道较少，受众收视节目是免费的，其消费选择权问题还不明显。随着数字广播电视的发展，受众的消费选择权问题开始凸现。数字广播电视特别是数字电视的推广，一方面是适应科学技术与世界电视业变革趋势，推动了我国电视事业的进步。数字电视在提供丰富多彩节目和方便快捷服务的同时，也带来了收视方式、收视习惯的改变，选择收看数字付费电视，就意味着受众要进行更多的投入。另一方面，因为受众的投入和收看数字付费电视，也使受众有了更多的收视选择空间，受众对数字电视节目和信息服务的选择度更高、要求更高。数字广播电视媒体必须以丰富生动的节目和完善的信息服务满足受众的个性化消费需求。受众将会用遥控器表明自己的选择权。

3. 意见表达权

意见表达权又称表达自由，是指“公民通过口头或书面以及特定行为表达

① 谢鹏程：《公民的基本权利》，中国社会科学出版社，1999 年，第 263 页。

自己意见的自由,包括言论自由、著作自由、出版自由、新闻自由、结社自由、游行示威自由等”①。在广播电视传播领域,主要是指受众通过广播电视媒介表达自己意见的权利和自由,具体而言,是指受众可以通过一定的渠道反映自己的所见所闻的实情,可以发布自己对某一事件的看法,也可以表达或反馈对广播电视媒体的见解,甚至可以检举、投诉媒体的违纪、失职的行为,对媒体的工作提出批评与建议。

可以说,表达作为现代公民最基本的民主权利,在世界各国的法律中都有较明确的规定,我国宪法规定“中华人民共和国公民有言论、出版、集会、结社、游行、示威的自由”。在我国已参加的《公民权利和政治权利国际公约》中第19条规定:“……人民有自由发表意见的权利,此项权利包括寻求、接受和传递各种消息和思想的自由,……不论口头的、书写的、印刷的、采取艺术形式的或通过它所选择的人和其他媒介。”②同理,广播电视的受众自然也享有使用媒介、在广播电视媒介上按照法律规定发表意见的自由权。

当然,在任何国家,受众作为公民的表达权既有保障也有限制,任何表达自由必须在法定范围内,如在美国,对于一切带有种族歧视的言论都被严格限定。在其他国家,一般对有碍国家和社会稳定、安全的言论也都有不同程度的限定。

4. 舆论监督权

舆论监督权是广播电视受众的一项基本权利,它主要是指受众通过广播电视媒介和传播者表达受众意见,形成一定的舆论,从而影响社会决策的权利。具体表现为两方面:其一,是受众通过和借助广播电视媒介对政治、经济、文化等各公共领域内的部门和各项活动依法行使批评建议和监督的权利,即受众借助媒介行使的舆论监督权。这也是公民基本权利的组成部分之一。其二,是受众针对广播电视媒介的活动所行使的批评建议和监督的权利。这也是媒介批评的一部分。在当今媒介信息产品市场化的浪潮中,有些广播电视媒介传播了不真实的信息,或传播了低俗化、庸俗化的信息,或信息内容损害社会公众的利益,或者媒体人员作了有违职业道德的事情,这时广播电视受众就应该行使舆论监督权和媒介批评权,对其信息或行为进行匡正和批评。

5. 安全保障权

安全保障权主要是针对消费者而言的。《消费者权益保护法》规定:“消费者在购买、使用和接受服务时享有人身、财产安全不受侵害的权利。”作为广播

① 谢鹏程:《公民的基本权利》,中国社会科学出版社,1999年,第224页。

② 李良荣:《新闻学概论》,复旦大学出版社,2001年,第202页。

电视传播信息产品的特殊消费者——受众而言，广播电视媒体虽没有直接侵犯受众的安全保障权，但是如果广播电视媒体传播虚假广告，起到了引导消费者使用问题产品的作用，从而间接侵犯了消费者——受众的安全保障权。以虚假药品、美容、瘦身等广告为例，广播电视媒体经常会在非黄金时段播送此类产品的直销广告，尤其是一些名人代言的广告。如果受众——消费者在听信了媒体的虚假广告之后购买了某医药产品，不仅原有疾病没有获得改善，花了钱，甚至造成了人身损害。这样，不仅制售问题药品的厂家对此要负主要责任，而且媒体也负有不可推卸的负责。因为媒体对信息把关不严，缺乏核准，才导致了虚假广告的信息的传递与放大，并最终促使消费者选择了问题产品。此外，参照消费者权益保护法，作为广播电视节目的消费者，受众还有损害求偿权、受尊重权等。

第三节　广播电视受众接受的心理过程与选择机制

广播电视受众的接受活动也是受传者的一种独特的主体活动。接受主体接受广播电视信息要经过感知、想象、体验、判断和理解等一系列心理过程。而在这个过程中，接受主体对广播电视信息往往表现出积极的选择姿态。也就是说，接受主体面对众多的信息，并非不分巨细地统统摄入接受视野，而是要对信息进行“筛汰”和选择。具体地讲，就涉及受众的接受心理过程与选择机制。

一、广播电视受众接受的一般心理过程

广播电视受众接受的过程是受传者对广电信息内容与形式进行心理感知、想象、体验、品味，作出价值判断，进而理解信息所包含的意蕴的一系列心理因素综合作用的过程。虽然具体的接受过程极为复杂，但大体说来我们可以将广播电视受众接受的一般心理过程分为以下三个阶段。

首先，感知阶段。受传者的信息接受总是从感知具体的形式开始的，没有对形式的心理感知，一切更高级的文艺接受心理就不能发生。列宁认为：“不通过感觉，我们就不能知道实物的任何形式，也不能知道运动的任何形式。”①从心理感知的发生过程看，广播电视信息受传者是以审美的眼光感知接受

---

①《列宁选集》(第2卷)，人民出版社，1972年，第308页。

对象的形式，也就是信息的文字、线条、色彩、旋律、结构等构成的外在形式因素，作用于接受主体的感官。其生理机能主要是眼、耳、鼻、舌、身等感觉器官和相应的感觉神经，在大脑皮层相应区域形成兴奋曲线，这曲线向各个区域伸展，形成心理感知。人的五官感觉是进行文艺接受的一种直接条件，没有这起码的条件，受传者就不可能接受外来的任何信息，因为他缺少属于人的本质构成的生理和心理条件。所以马克思才明确指出："对于没有音乐感的耳朵说来，最美的音乐也毫无意义。"[①]在广播电视信息接受者的五官感觉中，视觉和听觉器官是主要的感觉器官，具有优于嗅觉、味觉和触觉器官的感觉功能。视觉、听觉感官主要实现对接受对象形式美的直觉观照和把握。

其次，想象和综合阶段。这一阶段中，广播电视接受主体在感知的基础上，借助于过去经验系统，调动想象、联想、幻想、综合等心理机能，加深对接受客体意象的把握，并形成新的心理意象。其发生机制主要是生理上的共鸣和心理上的想象。在此，想象和综合的心理机能起着主要的作用。想象作为一种特殊形式的心理活动，可以在已感知的对象之外，通过改造记忆表象和综合过去的接受经验，在头脑中创造出新的心理意象来。在创造新的意象过程中，已有接受客体的意象主要是提供原型和作为想象活动的激发机制发生作用。例如根据语言描绘去想象人物具体的音容笑貌、言谈举止、情节场面和自然环境等，或者根据视觉的画面去想象活动着的人和事等等。受众根据接受客体意象而想象的形象，定会类似原有的意象，但也总会有所偏离和超越，因为接受者借以展开想象的材料不是或不完全是客体意象的材料，而是综合了个人的接受经验。总之，融入接受者社会经验的想象和综合，超越了心理感知的初级层次，是其接受心理活动的进一步深入。

第三，思考和评判阶段。在这一阶段，广播电视接受主体调动情感体验能力去领略、理解信息与作品的意蕴，并且以一种比较客观的态度审视接受对象和自己的接受心理，作出心理的判断和评价。这个阶段是建立在以前阶段基础之上的。因此，心理思考和判断阶段就认识过程而言，是属于认识的理性阶段，其思维方式是诉诸概念和判断的抽象思维，它所用的是思考、判断等心理功能。受众信息接受不是简单的感觉，而是含有深刻的理解，它不只是感性认识，也蕴含着理性认识。有理解、思索和判断，才有对广播电视信息意义的深入把握和接受。

---

① 《马克思恩格斯全集》(第42卷)，人民出版社，1979年，第126页。

广播电视受众接受心理过程的三个阶段性划分，同时也是受众接受三个不同心理层次的表现。并非所有受传者接受时都经历这个完整的心理过程，也并非所有受传者都能达到思索和评判的阶段。有的受传者心理过程到达第一或第二阶段就已完成信息的接受。只有具备较充足的接受主体条件，或由于专业（例如从事媒介批评）需要的受传者，才会完成接受的心理活动的全过程。

二、广播电视受众接受的心理选择机制

在广播电视传播活动中，面对纷纭复杂、千姿百态的信息，受众——受传者并非不加选择地被动地全盘接受。受传者与接受对象发生一定联系后，总是根据自己的主客观条件有选择地接受作为接受对象的信息。譬如，受传者可以任意调换电视频道和广播波长，挑选自己乐意听视的节目；可以有选择地浏览网页上登载的消息报道、新闻图片或电视剧等。这就是受传者接受心理的选择机制。受传者接受心理的选择机制，分为三个具体环节：选择性注意、选择性理解和选择性记忆。

1. 选择性注意

它是受传者文艺接受心理审美选择机制的第一个环节。心理学家们认为，注意是“心理活动对一定对象的指向和集中。指向是指每一瞬间，心理活动有选择地朝向一定事物，而离开其余事物。集中是指心理活动反映事物达到一定清晰和完善程度”①。接受心理中的选择性注意，就是有选择对接受对象的心理指向和集中。受传者在具体的接受过程中，往往根据自己原有的社会态度、心理期待、兴趣以及接受需求，有选择地注意与之相吻合或较一致的广播电视信息，而主动地回避与原有兴趣、接受需求等相龃龉的信息。

那么具体地讲，受传者在什么情况下会对接受对象的信息产生选择性注意？第一是易得性。凡是容易被受传者获得或接触的信息，通常要比很难得到的信息更易于被受传者所注意。如在校的大学生收听广播的要比收看电视节目的要多。其原因即在于前者易得而后者不易得。第二是新颖性。那些最新发生的事件，最快报道新闻或形象塑造上有新突破的电视剧作品，比陈旧的、平淡无奇的事件或缺乏新意的电视作品更易激发受传者的选择性注意。第三是贴近性。与受传者的兴趣、关心的问题、接受需求较相贴近的信息，就较容易被受传者所注意。如《南京零距离》节目就得到了南京受众的欢迎和喜

① 北京师范大学等编：《普通心理学》，陕西人民教育出版社，1982年，第254页。

欢，收视率较高。第四是反复性。一个事件或人物事迹，如被广播、电视多次播出，或者被网络转载等，那这种反复刺激传播的次数越多，也就越容易引发受传者的注意。

2. 选择性理解

它是受众接受心理机制的核心环节，也有人称它为信息传播的"译码"过程。"选择性理解意指不同的人对于同一讯息可以有极不相同的反应。传播者不能设想他的讯息对于全部接受者都具有他本来意图表达的意义，或者说，信息对所有接受者能产生相同意义。"①一方面，受传者对接受信息的理解并非机械地、原封不动地"还原"，他往往要融进自己的预存立场、社会经验和思想感情等"添加剂"，对信息蕴含的内容进行感知与理解。另一方面，从受众接受选择性来看，受传者在对接受信息选择性地注意之后，总有一种想把信息内容看作是认同自己原有的态度、心理期待的倾向性，甚至在接触到实际上与自己想法相悖的信息时，也会把它们曲解为与自己的想法相吻合。

这种"各取所需"的心理倾向，便会使不同的受传者对同一信息的理解大相径庭。有的人理解得很全面，有的人只理解自己所需的部分，有人不仅抓住了要领，而且发现了隐藏的含义，有的人甚至予以曲解。如电视剧《蜗居》播出之后，有人赞同，说它真实地反映了社会现实；也有人批评，称其主题和思想倾向有问题，其道理就在这里。

3. 选择性记忆

它是受传者接受心理选择机制的最后一个环节。受传者的记忆就像"神话里的筛子"，它常常只保留、记住那些符合自己需要、有意义的或自己愿意记住的信息，同时筛去、忘却那些不符合自己需求、无意义的或自己不愿意记住的信息。受传者记忆上的这种筛选、取舍，就被称为选择性记忆。选择性记忆的信息量往往大大少于接受者选择性注意和理解的信息量。

选择性记忆是受传者与接受对象——信息之间相互作用的结果。选择性记忆的效果和程度如何，与这二者都有密切的关系。从信息方面讲，符合受传者兴趣的比不符合其兴趣的信息记忆要牢固一些，能打动受传者感情的信息比不能打动其感情的信息记忆要牢固些，被受传者理解的比未被理解的信息要记忆牢固些。从受传者方面讲，受传者主观因素稳定、接受目标明确比主观因素不稳定、接受目标模糊的记忆效果要好，受传者所接触的信息单一比较庞杂的记忆效果要好。

---

① [美]沃纳丁·赛弗林等：《传播学的起源、研究与应用》，福建人民出版社，1985 年，第 117 页。

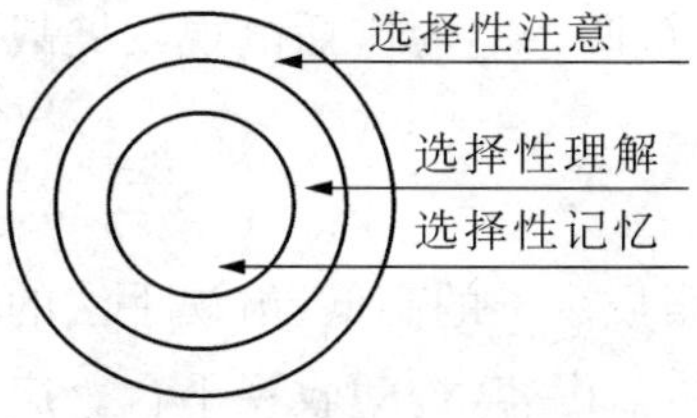

图 8-1　接受心理"防卫图"

以上我们谈论的受传者接受心理选择机制的三个环节,可看成是受传者接受心理的三层"防卫圈"(见左图)。

广播电视传播的信息如果不合受传者需求和兴趣的,大部分就会在最外圈被挡驾,引不起注意。可是,有些信息的传播时常夹杂着受传者并不乐意或没打算接受的信息内容。如在精彩的电视连续剧播出过程中,突然播入几分钟的广告;想听某一歌唱家演唱的歌曲,而偏偏前面有某企业的宣传报道等等。这时,中层"防卫圈"便可以予以有选择地理解。如果这还不行,受传者便在最内圈实施选择性记忆,在大脑信息库中只留下那些符合需求、有意义的信息。广播电视受众接受心理选择机制是接受者必不可少的。它的"防卫"是更好地接受信息的保证。显然,研究受传者接受心理过程与心理选择机制,对于提高广播电视传播效果也就具有重要的意义。

第四节　广播电视受众及收视率调查

广播电视受众调查是媒体间竞争不断加剧的结果,也是广播电视台改进业务,进行节目策划和生产的关键。面对广播电视传媒竞争日益激烈的趋势,加强受众调查研究工作,已成为关系到电视台生存发展、前途命运的一项重要工作。

一、广播电视受众调查的作用

所谓广播电视受众调查,就是以听众、观众为对象,了解他们对广播电视传播的需求、态度、意见和建议而进行的社会调查活动的总称。在广播电视产业环节中,受众调查是这一产业链中的基础环节,也是广播电视产业链不可缺少的环节。广播电视受众调查的作用主要体现在以下方面。

1. 受众调查为广播电视台的发展决策提供重要参考

广播电视媒体宏观决策如何,关系到媒体的生存与发展。科学的好的决策是以社会需求和受众需求为基础的。而了解受众需求的主要渠道是受众调查。通过受众调查可对受众状况有一个客观、全面的了解。比如受众的构成,包括年龄、性别、区域、职业、收入、文化程度的分布,受众的视听时间规律以及对节目的兴趣爱好等。这种多方面、综合性的受众调查结果,使决策者能够准确、充分地认识受众状况。在媒介竞争日益激烈的当今,好的媒介发展策略取决于正确的市场定位和受众细分,因此,准确、充分地认识受众客观状况是广播电视台制订正确的发展策略所必不可少的。受众调查能为广播电视发展战略提供重要参考。

2. 受众调查为广播电视节目定位提供重要依据

广播电视节目的成败，不仅仅取决于电视人素质水准的高低、电视手法的优劣，还取决于是否立足于受众需求来定位节目传播内容，构塑收视平台。广播电视节目制作者只有首先明确定位该节目归属于哪一类观众的精神需求，制作的节目才能被观众接受，其价值才算得以实现。广播电视受众是决定电视节目价值和地位，赋予节目以目的和意义的主要因素。所以广播电视节目的定位、栏目的设计，必须依赖受众调查研究的结果，服从受众需要设置各类节目。也就是说，只有关注受众心声，追踪受众脚步，透视受众心理，扣准受众脉搏，品析受众喜好，鉴识受众口味，探知不同受众对广播电视的不同需求期望值，才能精心打造出受众喜爱的节目，促使收视率不断提高。否则，只能是吃力不讨好。

3. 受众调查为广播电视节目编排和调整提供主要依据

受众对广播电视传播都有着不同的要求；对不同性质节目的播出时间也有不同的要求；不同的受众群对广播电视节目有不同的需求与评价，即使同一节目，在不同观众群中的传播效果也有诸多差异。受众调查能够帮助负责节目设置编排的人员了解广大受众的不同“口味”。作为广播电视台负责节目设置编排的人员，应经常调研与把握不同层次观众审美需求的发展趋势，针对不同受众，编排不同内容和形式的节目，并及时调整各类节目的题材、样式及其比例关系，让不同的受众从不同节目中获得自己想要的东西。如果一个节目改版，改版后满意度都会出现一些波折，或者较原版有所上升或者有所下降，在这种情况下需要对节目进行一段时间的观察，调研受众的接受状况，了解受众的反映，再对节目进行必要的调整。所以在节目的编排上，也要以受众意识作为编排节目的原则。

4. 受众调查为广播电视广告经营提供主要的指标

广告是广播电视媒体维持日常开支和寻求发展的经济基础。广播电视广告节目要想打动受众的心灵，同样需要进行受众研究，充分明确受众心理。广告客户最关心的是广播电视节目的影响面和影响力，如果受众人数达不到一定规模，广告客户投放广告的目的就难以达到，因此受众调查数据是电台、电视台制订广告时间价格的重要指标。首先，广播电视广告经营要利用频道的人群资源切分广告“蛋糕”，制作为特定人群服务的广告。如中央电视台《大风车》是为少年儿童服务的，附带的自然应多是少儿用品的广告。其次，广播电视广告经营要合理的编排广告。随着频道专业化改革，“黄金时间”的概念越来越模糊。某一个黄金时间段的观众未必全部是某一个商品的目标消费者。如果某个时间段的观众特征与产品的目标消费的特征比较吻合，那么就是产品的黄金时间。这就要求充分了解受众心理，合理安排广告播出类型、播出次数和播出时间，避免受众产生逆反心理，使广告经营更趋理性、成熟，由此获得更多的广告收入。

二、广播电视受众调查的基本层面

受众调查是我们了解受众特点及需求、主动调整节目、改善节目播出效果的重要环节。受众调查主要是对广播电视节目的现状、节目覆盖率、收听收视状况、受众构成及不同受众的兴趣、爱好、生活习惯，对节目的反映、要求、意见、建议等方面进行的深入调查。概括起来，受众调查包括三个层面的内容：一是有多少人收听收看节目，即受众人数调查，二是收听收看节目的受众类型有哪些，即受众构成调查，三是受众对于节目的评价和意见是什么，即受众评价调查。

1. 受众人数调查

受众视听人数的多少，很大程度上取决于广播电台、电视台的覆盖范围。覆盖范围的大小体现出媒体的影响力。在我国，中央电视台是唯一的全国性电视媒介，在行政管理和节目制作方面占有绝对优势。其他省、市、区级电视台没有这样的优势地位，但也通过扩大传播区域，发展传播手段，拉拢广告客户等方式吸引受众。

受众人数的调查具体通过收听收视率测量、开机率测量、市场占有率测量、欣赏指数测量等方法来实现。节目的收听收视率、开机率、市场占有率受到节目播出时间的影响，受到不同频率和频道的节目安排的影响，受到同一频率和频道前后节目播出时间和播出安排的影响，也受到节目性质的影响。随着广播电视节目的多元化发展，广播电视的受众构成也在发生相应的变化。广播电视节目的制作和播出必须充分考虑到收听收视率、开机率、市场占有率等因素，合理规划节目的播出时间和覆盖范围。

2. 受众构成调查

受众构成包括受众的地域构成、年龄构成、性别构成、职业构成、文化程度构成等。了解不同地域、不同年龄、不同性别、不同职业、不同文化的受众在广播电视节目全部受众中的比例以及兴趣取向，有助于广播电视媒体改进节目的内容和形式，提高节目的质量及播出效果。

受众构成调查主要通过收视收听率测量和问卷调查两种形式实现。收视收听率测量与上文所提受众人数调查相同。问卷调查法是通过调查者设计的问卷，向不同地域、不同年龄、不同性别、不同社会阶层、不同文化程度的受众分发问卷并回收，并进行统计及数据分析的一系列过程实现的。广播电视研究机构经常定期大规模地展开专门的问卷调查，以获取受众的构成信息，并进一步分析不同构成的受众对于广播电视节目的接受与反馈情况。

3. 受众评价调查

受众评价指受众收听或收看节目后的反映及对于节目的评价。它侧重于受众的意见反馈调查。广播电视节目的制作者和播出者不仅关注收听或收看节目的受众人数和构成，他们更关注受众对于节目的评价，更关注节目的播出及接受效果。

受众评价调查具体通过受众来信来电调查和问卷调查两种形式展开。广播电台、电视台通常都设有听众或观众热线，热线通过与受众交流沟通，收取受众对节目的意见和建议。除了热线，广播电视媒体也广泛收集受众来信。通过对受众热线意见及信件的收集、整理和分析，得到相应广播电视节目的评价意见及改进建议，并反馈给广播电视节目的制作及播出部门。这些举措不仅促进节目的改进与提高，也激发受众对节目的评价与反馈热情。

三、广播电视受众调查的主要类型

随着广播电视变革与发展的推进，受众调查越来越受到重视。受众调查的类型也更加丰富。从目前状况看，受众调查的类型大体有以下几类：

1. 基础调查

基础调查是广播电视媒介机构一项必要的基础性工作，是从广播电视媒介经营与发展目标着眼而进行的基本情况调查。调查内容的涉及方面较广。比如受众人数、群体分布与构成，以及对受众爱好、兴趣、要求、希望，对广播电视覆盖率、收听率、收视率，对节目设置、编排、结构等所作的调查。有些广播电视媒体还专门建立了完备的受众调查档案，以备决策与经营、节目定位时查考。

2. 综合调查

综合调查一般是对媒介环境和受众市场整体情况的调查。这种受众调查内容丰富多样，如受众视听的频度、视听时长、选择意向以及对某栏目的接纳程度等。还可以对广播电视和其他大众传媒进行横向比较，或用定量分析作对比研究，从整体效应上作出论证。通过此项调查，能够从整体上更加深入地了解受众的视听行为及心理。

3. 专题调查

专项调查又称专题调查，是根据广播电视专门问题或专项任务所作的受众调查。一般要求在掌握全面情况的基础上，突出专项问题，明确重点，掌握系统材料，进行科学分析，为广播电视某项决策服务。如某广播电视媒体为推出新节目或新栏目而进行的受众调查，或为了解某节目、某栏目播出一段时间后在受众中的反响而进行的专门调查。再如中央电视台每年进行的关于对春节联欢晚会的受众调查也是属于专项调查。

4. 典型调查

典型调查是对典型的受众群体或个人所进行的调查，通过解剖典型来认识一般。“进行这种调查时应注意深入、恳切，坚持平等的原则，开展民主讨论，实事求是评价，尽量避免导致调查对象不配合，回避真实情况的现象出现。”[①]典型调查可以采取座谈会、个人访谈、抽样调查、问卷回收、定量分析等调查方法与手段，对受众群体或个人进行深入、细致的调查研究，从而对受众的接受实际状况作出准确、全面的认识。

四、广播电视受众调查的常见方法与手段

广播电视受众调查的方法很多，主要有抽样调查法、访谈法、内容分析法和控制实验法等。

1. 抽样调查法

抽样调查是从调查对象总体中抽选出部分样本，以这部分样本作为对象实施的调查，其结果可用于推论对象总体。它适用于较大范围的调查。例如“广播电视传播对江苏省大学生的价值观影响的调查报告”这个题目涉及的对象总体是江苏省高校的数十万大学生，我们可以从中抽出 1 000—2 000 人的样本进行调查，并根据这个结果来推断广播电视传播对江苏省大学生价值观影响的状况。抽样调查法是目前受众调查中使用最多的一种调查方法。

根据调研人员主观介入的有无，抽样方法可分为两种，一种是有意抽样(非概率抽样)，另一种是随机抽样(概率抽样)。有意抽样多用于事例研究或特殊题目的调查，而随机抽样则是现代最普遍、最常用的方法。

(1) 随机抽样的主要手段

简单随机抽样——这是最简单的一步抽样法，它是从总体中选择出抽样

---

① 毕一鸣:《现代广播电视论纲》，中国广播电视出版社，2007 年，第 205 页。

单位，从总体中抽取的每个可能样本均有同等被抽中的概率。抽样时，处于抽样总体中的抽样单位被编排成 $1 \sim n$ 编码，然后利用随机数码表或专用的计算机程序确定处于 $1 \sim n$ 间的随机数码，那些在总体中与随机数码吻合的单位便成为随机抽样的样本。这种抽样方法简单，误差分析较容易，但是需要样本容量较多，适用于各个体之间差异较小的情况。

系统抽样——又称顺序抽样法，是从随机点开始在总体中按照一定的间隔（"每隔第几"的方式）抽取样本。此法的优点是抽样样本分布比较好，有好的理论，总体估计值容易计算。

分层抽样——它是根据某些特定的特征，将总体分为同质、不相互重叠的若干层，再从各层中独立抽取样本，是一种不等概率抽样。分层抽样利用辅助信息分层，各层内应该同质，各层间差异尽可能大。这样的分层抽样能够提高样本的代表性、总体估计值的精度和抽样方案的效率，抽样的操作、管理比较方便。但是抽样框较复杂，费用较高，误差分析也较为复杂。此法适用于母体复杂、个体之间差异较大、数量较多的情况。

多阶段抽样——它是采取两个或多个连续阶段抽取样本的一种不等概率抽样。对阶段抽样的单元是分级的，每个阶段的抽样单元在结构上也不同，多阶段抽样的样本分布集中，能够节省时间和经费。调查的组织复杂，总体估计值的计算复杂。

（2）问卷设计与回答

问卷设计——抽样调查都是以请调查对象填写问卷的方式进行的。一项调查的质量如何，与问卷设计是否科学、是否合理有很大关系。一般地说问卷由三个部分构成。

第一，基本项目，一般放在问卷首页（face sheet），也有的放在问卷的末页。调查内容包括答卷人的性别、年龄、学历、职业、收入、家庭人口等。

了解这些内容，主要是为了掌握调查对象的背景，以便在数据分析时作为参照轴加以使用。

第二，与调查主题相关的事实或行动项目。如，接受哪些媒体、媒体接触的时间量、每月的信息支出费用等。这些项目可以作为分析的辅助材料加以使用。

第三，关于态度或意识的项目，例如对媒体的认识、判断、评价、喜好及其理由等。在抽样调查中，这部分内容往往是问卷的核心部分，是调研人员最感兴趣的项目。

有些问卷还有简短的前言和结束语。前言包括介绍调查目的和意义，寻求调查对象的积极合作，以及保障填写人的匿名权利等；结束语主要包括对合作者表示感谢等内容。

问题回答方式——为便于答卷者回答问题，对各问项应具体指定回答方式。常见的回答方式有以下几种。

第一，多项选择法。提供几种可能存在的答案，由答卷人选择答案，可规定选择一项或选择多项。

如：你是在下列哪种媒体中获得新闻信息？（选一项或多项）

(a) 广播；(b)电视；(c)网络；(d)手机；(e)其他。

第二，评价法。特点是项目间存在着顺序或程度关系，通常多项选择一。

如：您认为××电视台的《艺术人生》栏目是否有教育意义？（选一项）

(a)非常有；(b)有部分教育意义；(c)说不准有无；(d)没有教育意义。

第三，排序法。请答卷人按照某种要求为所列各项排出顺序的方法。

如：请你对下列电视节目按照喜欢的程度为它们排一个顺序。

(a)新闻节目(第　位)；(b)综艺节目(第　位)；(c)体育节目(第　位)；

(d)电视剧 (第　位)；(e)财经节目(第　位)；(f)音乐节目(第　位)。

第四，自由回答法。不指定回答方式，请答卷人自由表达的方法。一般是在问题的后面留出回答的卷面空间，请答卷人写出自己的观点或见解。

(3) 抽样的主要作用

第一，抽样调查可以减少调查的工作量，调查内容可以求多、求全或求专，可以保证调查对象的完整性。第二，可以从数量上以部分推算总体，利用概率论和数理统计原理，以一定的概率保证推算结果的可靠程度，起到全面调查认识总体的功能，可以保证调查的精度。第三，抽样调查可以大大减少调查费用，提高调查效率。第四，收集、整理数据及综合样本的速度快，保证调查的时效性。

2. 访谈法

访谈法又叫访问法，是指通过访员和受访人面对面的交谈来了解受访人的心理和行为的心理学基本研究方法。因研究问题的性质、目的或对象的不同，访谈法具有不同的形式。根据访谈进程的标准化程度，可将它分为结构型访谈和非结构型访谈。访谈的类型主要包括电话访问、邮件访问、入户面访、互联网访问等几种形式。下表是这四种访问方法的特点比较：[①]

① 刘燕南：《电视传播研究方法》，北京师范大学出版社，2003年，第103页。

	电话访问	邮件访问	入户访问	互联网
调查时间	最快，仅几个小时即可完成	最慢，少则一周，多则一两个月才能完成	中等，大约在一二周内完成	较快，约一二天内完成
经费	中等，市话便宜，长途话费较贵，一般需要固定设备投资	便宜，每份仅需邮资以及纸张和人工费用	最贵，需要支付访问员的差旅费、工资，每份约需要50元	比较便宜，需要付入网费、上网费或电话费
人员需求	中等，有时需要十几二十多人同时打电话	较少，3～5人即可	很多，有时要求多达上百人的访问员	最少，有时一个人即可完成一次调查
访问完成率或问卷回收率	较高，最高时可达80%以上	最低，一般不超过40%	较高，最高在80%左右	一般，通常在40%左右
准确性	较差，有些问题电话内表达不清楚，受访者也没有时间多思考	较差，受访者遇到不明确问题无处询问	较好，访问员可以当面释疑解难	较好，受访者有比较充裕的时间思考，不明之处可以通过网络询问
信息量(问卷的长度)	较少，通话时间不宜太长	中等，问卷不宜太长，3～5张是上限	较大，可进行详细深入的调查，题量可以较大	中等，与邮件相当，问卷不能太长
对敏感问题的回答	一般	较好	一般	较好
样本代表性	较差，仅在电话普及率较高的地区适用	较好	较好	较好
问卷形式	封闭式一般，开放式较好，可做交谈型访问	封闭式和开放式均可	封闭式问卷比较好，开放式一般	开放式和封闭式问卷均可
观察资料	无法面见受访者，但有声音可参考	无法观察受访者	可以观察受访者的神情举止	无法观察受访者

图8－2　访谈法特点比较

访谈法运用面广，能够简单而迅速地收集多方面的工作分析资料，因而深受人们的青睐。

3. 内容分析法

内容分析法是一种对于传播内容进行客观、系统和定量的描述的调查方法。其实质是对传播内容所含信息量及其变化的分析，即由表征的有意义的词句推断出准确意义的过程。内容分析的过程是层层推理的过程。其特点是客观性、系统性和普遍性。调查者多用内容分析法来分析传播内容与受传者的关系——考察特定社会群体经常接触的媒体内容，分析他们的兴趣、关心和需求，以及接触和解读的过程、结构和特点等。

（1）内容分析法的主要特性

作为一种新的研究方法，内容分析法在很多方面都不同于传统方法。例如，从方法属性看，它虽然被列为社会科学研究方法，但明显受到自然科学研究方法的渗透影响；从方法特点看，它既有独特的个性，又处处显示出交叉性、边缘性、多样性……从其定义来看，学者基本认同内容分析法具有以下三个主要特性：

第一，系统性。是指内容或类目的取舍应依据一致的标准，以避免只有支持研究者假设前提的资料才被纳入研究对象。因此，首先，被分析的内容必须按照明确无误、前后一致的原则来选择。选择样本必须按照一定的程序，每个项目接受分析的机会必须相同。其次，评价过程也必须是系统的，所有的研究内容应以完全相同的方法被处理。编码和分析过程必须一致。各个编码员接触研究材料的时间应相同。总之，系统评价意味着研究自始至终只使用同一套评价规则，在研究中交替使用不同的规则会导致结论混淆不清。

第二，客观性。指分析必须基于明确制定的规则执行，以确保不同的人可以从相同的文献中得出同样的结果。这包括两层含义：①研究者的个人性格和偏见不能影响结论。如果换一个研究者，得出的结论也应该是相同的。②对变量分类的操作性定义和规则应该十分明确而且全面，重复这个过程的研究者也能得出同样的结论。这就需要建立一套明确的标准和程序，充分解释抽样和分类方法，否则，研究者就不能达到客观的要求，结论也会令人置疑。

第三，定量性。是指研究中运用统计学方法对类目和分析单元出现的频数进行计量，用数字或图表的方式表述内容分析的结果。当研究者得出一组说明受众接受内容特征的数据后，需要对这组数据进行解释，即说明数据的意义。

（2）内容分析法的一般过程

内容分析法将非定量的文献材料转化为定量的数据，并依据这些数据对文献内容做出定量分析和做出关于事实的判断和推论。而且，它对组成文献的因素与结构的分析更为细致和程序化。

内容分析法的一般过程包括建立研究目标、确定研究总体和选择分析单位、设计分析维度体系、抽样和量化分析材料、进行评判记录和分析推论六部分。

(3) 内容分析法的应用

内容分析法的适用范围比较广泛。就研究材料的性质而言,它可适于任何形态的材料,即它既可以适用于文字记录形态类型的材料,又可以适用于非文字记录形态类型的材料(如广播与演讲录音、电视节目、动作与姿态的录像等);就研究材料的来源而言,它既可以对用于其他目的的许多现有材料(如学生教科书、日记、作业)进行分析,也可以为某一特定的研究目的而专门收集有关材料(如访谈记录、观察记录、句子完成测验等),然后再进行评判分析;就分析的侧重点讲,它既可以着重于材料的内容,也可以着重于材料的结构,或对两者都予以分析。

内容分析法的适用范围虽然较广,但其适于的内容一般应具有能重复操作、被人的感官体验、意义明显、可以直接理解等特征。通常对不具备这样特点的、潜在的、深层的内容不适宜采用内容分析进行研究,否则难以保证结果的准确性和客观性。

4. 控制实验法

在传播学中,控制实验也是一种常用的方法,这种方法伴随着对实验对象、实验环境和条件的严格限定和控制,所以称为控制实验。

(1) 控制实验的特点

第一、研究对象较少。调查法一般都是对数量庞大的调查对象进行大量的观察和访问,其研究对象往往被称为“大样本”。而实验法则主要是探求少数变量与传播效果之间的因果关系,其研究对象通常只有数十人,因而是“小样本”。

第二、研究环境是在实验室人为的环境中。而调查法则是在广泛的社会环境中进行的。

(2) 控制实验的步骤

第一、确定假设命题。

第二、简化因素,确定变量。在有关大众传播诸多因素中依实验目的并参照有关理论或定论,选择一对与研究目的相符的因果关系因素来作为实验变量。

第三、控制与实验。将选择出的研究对象分为两个组——“实验组”和“控制组”,尽量保持两组成员人数、年龄、性别、教育程度等变量的相同,以排除这些变量在实验中可能产生的影响。实验过程中,这两个组的唯一区别是接触的包含自变量的材料不同，以此来计算因变量是否会产生相应的变化。

第四、统计分析。对实验所得的大量数据进行整理、分析，从中推出某些发现、结论，同时对实验的假设进行验证。

(3) 控制实验主要关注的条件

① 信源的条件——测试信源可信性与传播效果之间的关系。

② 信息内容的条件——测试不同的信息内容是否会导致不同的认知和行为反应。

③ 传播方法和技巧的条件——测试不同的内容提示法、说理法和诉求法各自具有什么样的说服效果。

④ 受传者的社会条件——测试受传者的各种社会属性、群体归属关系、群体规范等对他们接收信息的影响。

⑤ 受传者的个性条件——测试个人的信息处理方式和习惯、自信心的强弱等个性特征对他们的信息处理过程及其结果的影响等等。

(4) 控制实验法的优缺点

控制实验逻辑程序严密，研究者可以对实验因素加以控制，从而突出某些变量的作用。但是，其实验环境终究是人为设置的，与实际生活中复杂多变的状况有一定的距离，所以实验的结果往往会有误差。作为弥补这一缺陷的一种手段，近年来传播实验已经开始转向“自然实验法”或“社会实验法”，即将整个社会环境作为“实验室”，采用多元分析的方法来进行控制实验。

随着科学技术的发展，受众调查的手段越来越多，形式也越来越多样。现在，受众调查的方法除了常规调查研究法以外，研究者还常常采用内容分析法、控制实验法等定量方法。以上我们论述的只是其常见的方法。在实际调查和分析中，往往是多种方法得到综合运用，才能更利于得出客观可信的结论。另外，近十几年来，在广播电视受众研究领域里，收视率这一指标逐步在广播电视受众调查中确立了重要地位。对此下面我们将具体论述。

五、广播电视受众的收视率调查

收视率作为广播电视受众调查的一个重要方面，目前已被各广播电视台作为衡量一个节目好坏甚至存活与否的关键因素。因为收视率代表着注意力经济，代表着广告商的投放，因而最终关系着广播电视台的经济收益。也就是说，收视率，这个与节目内容、受众——节目产品用户、广告息息相关的要素，在很大程度上制约并影响着广播电视市场的竞争。

1. 收视率调查的定义与内涵

收视率广义地讲包括收听率，又叫视听率，是广播收听率和电视收视率的简略统称。按照《广播电视词典》的定义："收视率是指在一定时段内收看某一节目的人数（或家户数）占观众总人数（或总家户数）的百分比，即收视率＝收看某一节目的人数（或家户数）/观众总人数（或总家户数）。"[①]在 GGTAM（全球电视受众测量指南）中，收视率的定义为：根据抽样调查所估计的某个特定时段里收看电视人口占所有电视渗透人口的平均百分比。其中电视渗透人口是指拥有电视收视手段或工具的人口。简言之，收视率是一项用来统计广播电视节目拥有观众、人数多少的指标。[②] 收视率调查是建立在概率抽样基础上的对受众收视收听情况的统计调查。通过收视率调查，可以掌握受众的数量、各类节目的视听人数以及受众的个人状况、占总人口比例等。因此，收视率调查对传媒业经营和发展有着很重要的价值。

收视率调查分为每日视听率和每周或每月视听率调查。广播电台一般是一个阶段进行一次收听率调查，比如一个月进行一次；电视台由于每天节目播出情况常常不一样，因此大多进行每日收视率调查。

2. 收视率调查的一般过程

首先，在所要调查的电视受众总体中进行抽样。广播电视受众人数众多、构成复杂，调查者不可能对所有人进行调查。所以调查者要根据调查目标从受众中抽取一定数量的个体（样本）作为调查对象，通过对样本的分析，推断出总体的情况。抽样具有速度快、经费省、适应面广等优点。抽样方法大体分为两种：一是随机抽样，一是非随机抽样。两者的区别在于，随机抽样是按照一定的概率来抽取，能够计算抽样误差，具有统计推论功能；非随机抽样则不受概率限制，也不具有计算抽样误差和统计推论的功能。但是，当现实情况不适合进行随机抽样时，便要采用非随机抽样的方法。

其次，对样本观众进行测量。测量分两个方面：一是通常以问卷的形式测量，以获得样本观众的背景资料，如性别、年龄、文化程度、职业、收入、婚姻状况等；二是测量样本观众收看电视的情况。

目前普遍使用的主要有两种方法：日记调查法和仪器测量法。日记调查法是让样本户中的家庭成员把每天收看电视的情况（包括收看的频道和时间段）一一填入事先设计的调查记录日记卡上。日记调查的周期一般为一周，每

① 赵玉明、王福顺：《广播电视辞典》，北京广播学院出版社，1999 年，第 322 页。
② 吴玉玲主编：《广播电视概论》，中国传媒大学出版社，2007 年，第 233 页。

个星期日由访问员把样本户填写好的一周调查记录表收回，同时发放下一周的调查记录表，进行连续不断的调查。整个数据采集的过程基本上都是人工操作的。因此，日记法获得的数据是否准确可靠，在很大程度上取决于对人员操作的质量控制。仪器调查法是用仪器(如人员测量仪)来详细记录样本户中的家庭成员收看电视的情况。人员测量仪一般由显示仪、储存盘、手控器三部分构成。样本户中每个家庭成员在手控器上有自己的按钮编号，当家庭成员开始看电视时，须先按一下手控器上自己编号的按钮，结束看电视时，再按一下按钮。与电视机和手控器连接的显示仪会记录并储存收看电视的情况。然后通过电话线传送到总部的中心计算机。这样样本家庭中每个成员看电视的情况就被采集到了。仪器调查法的优点：整个过程除两次按键外都由机器记录，与日记法比较起来，减少了许多人工操作环节，有利于获得更精确、可靠的数据(日记法最小记录单元为 15 分钟，而仪器法能按分钟甚至秒记录)。仪器法比日记法收视记录精度高，但是相对成本较高。

第三步，对收集到的原始记录数据进行技术处理。数据处理其中包括检查过滤、加权处理等，计算得出时段收视率、节目收视率等。最后通过统计分析，撰写各种分析报告。一般来说，收视率越高，说明广告的传播效果越好。

3. 收视率调查的实际应用

收视率调查是针对广播电视市场特别是电视观众的量化研究，是测量电视受众信息接收情况的一种实证方法。因而对收视率调查数据的分析，也有三个特别重要的维度，即观众的维度、时段的维度和节目的维度，对应于观众分析、时段分析、节目分析以及三者的综合分析。通过观众分析，我们可以推知观众的数量，他们的性别、年龄、文化程度、职业、收入、不同居住地以及他们的忠实度等；通过时段分析则可以了解到观众在时间和空间上是怎样分布的；通过节目分析还能够了解哪些观众收看了哪些频道的哪些节目，都收看了多少时间等。针对三者的综合分析即可以较为全面地认识和评价一个节目、频道、电视台，乃至一个媒介集团的市场竞争力。如果我们再结合受众满意度的调查，可以较为具体地了解观众对节目的“兴趣”程度，从而为节目编排和调整提供参考的依据；通过了解观众对频道的认知度和满意度来为频道决策提供参考。下页图 1 显示了从收视率调查和分析到发挥收视率工具作用，进一步服务和指导各层次广播电视媒介主体参与竞争性经营的过程示意。[①]

---

① 郑维东：《用收视率分析电视媒体竞争态势与策略》，第三届中国市场研究“宝洁”论文奖获奖论文，http://www.docin.com/p-51751824.html

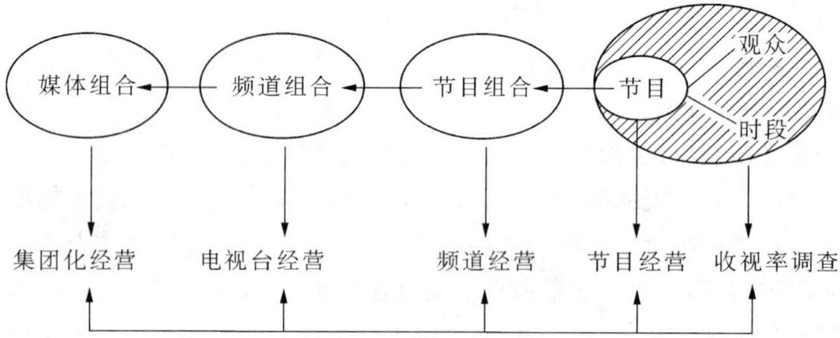

图 8－3　收视率调查与电视媒体经营

4. 实证操作：央视一索福瑞的收视率调查

(1) 央视一索福瑞媒介研究有限公司简介

中国大陆收视率调查服务主要是由央视一索福瑞媒介研究有限公司(简称 CSM，央视一索福瑞)提供的。央视一索福瑞媒介研究有限公司(CSM)是央视市场研究股份有限公司(CTR)与世界领先的市场研究集团——TNS 合作成立的中外合作公司，于 1997 年 12 月 4 日在北京注册成立。

该公司是 CSM 中国规模最大、最具权威的收视率调查专业公司，拥有世界最大的电视观众调查网络。至 2004 年 5 月，CSM 在全国建立了 1 个全国调查网(测量仪)、19 个日记卡省网、3 个测量仪省网、74 个城市日记卡调查网、24 个城市测量仪调查网。样本总规模达到 30 000 户，对全国近 800 个主要电视频道的收视情况进行全天候不间断的监测。

覆盖全中国的收视调查网络和先进的收视监测技术标准使 CSM 成为中国收视研究市场上的领导者，并赢得了越来越多的客户信赖。迄今近 20 家 4A 国际广告公司、100 多家电视台(国家级、省级和市级)、近 400 家国内广告公司和数家国内著名企业成为 CSM 的客户，定期享有 CSM 提供的丰富多样的收视率数据服务。CSM 收视率已成为中国电视广播节目、广告交易的“通用货币”。公司致力于专业的电视收视市场研究，为中国传媒行业提供可信的、不间断的电视观众调查服务。

(2) 央视一索福瑞收视率的调查方法

CSM 目前采用的收视率数据采集方法有两种，即日记法和人员测量仪法。日记法是指通过由样本户中所有 4 岁及以上家庭成员填写日记卡来收集收视信息的方法。样本户中每一家庭成员都有各自的日记卡，要求他们把每天收看电视的情况(包括收看的频道和时间段)随时记录在自己的日记卡上。日记卡上所列的时间间隔为 15 分钟 。每一张日记卡可记录一周的收视情况。

访问员每周定期入户收集已完成的日记卡，并留置下一周的日记卡。为了帮助被调查者更直观地识别其正在观看的频道，访问员会给样本户留下一张包括所有频道的台标提示卡。

人员测量仪法是指利用"人员测量仪"来收集电视收视信息的方法，是目前国际上最新的收视调查手段。人员测量仪由三部分构成：显示仪、储存盒、手控器。在手控器上样本家庭中的每 个成员都有自己的按钮，而且还留有客人的按钮。当家庭成员开始看电视时，必须先按一下手控器上代表自己的按钮，不看电视时，再按一下这个按钮。与电视机和手控器连接的显示仪会提醒你按按钮的任务，并显示你收看电视的情况。储存盒会把收看电视的所有信息以每分钟为时间段(甚至可以精确到秒)储存下来，然后通过电话线传送到总部的中心计算机(或通过掌上电脑入户取数据)。近几年，CSM 在一些重要地区已用人员测量仪法取代了日记法。

(3) 央视一索福瑞收视率的调查流程

CSM 收视率数据的调查流程大致可分为以下四个步骤：基础研究——固定样本的抽取及维护——数据采集——数据处理。

第一步：调查前的基础研究

收视率调查是一种抽样调查，因而如何根据电视人口的总体特征，科学合理地设计抽样方案，以获得具有代表性的样本，就成为收视数据是否准确的决定性因素。而基础研究的目的正是要取得有关收视行为的影响因素，如电视机及相关设备的拥有情况，电视频道的覆盖情况，电视观众的年龄、性别、户规模以及收入等方面的信息，为调查样本的抽取提供一个基础。同时基础研究的结果也为样本的调整及轮换提供一个决策的依据。CSM 不仅在新建站时要进行基础研究，而且对已建站点每年也要进行一次基础研究，以把握调查样本总体结构特征的变化，确保调查样本对总体的代表性。

第二步：固定样本的抽取及维护

在基础研究的大样本中，按照随机原则抽取若干家庭作为固定样本，参与收视率的调查。CSM 在现场抽取固定样本时，坚持样本户的各个重要特征(如户规模、电视机数目、收入水平、日用品购买者年龄、有小孩家庭比例以及有线户比例)结构与基础研究的结果尽可能地相一致，以保证固定样本的代表性。CSM 收视率调查的固定样本量是在考虑了调查地区电视人口分布特征、调查精度要求 、调查费用的条件下，采用科学的方法计算出来的。

样本维护对于保持固定样本的代表性，从而确保收视率数据的准确与可靠有十分重要的意义。CSM 十分重视固定样本的维护工作，并采用以下几种措施进行固定样本的维护：

A. 样本轮换　CSM平均每周轮换2%的样本户，以防止被调查户由于长期填写日记卡产生疲劳而导致的填写质量不稳或下降；

B. 样本结构的监测与调整　CSM每周对样本的控制目标进行监测，看样本的结构特征是否与总体结构特征仍保持一致，如果样本结构与总体结构发生了偏离，则马上对固定样本进行调整；

C. 大规模的基础研究　CSM每年进行一次基础研究，以便为样本轮换与调整提供最新的总体结构特征。

第三步：数据采集

CSM通过日记法和人员测量仪两种方法来采集收视率数据。

第四步：数据处理

收视调查的原始数据输入计算机之后，首先要进行数据的净化，以确保原始数据的完整及合理。经净化后的数据与样本背景资料库及节目资料库合并形成一个更全面的“收视率资料库”。在这个“收视率资料库”的基础上，对收视调查的原始数据进行各种加权计算，便产生各种收视率结果，并以收视产品的形式提供给客户。

第九章　广播电视节目类型

节目是广播电视传播内容的基本单位，是广播电视类型中的重要构成元素。广播电视节目分门别类，是准确把握广播电视节目的共性的必要途径，只有对不同广播电视节目形态进行细致的了解和研究，才能充分把握住广播电视节目形态的特点和规律。广播电视节目内容丰富多彩，而且节目形式也是千姿百态。由于分类的视角与标准不同，广播电视节目也可分为不同的类型。而将广播电视节目类型构成分为新闻、文娱、社教、服务四大类别，这不是我国学界唯一的看法，却是许多人认可的基本看法。它抓住了广播电视节目系统里的重要元素，便于理解和实际传播和运作。

第一节　广播电视节目类型的构成

要对广播电视节目有个深刻的了解，必须分门别类地对不同的广播电视节目形态进行分析、研究。因为，不同的广播电视节目具有不同的形态以及不同的创作动机、创作流程与创作规律，只有把握住了各种广播电视节目丰富的个性，才能更有效更准确地把握住广播电视节目的共性，进而把握住各种节目形态的特点和规律。

一、广播电视节目分类的意义

分类是认识事物的一种有效的思维方式，是人类思维精密、系统和条理性的良好体现和运用。对广播电视节目进行科学的分类，就是为了学习各类型节目的发生，了解其发展现状以把握其运行规律，并在此基础上优化、改革或是创造新的节目。

1. 有利于受众收视不同节目

心理学相关研究表明广播电视等文化产品具有满足人们心理需求的作

用，同时不同类型的节目能够满足受众不同心理需求。对于受众而言，不同的广播电视节目类型就成了指导其组织和安排自己的收视行为，使广播电视能更好地满足自身收视需求和心理需求的重要、有效的参考标准。

传播学的“需求满足”理论同样证明了受众会根据自身需求来寻找可满足这一需求的媒介内容的事实。节目制作者在制作节目的时候会有意无意地赋予不同类型的节目特定的内容和特性，受众在长期的收视过程中，渐渐地培养出了自己独有的类别意识。当受众有特定需求的时候，他们就会选择收听或收看特定的节目来满足自己的需求。如果一个人没有一定的节目类型分类认识，那他就很难找到自己真正需要的节目。

2. 有益于指导广播电视节目生产实践

广播电视节目类型分类在节目的制作、编排、销售和评估等方面也有着重要的作用。它既能提高广播电视节目生产的效率，保持节目制作系统的稳定性，又能够便于受众培养起清晰、系统的内容认知体系。不仅如此，广播电视节目分类还为节目创新提供了一套结构标准和叙事标准，让节目在创新的同时，保留了受众可预期、可理解的节目结构和叙事体系，增强节目创新的连续性和连贯性，有效地避免了节目创新的不确定性和风险。

此外，任何广播电台和电视台都要对节目进行评估，从而确定不同类型节目的播出比例和投入比重，同时，节目评估还是广告推介的重要参考。广告客户会根据不同的节目类型将不同的产品广告投放到目标收视群体里面。所以说科学、系统的节目分类体系是广播电视总系统稳定运行的基本保障。

3. 有益于学术研究的开展

对大众文化和商业文化的社会影响研究是传播学的重要研究内容。早在20世纪上半叶，法兰克福学派和一些文化研究的传播研究学者就对包括广播电视节目在内的商业文化和大众文化进行了深入的探讨。不同类型的节目可以满足不同受众的不同需求，也会产生效果迥异的社会影响。没有清晰的分类体系，研究就很难进行，所以现实需要决定节目类型应该作为对社会影响研究的重要组成部分。

不同类型的节目有不同的内容选择，这就注定了电视节目在形态、内容组织方式和制作流程等方面会有所不同。如果不对广播电视节目进行分门别类的研究，就无法探索更可行、有效和针对性的节目制作理论，那么节目生产实践也会因缺少理论指导而显得盲目和盲从。

二、广播电视节目分类视角以及观点

广播电视节目的分类具有一定的规律性和原则性，这一规律性是要求以相同性和相等性为科学分类的基本视角。相同性的核心就是要求以相同属性为标准来分类。譬如，新闻节目的基本要素就是“正在或新近发生”“事实”“报道”，它们构成了新闻节目的共同属性。凡具有这些属性的节目都可划归在新闻类节目中。所谓相等性就是指节目在属性或类型、层级上要对等。不对等的节目不能够归为同类。如新闻类、文艺类和专题类就是不对等的。目前业界和学术界对广播电视节目类型的分类还不统一，不同的标准和视角会产生完全不同的分类形式。造成这一现象的原因，一是因为广播电视节目系统的庞杂性，二是因为广播电视节目系统的动态性。这很容易使现在的分类走向分类过细和过粗这两个极端。分类过细容易成为所有节目的简单罗列，起不到分类的作用；而另一方面如果分类过粗，显得太简单，难以描述和涵盖一个多特性节目的主要特点，同样达不到分类的效果。

由于分类的视角与标准的不同，广播电视节目分类的结果也不同，下面我们介绍一些国内外常见的广播电视节目分类方法。

1. 以节目内容属性为分类视角

通常所说的“四分法”和“六分法”就是以节目内容为视角进行的分类。“四分法”将广播电视节目分为：1. 新闻类节目；2. 社教类节目（社会教育、学科教育）；3. 文化娱乐类（包括娱乐性节目、综艺节目）；4. 公共服务类节目（包括广告）。另一种是“六分法”，把节目分为：1. 新闻类节目；2. 言论类节目；3. 知识类节目；4. 教育类节目；5. 文化娱乐类；6. 服务类节目。对比“四分法”和“六分法”，前者显得更加直观、清晰和实用，同时国际或国内也多以“四分法”为主，因此，本书也采用国内外通用的“四分法”作为进一步研究的分类标准。但同时也要看到更加丰富的分类方式，这些分类标准虽未被本书采用，但仍有重要的参考价值。

2. 以节目的表现形态为分类视角

根据受众需求和节目定向，可以把所有广播电视节目分为四类：一般型、综合型、专题型、对象型。

一般型节目的内容取向与接受对象都具有最大的容量和普遍性，力求面向社会大众。如新闻节目、电视剧、广播剧等都属于老少咸宜、雅俗共赏的节目。它们报道广泛，题材多样，较少限制，受众不具有排他性。一般型节目是广播电视节目的基本类型。

综合型节目是兼容知识性、娱乐性、教育性、趣味性、新闻性内容，贯穿某项主题拼合为一个整体，一般以“节目板块”形式出现，也有人称之为“杂志型节目”。这类节目也有相对集中的内容，譬如中央人民广播电台的《午间半小时》就是新闻性的综合节目；中央电视台的《综艺大观》就属于文艺性的综合节目，等等。这类节目能以多样化的内容满足受众多元化的观赏需要。

专题型节目与一般类型节目相对，它具有特定的内容范畴，有指向较为明晰的受众范围。有些专题型节目突出的是它的评论性，如中央电视台的《焦点访谈》、凤凰台的《时事开讲》、《锵锵三人行》等；有些则突出它的思辨性，如中央电视台的《今日说法》等；也有些专题节目是为重大的政治、社会事件而特办的，如“两会专题”“汶川地震专题报道”等。

对象型节目是以特定的受众群体为对象的节目类型。它具有贴近性、针对性与介入性的特点，主要以人口学特征来划分服务对象，如职业、年龄、民族、地区、界别、社层，等等。譬如有对台湾节目的《海峡两岸》，有针对妇女的《半边天》、针对少年儿童的《大风车》、针对老年人的《夕阳红》等广播电视节目。由于对象明确，所以节目内容所提供的服务都是有针对性的，效果较好。

3. 以节目的起源、发展过程为分类视角

一般将广播电视节目分为“种”节目和“子”节目。种节目主要是指那些最早出现的节目“种群”，如新闻类节目和文化娱乐类。以后所繁衍和派生出的其他节目，大体上也都没有脱离这两类节目的基本特点。按照通常惯例，世界各国的广播电视媒体，大都是在经营这两类节目的基础上衍生出其他节目来的。因此可以说，新闻和文艺是“种”节目，衍生出的其他节目则属“子”节目。

4. 以节目的结构方式和组合方式为分类视角

以节目的结构方式和组合方式为标准，可将广播电视节目分为：单一式、专题式、专栏式、综合式、板块式和杂志式。需要说明的是专栏式、专题式、板块式和杂志式等都是广播电视节目集合编排的形式，它们往往呈现出一种相互渗透而非决然分裂的关系。

5. 其他的分类方式为分类视角

其他的分类方式还包括：以节目的接受对象为标准，可以将广播电视节目分为一般性节目和对象型节目；以节目的播出形式为标准，可以将广播电视节目分为录播报道节目、直播报道节目和联播报道节目；以节目来源为标准，可将广播电视节目分为自办节目、交流节目、联办节目和转播节目；以节目播出时间为标准，可将广播电视节目分为定期节目、特别节目、插播节目等。

从以上分类情况我们可以看出，许多分类视角和分类法都是相互交叉的。

如中央电视台的《我要上春晚》,既是选秀节目,又是娱乐节目、主持人节目,还是受众参与性节目;再如中央人民广播电台的《今晚八点半》既是文艺节目,又是主持人节目,还是自办节目。广播电视节目如何归类,取决于采用什么分类视角和分类标准。分类的目的是为了更好地为受众提供有效的服务,而不应该仅仅为了社会评奖的需要,或是为分类而分类。

随着广播电视等媒介的发展、技术设备的完善和创新、受众需求的变化等因素影响,不同的分类标准必然还会不断涌现。但是上述的新闻、文艺、社会教育和生活服务等将会是广播电视节目的主要形式。下面我们将具体阐述这四类节目形态以及在新的媒介环境下节目类型的嬗变。

三、影响广播电视节目类型发展的主要因素

广播电视节目类型的形成与分类,是一个不断受多种因素影响的过程。节目制作者目的及意识、受众的需求、技术设备和外界环境等都会影响和改变广播电视节目的形态及其分类。

1. 节目制作主体的主观认识会影响节目类型

好的节目会表现出一种只可意会不可言传的气质和神韵,这其实是制作主体自身人格和机构形象的某种无意识表露。比如,同为新闻节目:央视的《新闻联播》和中央人民广播电台的《全球华语广播网》节目给人的感觉就不同,前者严肃略显呆板而后者活泼又不失庄重;同为选秀节目:湖南卫视的《快乐男声》给人的活力四射之感又有别于 CCTV - 2《梦想中国》的稳重大方。应该引起关注的是节目的制作主体不仅仅指节目制作者,还应该包括媒介机构,制作者的思想和意识、知识和素养以及媒介机构的形象定位和文化底蕴都会影响节目形式和风格,对节目类型产生影响。

2. 技术设备、受众需求既制约也丰富节目类型的发展

广播电视设备是节目制作的必要条件,是节目类型产生和发展的根基。优越的广播电视设备有助于生产和制作优秀的类型节目,更有助于新形态节目的诞生。但不等于说有了优越的设备就能制作出优秀的节目。

受众的接受心理、接受方式和文化素养等,规定和影响着节目类型的发展趋势。优秀的节目类型可以帮助受众更好地接受需要的信息,养成良好的收视习惯和类型认知,同时这种良好的收视习惯和类型认知又会反过来促进和改善节目类型的发展。

3. 社会政治经济文化是节目类型发展的根基

一个社会的政治经济文化发展水平是广播电视节目类型发展的大环境。

我国特色社会主义建设事业从根本上推动了广播电视节目类型不断丰富、发展。一个良性、稳定、繁荣和可持续发展的社会环境是广播电视节目运行的根本保障和基石。

第二节 广播电视新闻类节目

新闻自大众媒介诞生之日起就是其传播内容的重要组成部分。作为目前使用最为广泛的广播电视,也不例外。广播电视的首要功能是传递新闻信息,广播电视新闻类节目影响力日渐增强,这就决定了新闻类节目在整个广播电视节目类型中的主导型地位。同时,在我国特色社会主义制度的环境下,在媒介的党性原则下,新闻类节目的地位就更加凸显和重要。当然,我们强调新闻类节目的主导型和重要性并非是说新闻类节目的播出时间和总量最多,而是在更高的意义层面上考量的。

一、广播电视新闻类节目的特点

广播电视新闻类节目,是以报道和评论新近发生或正在发生的新闻事实为内容的各种广播电视节目的总称。内容极其广泛,几乎无所不包,涉及天文地理、社会人生、政治经济、科技文化等社会生产生活的各个领域。既然内容无所不包,那如何区分和界定新闻类节目和其他类型节目就是一个重要的问题。从其定义上我们知道,新闻类节目重在强调"新近发生"或"正在发生",报道的是这一事实的"最新变化"。理解这一点就能容易地区别新闻类节目和其他类型的节目了。

在广播电视作为新媒体参与到与报纸的新闻竞争中时,曾一度引起了报界的不小恐慌。然而事实证明这种恐慌和担心是不必要的,广播电视没能让报纸消失,报纸也没有让广播电视无立足之处。回顾这段历史,只能说是各种媒介的不同特征决定了这样一个共同发展的局面。每种媒介和节目都因有它自身的特点和优势才能生存与不断的发展。广播电视新闻类节目的特点和优势包括:

1. 传播快捷、迅速,凸显新闻时效性

广播电视新闻传输的载体是无线电波,其速度可达每秒 30 万公里,相当于绕地球赤道七圈半的距离。这为广播电视新闻快速的传播提供了强大的技术基础。随着科学技术的突飞猛进,广播电视新闻在拥有快速传播的前提下,还可以快速地采集和制作新闻信息。特别是现代电子信息技术的飞速发展,广播电视可以通过连线及时获得"新闻事实"现场的声音和画面,整体提升了广播电视新闻在信息采集和传播上的能力，使得广播电视新闻逐渐从今天的新闻今天报，发展到可以即时新闻即时发的程度，真正实现了广播电视新闻报道与新闻事实的同步化，打破了新闻信息传播的时空限制。

2. 传播符号丰富多样，受众的信息易受性强

新闻传播的目的是要让新闻信息内容容易被受众接受，受众是传播的“目的地”。“新闻内容到达目的地后，能否为受众所接受，取决于传播内容的选择和传播符号的运用。这里所谈的易受性强，是指广播电视新闻与报纸新闻相比，在传播过程中拥有更多的传播符号，使受众接收信息时‘费力程度’最小。”[①]广播主要是靠声音传播的。声音语言与文字相比，更具有感染力，而声音中的各种自然音响也能逼真地再现大千世界，给听众以身临其境的真切感。而电视新闻则可运用图像、播音、音响、文字等声画符号，声形兼备，图文并茂，使受众接收新闻信息时自然“费力程度”就小得多。既能真切感受现场的气氛，又能通过视听渠道感知多方面的信息。

3. 覆盖面广、人多，新闻传播更具群众性

广播电视覆盖面极为广泛，接受信息的群众性强。广播电视新闻类节目的群众性强主要体现在以下几个方面：(1)以声音、画面为传播手段的广播电视新闻节目讯息直观，通俗易懂，老少咸宜，即使受众不识字也能接收新闻信息，受众面广泛。(2)以无线电波为传送方式的广播电视新闻节目，不受地理条件的限制，电波所到之处皆可以收听和收看广播电视节目。(3)随着社会经济文化的进步，广播电视已是家庭普及之物，利用广播电视接收新闻节目更加普遍和便捷。(4)广播电视传播网络较健全，各省、市、自治区都有专门的频率和频道转播中央人民广播电台、中央电视台的节目。广播电视新闻节目群众性强，传播范围广，许多重大新闻一经广播电视播出，瞬间便家喻户晓。

任何事物都有两面性，当然广播电视新闻类节目传播也有自己的弱势之处。首先，广播电视的图像和声音易于反映事物的外貌和现场气氛，但是较难表现事物的内在规律和本质属性，所以说广播电视新闻类节目一般难以形成深度报道。其次，广播电视主要靠声音和画面来传播信息，感染受众，但是一些重大、有价值的新闻事件发生是无法预测的，事件发生时，记者不可能恰好就在现场抓录到感人的现场影像和声音，这成为新闻报道的一大遗憾。第三，广播电视新闻类节目的顺序播出形式和稍纵即逝，导致受众的选择性差而又

① 黄匡宇：《广播电视学概论》(第3版)，暨南大学出版社，2009年，第220页。

不便保存节目内容，这也成为广播电视新闻类节目的又一弱势。第四，广播新闻在语言表达上有着较为特殊的要求。如通俗易懂、口语化、不倒叙插叙等。了解和认识广播电视新闻传播的弱点，对于扬长避短，更好地发挥广播电视新闻传播的优势有着重要意义。

二、广播电视新闻类节目的重要地位

1. 新闻类节目是广播电视播出节目的先导

新闻类节目伴随着广播电视的产生而出现，并推进了广播电视事业的不断发展。世界上首家广播电台——美国的 KDKA 就是 1920 年以广播报道总统选举结果而宣告开播的；1923 年美国人在中国上海创办的第一座电台同样是以新闻和文艺作为吸引受众的手段，借助新闻的影响来推销商业广告。

广播电视传播机构都是以传播新闻信息为先导的。解放前我国延安新华广播电台最初也是播报新闻，大部分其他节目都是以后开办的，新闻性节目起先导作用。新中国成立以后，国家新闻总署明文规定广播的首要任务是："发布新闻，传达政令。"历次的全国广播工作会议也都强调要把新闻节目放在首位。1983 年，时任广播电影电视部部长的吴冷西在第十一次全国广播电视工作会议上指出"新闻节目是广播电视宣传的骨干"，"从新闻改革入手来带动其他各种节目和其他各项工作的改革"。所以说新闻类节目是伴随着广播电视事业的发展而不断发展的，是播出节目的先导。

2. 新闻类节目在广播电视台节目播出系统中占主体地位

一般来讲，对于广播电视台的非新闻频道，在节目播出流程中，新闻节目在播出时间上占的比重并不是最多，但在重要性上是排在第一位的。这从新闻节目播出时间的安排上可以看出其重要性。新闻节目一般都会分布在黄金时间段上，这就更加突出了新闻在节目系统中的重要地位。国内外的广播电视机构新闻节目一般都会分布在早晨 7：00—8：00、中午 12：00—1：00、晚上 7：00—8：00 这样早、中、晚三个黄金时间段上。据调查，这三个时段广播电视的受众人数占总受众人数的 78%。不少电视台、电台还增加了整点、半点新闻的滚动播出，各地方广播电视台的转播重播更使得新闻节目占据了其他节目无可比拟的优势地位。以 CCTV－4 海外综合频道 2008 年全年新闻（专题）节目编排表、中央人民广播电台中国之声 2008 年新闻节目编排表为例（见表 1、表 2）①。

① 资料来源：2008 年央视国际网站；2008 年中国广播网。

表 9-1 CCTV-4 海外综合频道 2008 年全年新闻(专题)节目编排表

1	06:00 中国新闻	11	13:00 华人世界	21	21:00 中国新闻
2	07:00 走遍中国	12	14:00 中国新闻	22	21:30 今日关注
3	07:30 海峡两岸	13	15:00 中国新闻	23	23:00 今日亚洲
4	08:00 新闻 60 分	14	16:00 中国新闻	24	00:00 中国新闻
5	09:00 同乐五洲	15	17:00 中国新闻	25	01:00 新闻联播
6	10:00 中国新闻	16	17:15 华人世界	26	02:00 中国新闻
7	10:10 走遍中国	17	18:00 中国新闻	27	03:52 中国省市风光
8	11:00 中国新闻	18	19:00 中国新闻	28	04:00 中国新闻
9	11:30 海峡两岸	19	20:00 走遍中国	29	05:00 走遍中国
10	12:00 中国新闻	20	20:30 海峡两岸	30	06:00 中国新闻

表 9-2 中央人民广播电台中国之声 2008 年新闻节目编排表

1	04:10 早安中国	5	08:00 新闻直播间	9	18:30 全国新闻联播
2	06:00 国防时空	6	12:00 全球华语广播网	10	19:00 新闻直播间
3	06:30 新闻和报纸摘要	7	13:00 新闻直播间	11	21:00 新闻观潮
4	07:00 新闻纵横	8	18:00 国防时空	12	22:00 体育沙龙

由此可见,新闻节目在节目系统播出流程中占有绝对主体的地位。另外,在各级广播电视机构的收听(视)率调查中,新闻类节目无例外地高居各类节目的榜首,其主体地位一目了然。例如下表 3:

表 9-3 中央电视台第一套全国收视率排行榜(2003 年 6 月 22 日—7 月 19 日)

排名	节 目 名 称	收视率(%)	占有率(%)	万人
1	新闻联播	25.37	62.11	28 288
2	焦点访谈	14.28	31.95	15 922
6	今日说法(2003—170)	4.97	24.37	5 542
7	新闻 30 分	4.93	23.73	5 497
8	科技博览(2003—181)	3.28	8.60	3 657
11	晚间新闻	1.93	6.77	2 152
15	新闻早 8 点	1.45	19.47	1 617
19	新闻调查(327)	1.36	7.61	1 516
20	动画城(2003—170)	1.30	10.65	1 450

3. 新闻类节目的竞争水平反映了媒介的竞争水平

近来,“新闻立台”的思想被业界不断提及,并被越来越多的人所接受。就其原因,主要在于随着媒介竞争的日益加剧,人们越来越认识到:媒介的竞争主要就体现在新闻节目的竞争。“‘新闻立台’逐渐成为全国众多地方广播电视的一项发展战略,各家电视台、电台都加大了新闻节目的投入,许多省市台的新闻节目收视率超过央视新闻节目,成为广告创收的重要平台,改变了电视新闻‘央视为主,一家独大’的局面。以安徽电视台经济生活频道为例,2003 年 6 月该频道 18:30—19:30 时段的平均收视率不到 1%,中央电视台在这个时段的平均收视率基本在 15%以上。2003 年 7 月,该频道在 18:30—19:30 推出《第一时间》节目,在合肥的平均收视率达到 26%,年广告收入突破 5 000 万元人民币,而中央电视台在合肥的平均收视率则下降到 8%左右。”[①]再来看看香港凤凰卫视的新闻节目竞争和发展的案例。凤凰卫视原来就是一家设在香港的名不见经传的民营电视台,但是由于其对“9・11”事件的最先直播、对伊拉克战争的现场直播,一举成名。该台在新闻时效、独家报道、栏目设置上的独特风格,让它在激烈的新闻竞争中占有一席之地,短短几年间,现已发展成为具有较大国际影响力的传媒集团。

4. 新闻类节目联系着党和人民群众

在我国,广播电视被形象地称为“党、政府和人民的耳目喉舌”。“耳目”的作用是眼观六路、耳听八方,将社会生活中的最新情况告知老百姓,“喉舌”则是代表党、政府和人民群众发表看法,表达各自的愿望。所以从这个意义上来说,它又起着上传下达的纽带和桥梁的作用。新闻类节目因其具有的真实性和时效性,在准确、迅速地传达党和政府的声音,客观、全面地反映舆情民意方面,能够发挥着重要的作用。广播电视新闻类节目不仅能够较快地沟通党和群众的联系,也能有效地发挥舆论监督的作用,从而保证党和政府的各项政策顺利执行,如实反映人民群众的工作、生活及思想动态,及时解决工作中出现的各类矛盾和问题。

三、广播电视新闻类节目的社会功用

广播电视新闻节目是新闻事业的一个重要组成部分。虽然世界各国的新闻制度不同,但广播电视新闻在新闻传播中的地位是举足轻重的。各国广播电视台都对国际国内重大政策问题倾注力量。大凡国际关系原则,新

① 毕一鸣:《现代广播电视论纲》,中国广播电视出版社,2007 年,第 214—215 页。

近发生的重大事件，国内政党、议会、总统选举以及政令的颁布，政治、经济、社会发展动向，科技文化动态，体育比赛等等，都加以集中、突出和连续报道并加以评论，从而左右社会舆论，引导受众的思想，充分发挥电视新闻的舆论工具的作用。概括起来看，广播电视新闻节目的功用主要表现在以下方面。

1. 播报新闻，传达政令

广播电视新闻以其传播速度快、范围广、传播效果好的优势传播新闻，满足了人们获取信息、了解情况的需要。长期以来广播电视（特别是电视）媒体是传播新闻的主体，中央电视台与全国近百个省、市电视台和有线电视网组成庞大新闻信息网络，加上各级政府和宣传部门的通力合作，电视新闻已成为名副其实的“要闻总汇”，使人民群众及时了解新近发生的事件。

政治活动、各种政令既是执政者的职业活动，也是直接影响国计民生的事件。利用广播电视新闻节目播报政令及政治活动，不仅是执政者实施其政治纲领的需要，也是观（听）众政治生活的需求。执政者需要让公众了解所颁布的政策、方针、路线，了解政府对各种事态发生的反应，更需要对公众的呼声作出适当的解释和调整，广播电视新闻传播以它特有的传播功效承担了这种“桥梁”和“喉舌”的作用。

广播新闻先声夺人，传播快捷；电视新闻声情并茂，浅显易懂，对观（听）众的文化层次要求相对低于报纸，成为公众获得各种时政新闻的第一来源。参见中国人民大学舆论研究所的调查报告（见下表4）。①

表9-4　影响我国居民认识状况的主要消息来源及位次

信息源及百分比 / 位次 / 影响力类别	第一位	第二位	第三位
我国居民了解国内外大事的主要消息来源	电视 50.5%	报纸 38.9%	广播 8.1%
我国居民了解党和政府方针政策的主要消息来源	报纸 51.6%	电视 27.7%	广播 5.8%
我国居民了解本地情况的主要消息来源	报纸 46.3%	电视 18.2%	广播 5.8%
我国居民了解新思想、新观念、新知识的主要消息来源	报纸 43.6%	电视 18.1%	广播 2.7%

① 中国人民大学舆论研究所1995年1月发布的调查报告。

2. 传播信息，服务社会

在当代社会公众日常生活是离不开信息的。大众传播媒介无疑是公众的社会信息的提供者，新闻报道是公众获取社会信息的主要渠道，而广播电视以广泛、迅速、生动的传播成为受众信息的主要来源。

在世界广播电视现代事业发展过程中，一方面，各国人们每天收听收看包括新闻节目在内的各类广播电视节目的时间在不断增加，各类广播电台和电视台播出新闻节目的总时间又在增加；另一方面，借助于现代科学技术的威力，作为电子传播媒介的广播和电视在新闻报道的速度方面又明显胜过作为印刷媒介的报纸和杂志。这还表现为广播电视播送的新闻事件、言论、画面等常被报刊转载引用。广播电视新闻成为人们生活中不可缺少的信息伙伴，对社会产生了广泛深刻的影响。在当今实际生活中，尽管网络、手机等新媒体得到了迅速发展，并取代了广播电视的部分优势，但广播电视在新闻信息传播中仍扮演着重要角色，它们与网络、手机、报刊等媒体既优势互补又独擅其长，共同满足人们日益增长的社会信息需求。

3. 引导舆论，增强监督

所谓舆论"就是公众的意见，具体地讲，舆论是社会上代表相当一部分人利益的相当数量的人对同一个问题表达个人观点、意见、态度和信念的汇集"①。社会公众对他们所关切问题的意见、态度、信念在社会群体和大众媒介中的公开表达，并且形成具有一致性和强烈性的共同社会意识。舆论所代表的是具有一定权威性的公众的呼声。舆论由分散变得集中，由少数变成多数，从而引起全社会的关注和共鸣。广播电视新闻节目传播影响广泛而巨大，一旦形成社会舆论压力，往往有着事半功倍的效果。如"三农"问题历来是党中央与全社会都关注的大问题，2005 年党中央国务院有关农业发了第七个"一号文件"《中共中央国务院关于进一步加强农村工作提高农业综合生产能力若干政策的意见》。中央电视台也集中报道、重点报道"三农"问题，连续发表了《政府不应留余地》、《农民维权有办法》、《土地承包必须坚持》等报道，形成强大的舆论，对社会舆论进行引导，让公众正确理解政府有关决策的意图，削减不利因素，化解疑惑。

另一方面，源自广播电视的新闻报道与言论，也起到舆论监督的作用。如中央电视台《焦点访谈》栏目在小麦收割季节播出的《麦收时节"喜"与"忧"》，对粮食收购问题、兑现卖粮款不打白条等问题做了报道，由于事关广大农民的

① 中美联合编审委员会:《简明不列颠百科全书》，中国大百科全书出版社，1986 年。

切身利益，立即引起了全社会的关注和政府部门的高度重视，有关部门积极采取相应措施，使问题得以解决。这种舆论监督既具揭露性，又具建设性。广播电视新闻对正确舆论予以积极的反映；对错误或有偏差的舆论予以纠正；对分散无序的舆论予以组织引导；对正确的声势尚小的舆论予以集中突出报道，以便形成强有力的社会影响。广播电视新闻引导舆论是为了让群众对媒介所提供的新闻事实作出积极评价，将社会舆论引向有利于党和政府，有利于人民的根本利益与长远利益的方向。

4. 传授知识，丰富生活

广播电视新闻类节目内容的范围广泛，无所不包，蕴含着社会科学、自然科学等方面的知识，这些知识既构成了某些新闻事实，同时也在不自觉中向受众普及这方面的知识。比如科技新闻、经济新闻、政法新闻和体育新闻等，都在传播着与科技、经济、法律及体育相关的知识。直观形象的电视新闻在传授和普及这些知识时更能凸显自身的优势。同时，广播电视新闻除了传播知识外，还能丰富人民群众的文化生活，开发智力，提高人民群众的文化素养和生活质量。寓各种知识于新闻报道之中，是人们在轻松中获得知识的最佳途径。各种类别的广播电视新闻报道是人们获得各种知识的窗口，科技发明、生产革新都是这种信息、知识相互转换的结果。这也是广播电视一直追求的效果和境界。

四、广播电视新闻类节目的子系统构成

如上所述，新闻类节目在广播电视节目系统中占有重要地位，同时广播电视新闻节目也自成系统，包含若干子类型节目。根据对新闻事实的不同报道形式和处理方法，广播电视新闻类节目大致可分为消息类新闻节目、专题类新闻节目和评论类新闻节目。

1. 消息类新闻节目

消息类新闻节目以报道动态新闻为主，迅速、广泛、简要地对国内外最新发生、发现或正在发生的新闻事实进行报道。它在新闻类节目中处于重要地位，是新闻类节目中的主体、骨干，是电台和电视台实现国内外要闻总汇的主渠道，是观众了解国内外大事的主要窗口。比较典型、具有代表性的节目像中央人民广播电台早间的《新闻与报纸摘要》、晚间的《全国新闻联播》，中央电视台的《新闻 30 分》和《新闻联播》等，以及各省市电台、电视台的新闻节目，如江苏电视总台的《江苏新时空》、《新闻夜宴》等。

消息类新闻节目具有自身的特点。一是快速。消息类电视新闻以快取

胜。它在时效上的要求是报道最好是当天，刚刚或正在发生、发展的事实。科技发达使电视传播的快速成为可能，经济实力为传播硬件的改进奠定了基础。而今，各大电视台都十分重视及时添置和利用先进设备。卫星传输设备、直播车等先进的传输和采访工具，使得各种重大新闻的同步现场转播成为可能。这种直接的传播使得电视新闻省略了后期的制作，节省了时间，极大提高了新闻的时效性。

二是简短。快和短是相辅相成的关系。消息类新闻节目的任务是迅速、简要地报道国内外大事，至于新闻事实的来龙去脉，前因后果的详尽分析、解释则是专题类电视新闻的任务。消息一般都以简明扼要的方法对新闻做大意上的阐述，尽可能用最简要的语言、最快速的传递方式表达出对新闻主题的提炼。消息虽然短，但并不意味着单薄。它要让观众清晰地得知何时、何地、何人、何故、采用何法做了何事。

三是广泛。消息类新闻节目要实现成为国内外要闻总汇的目标，不仅要力争在节目时间内容纳更多的消息，提供更多的信息，而且要拓宽视野，扩大报道面，广泛反映各个领域的发展变化。大凡是新近发生的、有价值的新闻事实都可以成为消息播报的对象。

四是鲜活。鲜活，即新鲜、生动，有较强的易受性。新闻内容的新鲜来源于两方面：一方面是要横向地看，就是对生活中日日更新的新生事物的捕捉，比如，新颁布的政令、新工程的竣工、国家外交上的新举措以及生活中各种新人新事新气象。另一方面，是要纵向地看，就是对同一事物因不断变迁而产生的现象的报道。比如，江苏省广电总台城市频道的新闻直播栏目《零距离》，该栏目以报道南京、服务民生为宗旨，每天都及时报道百姓关心的社会新闻、生活资讯，直播报道百姓身边的人和事。真正实现了电视观众"零距离"。广播电视消息类新闻节目要保持内容的新鲜，记者要做到独具匠心，将具有典型性、代表性、特殊性的事物展现给观众。同时还应该注意报道形式的新颖、切入角度的新颖，着重反映事物的变化和对事态的预测，避免消息中太多的冗余信息，力争让观众能"耳目一新"。

2. 专题类新闻节目

专题类新闻节目往往围绕一个主题，采用消息、通讯、特写等多种体裁，对新近发生、发现或正在发生的新闻事实进行一次或多次的充分报道，它是广播电视进行深度新闻报道的一种节目形态。这类节目的形式有固定的专栏节目，如中央人民广播电台的国际问题专栏节目《国际时事》；不固定的专题节目，如《社会纵横》等；以及各种特别节目等，播出时间也长短不等，从几十分钟到几小时的都有。

另外，广播电视专访、广播电视讲话、广播电视新闻调查、系列报道也是专题类新闻节目的重要形式。广播电视专访是电台、电视台记者或者节目主持人对有关的新闻人物、重要的新闻事件和社会问题进行专题访问报道的一种节目形式，一般都采取问答或交谈的方式进行。广播电视讲话是请新闻人物、权威人士在广播、电视上就某一问题发表讲话，以介绍个人的看法和有关情况。广播电视讲话有命题准备讲话和现场即兴讲话之分。在我国的特殊国情下，党和政府所做的广播电视演讲都包含在广播电视讲话范围内。广播电视新闻调查是就某件新闻事件，或某个重大的社会问题、社会现象做深入调查的节目形式，它也是广播电视新闻进行深度报道的一种形式。广播电视新闻的系列报道是对同一新闻主题，从不同角度、不同侧面所进行的多次性报道。系列报道是由多个系列单元组成的报道整体，单元之间既各自独立，又相互承接，形成系列，使受众通过多侧面的报道对新闻事件的全貌有比较深入的了解。

专题类新闻节目的主要特点：一是具有时效性、适宜性。时效是新闻的命脉，没有时效的新闻就没有了价值。在众多的新闻类节目中，新闻消息是时效性最强的，相对于它而言，新闻专题的时效性并不是要求那么突出。但是广播电视新闻专题还是要讲究时效性的，节目内容应该是紧扣新闻事件，紧随时代脉搏，紧抓适合时机。如广州电视台的新闻专题片《土缘》，是针对广州农村实行全面承包制后出现新的承包机制的报道，这是人们特别是农民欲知而未知的新鲜事，报道具有指导性和影响力。《土缘》一片的时效性虽然不是着眼在“今天”或者“明天”这些具体的时间点上，但是它具有“改革深化时刻农村承包制在发生变动”这个新鲜时效。

二是全面性与深刻性。在广播电视新闻的报道中，一般是消息在先，后发专题。消息讲究的是时效，以快与新取胜，而专题讲究的是广与深，以对消息的补充、延伸和拓展见长。新闻专题的优势在于可以选取消息中有价值、有社会反响的素材，补充相关事实，增加背景资料，提供理论依据，将新闻事实置于与其他事物的关联中，从而超越了仅对时事层面意义的把握上。观众在专题中领略到的内容已经超越了消息所提供的“点面”上的含义，了解现象背后的原因、过程、道理，从而形成了一种较为全面的、深入的、透彻的认知。如曾获得 1990 年全国电视新闻专题类特等奖的《诱人的广告背后——来自永嘉报道》就是一篇以深取胜的范文。这篇新闻专题立意深远，材料翔实，从生活中一个单纯的现象入手，通过对现象背后原因的层层剖析，将某些工厂利用广告行骗的内幕逐渐地揭示出来，通过层层剥笋，由表及里，由内到外的手法，将骗术之所以存在、衍生的原因有理有据地挖掘出来，这也为观众的思考提供依据、指向和引导。这种具有一定深度和深刻内涵的新闻专题报道，正是当今我们加以倡导写作的新闻专题报道。

3. 评论类新闻节目

广播电视新闻评论，是运用广播电视传播手段对新闻事实作出评论的一种体裁，是广播电视传播媒介对最近发生的具有普遍意义的新闻事件或社会现象表示意见、进行分析和述评的一种广播电视报道形式。电视评论类新闻节目也称言论类节目，是评论者、评论集体代表电视机构对当前具有普遍意义的事件、问题或社会现象表示的意见和态度的一种广播电视新闻节目。

与消息类、专题类新闻节目不同，评论类新闻节目不是用事实说话，通过对客观事实的报道来反映舆论、引导舆论，而是以客观事实为依据，通过对新闻事实的理性思考，分析发表议论，阐述道理，以观点和见解来引导舆论，是新闻类节目的旗帜和灵魂。新闻评论是广播电视台直接发言的主要手段之一，也是公众判断广播电视台的政治面貌和衡量广播电视台的政治态度和思想水准的主要标尺之一。绝大多数广播电视台都将新闻评论（言论）节目作为争取观众的重要节目。加拿大广播电视台（CBC）英语电视台节目主任斯拉克·立克姆基夫说："和美国节目的竞争是场惊人的战斗，我们要让新闻中有自己的言论，帮助我们的观众认识新闻中隐含的普遍意义，从而争取更高的收视率。"

广播电视评论类新闻节目和其他媒介的新闻评论一样，在内容上具有新闻性、政论性、导向性、群众性等特点，同时在形式上也有自身的特征：短小精悍、浅显易懂、样式多样。

广播电视评论的分类方式有多种，本书采用比较通用的分类法。按照评论自身所具的规格，将广播电视评论分为本台评论、评论员文章（谈话）、短评、编后话等。其中，本台评论规格最高，相当于报纸的社论，适合于用来论述重要的理论观点，阐述党和政府的方针、政策，评论全局性的、具有普遍意义的重大问题和国际国内重大新闻事件，评论党和国家的重要会议，纪念重大的节日和纪念日等。评论员文章是以评论员个人的名义发表评论，其规格较本台评论略低。评论员文章的适用范围很广，如论述某些重要的但属于局部性质的问题，评论新闻事件的新闻人物，倡导某种工作作风、社会风尚，提醒人们注意某种倾向和社会思潮等。短评的规格低于评论员文章，篇幅也相对较短。编后话是最低规格的广播电视评论，在新闻报道完后，编后话用极为简练的语言，揭示新闻的意义，给受众以提示或启迪，虽只是三言两语，却起着画龙点睛的作用。

中国电视新闻评论性节目起步较晚，80 年代只有在《新闻联播》节目中设有简短的编前、编后短评;1987 年开辟了《观众论坛》、《观察与思考》等栏目;进入 90 年代,中国的电视评论得到了长足发展。1993 年,中央电视台新闻评论部成立,随后推出了《东方时空·焦点时刻》等栏目;1994 年 4 月 1 日中央台推出了一档综合评论性新闻专题栏目《焦点访谈》,它的出现将中国电视新闻评论推向了一个新的阶段。20 世纪 90 年代中后期,广播电视的述评性新闻栏目发展较快。中央广播电台、电视台以及各大地方电视台相继推出该类节目。如中央人民广播电台的《新闻纵横》,中央电视台的《今日观察》、《新闻调查》,浙江卫视的《新世纪论坛》,广东卫视的《社会纵横》,江苏卫视的《新闻夜宴》等,都已发展为各电台、电视台收听、收视率较高的名牌栏目。

广播电视评论的特点主要表现在以下两方面。一是"论理"与形象结合。"论理"是电视新闻评论节目的主体,"以理服人"是电视新闻评论节目的传播目的。画面语言与编辑语言的并置,使电视评论不仅具有一定的新闻信息量,更增加了节目的穿透力。电视是用画面叙述事件的,画面的真实性使其可信度超过其他媒介,画面的单一性使其在分析、说理方面受到限制。但是,画面在剪辑组合时可以利用蒙太奇的不同处理,使一个个具体的画面形成不同的逻辑关系,从而超越了物象本身的含义,达到说理的效果。例如在《谁给私盐开绿灯》(中央电视台)中,黄骅市盐政主管单位和上属单位的两名领导都煞有介事地向记者介绍了黄骅市盐政的工作情况,而他们所说的黄骅地区私盐加工点已被取缔、打击效果较好的情况,正与记者在报道前面部分拍摄到的私盐泛滥的现状形成了鲜明的对比。利用谈话与报道事实的前后矛盾达到了对盐政主管单位为制售私盐开绿灯的批评目的。

二是形成媒介传播和受众认同的双向交流。由于广播电视新闻评论类节目中常常有受众的参与,如中央电视台的《实话实说》,让现场的嘉宾与观众共同评论社会问题。这样使得主持人或评论者与观众处在同等的地位,传播者在节目中只是客观地对所发生的事件作"有选择"的描述。这种参与感使得观众在心理上产生了一种"认同感",也使得节目表现出了大众传播与人际传播的双向交流的特性,从而使受众对节目更加容易接受。

第三节 广播电视文化娱乐类节目

广播电视文化娱乐类节目是受众非常喜欢的节目类型之一,也是丰富广大受众业余文化生活的重要组成部分。广播电视文化娱乐类节目与新闻类、社教类节目相比较,其最主要的特点是"寓教于乐"。受众通过欣赏文艺与娱乐节目,从中得到轻松与愉悦,受到思想启迪与艺术熏陶。正因如此,文化娱乐类节目才能够成为广播电视节目类型中重要的组成部分。

一、广播电视文化娱乐类节目的含义和特点

广播电视文化娱乐类节目是发挥广播电视娱乐功能最主要的节目种群。它是各类文学艺术形式与广播电视传播手段相结合而形成的节目类型,并在原作的基础上产生新的艺术感染力。广播电视文化娱乐类的概念内涵较为宽泛,凡是利用广播电视媒介传播的文艺节目,或是利用广播电视塑造艺术形象来反映社会生活的广播电视节目,都可以归属此类。广播电视文化娱乐类也因其覆盖面广、影响力大、渗透力强,在整个社会主义精神文明建设中,起着其他文艺形式难以替代的重要作用。

广播电视文化娱乐类有着自身的特点,主要体现在以下几个方面。

1. 具有强力的包容性

包容性主要指的是广播电视文化娱乐类所能够包容的文艺形式的能力。在所有的广播电视节目之中,文化娱乐类的包容性最强。从文艺形式上来说,文化娱乐类几乎可以包含所有的文艺形式,音乐、舞蹈、绘画、文学、戏剧、电影、雕塑、建筑等一切艺术门类都能包含其中,并在不同程度上延伸着各类文艺形式的表现能力。从文化层次上来说,它既可以有高品位的"阳春白雪"式的文艺精品,又可以有"下里巴人"式的大众通俗文艺。从题材内容来看,可以说文化娱乐类包含古今中外、天上地下,无所不包。此外,文化娱乐类的品种样式也是十分丰富的,它既有欣赏性的、娱乐性的,也有知识教育性的、报道评价性的和社会服务型的。包容性是广播电视文化娱乐类区别于其他文艺的一个最显著的特点。

2. 具有强烈的艺术感染力

这里的艺术感染力主要是指以某种艺术形式激起他人思想感情共鸣的作用。它既取决于艺术作品的思想内容,也受到某种艺术形式的影响。广播电视艺术的表现手段是极为丰富的,不仅能够展示直观、生动的现实生活图景,而且还能细致入微地表现某种深刻的心理感受。这种感受既是人类共同的社会情感,也是大家共同追求的生活理念。广播电视的声音、图像都直接作用于人的心理感受和思维过程,不少优秀作品都会起到或震撼人心,或催人泪下,或令人感奋的艺术效果。譬如,中央电视台的《艺术人生》、《感动中国》等品牌栏目,都有强烈的艺术感染力。

3. 具有广泛的渗透性

广播电视文化娱乐类节目渗透力得益于广播电视较其他艺术传媒无法比拟的传播优势。这些优势决定了广播电视文化娱乐类节目受众能不受年龄、性别、文化程度等方面限制。广播电视文艺可以把“剧场”搬进千家万户，虚拟出一个既分散又统一的社会大剧场，是提高人民群众文艺欣赏水平、推广群众文艺最有效的形式。另外，在家庭氛围中欣赏广播电视文艺，能使文艺感染力更深层次地渗透人的心理层面。不仅如此，广播电视文艺形式还通俗易懂，能够覆盖不同的文化层面，做到雅俗共赏，从而吸引更多的文化群体。综合这几方面，随着广播电视的日益普及，其文化娱乐类节目将成为群众最方便的业余文化生活的重要部分。这也使得广播电视文化娱乐类节目具有比书刊杂志以及影院要大得多的渗透力。

4. 具有突出的连续性

小说连续广播、长篇评书、系列广播剧、电视连续剧等大大满足了群众足不出户便可连续、定期地欣赏文艺节目的需求，如中央电视台的《星光大道》、《非常 6+1》、《我要上春晚》等，还有各种题材的电视连续剧等。在近来的传媒市场上，各家电台、电视台除了在新闻节目上展开激烈的竞争以外，在文化娱乐类的播出方面也同样是竞争激烈。表现比较突出的是各电视台对电视连续剧播放权的购买方面。各电视台不仅不惜血本购买电视连续剧的播出权，有的甚至直接自己制作电视连续剧，这种现象说明了连续性文艺节目在扩大传媒影响、提高收视率(收听率)方面的重要作用，同时也表明连续性的文艺节目已成为广播电视文艺的重要领地。

二、广播电视文化娱乐类的社会功能

1. 娱乐消遣功能

娱乐是人类精神生活的基本需求。广播电视文化娱乐类节目的包容性特征决定了它既可以雅俗共赏也可以雅俗分赏，具有最为广泛的群众性。受众欣赏广播电视文化娱乐类节目可以缓解心理压力，解除疲劳，满足娱乐、消遣的基本需求。从趋势来讲，当今社会受众的文化娱乐生活已从剧场、KTV 厅、电影院、娱乐厅等公共场所享受文化娱乐，逐渐转移到家庭生活中，许多人通过广播电视，在家庭环境里得到一种娱乐享受。另一方面，广播电视文艺类节目的娱乐、消遣功能近些年来被进一步地强化，越来越多的节目开始更为重视自身的娱乐性。如《快乐大本营》、《星光大道》、《8090》、《天天向上》等节目，都有很强的娱乐性。

2. 审美愉悦功能

所谓审美愉悦功能，就是受众在审美活动中那种满足审美愉悦的功能，也就是通常所说的审美功能。“审美愉悦是主体在对艺术作品的鉴赏过程中得到的精神满足，是一个复杂的心理过程。它牵涉到欣赏者的艺术知觉能力、审美趣味，乃至道德观、价值观。”①它是审美功能的灵魂和核心。

广播电视文化娱乐类节目的播出，既是一个艺术美的展示过程，又是一个受众获得审美愉悦的过程。受众在家庭中收听、收看广播电视文艺节目时，与在影院、剧场、音乐厅等公共场合观看演出的艺术感受是有很大不同的。审美环境的不同，会导致审美心理的不同变化。与公共场合艺术欣赏比较，广播电视文化娱乐的审美环境闲适随意，审美主体的自主性较强。受众在观看广播电视文艺时大都会处于心理放松状态，甚至是边欣赏边聊天或做其他的事情。受众还可以随意选择换台来满足自己的欣赏需求。受众对广播电视文艺节目的审美主体体验和情感要求也有其特殊性，一是受众的情感体验比较单纯，不受环境的渲染；二是促动了受众参与节目的热情。这要求广播电视文艺作品具有强烈的感染力和吸引力，并增加互动节目的效果。和公共场合审美相比，广播电视文艺审美主体的认同情况也不同，广播电视节目的受众群体既是广泛又是分散的。大家在各自的环境中欣赏同样的文艺作品，会产生不同的感受和思考，有可能会引发广泛的讨论和交流，容易引起社会不同意见的争论。譬如，每年一度的央视春节晚会总会引起各方不同的反应，出现众口难调的状况。

另外，受众通过广播电视文化娱乐类的节目，感受喜怒哀乐各种感情气氛，从中实现心理上的认同和移情作用，达到情感宣泄与心理愉悦的效果。

3. 传播知识，塑造社会行为范式功能

文化娱乐类通过更为形象化的方式，直接将情景模式表现在受众面前，起到增加受众社会经历、开阔眼界的作用。广播电视文艺的普及，往往为人际交往提供了具有普遍兴趣的话题，有助于提高人际交往的质量。广播电视文艺节目的社会行为范式塑造功能是指它的超越现实和引导现实的能力。这种功能作用于受众的心理层面并渗透到情感世界，给人以精神上的激励。如中央台的《开心辞典》、中央 12 套《社会与法——普法栏目剧》、中央心连心艺术团的下基层文艺演出等。

① 张凤铸：《中国广播文艺学》，北京广播学院出版社，2000 年，第 107 页。

三、文化娱乐类节目的系统构成

文化娱乐类节目在整个广播电视系统中占有很大的播出比重。因此"对这些节目进行科学的分类,有利于优化广播电视文艺节目子系统的结构和布局,形成一个电台和电视台的风格和特色,同时充分发挥了广播电视的文艺功能,满足社会大众口味各异的欣赏要求"①。广播电视文化娱乐类节目的成分较为复杂,包含的内容较多,可以从不同的角度和分类标准来进行划分。目前国内的分类主要有以下几种。

1. 以文化娱乐种类为视角分类

音乐节目。它是广播电视文化娱乐类的重要组成部分,除了播出中外各种声乐、器乐作品外,还介绍音乐知识,开设音乐教育专题,经常播出歌剧、舞剧的录音剪辑、选曲等。音乐本质上是一种听觉的艺术,而广播正是一种以声音为传播手段的媒介,特别是调频立体声广播的出现,使音乐广播赢得了更多的受众。办得较好的音乐节目如中央台的《流水 MV(立体声)》、《风云音乐》、《好歌听》、《欢乐行》等。

戏曲节目。戏曲是一门兼容戏剧、话剧、小品等文艺品种的综合艺术,是民间传统艺术的精粹。戏曲节目主要播放我国的各种戏曲剧目,如中央电视台的《名段欣赏》、《戏曲欣赏》等。

曲艺节目。曲艺是各种说唱艺术的总称,包括大鼓、弹词、琴书、道情、牌子曲、快板、评书、相声、好来宝等。曲艺虽然也有做工,但其主要艺术手段是说和唱,很适合广播。一些广播电台播放评书、相声的专题节目。电视曲艺节目也有做得很好的,如中央电视台的《曲艺杂谈》节目。

文学节目。这类节目可分为广播与电视文学节目,但最适合广播。广播文学节目内容包括文学作品的朗读、播讲和评介,包括文学欣赏、广播小说、广播剧、电影录音剪辑等。

文化知识节目。这类广播与电视文学节目,主要以传播和普及文化知识为主。近期影响较大的电视文化知识节目有《百家讲坛》、《开心辞典》、《读书时间》、《文化访谈》等。

电视剧。这是一种专为在电视机荧屏上播映的演剧形式。它兼容电影、戏剧、文学、音乐、舞蹈、绘画、造型艺术等诸因素,是一门综合性很强的艺术。电视剧是一种适应电视广播特点、融合舞台和电影艺术的表现方法而形成的

① 毕一鸣:《现代广播电视论纲》,中国广播电视出版社,2007 年,第 225 页。

艺术样式。一般分单本剧（如《秋白之死》、《新闻启示录》）、连续剧（如《三国演义》、《乔家大院》、《潜伏》）和系列剧（如《济公》、《编辑部的故事》）。电视剧是随着电视广播事业的诞生而发展起来的。现在电视剧已成为电视台主要文化娱乐内容，或主要节目。如中央电视台 8 套电视剧频道、安徽电视台以电视剧为主打节目。这两年网络发展后，一些电视剧网站应运而生，电视剧在线观看网站很受大众的喜爱。

以上我们按照文化艺术种类进行节目的分类，并按照一定比例确定各类节目的播出量，有利于发挥广播电视的传播功能。当然电视文化娱乐节目要做到这一点存在着许多困难。这是因为，电视文化娱乐节目是以视觉为主声画兼备的艺术。它给予人们生理和心理方面的刺激，与听觉艺术有相当大的差异，不宜过多的重播。此外，电视文化娱乐节目的录制，也远比广播文化娱乐节目复杂，库存节目也比较少。因此，不应当要求电视文化娱乐节目机械地搬用广播文化娱乐节目的做法。电视文化娱乐节目应当在发挥自己特色的前提下，努力从宏观上调节各类节目的播出比例，力求全面地反映我国文化娱乐节目的成果和面貌，以满足观众的多种需要。

2. 以节目来源和制作方式为标准分类

（1）广播电视独有的艺术品种。这类节目以广播剧、电视剧为典型代表，它们是按照广播电视规律创作的文化艺术作品，是最具广播电视特点的文化娱乐品种。随着广播剧、电视剧创作的日趋活跃，这类节目已经发展成为一个新的独立的艺术品种。

广播剧是一种听觉的戏剧艺术，也就是“依靠广播电声技术制作传输的仅仅凭借有声语言和音响完成戏剧使命的一种戏剧形式”[①]。广播剧作为艺术形式的一种，它具有戏剧艺术的基本特征和基本要素，如由演员扮演角色，塑造人物形象，展示矛盾冲突等等；但是它作为听觉的戏剧艺术，又具有与一般的戏剧艺术不同的特征。其基本点在于它只凭借声音（有声语言和音响）进行表演，并由此形成了自己独特的艺术规律和艺术风格。优秀广播剧如《瓜棚风月》、《选择》、《大碗茶传奇》、《减去十岁》等。在广播剧目发展的过程中，出现了音乐广播剧和戏曲广播剧的形式。与舞台戏剧和影视剧相比较，广播剧的优势在于不需要有舞台的装置、人物的形体表演，以及图像和画面，相对来说录制要迅速简便，成本耗费也不高，同时制作周期较短，在及时反映现实生活方面，广播剧无疑具有较大的优越性。但广播剧仅用声音来表现，它不如直观

① 阎玉主编：《中国广播电视学》，中国广播电视出版社，1990 年，第 251 页。

视觉实体形象与电视剧来得鲜明和生动，这是它的局限性。

与广播剧不同的电视剧是一种视听的艺术，是融合舞台剧、电影和其他相关艺术的表现手法，运用电子技术制作，适应电视传播特点的艺术。电视剧既把戏剧、电影等艺术特点移植到自己的身上，又有自己的特点，这就使它既同于戏剧、电影，又不同于戏剧和电影。电视剧具有艺术与技术综合性、传播广泛性、制作及时性、逼真与假定性、审美感受特殊性等。优秀电视剧有《士兵突击》、《宰相刘罗锅》、《人间正道是沧桑》等。

(2) 改编后的文化艺术品种。它们主要是根据原作改编的广播电视文艺节目。这类节目主要来源于文学作品、电影作品、舞台艺术作品等，经过广播电视改编和加工制作后，成为具有广播电视特点的文艺节目，如电影录音剪辑、电视小说、电视散文、音乐电视等。

(3) 现场制作与实况转播的文化娱乐节目。这类文化娱乐节目主要是对现场表演的舞台节目或文化娱乐节目进行实况转播，例如春节联欢晚会、新春音乐会、某歌星文艺演唱会、《星光大道》，以及央视“心连心”、“手拉手”大型直播文艺演出活动等。

3. 以节目功能为标准分类

(1) 知识性文化娱乐节目。主要是向受众传授和普及文艺理论知识和文艺技巧，推介文艺作品，帮助受众更好地欣赏和分析作品，以提高受众的理解、欣赏能力和文化素养，如《百家讲坛》、《影视直通车》、《读书时间》、《文化大讲堂》等。

(2) 服务型文化娱乐节目。主要是向受众提供文化娱乐节目方面的咨询和服务，这类节目以点播、互动节目为主，解答各类问题，以满足受众的求知欲望和其他各种要求，如《音乐风云榜》、《购时尚》等。

(3) 欣赏性文化娱乐节目。主要播送各种各样的文艺作品，供受众欣赏和娱乐，丰富受众的业余生活，满足他们的精神文化需求。这类节目在广播电视文艺节目中占有很大比重，如各种广播剧、电视剧、文艺晚会等。

(4) 评价性文化娱乐节目。主要是评价、介绍文艺作品和文艺创作者，就当前的文艺思潮、文化现象提出批评意见或评价及介绍文艺作品、作家、艺术家、演员，并将艺术评论与艺术欣赏、知识介绍相结合，形式活泼，形象生动，如《文化视点》、《佳片有约》等。

四、广播电视文化娱乐类的创新与发展

随着人们审美情趣的提高，受众对广播电视文化娱乐类也提出了更高的要求，使广播电视文艺节目呈现出和受众距离缩短，亲和力增强，艺术性更强，

节目更加丰富多彩，更加互动等方面的特点。鉴于当前广播电视文艺节目所呈现出的特点和受众的高要求，广播电视在节目策划的时候要做到新形式、新包装和新风格。广播电视文艺节目形式多样，内容丰富，但在现在的激烈竞争下也极易出现风格雷同的节目。节目制作人员应该时刻秉持广播电视文艺节目的知识性、娱乐性和欣赏性的特征，开拓新思路，制作出形式新颖的文艺节目。有了新颖的节目形式还要采用新的包装，给受众耳目一新的感觉。譬如在 2011 年国庆节 7 天假期中，中央电视台一套播放的由崔永元主持的《正大综艺·谢天谢地你来啦》，就是一档富有创新性的真人秀节目（虽然也是借鉴国外的一档节目）。该节目演员、嘉宾等人，没有事先准备的台本，没有台词，一切要即兴表演，即兴发挥。该节目形式新颖，看点多，俘获了很多观众。节目犹如一轮头脑风暴，让人过目难忘，记忆犹新。

第四节　广播电视社会教育类节目

广播电视社会教育类节目简称社教类节目，在国外又叫"公众利益服务节目"或者"公共教育节目"等。社教类节目是广播电视节目中对观众进行社会教育、文化教育的一类节目样式。这类节目寓教育于娱乐，寓教化于服务，寓宣传于信息、文化知识的传播之中。题材广泛，节目设置、编辑、播出手法灵活多样，是集中体现广播电视特色和广播电台、电视台水准的一类节目。

一、社会教育类节目的重要作用

社教类节目是我国独具特色的节目形式。它以传播各类科学文化知识为主要内容，以提高全民族的科学文化水平、提高人们的思想道德水准为己任的广播电视节目。在现代社会中具体承担着以下几个方面的任务，并发挥着重要作用。

1. 节目发挥着政治思想教育作用

广播电视进行政治思想教育主要包括思想教育、理论教育和政策教育三个部分。思想政治工作是我们党和社会主义国家的重要政治优势，是经济工作和其他一切工作的生命线，越是经济发展，越是改革开放，越要重视思想政治工作。广播电视是党委、政府的重要舆论阵地，是党委、政府和人民的喉舌，在国家政治、经济、文化和社会生活中，在社会主义物质文明和精神文明的建设中肩负着重要使命，发挥着巨大作用。广播电视社教节目就是肩负此项使命、完成此项任务的重要方式，广播电视应该从思想上对广大受众进行爱国主义、集体主义和社会主义教育,帮助他们树立符合时代要求的正确的世界观、价值观和人生观。随着社会主义经济体制和政治体制改革的不断深入,许多现实问题都需要广播电视在理论层面给予受众指导和解释。党和政府的政策、精神、重大决议、重要会议等对实际工作具有重要的指导作用,广播电视作为党和政府的喉舌,理应对受众进行政策上的教育,把党和政府的政策、精神,迅速、准确地传达到广大群众中去。

2. 节目发挥着文化知识教育作用

现代社会高速发展,信息更是呈几何级数增长,人民群众对知识、信息的渴求也是更加迫切,那么发挥媒介优势,更好地为受众提供精神文化食粮,就成了广播电视社教类节目义不容辞的责任。广播电视社教类节目主要从传播文化知识,提高群众的文化水平和艺术素养出发,来满足群众的业余文化生活,推动社会主义精神文明建设更快更好的发展。社教类节目进行文化知识教育的内容广泛多样。它主要包括文化知识、艺术知识、历史地理知识、社会生活知识等内容,如文学讲座、音乐赏析、戏曲知识介绍、烹调知识、摄影知识、《国宝档案》、《国家地理知识》等节目。

3. 节目发挥着科学技术教育作用

科教兴国是我国的基本国策之一。科学技术是第一生产力,也是社会进步的决定性因素,这已成为人们熟知的道理。在我国,由于受人口众多、文化基础薄弱、地区发展不平衡、经济相对落后等众多因素影响,我国科技教育水平较低,广大干部职工特别是农民普遍缺乏系统的现代科技知识的训练,科学技术教育显得非常重要。而广播电视在普及科技知识方面具有得天独厚的有利条件,因此,义不容辞地要承担起普及和传播科学技术知识的责任。

运用广播电视进行科学技术教育应掌握以普及为主、以现代为主、以实际需要为主的原则。以普及为主,就是要通俗讲解数学、物理、化学、天文、地理、生物等基础科学的基本知识,并力求深入浅出、形象具体、生动活泼。以现代为主,即传递最新科学技术信息,介绍国内外科学技术的新发展、新成就,如信息技术、生物工程、新型材料、新能源技术、空间技术,海底开发等。以实际需要为主,就是结合生产实际,重视介绍应用科学、应用技术,推广新技术、新材料、新产品、新工艺;结合生活实际介绍自然科学常识;解释自然界的奇怪现象。逐步提高全民族的科学文化水平和改造世界的能力。在这方面中央电视台科教频道做得好,该台开设了许多科教栏目,诸如《走近科学》、《探索发现》、《原来如此》、《创新无限》、《自然传奇》、《绿色空间》、《我爱发明》、《科技之光》、《人与自然》、《见证·发现之旅》等栏目,在科技教育方面发挥了重要的作用,受到了观众的好评。

4. 节目发挥着职业技能教育作用

目前我国正处在全面建设小康社会，加快推进现代化的关键阶段，经济和社会发展面临许多重大而艰巨的任务。而现代化建设的推进，对就业人员的专业技术要求越来越高，不仅新职工需要培训，而且在职职工也需要更新科技知识技能，特别是从农业劳动转入到乡镇企业的职工，更需要进行职业技能的培训。广播电视可以通过教育性节目与教学手段，分行业、有计划地进行专业技能培训。广播电视通过安排知识讲座，有系统地传播与普及科学技术知识，通过相关科普栏目来阐发科学道理和某些技能。中央电视台经济频道开办的《生财有道》节目，用生动的事例和人生经历来讲述养殖的技巧、致富的秘诀，传播效果就很好。

二、社会教育类节目的传播特征

广播电视社教类节目以传播社会教育、科学文化知识为主要内容，其中包括知识性、理论性的节目。它运用了现代化的传播工具与信息传播手段，与一般社会教育机构相比有着明显的优势，也有着自身的传播特征。

1. 接受对象的专一性和广泛性相统一

广播电视社教类节目往往都有明确的定位、特定的受众对象，所以也可称它们为特定对象性节目。特定对象性节目通常以受众的年龄、职业、行业、地域来区分接受对象，许多广播电视教育节目都有明确的受众对象，所以也称它们为特定对象性节目。特定对象性节目往往以年龄、职业或地域来区分教学对象，如少儿节目、老年节目、农村节目、少数民族地区节目等。就是以一般受众为对象的社会教育节目，也都具有某种专一性，如《百家讲坛》主要还是面向知识阶层；《我爱厨房》、《天天饮食》等是针对家庭主妇或中年妇女的；《智慧树》、《智力快车》是以青少年为接受对象，等等。

另一方面，广播电视社教类节目接受对象又具有广泛性的特征。接受对象的广泛性说明广播电视教育涉及对象面之广。广播电视受教育者不受文化水平的限制，只要拥有广播电视收听收视工具，听觉、视觉功能正常的人都可以根据自己的水平和需要有选择地接收这个节目。很多没有机会接受学校教育的人可以通过广播电视社教节目获取知识，受到教育。广播电视作为“空中大课堂”，受教育的对象不可限量。

广播电视社教类节目接受对象所具有的专一性与广泛性可以统一在同一类节目中。如有特定接受对象的《心理健康诊所》，节目主要是面向青少年的

(专一性),但节目又同时兼顾青少年教育工作者、家长和关心青少年成长的其他受众(广泛性),这样的节目就做到了专一性与广泛性的统一。

2. 传授内容的多样性、专业性和新闻性相统一

广播电视社教类节目的传播内容首先表现为多样性。社教类节目丰富多样,它不仅包括政治经济、法律金融、文学历史、天文地理、物理化学、理工农医、生物工程,而且包容服饰烹调、驾驶修理、生活常识等等,可以说无所不包,无所不容。传播受众的广泛性决定了社教类节目内容的多样性;接受对象的专一性又决定了内容的专业性。社教类节目内容整体的多样性是通过局部的专业性来实现和体现的,没有局部的专业性,多样性就会显得杂乱和肤浅。同时广播电视社教类节目内容又有着区别于其他教育类内容的新闻性,这是由广播电视本质上是新闻单位所决定的,它的传播内容都不同程度地打上了新闻的烙印。这种新闻性主要表现在强烈的针对性和高度的时代感上。

3. 传授方式的形象性、系统性和科学性相统一

广播电视社教类节目传授方式是形象的,同时又是系统和科学的。社教类节目形象性主要是由广播电视的传播手段决定和赋予的,图文并茂、声音和画面有机配合都决定了社教类节目的形象性。社教类节目的系统性主要体现在其教学内容完全可以像学校那样按内容循序渐进、系统地传授知识。如中央电视台在固定时段里连续播出的专题教育节目《上下五千年》,内容由古至今,由远及近,体系完整。

正是社教类节目的系统性保证了节目的科学性。科学性主要体现在两个方面:一是学校教育很大程度上是为了应试,而社教类节目的教育主要是为了受众的物质、文化生活需求,更具有针对性和实用性,使受众能学以致用;二是教育方式的平等,社教类节目的知识教育是采取一种平等开放的姿态进行的,给受教育者留下较大的思考余地和活动空间。

三、社会教育类节目的子系统构成

社会教育类节目本身是一个非常复杂的节目系统,可以细分为教学型社教节目和专栏讲座型社教节目。

1. 教学型社教节目

教学型社教节目是利用广播电视传播手段,系统传授文化科学知识,教学内容往往与学校教育相对应。其基本形式来源于课堂教学,在题材、手法上,它与社会性教育节目有着明显的区别。按其传播内容和数量,教学性教育节目可以细分为以下三种:综合教学,基本按照全日制学校的课程设置安排教

学,一般要进行考试并给合格者发文凭,是一种综合性的学历教育;专业教学,专门教授某一学科,与社会上一般的专业专科以及中专学校相似;应用教学,类似职业教育和社会举办的视野教育,适用于知识更新和就业培训。

2. 专栏讲座型节目

这类节目与教学型节目有明显的区别。它以传播知识、思想教育为主要宗旨,适应不同层次受众的需要。按照节目内容,可以将社会性教育节目细分为以下几种。一是理论节目,以讲解道理、阐发论点为特征的思想教育节目,是社会主义广播电视的一个突出特色。如《百家讲坛》、《万家灯火》等。二是知识节目,侧重于知识型与趣味性。节目向受众传授各种领域的知识,内容较为广泛,上至天文,下至地理,包括文化科技、经济法律等等。一般以专栏或专题的形式编排,如《历史上的今天》、《国宝档案》、《探索·发现》、《环球瞭望》等。三是特定对象节目。这类节目有明确受众对象,一般按职业特点、年龄特点或区域特征划分受众群体,根据这些受众对象的实际需要出发,编排特定内容的栏目或节目。比如按职业划分的《农村天地》、《军营之窗》;按年龄划分的《大风车》、《夕阳红》;按地域、经济形态划分的《金陵之声》、《侨乡广播》、《特区之窗》等等。

第五节　广播电视生活服务类节目

从一定意义上讲,广播电视天生就具有服务功能。从最早提供信息,到逐渐发展出娱乐、教育功能,广播电视服务类节目的外延与内涵随着社会的进步在不断变化。新闻节目、教育节目、娱乐节目等形态各异的广播电视节目,都在一定程度上体现着对受众的服务,这也应是广播电视作为传播工具所具有的本性。最近几年,各广播电视台生活服务类节目日趋流行并壮大。

一、生活服务类节目的界定及其媒介地位

广义地说,所有广播电视节目都是服务节目;狭义地说,广播电视生活服务类节目"以实用性内容为主,直接为受众日常生活、学习、工作服务"①。这类节目通过传播信息、解答问题和反映群众呼声,帮助受众解决日常生活、学习和工作中的各种实际问题,为社会提供直接、具体的服务。这类栏目比较有名的是中央电视台1套的《天天饮食》,2套的《生活》、《中国房产报道》等栏目,北京台的《八方食圣》,等等。

---

① 赵玉明、王福顺主编:《广播电视辞典》,北京广播学院出版社,1999年,第230页。

不过，广播电视生活服务类节目与广告、经济类节目是有区别的。首先，广告不是生活服务类栏目。因为广告的基本立场是促销而不是服务；此外广告不具有栏目形态。其次是一些经济类栏目，如《经济半小时》、《中国证券》等，也不能归入生活服务类栏目，主要原因在于它们话题过于庞杂，不以日常生活内容为主，宗旨也不是以实用性内容为主。

广播电视服务类节目注重实用价值，力求满足现实社会生活中的各种服务需求。正是因为其能充分满足人民群众的各种需求，广播电视生活服务类节目近年来不断发展壮大。目前，很多电台、电视台都已经提出了“服务至上”的口号，把抓好服务性节目作为节目改革的突破口，一大批优秀的服务性节目脱颖而出。可以说，服务性节目已经一改以前羞羞答答的窘况，堂而皇之地成为广播电视节目系统大家庭的重要成员。服务类节目之所以能受到如此大的重视，最主要的还是其满足了受众的需求。一些电台、电视台的服务性节目收听率(收视率)甚至超过了新闻节目。“服务类节目深受群众的欢迎。在中央电视台播出的节目中，《天气预报》的收视率高于新闻节目，《生活》栏目更是中央电视台的名牌节目，收视率一直居高不下。在各省、市级电台、电视台，重视地域性服务的这类节目受到的欢迎程度比中央台更高，很多服务性节目都在黄金时段播出，拥有大量的固定受众。”[①]从中央到地方电台、电视台，服务类节目都有很大的发展，有的地方电台、电视台甚至在黄金时段播出服务类节目，从而吸引了大量的受众，生活服务类节目的火爆程度和重要程度可见一斑。

究其原因，广播电视的媒介特性和时代发展的必然需求决定了服务类节目的媒介地位。广播电视的媒介特性从两个方面来影响服务类节目。首先是广播电视的媒介优势，作为最先进的传播媒介，广播电视在服务内容、服务对象上比其他传媒更具广泛性，服务方式也更形象、生动、亲切和真实。显而易见，服务性节目的传播能够使广播电视突出自己的媒介优势。其次是广播电视的服务特性决定了其服务类节目的发展。我们的广播事业，从它存在的第一天起，就为中国的独立、和平和民主事业服务，就为中国人民的解放事业服务。可见，这种服务是带有时代特点的。

改革开放 30 多年来，我国社会主义建设事业迅猛发展，政治、经济、文化生活各方面有了大的进步，这对广播电视的社会服务功能提出了更高的要求。所以说现代市场化条件下的受众需求决定了服务性节目在节目系统中的重要地位。

---

① 毕一鸣:《现代广播电视论纲》，中国广播电视出版社，2007 年，第 231 页。

二、生活服务类节目的特征

生活服务类节目的特征主要表现：传播内容的实用性，平民化、世俗化的栏目诉求，表现手法的多样性，影响的直接性、广泛性。

1. 传播内容的实用性

生活服务类节目的直接目标就是满足受众的日常生活各种需求，所以传播内容实用性就成了基本特征之一。所谓实用性就是指传播具体的、实在的、能够直接作用于他人的信息，生活服务类栏目就是日常生活中的实用信息的编播。如重庆卫视有一档叫做《日子》的20分钟栏目，某一期内容：物价举报，电话开通；3路公交车可以使用月票；冷藏食品应该注意的几个问题；某些小区的停电时段；小孩单独在家的注意事项……衣食住行，非常具体乃至琐细。

2. 世俗化、平民化的栏目诉求

以观众的日常需要为中心，以平民化的语言、视角来对待播出内容和受众。"百姓的需要就是我们的追求"，所以，"冬天别忘穿棉袄，夏天别忘戴草帽"，节目就像每天送你出门、等你回家的妻子、母亲一样地为你操持，关心着饥饱冷暖。

3. 表现手法的多样性

生活服务类栏目就像一个"大杂烩"，集新闻、娱乐、教育、专题等为一体，栏目（节目）没有一定之规。如中央电视台2套的《生活发现》——新闻调查式；《消费驿站》——专题式；《创意空间》——演示、纪录式；《龙行天下》（周末版）——娱乐为主。

4. 影响的直接性、广泛性

正是由于服务类节目的实用性和平民化的栏目诉求等，决定了其影响的直接性，服务类节目能广泛地适应不同文化、不同年龄层次、不同职业的受众的兴趣与口味，对人们日常生活、工作和学习等方面才能产生立竿见影的影响效果。

三、生活服务类节目的构成系统

我国的广播电视生活服务类节目名目众多，内容丰富，按照不同的分类方法，可以划分为不同的类型。

1. 按节目内容划分

信息型（直接型）服务类节目。为受众提供直接、专门的信息服务，这类信息与受众的日常生活密切联系。如整点报时、气象预报、交通市政信息、外汇牌价、股市行情等，如《气象站》、《股市直通车》等。

咨询型服务类节目。这类节目能为人民群众排忧解难，当好人民群众生活、生产的参谋。目前，各广播电台、电视台所开播的各种“热线服务”节目，均属于咨询型服务类节目，如中央人民广播电台的《为您服务》、江苏广播台的《政风热线》等。

技能服务类节目。这类节目具体介绍某种技术，供受众学习、掌握，如烹调、摄影、编织、裁剪、美容、减肥等，丰富受众生活，如中央电视台的《天天饮食》、《交换空间》，黄河电视台的《家住北京》，凤凰卫视的《完全时尚手册》，江苏卫视的《职来职往》等。

2. 按节目形态划分

专题型(单项型)生活服务类节目。这类节目只为受众提供某一方面的具体服务，内容单一，针对性和目的性强。如专门为衣、食、住、行、用、玩的某一个方面提供集中、全面、细致服务的栏目。其特点是知识性、实用性强，老百姓的衣食住行均包含在其中。此类栏目中，“食”有《食在中国》、《食全食美》、《天天饮食》等；“行”有《清风车影》(湖南)、《汽车梦幻》(北京)等；“住”有《房产周刊》(北京)、《美好家居》等；“衣”有《时尚装苑》；“医”有《专家门诊》、《北京健康生活》等等。

综合型(复合型)生活服务节目。其服务项目多、方面广，更注重受众的参与，常常采用节目主持人的形式，具体而全面地为受众家庭生活服务。比如凤凰卫视的《完全时尚手册》，它具有综合型的特点：从周一到周五，分别是《天桥云裳》、《饮食文化》、《科技前线》、《车元素》、《周末任你游》，几乎涵盖了衣食住行各方面；但又具有专题的特点，即每一期围绕一个主题进行，具有独立栏目的形态。

第六节 电视节目形态的推优与创新

近几年来，广播电视媒体特别是电视媒体(下面将主要讲电视)，从内容生产到体制改革都采取了许多重大举措，在行业内乃至全社会都引起了震动和关注。不管是节目与栏目的“推优”、节目形态的变化，还是体制改革新思路新方案的实施，都与电视节目的策划、创作、生产和经营息息相关。电视节目形态日趋多元和丰富，发展空间不断得以拓展。

一、推优：创新创优典型电视节目产生

为了丰富和规范电视节目形态，促进电视节目思想与艺术质量的提高，国家广电总局与中国电视艺术委员会联合发起向全国“推介创新创优典型电视节目形态”的工作。从2007年开始，到2009年已连续进行了3年。共推介

42个典型节目形态。其中2007年推介10个典型节目，如中央电视台的《艺术人生》、吉林电视台《回家》等。2008年推荐了20个典型节目形态，包括中央电视台的《文化访谈录》、江西卫视的《传奇故事》、广西卫视的《金色舞台》、贵州卫视的《中国农民工》、上海第一财经频道的《头脑风暴》、河北卫视的《读书》、广东卫视的《社会纵横》、四川卫视的《真情人生》、江苏卫视的《名师高徒》、福建东南卫视的《开心100之大魔竞》、内蒙古卫视的《蔚蓝的故乡》、安徽卫视的《相约花戏楼》、重庆卫视的《拍案说法》、深圳卫视的《直播港澳台》、湖南卫视的《智勇大冲关》、山东电视台少儿频道的《谁不说俺家乡好》、黑龙江卫视的《珍贵记忆》、北京电视台的《岁月如歌》、湖北卫视的《有奖有法》和浙江卫视的《我爱记歌词》。2009年12个典型节目形态是：中央电视台《中华医药》、《致富经》，北京电视台《中华文明大讲堂》，天津电视台《中国人》，上海广播电视台《欢乐蹦蹦跳》，重庆广电总台《追寻中国红——感受信仰的力量》，山西电视台《影像世界》，河南电视台《武林风》，广东电视台《珠江纪事》，云南电视台《经典人文地理》，辽宁广播电视台《王刚讲故事》，新疆电视台《农牧新天地》。

这些节目形态几乎覆盖了当时电视荧屏上出现的所有电视节目的类型。下表为2007—2009年推优电视节目形态类型统计表。①

表9-5　历年推优节目形态类型统计表

节目形态	2007年	2008年	2009年	总计
综艺娱乐	2	6		8
情感故事	2	3	1	6
纪录片	1	2	3	6
访谈	1	3		4
科教文化		2	2	4
青少	1	1	1	3
生活服务			3	3
戏曲	1	1		2
主题活动	1		1	2
真人秀	1			1
其他		2	1	3

① 陈芳等：《近年来电视节目形态的创新特征》，载《中国电视》，2011年1期，第35页。

以上这些节目对整个电视节目，特别是综艺娱乐节目的健康发展，具有积极的借鉴意义和启示作用。推介创新创优典型节目形态是在综合考量节目的公信力、思想性以及艺术性的基础上，对节目质量做出的综合评判。

这些节目、栏目的成功经验可以概括为三方面。一是坚持正确导向、昂扬格调和健康品位，自觉强化媒体的责任意识、服务功能和引导能力。这些栏目坚持在服务大众的基础上引领大众的精神追求和审美趣味，热情颂扬真善美，不断揭露假恶丑，用高质量的精神文化产品生动形象地倡导社会主义核心价值体系，为构建社会主义和谐社会做出了积极努力。二是聚精会神抓创新，在节目内容和形式上不断突破固有模式。这些栏目积极探索提高策划立意、优化节目制作和增强品牌特色的方式方法，努力开掘优秀中华民族、民间文化资源，合理吸纳和借鉴世界优秀文化形态、先进制作理念及其制作技术，在吸引观众、好看有趣与传达主流价值观方面找准结合点，紧扣时代脉搏，不断提升节目内在品质。三是严格遵守宣传纪律，切实抵制低俗之风。这些栏目脱离了虚假“纪实”、情感“卖点”、边缘“丑闻”等低级趣味，坚持不跟风、不媚俗，不搞唯收视率论，做出去低俗化的有益探索，提高了媒体的舆论引导力、社会亲和力和文化影响力。

二、近年来电视节目创新之描述

在电视节目数量越来越多的当今，竞争越激烈，越需要电视节目的创新来凸显其差异性，进而形成其独特性。可以说，电视节目创新成了电视台与电视频道的核心竞争力。

1. 中央电视台加大节目创新力度，变化显著

自 2010 年 7 月央视完成频道制改制后，“新闻立台”显示出作为国家大台义不容辞的社会责任与强大的媒体综合实力与创新能力。

《新闻 1+1》是中央电视台新闻频道一档时事新闻评论直播节目，每期节目从国内的时事政策、公共话题、突发事件等大型选题中选取当天最新、最热、最快的新闻话题展开评论分析。《新闻 1+1》打破传统的新闻播报方式，大胆地采取现场直播形式，向观众展现当天新闻话题的事件全貌，解读事件真相，更首次引入了“新闻观察员”的全新概念，采用“1+1”即一位主持人和一位新闻观察员的双人谈话模式，由白岩松、董倩联袂主持，第一时间跟进评论直播，深入解析新闻幕后错综复杂的背景脉络，还原新闻全貌，解读事件真相，更力求以精度、纯度和锐度为新闻导向，呈现给观众最质朴的新闻。与《环球视线》不同的是，节目讨论的话题取材自国内的新闻事件。如已播出的关于“中日关系圆桌论坛”、“印花税下调”等节目，不仅得到了广大电视观众的一致好评，同

时也得到了众多新闻媒体的高度关注。《新闻1+1》突破了央视以往新闻节目的模式，尤其涉及突发事件的探讨，直播意味着极大的难度。

2011年8月1日起，新闻频道《新闻1+1》栏目全新改版亮相。节目在形态上寻求突破，由主持人与评论员的一对一访谈模式，改为由主持人承担评论员职能，对新闻热点展开个性化的评论与报道。在报道风格上，新版栏目强化“丰富的信息量”、“明快的报道节奏”与“鲜明的主题性”的融合，突出评论内容的多元化、深入性与媒体性特色；在关注题材上，栏目将进一步强化热点新闻的跟进，依托各地应急报道点资源，第一时间采访新闻当事人，突出热点新闻的即时延展。配合改版，栏目以“主播制”进一步强化主持人的符号特色。改版后的首期节目关注中国红十字会的社会质疑。节目播出后，中国红十字会会长表示，节目在不回避问题的基础上，剖析理性、客观，体现了国家媒体的责任感与舆论引导功能。

与此同时，央视的综艺（娱乐）节目也在不断探索、努力创新，尤其是在经典艺术、娱乐谈话、益智选秀等方面一直有着很强势的表现力与竞争力。不仅《艺术人生》、《开心辞典》、《非常6+1》及其他频道的精品栏目和精选的优秀电视剧汇聚于央视一套，而且改制后重点推出的综艺节目《我们有一套》自2009年9月开播以来更是创下可喜的收视业绩。节目形态也是兼容并蓄，既融合了传统的晚会、专题片元素，也有时下正在流行的竞技比赛、真人秀等内容，用频道副总监任学安的话讲是“真展示，假比拼，功夫在于挖掘奇人奇事背后的故事”。①

此外，央视3套也开始全面改版，对于不符合频道定位或过于雷同的节目做出停播或整改的决定，12档新节目陆续登场。《向幸福出发》、《巅峰音乐会》、《综艺星天地》等节目显现了良好的效果与较大的发展空间，尤其是《我要上春晚》更是赢得了观众好评。

《我要上春晚》作为为“春晚”选拔优秀节目、演员及超级创意的互动舞台，备受观众、尤其是“春晚”主创人员的关注。2011年“春晚”的3位总导演组成的观摩团，为现场观众和演员带来了不少惊喜。央视一直以来倡导的“开门办春晚”的宗旨，在该节目的舞台上得以一定程度上的实施和具体的联动。由央视“当家花旦”董卿担任主持人。在内容上，《我要上春晚》囊括了各种形式的节目，除了在节目中最常见的唱歌、跳舞外，魔术、相声、小品、民间绝活等，各种形式的节目都有。不仅如此，节目组还提出了“只秀不选”的理念，虽

① 陈芳等：《近年来电视节目形态的创新特征》，载《中国电视》，2011年1期，第32页。

然台上会设立3位明星评委，但3位评委并不做点评，而只是现场说出自己观看节目的感受，并且他们还可以随时和演员进行互动，做一些即兴表演。节目组的负责人也表示，这种"只秀不选"的理念，也和春晚十分相近，演员在晚会的舞台上只是尽量完美地表现节目，并不存在淘汰或者晋级的压力。由于不存在"PK"的悬念和戏剧性，为了吸引观众，节目每期都会请一位名气大的明星嘉宾来表演，并且尽量"反串"，为草根选手的这个舞台拉人气。比如首期的表演嘉宾请来了韩红、周杰伦，周杰伦就没唱歌，而是表演魔术。每期3位嘉宾评审也成为《我要上春晚》的固定看点。著名电视导演娄乃鸣，节目策划人朱海，著名学者纪连海、张颐武，著名歌手沙宝亮、尹相杰，著名评书表演艺术家田连元，著名音乐人张帝，著名演员刘德华、梁咏琪等悉数登场，如张帝现场的即兴演唱评点赢得了一片喝彩！与此同时，《我要上春晚》节目在网络上也掀起一阵狂潮。通过CNTV网络平台报名的部分优秀作品经过筛选，顺利登上该节目的舞台。同时，由网友在线投票，每期节目还产生网络人气的前三名。

再如央视改版的《快乐驿站》，以"讽刺背后的关怀、辛辣背后的温情"为宗旨，探索全新的电视文体和表现形式，打破传统报纸、漫画的平面局限，将现代快捷的电脑绘图技术与电视表现手段相结合，用电视漫画的手法对相声、小品、歌曲、故事、评书等传统艺术形式重新整合，为传统漫画艺术注入了新的活力，演绎成为符合当下观众收视习惯的一种新的电视节目形态。

总之，改版后的央视立足于创新，在多样、包容与时尚性上得到较大提升，进一步巩固了央视的全国影响力。这种变革已不仅仅是简单的栏目调整，而是央视在审视自身核心价值后的一次资源整合，也是应对全国省级卫视收视份额大幅提升所作的战略举措。

2. 三大卫视凭借群体优势，发展势头非凡

在全国省级卫视中，湖南、江苏、浙江三大卫视凭借娱乐性电视综艺节目的群体优势，不仅实现了节目内容与形态的不断创新，文化品位、文化风格与思想品质的不断提升，知识性、趣味性与观赏性的和谐统一，而且对省级卫视的收视贡献也超过以往，在收视排行榜上遥遥领先，成为省级卫视的前三甲。湖南卫视的《挑战麦克风》，江苏卫视的《非诚勿扰》、《谁敢来唱歌》，浙江卫视的《我爱记歌词》在全国范围内具有很高的知名度和影响力。2010年，经过广电总局勒令整顿相亲节目（婚恋交友类的节目）后，各种讲述幸福或不幸福婚姻的电视"真人秀"，仍然在各大卫视媒体出现。与之前的《非诚勿扰》、《相约星期六》等节目的"征婚风潮"一样，这个新动向也引起了社会的广泛关注。爱情与婚姻是最容易衡量一个人幸福与否的晴雨表，也是最容易令观众产生共

鸣的节目。2010年下半年,“后相亲时代”的国内电视荧屏,不再是清一色的明星综艺或各种找对象的“秀”,越来越多关注普通人生活的新节目正在迅速崛起,电视目光从“征婚”跳到了“婚后”。江苏卫视推出了《欢喜冤家》和《老公看你的》两档新形态节目,将焦点从未婚男女转向已婚夫妇。前者重在解决矛盾,后者重在“秀”出恩爱。紧随其后的浙江卫视也推出《婚姻保卫战》和《爱情连连看》两档情感类节目。前者定位为“大型真实婚恋指南节目”,秉承“婚姻训练拓展”之理念,表面上看是夫妻互动做游戏,其实他们在游戏中的协作配合与情感流露,展现出他们不同的个性、婚恋观与处世之道;后者则是一档面向“90后”青春男女的交友节目,通过检索系统迅速配对,并在面对面的交流后,在现场心理专家的帮助下作出选择。湖南卫视也在酝酿“以拯救婚姻为主体的真人秀”节目《为她而战》。针对婚姻中存在的诸如家庭暴力、子女教育分歧等问题,希望通过节目,“改造婚姻中存在恶习的男女,帮助他们重新认识自我并修好家庭”。①

除三大卫视外,广西卫视的《大嫁光临》则致力于打造“婚嫁百科全书”;东方卫视的《幸福魔方》则是一档着力表现婚姻和家庭矛盾的心理访谈节目。不难看出,三大卫视电视节目形态的发展状况,虽然显现了各自不同的特点,但也较为清晰地引领着全国电视节目形态的发展趋势与走向。

三、电视节目形态变化的趋势

近几年来,我国的电视节目形态步入了繁荣兴旺与快速发展的时期,各种综艺元素有机融合、巧妙混搭,其形态和功能日趋多元丰富,电视节目竞争与创新的力度空前加大。类型庞杂的节目,将构成电视节目在未来繁荣时期的新格局,其总体发展格局呈现出三大趋势。

首先,电视节目形态的融合将进一步增强。在某种程度上讲,融合能产生变化,融合也是创新。比如央视的《非常6+1》作为综艺节目,既有娱乐性也有纪实性的因素,在某种程度上也带有“真人秀”的痕迹。再如《我们约会吧》、《非诚勿扰》就具有脱口秀、真人秀、评论等混合元素。融合使节目更具可看性。融合是有机的、成长的,体现的是1+1>2的效果。这正是节目形态变化的根本动因所在。

其次,科技因素在节目形态变化中将起更大作用。融合性趋势在很大程度上依赖于科技发展提供的整合手段,网络、手机介入电视节目,开创了多种

① 陈芳等:《近年来电视节目形态的创新特征》,载《中国电视》,2011年1期,第33页。

媒体参与的新形式，比如《超级女声》的海选、晋级植入观众手机短信，网络则推助节目进一步扩散。在这样的环境下，电视节目形态就既是形式产品，又是播出产品。

第三，电视节目形态杂糅与混搭特征将越来越凸显。在媒体融合背景下，电视节目类型之间的界限日趋模糊，你中有我，我中有你，使很多节目既具有综艺（娱乐）节目的特点，又蕴含社教、专题等节目的特征；既是一档娱乐节目，又是一档生活服务类节目。节目形态是内容和形式的集合体。将来随着节目介入日常生活的深入，节目在形式、内容、功能上面的元素杂糅在一起，形成了“混搭”形态。如《康熙来了》是“谈话＋综艺＋娱乐”，《我爱记歌词》是“唱歌＋选秀＋综艺＋娱乐”，《天天向上》是“访谈＋礼仪＋文化＋娱乐＋脱口秀”，《我们约会吧》是“婚恋＋交友＋娱乐＋真人秀派对＋论坛＋脱口秀”。

第十章　广播电视节目传播方式

广播电视节目传播方式，指的是与广播电视节目内容相对应的节目报道方式（表达形式）。它是广播电视节目制作方式的核心，提供着适用于不同内容的不同传播方式与手段。广播电视节目传播方式主要包括：记录式报道、现场直播（现场报道）、主持人节目传播方式、受众参与类节目传播方式等。当然，具体到某一节目也常常是多种传播方式的聚合运用。

第一节　广播电视记录式报道传播方式

所谓记录式报道就是把新闻事件发生时的典型音响或画面作为新闻要素保留下来，先记录在录音磁带或者录像磁带上，在播出前根据需要剪辑处理，配上播音解说，经过编辑合成，达到正式播出的要求。客观、真实、生动、准确，内容集中精练是记录式报道的原则与优势所在。同时，被记录下的声音和图像可以重复使用，作为资料留存，有些素材还将是珍贵的历史资料。记录式报道主要分为录音报道和录像报道两种。

一、录音报道

近年来，录音报道在广播新闻报道中日渐普遍，它以广播特有的"绘声绘色"，及时生动地传递信息、报告新闻，听众如临其境、如闻其声，在一定程度上增添了广播新闻的魅力。

1. 录音报道的定义与构成

录音报道是最具有广播特点的新闻报道形式。它是广播记者主要运用新闻事实的现场实况录音与有声语言结合的报道形式。这个定义也规定了录音报道的本质属性与构成要素。

一篇广播录音报道通常由三部分构成：一是记者对新闻事实和新闻现场

的阐述。由记者写成文字稿，请播音员代播或由记者自己直接播讲，然后与实况音响等合成。二是人物谈话。记者在现场访问新闻事实的参与者或事后访问知情者的谈话录音，不仅可以直接表述事实、体现主题，而且能起到记者本人无法替代的“人证”作用。三是现场音响，即新闻事实所发生的现场的实况声音。从声音的属性来说，可分三种：人声、物声、自然声。从声音与新闻事实的关系来说，也可分三种：主题音响、气氛音响、过渡音响。主题音响是直接反映事实、体现主题的音响，在录音报道中，这是不可缺少的最重要的音响；气氛音响是体现环境气氛的音响，在录音报道中，它起烘托气氛和表现场景的作用；过渡音响是体现时空转换的音响。有时候有些录音报道也可以由两部分组成，即只有记者阐述和人物谈话两部分，或者只有记者阐述和实况音响两部分，这两种情况虽然听起来效果不够理想，但仍算作录音报道。现场音响和语言在录音报道中是一种互为依存、彼此补充、相得益彰的关系，两者结合得越紧密、越协调，录音报道的形式也就越完美。典型的录音报道案例如：

乐靖宜勇夺奥运会女子 100 米自由泳金牌①

各位听众，我是上海人民广播电台特派记者胡敏华。我现在正在亚特兰大佐治亚州理工大学游泳馆为你作现场直播报道。现在是亚特兰大时间晚上 7 点 30 分 31 秒，过一会儿，女子 100 米自由泳赛马上就要开始。参加今天决赛的一共有 8 名选手，其中有我们中国选手乐靖宜，她在预赛中以 54 秒 9 的成绩获得第一名。参加决赛的还有美国选手马蒂诺，德国的费尔克、范・阿尔姆西克，美国的范・登肯。她们 5 位选手可以说代表了当今女子 100 米自由泳的最高水平。

今天下午决赛前半个小时，乐靖宜的教练周明通过电话告诉我，乐靖宜现在的情况一切都非常好，准备活动也非常充分，今晚夺取冠军希望非常大。

好，现在运动员进场了。我们看到乐靖宜身穿红、黄、黑三色外套，头戴一顶白色的帽子，正在进行赛前的放松。

（实况声，介绍乐靖宜）

现在乐靖宜向观众挥手致意。

1992 年的巴塞罗那奥运会上，她的师姐庄泳也是在这个项目上为中国代表团夺得了巴塞罗那奥运会的第一枚金牌。乐靖宜目前是这个项目的世界纪录保持者，她的成绩是 54 秒 01。

---

① 上海东方广播电台 1996 年 7 月 21 日播出。该作品获 1996 年度中国广播电视新闻奖一等奖。

好，现在8名选手已经站起来。乐靖宜身穿黑色的泳衣，这是她非常喜欢穿的一件泳衣，希望会给她带来好运。现在运动员已经踏上了起跳板，准备起跳。

（实况：发令枪响，运动员入水）

好，乐靖宜在第四泳道。现在，8位选手差不多在一个水平线上。

已经过了30米。

现在排在第五泳道的马蒂诺与乐靖宜齐头并进，排在第七泳道的范·登肯现在稍稍领先一步。

（赛场实况声）

乐靖宜第一个游完50米，转身非常漂亮，动作干净利落。乐靖宜前50米的成绩是26秒24。

现在乐靖宜已经游完了75米，她处于领先地位。

美国选手范·登肯处在同一水平线上，乐靖宜稍稍领先。

（赛场加油声）

好，乐靖宜第一个触壁！她以54秒50的成绩，为中国代表团夺得了本届运动会的又一枚金牌。

2. 录音报道的形式

根据录音报道的体裁与内容差别，一般可以分为下列几种报道形式：

（1）录音新闻。将事件性、动态性新闻题材制作成录音报道，播出时应称作录音新闻。有些篇幅较长的录音新闻也可直接称录音报道，短些就称为录音消息，有时也可称作录音报道。它常用于重大新闻事件的报道，如重大政治事件、盛大节日或典礼活动等，其特点是结构严谨、言简意明、时效性和现场感强。

（2）录音通讯。运用叙述、描写、议论、抒情等多种手法，将新闻事实、新闻人物、工作经验、风光面貌等材料及有关实况音响、人物谈话等，制作成的录音节目形式，被称作录音通讯。与录音新闻注重结果的报道不同，它更注重对事件发展过程的报道，具有一定的情节性和叙述性，因而能更加生动形象地写人叙事。它不仅告诉听众某件事或某个人，而且报道与事件有关的情节，揭示因果关系，描写场景，交代背景，说明事态的结局或发展趋势等。

（3）录音特写。又称“广播特写”，是通过记者的描述和音响的记录，对新闻事件描写性的广播报道形式。它突出地描绘某些最富有特征、最激动人心的事件，或与事件相关的人或事，以及新闻人物活动的片段。因此，它要求音响要典型，语言要生动形象。

（4）录音访问。录音访问也可称作录音专访，以访问人物为主，将记者与被访者和有关情况的介绍及环境实况音响制作成录音报道，播出时应称作录音访问。有的电台把这种形式叫“录音访问记”。

二、录像报道

1. 录像报道的定义与构成要素

录像报道即电视记录式报道，最早源于电影纪录片。当前，“典型的纪录片已经失去统治地位，让位给了比它新的节目形态，但是记录的表现方式如同电视的基因一样，在所有电视节目中携带着”①。录像报道采用摄像的方式，在新闻现场记录声音和影像，结合文字说明或口语解说，对新闻进行报道的形式。它以现场生动形象的画面为主要特征，给观众以身临其境的真实感。因此，录像报道是电视报道最主要的形式。

录像报道的构成要素是在录音报道的基础上增加了影像要素。录像报道中的影像，通常是指经过摄录所保留的视觉新闻图像，它主要包括事件本身活动的影像、记者在现场活动的影像、与事件有关环境的影像以及播音员或主持人播报的图像。此外，还包括有关的照片、图表、字幕以及其他形象资料等。录像报道中的影像要素主要有两部分：一是主体影像，即被报道事物或人物的主要活动图像。它在报道中发挥主体的作用。二是环境影像，即被报道事物或人物所处环境中相关的影像，如时间、地点、空间等。

录像报道中另一构成要素是声音，声音虽然没有影像那么重要，但也是不可缺少的。声音一般也分为两部分，一是摄录事物影像同时记录下来的各种现场声音，包括伴随事物活动的声响、人物讲话、记者与被采访者的对话等；另一是录像报道在制作过程中配加的播音员解说或评论等。

2. 录像报道的形式

录像报道是将图像、语言、音响相结合的一种报道方式，具体形式主要有以下几种：

（1）录像消息。又叫录像报道，就是将新闻事件现场的图像及其声音记录下来，经过编辑处理，再配上简明的解说词，在电视里播出的新闻报道形式。这是我国电视新闻报道中采用最多、最主要的一种节目形式。

（2）录像访问。也可以称为电视专访，即主要记录电视记者或主持人与

---

① 张小琴、王彩平：《电视节目新形态》，中国广播电视出版社，2007年，第92页。

被访问者对话过程的图像及其声音，再经过编辑处理而播出的一种电视报道形式。它通常是以记者或节目主持人在镜头前采访某位新闻人物的方式，阐述新闻，发表评论以及交代新闻事件的背景、细节或回答人们普遍关心的问题。如中央电视台水均益主持的《高端访问》、杨澜主持的《杨澜访谈录》等。往往被访问者自身就具有新闻性，如国家领导人或外国首脑答记者问等，这种访问就构成了新闻事件。录像访问场所不拘，既可以在受访者处所，也可以请到电视演播厅来进行。这类访谈比较注重有关背景资料的介绍以及同期声的运用，以增强其真实感和感染力。

(3) 录像专题报道。它是就某一新闻题材所做的电视报道，也是经过现场拍摄录像和使用相关资料编辑而成的一种专题性电视报道形式。这种报道比较详尽而且有深度。它可以是具体事件或人物的专门报道，也可以是重要新闻事件发展过程的系统报道。这种报道形式中的有些内容还可以用配乐来烘托渲染气氛，增加情感色彩。它的主要特点是可以让报道者(记者、主持人)直接抒发对事件的看法和感受，或者评论事件。

(4) 电视纪录片。电视纪录片是指以声画合一的现场实景为主体拍摄的纪实风格的电视节目。一般认为，电视纪录片属于报道类节目，即以报道的方式对社会政治、经济、军事、文化等方面的某一主题进行较为系统全面而又深入的探究与表现的电视节目。电视纪录片，特别是现实主义题材的纪录片强调纪实长镜头和现场同期声的使用，是典型的记录式报道。

第二节　现场直播与现场报道传播方式

现场直播与现场报道都是反映被传播对象现场实况信息并同步传播该信息的广播电视节目制播方式，也都是最能发挥广播电视特有传播特性和优势的节目形态。现场直播与现场报道有其相同之处，也有其不同之处，下面将分别阐述。

一、现场直播的传播方式

1. 现场直播概述

现场直播是直接播出事件发生、发展以至结束实况的节目形式。它以在事件现场摄取的图像和声音为报道的基本素材，并贯穿以记者或播音员的解说，必要时还可穿插一些背景性或历史性的图像和音响资料，以补充对事件的说明。“现场直播与其他节目形态区别就在于它可以不受各种编码规则的制约。由于现场发生事件的不确定性和不受编码规则的制约，不可预知的直播过程和多机拍摄的现场感给观众带来更多的期待和体验。”①

广播现场直播在我国较早的是中央人民广播电台1949年10月1日对开国大典的实况转播，这也是远距离现场直播。上世纪60年代至70年代，实况转播曾被广泛运用于有现场音响的各种群众性活动，如集会、游行、有音响的体育竞技活动等。80年代以来，“实况转播”逐渐改称“现场直播”，并陆续见于一些电台的远距离现场直播节目。随着广播电视技术的飞速发展，录音录像设备的不断更新换代，以及微波和卫星传输技术的成熟，促进了广播电视直播手段的不断发展。现场直播是当前国际广播电视新闻业的潮流之一，运用广泛。

由于现场直播的报道与事件的发展过程是同步的，所以能够给受众提供一种身临其境的现场感。它不仅最大限度地缩短了受众与事件现场的空间距离，而且在时间上达到了同步。譬如黄河小浪底截流、长江三峡截流、香港回归盛典、世界杯足球赛、北京奥运会，以及春节联欢晚会等等，正是通过现场实况直播，使亿万受众仿佛身临其境，受到现场氛围感染和激励。

要搞好现场直播，准备工作很关键，主要应抓两点：一是进行事前采访，尽可能了解掌握将要报道的事件的背景和有关情况；二是作出技术性安排，如察看场地，确定录音、摄像位置，制定传输方案等。当然，由于现场直播随机发生的变化比较多，不同于在演播室制作节目那样，按照事前的安排和详细的分镜头计划有条不紊地进行，现场直播要根据临场变化而随机应变。

现场直播方法并没有固定的模式，一般按照直播内容的不同进行适应性调整。如体育赛事直播可加现场述评；剧场演出直播可配以知识性介绍，电视还可叠加字幕；春节晚会直播可以把现场实况和录音录像资料结合起来，把本地与外地结合起来，电视还可以把内景与外景结合起来。总之，现场直播具有强大的生命力，因为它集中体现了广播电视独特的优势。

2. 现场直播的特点

现场感强和时效性高是现场直播最大的特点。

（1）时效的零秒差。从传播学的角度来看，所谓现场直播时效的零秒差是指新闻现场发生的“信源”，与新闻传播者采集加工发送信息、与广播电视新闻信息到达的“信宿”这三个方面在时间上是同步完成的。

（2）客观的纪实性。现场直播客观的纪实性，主要表现在两个方面：一是

① 谭天：《电视节目形态构成——一种用于节目研发的理论模型》，载《现代传播》，2009年第4期。

纪录过程的完整性；二是多侧面、多层次、全方位地记录事件，并以一种不加修饰的方式传达给受众。现场直播留下的画面和音响往往成为珍贵的历史资料。

(3) 强烈的现场性。现场直播具有明确的共时性，它以现场纪录、同步传播的方式反映新闻事件，主持人和新闻记者如同“导游”一般，引领观众从视觉上“进入”新闻现场，并用自己的情绪感染观众，使他们感受到新闻现场的气氛，在心理上同步参与事件的进程，从而产生身临其境的感觉。

(4) 事件的悬念性。直播节目之所以吸引人，就在于它与事件的发生同步，能引起观众对直播对象未知的发展产生关切的心情，这种“欲知”所造成的悬念紧紧地吸引着观众。

3. 广播和电视现场直播形式的区别

广播现场直播和电视现场直播有共同之处，也有很大的差别。共同之处就在于都是通过电波传送，跨越相同的时空，直接报道事件现场的情况。但是，广播输出的是声音讯号，电视输出的则是视听结合的讯号，因而两者便出现了差异。

其一，现场解说重点不同。电视画面比较直观，视听可及，不需要作太多的说明，只需对背景作些补充说明，点到为止即可。而广播解说则要对现场活动作生动准确的描述，解说与现场音响相互配合，激发观众做出准确的想象与判断。所以广播的解说词不仅比电视详尽，而且应该有更多动态性的描述来辅助听众接受、理解。

其二，受众接受程度不同。电视观众能看到现场的情景，接受信息丰富多样，可以多方面求真。一般情况下，如果电视现场直播中解说出错，观众能自行判断和校正。而广播现场直播，如果解说有误，听众则会误以为真。

二、现场报道的传播方式

近年来，随着广播电视新闻改革的不断深化，现场报道被越来越多地使用。由于现场报道是记者在新闻事件发生现场边看、边听、边记、边录，因此具有更强的时效性、真实感和现场感，能够体现广播电视特色，所以深受听众和观众的认可。广播和电视的“现场报道”由于媒体功能的差别而形成差异。

1. 广播现场报道概述

(1) 广播现场报道含义

广播现场报道是随着电子技术的发展而出现的独特的广播报道形式，在国外被称为实地报道或实况报道。所谓现场报道，就是记者在现场边采访、边解说、边录音制作的广播新闻。现场报道有两种播出方式:直播,在现场直接播出,报道与播出同步;录播,现场录音回来后经剪辑播出。

由于现场报道最能够发挥广播的传播优势,目前已经有越来越多的广播电台重视在新闻报道中采用现场报道的形式。

(2) 广播现场报道特点

与一般的广播报道相比,现场报道具有如下特点。

第一,以即时再现事件的瞬间状态和现场情景为主要目的。现场报道不是由播音员在播音间播读记者写好的稿件,而是由记者在事件发生现场一次性完成“现场采访、现场解说和现场录音”。这是该报道形式区别于其他报道形式的根本点,也是现场报道的重要特点。这三个“现场”也决定了现场报道新闻信息的即时状态,与新闻事件的发生、发展基本达到了零时差、零距离。现场报道不仅重视再现事物和现场情景,还特别注重再现事物和现场的瞬间情态。

第二,以现场的即时解说和述评为主导。为了加强报道的直观性,记者在现场除背景材料介绍外,还须用直观的语言把现场发生的情景报告给听众。这种直观的语言,具体表现在两点上:一是只能说自己的感官当时能直接感受到的东西,比如看到了什么,听到了什么等。二是动词要用现在时态,比如“现在”怎样,“正在”怎样等。另一方面记者报道表述要注重感情起伏性。在现场报道中,由于记者是在事件的现场向听众述说评论自己当时的所见所闻、所感所悟,而且这些述说和评论又是与现场实况音响同时被录下来的,因此,记者述说评论时的感情必须随着事件的起伏而起伏,否则就会与现场实况脱节,从而削弱报道的感染力。

第三,以典型的富于表现力的实况音响为必要条件。广播现场报道如果不注重音响的选择,就难以具体真切地再现现场。无论运用什么音响,都要即时采录,要把那些富有特点的、能为表现主题服务的典型音响保质保量地采集到手,才能提高节目的质量。

第四,现场报道还要特别注意报道结构的时序性。现场报道所反映的新闻事实处于正在发生的状态下,记者必须也只能按照事情发生的前后顺序进行描述,不能用剪接复制的方法把后面发生的事情弄到前面去播出。我们知道,现场报道的对象可能是预发新闻,也可能是突发新闻。像乐靖宜获得女子100米自由泳金牌、刘翔夺得110米栏金牌等体育比赛,虽说是预发新闻,但比赛的结果不可能提前预料,记者和听众一样,不到最后一刻,无法获知最后的结果。如果在导语中已经获知了结果的报道,只能是结束采访后经过加工整理的录音报道,而不可能是现场报道。

(3) 广播现场报道的优势

第一,广播现场报道的时效性强。对于新闻来说,报道越及时,时效性越强,新闻价值相应也越大。记者现场采访、解说和录音的现场报道,改变了记者前期采访、后期写解说词、配音、编辑、播出等传统的工作方式,省却了诸多节目制作环节,减少了新闻从发生到播出的时间差,基本达到了零时差、零距离,新闻的时效性大大加强。由此可见,现场报道是一种能够凸现广播快速直接传播优势,提高广播新闻时效性的报道方式。

第二,广播现场报道的现场感强。美国著名记者莫林说:"一篇理想的报道应该把读者带到现场,使他能看到、感觉到,甚至闻到当时所发生的一切。"[①] 广播记者同样应该达到这个要求。在现场报道中,广播记者要充当听众的眼睛、耳朵,甚至鼻子,在新闻事件发生的现场,通过自己敏锐的视角,采用细节性的描述勾勒人物形象,描绘现场动态,以生动具体的叙述和大量鲜活的典型音响,真正能让听众产生很强的现场感。

第三,广播现场报道能增强听众接受的感染力。现场报道中,记者在新闻发生的现场一边进行观察,一边将这些观察通过准确、细致的描述传达给听众,充分利用听众对语言的心理感知力,用形象的语言让听众产生听视联觉的画面效果,同时大量采用具有典型性的现场音响,让听众产生直观形象的思维,产生身临其境的感受。这种立体化的信息传播方式,也大大增强了广播新闻的感染力和可信度。

2. 电视现场报道概述

(1) 电视现场报道涵义

电视现场报道是电视新闻报道的重要体裁之一。电视台记者在新闻事件现场直接向观众口头报道正在发生的新闻事实的报道样式,称为现场报道。它是由记者"采摄合一"向"采摄分离"发展,记者直接"出镜头"——在镜头前采访,这是最富有电视特点的一种报道形式。在西方,现场报道意思为"在镜前报道",或"站着报道"。广义的现场报道包括凡是使用电子新闻采集设备,记者进入现场画面而作的报道,如现场直播、现场采访、现场口头播报等。狭义的现场报道专指记者在新闻事件现场进入画面,根据自己的观察,当场口述自己的所见所闻,直接将新闻事实报道给观众。

现场报道具有以下四种基本特征:其一,报道者出现在画面所展示的现

① [美] 查尔斯·A.格拉米奇 编:《美国名记者谈采访工作经验》,新华出版社,1981 年。

场环境之中;其二,现场中的事件正在发生或正在变动当中;其三,现场同期声的评述内容与新闻事件保持时间上的同步;其四,现场报道的现场感、参与感、真实感和时效性都很强。

下面先看一则经典的案例:

2004年9月3日下午,在俄罗斯北奥塞梯贝斯兰市解救人质现场,有一段在战斗最前线的电话连线报道。这是凤凰卫视现场直播中一段激动人心的新闻报道,尽管凤凰卫视记者卢宇光气喘吁吁,声音中还带有点颤抖,但是,他在现场连线报道中的一句话"恐怖分子冲过来了!"将作为世界新闻直播史上最经典的声音之一,迅速传遍全球,传遍全球的华人世界。现在,我们将这段声音记录如下:

现在,现场非常的紧张,现在战斗是5分钟以前开始的,我们也听到了枪声。

大概在现场100米的地方,能看到孩子不断地往外面送,现在已经停止了。我们的机器在里面,撤不出来。我们离文化宫大概有三四米的墙角,现在我们的机器还在里面工作,我们可以看到我们最前面大概10米的地方,有很多特种部队向右边运动。

现在情况又有一些变化,我们要赶到另外一个地方,文化宫的中心,现在我们看到战斗还没有结束,不断有部队往里冲,我们在外面看到外围的部队,现在情况有些松弛下来,部队的行动有些缓慢。

到目前为止不知道死了多少人,我们的记者都在文化宫20米的草坪上,但是凤凰台的机器还在里面工作着。

现在又冲出一批人,我们不知道是哪个方向的,躲在汽车后面。我们现在可以看到记者前方大概150米左右,现在有一些人群冲出来,当地警方有不少吉普车和装甲车在附近,部队运动上去了。

现在恐怖分子已经向我们冲过来,打伤很多人,我们正在跑。

恐怖分子冲过来了。向我们开枪!

现在有几个人都躺在地下。

我现在看不出来。我现在趴在地上。现在已经打伤了很多人。

现在天空也出现了三架直升机。

这是凤凰卫视的战地记者卢宇光在俄罗斯人质事件连线的一段经典的现场解说声音报道,充分展现了新闻现场直播的巨大魅力。一句带着浓重的颤抖和喘息声的"恐怖分子冲过来了",同时也让我们看到了记者在新闻事件现场报道中所发挥的特殊的作用。

(2) 电视现场报道的构成与要求

电视现场报道是新闻现场直播中最常使用的一种形式和手段。记者在新闻事件现场,以电视采访者、目击者、参与者的身份,现场报告新闻事件的进度情况,现场解说新闻事件产生的原因及发展趋势,给人以身临其境的真实感。电视现场报道的构成要素包括:

第一,新闻事实正在发生、发展之中。电视现场报道的意义,应当是对正在发生的变动事实的报道。在常规情况下,记者选择新闻的时候,都会关注对国计民生和社会有一定影响的事情。当然,一些突发事件也是记者现场报道的关注点。

第二,记者深入现场进行报道,记者是画面的拍摄者或解说者、报道者。现场报道要求记者在现场反映迅速、判断准确、出口成章,其现场解说的难度较大,但这种即兴的语言具有很强的吸引力。再加上现场画面与音响的运用,能充分体现的是媒体的优势,因而是各国媒体与观众喜爱的一种报道形式。

第三,要有现场影像画面或音响。现场报道要善于营造"形象",让受众用眼睛来"看",用"耳朵"来听现场。也就是要利用影像、音响调动受众的想象力,使受众感受到现场。电视的现场报道要有画面感、层次感,使听众能够"一目了然",记者的报道思维方式应有立体感、时空感,要用"画面"的思维方式去考虑如何做现场报道,最大限度地营造现场形象。

电视现场报道对记者的一般要求是:一是要有及时观察、采访和报道的能力;二是要善于提供有价值的背景材料;三是要有驾驭语言的口头表达能力;四是要善于在各种现场条件下处变不惊,有控制和调节自我的能力。记者具备了这些要求和条件,一定会使现场报道达到高质量。

(3) 电视现场报道的优势

第一,时效性强,实现现场信息的即时播报。时效性是新闻价值的要素之一。人们对信息的接受都渴望在事件发生的同时感知,在过程中同步体验。现场报道节目的出现既符合了人类自身的社会化天性,也满足了人类在传播中所追求的人性化审美理想。现场报道可以使观众接受信息与事件发生同步,使观众目睹和感受新闻事件正在发生和发展的过程,实现了报道的真正意义上的同步。使观众以最快捷的方式获得自己所关注的信息,有效地满足他们先睹为快的需求,现场报道的时效性强。

第二,实感性强,能体现信息的最真实状态。现场报道的意义,不仅在于在"第一时间"的传播信息,还在于最大限度地满足了观众的知情欲望。现场报道不仅使新闻事件传播的时效性得到了最充分的体现,使观众在事件发生的瞬间即时了解情况。更深层的是使观众能得到最大限度的心理满足，即在第一时间能够看到新闻事件的最真实状态，诱发受众的观看兴趣。从传与受的时间差距上看，由于电视报道使受众主观接受信息与客观新闻事件在时间上的同步，新闻信息衰减到了最低限度，因此新闻的真实性无可置疑。

第三，信息耗损少，传播效果大为增强。新闻事件现场直播节目能够让观众第一时间"亲临"现场，直接了解到最新的消息，避免了"多级传播"造成的"信息耗损"，同时也加大了信息的可信度。传播理论告诉我们，人们在接受信息传播的时候，传播层次越多，其信任程度就会越低。记者通过在新闻现场的采访、评述，直接向观众展示了新闻事件的最新状态，缩短了传者和受众之间的距离，减去了中间的转述层次，因而传播的效果就大为增强。

3. 电视现场报道与广播现场报道的对比

电视现场报道与广播现场报道是两种媒体的报道方式，虽然在要求和做法上，许多是共通的，但也是有区别的。

(1) 节目感染力不同。电视自身的传播特性决定了电视的现场报道具有声画结合的特性，因而电视现场报道中除了来自现场的各种音响外，还有富有现场感的动态画面，即便没有记者的现场口述，人们仍然可以理解报道所要展示的内容。广播记者的叙述固然准确到位，仍不及视觉呈现得更加形象直观，富有感染力。

(2) 分工有不同。在广播现场报道与录音报道中，采、录、播有明确的界限和分工，与现场直播对比，其报道过程与事件发展过程是不同步的。而在电视现场报道里，与录像报道、现场直播的界限和分工不像广播那样明显。现场报道虽有记者现场口播的画面，但并不是绝对的。某些电视录像报道中，也有记者在现场的访问和介绍。电视现场报道虽然多是录像播出，但有时也因某种需要而采取直播。随着技术条件的改善，当前电视现场报道直播正在不断增多。

(3) 解说分量不同。广播现场报道的记者解说可以对现场所见所闻进行取舍，重点选择那些听众可能感兴趣和具有价值的内容进行报道，电视现场呈现过多则难免会出现"喧宾夺主"的情况。

(4) 制作的便捷性不同。广播现场报道有的时候仅仅依靠一部手机就可以完成。而电视现场报道制作的复杂程度和成本要大大高于广播，因而不及广播现场报道的使用更加普遍和便捷。

第三节　主持人节目传播方式

一、主持人与主持人节目的界定

所谓主持人节目是指以主持人主导、运用交谈方式进行双向传播的节目结构形态。它由主持人与节目两部分构成。它们之间有互为依存和因果的关系。节目是主持人的基础，是主持人展示才华的舞台，主持人则是节目的灵魂，为节目增光添彩。

具体来讲，在以主持人或主持人节目形态出现的传播方式里，主持人是传播的主体，由主持人直接出面组织实施传播，并与受众发生某种“面对面”的传播关系。在此概念里，主持人是居于核心地位的关键词。主持人，按照《现代汉语词典》关于“主持”的解释“负责掌握或处理”，即“负责掌握或处理的人”，这是主持人在生活中的一般意义。主持人在大众传播中如何定义，历来存在很多说法，也曾经在学术界引起过很多争执。不过，我们认为赵玉明等主编的《广播电视词典》对主持人的解释较为科学。按照该词典的解释，主持人或节目主持人是“在广播电视节目中，以个体行为出现，代表群体观念，以有声语言为主干或主线驾驭节目进程，直接面对受众，平等地进行传播的人”①。此定义之所以能被大多数人所接受，就在于其在某种程度上抓住了主持人的本质特征，即“以个体行为出现”、“代表群体观念”、“直接面对受众”、“平等进行传播”和“驾驭节目进程”。

节目主持人是广播电视发展到一定程度后的产物。节目主持人的角色定位应该是一档节目的串联人，处于节目的主导地位，是某个节目制作群体的中心人物。因此，我们不难看出主持人与节目之间的关系：节目是主持人的依托，主持人是节目的体现者、代表者、主宰者，是节目的延伸；主持人因节目而受到关注，节目因主持人尽显魅力，两者相得益彰、唇齿相依，离开特定的节目，主持人便如无源之水、无本之木。

20世纪80年代，我国广播电视开始引进主持人节目形式。在我国，主持人节目常常是相对于播音、主持节目而言的。简单地说，主持人节目就是以主持人为主体，以音像语言为主干或主线驾驭节目进程的广播电视节目。具体地讲，可以从五个方面来界定主持人节目：(1)在节目中必须以主持人的身份出现；(2)在节目中体现组织驾驭话题的能力，作为节目的核心，主持人的作用自始至终贯穿

---

① 赵玉明、王福顺：《广播电视辞典》，北京广播学院出版社，1999年，第212页。

节目过程;(3)主持人是交谈式播音、谈话式播音;(4)主持人节目具有直接交流情感,交流感强,富有亲和力;(5)具有鲜明的个性形象和主持风格。①

二、主持人节目的基本特征

1. 融大众传播与人际传播优势于一体

主持人一般以"第一人称"出面主持。这个"我"既融入了人际传播的某些特征,又是大众传媒的代表。在传播过程中,主持人是作为受众的朋友,通过自己独特的思维方式和语言表达方式传递信息,以平等的态度、亲切的语气和受众探讨问题,交流思想,这种"一对一"的传播方式,容易使人接受,取得好的传播效果。

在节目中,主持人一般自报家门。节目开始的时候,应该让受众了解谁在为他们主持这次节目;在节目进行中,或在节目结束之前,也可以随时根据需要,在适当的时候作自我介绍以便加强跟受众的关系。应该把自己融入到节目之中,在叙述事物的时候,主持人随时都要说"我"对这个问题的感受和想法,随时发表见解,并且提示受众同时思考这个问题。无论主持人手中的提纲、稿件和心中对问题的见解是先由编辑构思好的、先起草的,还是主持人现场即兴发挥的,都应该让受众感觉到是主持人"我"对这个问题的看法,节目自始至终都要求主持人以"我"的形象出现,直接跟受众交流。上世纪80年代,徐曼在主持《空中之友》节目中,有这样一段原稿:"听众朋友,您好!我是徐曼,当我开始这次节目的时候,我忽然想到我的孩子想吃香蕉,我中午带几斤回家。说实在的,如果说买苹果、买梨在北京到处都是,很容易买,什么烟台苹果、辽阳苹果、天津雪梨、天津鸭梨、鸡冠苹果、锦红苹果等等,真是想买什么就有什么。可是,孩子要我买香蕉就不容易了,好久在北京市场上见不到了。不过,孩子的要求对我这个做妈妈的人来说就是命令哦。我在上班路上顺便逛了几家水果店,都没有香蕉,我有点着急了,孩子这么一点小小的要求我都不能满足,那怎么行呢?我便又走了几家水果店,谢天谢地,终于在一家私人水果摊上看到了有香蕉卖……"在这档节目中,徐曼以第一人称出现,所说的都是发生在"我"身上的真实的故事,"我"真实的想法,"我"真实的态度,"我"的观点等等,让受众感到亲切自然。

2. 主持人个性与节目风格融为一体

主持人与节目互相依赖的程度,远远超过其他类型的节目。就个性而言,

---

① 陆锡初:《节目主持人概论》,中国广播电视出版社,2006年,第2—3页。

主持人的个性与主持人节目的个性是个有机的统一体。节目个性要通过主持人的个性来实现，主持人的个性也离不开节目的个性。主持人不能超越节目的宗旨、特点，否则会游离于节目。

一般来说，主持人主持节目的时间越长，就越容易使受众了解他，同时主持人跟受众之间的感情也随着时间的增长而加强。国外有一个著名的节目主持人，主持节目长达30年，受到了观众的喜爱和信任，以至于一位观众说："我一在屏幕上看到他朴实、诚恳、憨态可掬的样子，就被他吸引住了，即使他说的是假话，我也认为是真的。"通常，节目主持人不要轻易更换，不然的话，原来的主持人印在脑子中的第一印象是根深蒂固的，要想轻易抹去，是极不容易的。另外，节目的特点、特色、个性也决定了它需要什么样的主持人，主持人的个性和节目的个性特色应该是一致的，不能先有节目，后有节目主持人。也就是说，主持人的个性特征往往作用于节目的全部环节，使其更具个性，更容易赢得观众。节目的整体风格与主持人的个性应该协调一致，就如同黏合剂一样把双方黏在了一起，谁也离不开谁，一说起主持人就马上联想到他主持的节目，一谈起节目，又往往联想出主持人的形象。

围绕主持人，以主持人为主线谋篇布局，采用第一人称表现手法，是主持人节目结构上的又一个显著特征。主持人与节目之间内在的互相依存关系是主持人节目谋篇布局必须遵循的规律特点。

3. 交谈与评议结合的节目语言

主持人节目中，主持人主要采用交谈式的方式，以"一对一"的交谈，实现"一对众"的沟通。这种方式吸收了播讲方式中的吐字准确、规整、富于音乐性的长处，也吸收了口语中亲切自然的长处。这种方式语言流畅，语句松紧变化比较多，但吐字力度不大，而颗粒比较清晰，适于第一人称有声语言的需要，语言生活化，从而增加了受众的平等感、亲切感。交谈式的方式要求符合生活中的谈话规律，这就是有声语言和主持人的思维与播讲对象，也就是受众的思维同步。说一句通俗的话，就是"我想到了我说"。不管有没有文字依据，从主持人口中说出的话都应该是口语化的。交谈式虽然模拟和一位观众或听众交谈，但它毕竟是一种传播媒体，语言虽然平实，但是要求有一定的文采。

主持人有个人评议的权力。在主持人节目中就应该体现出鲜明的观点，主持人在节目中用议论的形式表达出来，这就是主持人个人评议权力的运用。评议的正确与否以及评议的技巧都能够充分展示主持人的学识和品评问题的能力，主持人要会运用并善于运用这种方式，使节目的根本目的最大限度地实现。由于是个人评议，是以第一人称出现在带有纯个人色彩的节目中，也就是说，这种独到见解是以“我”的形式出现，是“我”的议论、“我”的评述，是对生活中各种现象、矛盾经过仔细的观察、分析、思考以后“我”的见解。这样，会使观众、听众感到主持人与他们很平等，很亲切，从而吸引受众感兴趣地听下去。在这样的语言环境中，无形中会使受众的意识得到升华。由于主持人集采编播于一身，议论是组成节目的骨架，这种议论应该与整个节目协调一致，组成一个完整的体系，因此不能游离于节目之外。实践证明，主持人节目发挥事、理、情结合的综合传播优势，深化贴近性，正是它的特征和优势所在。

4. 传播者与受传者是平等的交流关系

主持人在节目中往往以个人身份出现，也以传播者的身份出现，那么他和受众的关系就不是简单的传受关系，就不是我说你听的被动接受关系，而是要共同面对问题、深入讨论，是平等的交流关系。这就要求主持人尊重受众，以礼待人，和蔼可亲，同时要真实可信，富有知识和情感，以此取得受众的信赖，达到充分交流、共享信息的目的。

三、主持人节目的形态

如前所述，主持人节目只是广播电视中一种新的传播方式、节目形态。主持人担负着与受众沟通交流的中介作用，其语体风格直接制约着广播电视节目的具体形态。一般认为，“语体是话语主体在特定的语境中，为了适应不同的交际目的、对象、内容等的需要而形成的语言运用的体系，是运用全民语言材料所形成的语言功能变体”①。依据语体风格的差异，主持人节目可分为多种形态。

1. 朗读语体节目形态

朗读语体节目并非典型的主持人节目，“有稿播音”即为典型的朗读语体。根据 1994 年出版的《中国播音学》关于“文体播音”的分类，“新闻播音”、“评论播音”、“通讯播音”以及“文艺播音”等都属于朗读语体。由于历史原因，“朗读”一度被异化，强调“爱憎分明、讲气势、重激情、求规范”，其结果是导致播音与日常口语分离。中国广播电视传统的“播音腔”即为这种风格的代表。“传统风格”不仅源自播音活动本身，更源于意识形态需要。从延安时期到“文革”，广播在很大程度上是“团结人民，教育人民”的工具，是宣传新中国建设成就，同国内外各种敌对势力进行斗争的工具。改革开放之后，播音语体逐渐由

① 李水仙：《播音主持艺术的语体特征》，载《新闻界》，2005 年第 5 期。

“精英”形态回归“市俗”。播音员和主持人在播报状态、语气分量、速度节奏等方面做出调整，经过“降调——口语化——新风格”的转型，更加贴合受众心理。目前，朗读语体主要出现在报道式节目和部分社教类、文学类节目中，以新闻播报最为常见。主持人(播音员)将消息的文字稿件转化为有声语言进行传播时的语言样态，即为“新闻播音”或“播新闻”。在西方，此类主持人被称为newscaster 或 newsreader。

2. 阐说语体节目形态

阐说实际上是一种演讲语体，通常认为，演讲就是在听众面前就某一问题表示自己的意见或阐说某一事理。其基本特征是：面向大众，阐述己见；出口成章，言之成理。广播电视中主持人所进行的现场报道、现场直播、现场解说、新闻点评、广播讲话等，都带有明显的“阐说”语体特征。[①] 在主持人节目中，“说”有时会变形为“侃”或“聊”。与“播”不同，“说”是口语化色彩较浓的“告知”，而非“报告”。这种方式有助于缩短受传双方的距离，便于受众接受和理解，优化广播内容的有效传播。“说”通常在“无稿”状态下进的，或采取“提纲加资料”的方式，播音员、主持人因而有了一定自由发挥的空间，能够对广播内容进行解释、说明、补充，并稍加评论，从而为受众的理解提供引导和服务。

3. 谈话语体节目形态

“谈乃相语说之意”，谈话是双向的言语交流。谈话语体节目形态是主持人节目的主要形态，也是最体现主持人节目特点和优势的形态。当前，越来越多的广播电视节目致力于创造一种双向交流的情景。譬如：广播热线电话节目、信箱节目、对话节目等。当谈话情景出现时，必然要求使用交流性的谈话语体。谈话语体更为口语化，句式也较为简练、松散、灵活；由于句式结构比较自由，根据对象对语意的理解程度可以灵活调整，应对如流。谈话的双向性，使得反馈及时，可以不断矫正表意不足的缺陷，做出补充性说明。所以这种语体沟通及时，便于理解。在广播电视节目中，谈话语体通常依托于“谈”、“访”、“评”、“讲”、“辩”、“串”等具体业务环节，节目形式包括交谈式、访问式等。

4. 演播语体节目形态

演播语体强调“演”，即运用文艺表演的形式来表达内容。除广播剧、电视剧外，多用于知识性内容、文艺专题性内容和广告，一般是根据节目内容设计一定的人物、情节和场景，通过艺术形式来表达某种观念和感受。也有

① 毕一鸣：《广播电视语境和适应性语体》，载《新闻知识》，2004 年第 7 期。

一些新闻性节目“跨界”使用演播语体，如辽宁电台的《新闻演播厅》，它把新闻演绎成故事，像是一个配乐广播剧；《新乌鸦与麻雀》节目的两位主持人则以动物角色出现，把自己比喻成乌鸦或麻雀，再由此就一些新闻性、社会性、娱乐性话题进行讨论、交锋；沈阳台的《叽喳姐妹》也是角色型的，两位主持人一位是成熟保守的姐姐，一位是聪明前卫的妹妹，两人在节目中以角色的性格特征主持节目，发表意见。这类角色表演节目在不少地区都比较盛行，类似的还有扬州电视台的《今日生活》、大连电台的《HAHAHOHO》，长春电台的《晓锌说吧》等。

四、主持人节目的传与通

我们前面已述，广播电视节目作为一种传播方式，主要存在于大众传播的过程中。主持人节目不同于以往的广播电视节目，就在于它在大众传播的过程中又注入了人际交流和互动的因素，从而创造了一种复合形态的传播形式。传播学者们认为，这种复合形态是一种理想的传播模式。“但是，要将人际传播和大众传播媒介成功地结合在一起，就需要技巧和努力。”[①]而主持人就是这种节目形态中的传播者。特别要指出的是，主持人和那种单纯“面向大众”播音员在职能上已完全不同。因为这种复合的传播情境需要他发挥出多方面的调控能力，才能保障传播的效果。主持人的调控能力主要就表现为努力形成节目所需要的一种传播关系，把握传播的进程，实现传播的目的。

1. 主持人节目要遵循广播电视的规律

主持人节目是依存于广播电视的一种节目形式，所以它必须遵循广播电视的客观规律，才能充分反映出主持人节目自身的特色。而主持人又必须是被相对固定在广播电视栏目中。离开了广播电视，没有节目特点的“主持人”(如所谓的“礼仪主持”、“会议主持”、“演出司仪”等)，当然就不是我们所要研究的对象。

广播电视是按照时间顺序来编排节目。所谓遵循广播电视的规律主要就是按照这种线性传播的特点和收受方式来主持节目。所以主持人必须控制时间的流程以求节目的完整有效。广播电视的这项特点，一方面使它具有时效快捷的优势，同时也存在转瞬即逝的弱点。

其次，遵循广播电视规律就是考虑到广播电视信息形象生动的特点。它

① [美]威尔伯·施拉姆：《大众传播媒介与社会发展》，华夏出版社，1990年，第266页。

们主要都是直接作用于人视听感觉的音响、音乐、言语、画面等这样一些节目要素。这些形象化的信息不同于抽象的符号（如文字等），它首先能够诉诸情感，产生那种令人“感心动耳”、“赏心悦目”的传播效果。一方面它适于感受，易于普及；同时也存在表浅浮泛、难以深入的弱点。遵循广播电视的规律就是需要扬长避短，充分发挥出广播电视的独特优势来。

2. 主持人节目要创造信息共享的空间

主持人节目的出现不仅仅是传播方式的变革，也体现社会民主政治建设的进步。让群众享有更加广泛的民主权利和言论自由，是我们需要努力做好的一项重要工作。一般来说，社会民主政治建设主要包含两项重要内容：一是建立健全民主制度；二是提高公民的民主意识。应该说，主持人节目所提供的场所和条件，正是创造这种社会条件的具体实践。

主持人节目所需要营造的是一种民主的氛围和平等的话语环境。只有在这样的环境中，“主持人”才能春风化雨，“嘉宾”才感到宾至如归。有了这样的环境大家也才能知无不言、言无不尽，敞开心扉，充分交流思想。作为传播者的“主持人”也必须处在与他人平等的位置上，双方才会真正互信、互谅和互敬。一旦形成了这样的关系，也就比较容易进行思想的充分交流和信息的充分共享，取得理想的传播效果。这样的传播环境和氛围是需要主持人去着力营造的。

3. 主持人节目要发挥舆论引导的作用

主持人节目的突出特点是在传受双方存在一种交流关系。主持人、嘉宾、来宾、受众间，可以就自由谈论话题范围内的任何问题，提出许多不同的看法。人与人之间、话语和话语之间无形中会产生“场效应”。事实上，这种节目所创造的话语环境也就是一种“舆论场”。清华大学刘建明教授较早提出了“舆论场”的概念，认为：“‘场’不仅是舆论形成的条件、空间，而且是推动舆论发展的契机，甚至制约着它的正负方向。‘场’成为意见产生的共振圈。”[①]也就是能使许多人形成共同意见的时空环境。既然它是一个舆论场，就需要加以控制和调节，以形成积极向上的舆论氛围。按照舆论学的原理，能够控制舆论场并决定舆论导向的，就是“意见领袖”（也称“舆论领袖”）。从这个意义来说，主持人就是这样的“意见领袖”。但是要取得“意见领袖”的地位，不是靠行政指令来任命的，而是依靠主持人自身的素质与魅力，在传播实践中建立自己的威信，取得大家公认的“领袖”地位。

---

① 刘建明：《舆论传播》，清华大学出版社，2001年，第64页。

传播实践证明,主持人(信息传播者)的威信越大,他的传播效果就越好。人们往往对权威的意见较为看重,是因为人们往往会认为这种信息来源更为可靠。这种权威性首先取决于传播者的信誉度,即诚实、公正、无私等人格魅力,其次是他的专业知识和专业能力。一个好的主持人节目,总是与主持人在这方面的影响分不开,反之节目的成功也不断增强了主持人的权威性。但主持人的权威性主要还是依靠自己的努力来获得和加强的,作为主持人对自己节目中所涉及的专业知识不求甚解,试图以其昏昏,使人昭昭,是难以建立起这种权威感的。

另外,主持人需要在节目中创造一种和谐、融洽的氛围。这首先决定于主持人的态度。“亲切”就意味着被人们所喜爱,传播学研究认为:传播者的相似性与传播效果之间的联系以人际吸引(喜爱)为中介。就是说观众如果喜欢主持人,就会倾向于接受他的观点。所以亲切感首先来源于那种对别人真诚、平等、尊重的态度,其次“相似”性也绝不意味着一味迎合,而是追求一种“心相照,言相通”的效果。

在许多主持人节目中,好的主持人要有较强的引导能力。“动之以情,晓之以理”,既能调动大家的参与热情和交流欲望,又能引导大家积极思考,深入理解。甚至可以取得“与君一席话,胜读十年书”那样的效果。总之,主持人既要根据传播目的、节目方针和受众的具体情况灵活采用两种传播方式,又应当尽可能使两种方式配合起来。一般来说,节目开始时都首先会诉诸情感,引发大家的热情,激发大家的兴趣;接下来则逐步深入,揭示深层内涵时更多采用诉诸理智的办法,以求心悦诚服的效果。

总之,良好的传播环境氛围和较强的引导能力,都对传播效果发挥着不同程度的影响。良好的传播环境氛围会唤起人们兴奋、愉快等肯定性情感,形成主持人一种特定的心境状态,而这种心境又会投射到引导能力上,可以使整个节目情景交融,从而收到优良的传播效果。

第四节　受众参与式节目传播方式

近年来,中国广播电视节目传播出现了新的变化。首先,频道数量的增多,播出时段的延长,听(观)众数量的扩大……这一切,显示了中国作为广播电视大国的名副其实。其次,受众参与式节目传播方式,正受到广泛的欢迎。受众参与式节目是指媒体将众受请到目的演播现场,使其亲身参与演播过程的一种新的节目形式。这种节目形式尤以在广播和电视中盛行。

一、受众参与论与受众参与节目形式的确立

1. 受众参与论

受众参与论又叫社会参与论、受众介入论。它渊源于美国宪法中有关公民权利的一种受众理论。最早明确地提出这一尖锐问题的是美国学者J. A. 巴伦(J. A. Bslen)。他在《对报刊的参与权利》(1967)一文中指出,为了维护受众的表现自由,保障他们参与和使用传播媒介的权利,宪法第一修正案必须承认公民对传播媒介的参与权。此后,虽然巴伦仍接连发表文章反复论述这一观点,但并未引起美国理论界和新闻界的应有重视。

本世纪70年代,日本传播学界对社会参与论进行了大规模的研究与讨论,并在某些传播媒介上进行了初步实践。论战中的主要代表人物有:掘部政男、清水英夫、浦部法穗、奥平康弘等人。进入80年代,我国广播电视界以"实践先行"的策略接受了"社会参与论"的基本观点和做法。受众参与论的主要观点可以归纳如下:(1)大众传播媒介应是公众的讲坛,而不是少数人的传声筒;(2)公民及其团体既是讯息的接受者,又是讯息的传播者;(3)时代在发展,受众在变化,许多人已不满足于消极地当一名接受者,一种试图积极参与报刊的编写、广播电视节目的制作和演播的自我表现欲望正在增长;(4)让受众参与传播,正是为了让他们积极接受传播,因为人们对于他们亲身积极参与形成的观点,要比他们被动地从别人那里得到的观点容易接受得多,且不易改变;(5)参与传播也是受众表达权、反论权的具体体现。

如今,受众参与论已为世界大多数国家认同和接受。受众参与广播、电视节目的制作与演播,正在成为节目制作与传播的时尚,受到广泛的欢迎。

2. 受众参与式节目的发展

受众参与节目是指受众在一定程度上参与到节目制作播出过程中来,进行直接的双向互动式交流。从媒体的角度看,广播电视与网络媒体都为受众参与节目提供了条件。这也就给受众更多的通过媒介直接参与社会活动的机会,增强了主持人与受众的交流感,使广播电视更加贴近群众,贴近生活,贴近实际。

客观地说,我国受众参与到节目的做法早在20世纪80年代初。考证国内外广播电视史,较早采用受众参与形式的是"信箱节目"。徐曼被认为是我国出现的第一位节目主持人,她所主持的《空中之友》节目中就有许多台湾同胞的来信交流。此后,广东人民广播电台的《大众信箱》节目、上海人民广播电台的《蔚兰信箱》等都用听众来信的形式让受众参与节目。由于来信都是由主

持人代读的，所以这种受众参与的程度是有限的。

直到1986年珠江经济广播电台首先实行“板块节目结构”和受众热线电话参与的直播模式，这种制播模式可以看作开了我国受众参与式节目的先河。之后，“珠江模式”被全国广为采纳，成为各广播电台效仿的对象。南京经济广播电台凭借直播和受众电话参与而获得轰动效应。这是我国受众参与式节目的初步形成阶段。

20世纪90年代，现场直播类的社会热点讨论节目的出现乃至红火，使我国的受众参与式节目进入到迅速发展阶段。受众开始了深度参与，直接参与到新闻采集、制作的各个环节。比如东方电视台的《东方直播室》、江苏电视台的《走进直播室》这类谈话节目中，“演播室受众”(指受众参与式节目中的受众，与一般的受众相区别)直接参与到与主持人面对面的交谈中，与嘉宾的对话中，亲身介入到对社会政治、经济、文化以及公共事业的讨论中。

随着电视交友节目与游戏娱乐节目的兴起，受众参与式节目逐渐走向成熟。1998年、1999年初以湖南卫视《快乐大本营》为标志，一大批电视游戏娱乐节目迅速走红全国。由于其参与受众的思想、文化、表达能力不受限制，这类节目最大限度地调动了普通大众的参与热情。参与的双重性，即心理上的间接参与与行为上的直接参与，又最大程度刺激了观众的积极性。

进入21世纪后，各种类型的真人秀节目的出现，标志着受众参与式节目的发展进入了一个新的阶段。湖南卫视借鉴国外节目样式率先推出了唱歌选秀节目《超级女声》。该节目以零门槛“海选”为特征，在国内引发轰动，使真人秀一夜之间在中国广为人知。近几年来又出现了不少以相亲交友为内容的真人节目，如江苏卫视的《非诚勿扰》、浙江卫视的《爱情连连看》、《交友才会赢》等。这类相亲或生活交友类节目打出的是“平民参与、观众作主”的口号。娱乐节目变得越来越看重受众的主动性，加强传者和受者之间的互动。这类节目还在发展中，“虽然专家们对这种节目形式还有许多不同的看法，但是让受众更多地参与到节目中来，已经成为广播电视业界的共识，也是广播电视节目发展的基本趋势”①。

二、受众参与节目的主要途径

按照受众参与广播电视节目的不同方式，受众参与途径主要有以下几种。

① 毕一鸣:《现代广播电视论纲》，中国广播电视出版社，2007年，第247页。

1. 电话参与(含手机参与)途径

运用电话与受众直接交流,这种节目形式在国外出现的比较早,这与民众生活水平状况、电话普及程度有关。在我国受众电话参与节目大约始于20世纪80年代。当时领先改革开放的广东珠江电台首先在"板块节目"中运用了受众电话参与这种形式。仅在1987年中,珠江台接到听众电话就达7万多个,其中有3 000多个是直接与主持人在"热线"中交谈的。随后不久成立的南京经济台、杭州"西湖之声"电台则大量采用电话参与的节目形式,取得了较好的传播效果。1992年10月成立的上海东方广播电台,则把热线电话直播节目的优势发挥得淋漓尽致,其中包括热线点播、热线专访、热线谈话、热线投诉,等等。全天候综合节目24小时都由主持人直播,都用热线电话随时与听众联系,"切入"听众的声音,谈论热门话题,谈心聊天,做游戏,接受听众投诉,播出点歌节目……这些节目吸引了大量听众参与广播。随着新媒体、新技术的不断发展,受众参与节目、受众与媒介互动已经由单一向多维化转变,受众参与方式增多。比如受众可以通过热线电话进行有奖竞猜、点播歌曲、热点讨论、情感交流等,或对某个节目提出建议和要求,或提供新闻线索;受众还可以作为嘉宾走进广播电视直播间与主持人一起共同主持节目或与受众交流。广西电视台综艺频道的竞技娱乐节目《家庭X行动》就是通过114电话和网络报名参与,并把摄像机发到家庭,以家庭自我录制挑战训练的方式强化观众与节目的互动。齐鲁电视台的全国首家时事辩论call in节目《开讲天下》,运用call in电话技术平台和网络平台,引进观众参与,极大地增强了节目的参与互动,也大大增强了节目对受众的黏合度。

受众电话参与节目具有对话性强、现场感强的优势,但也有内容难以编辑和把控,可能存在噪音等局限。

2. 书信与短信参与节目的途径

书信参与节目是电子通讯还不发达、电台主持人节目刚兴起时运用较多的一种"信箱节目"形式。如1981年元旦,中央人民广播电台对台部从对台湾同胞广播的实际需要出发,率先开办了由徐曼主持的《空中之友》节目,台湾同胞以来信的方式参与到节目中。此后,全国各地有许多电台纷纷效仿,如四川台的《农村信箱》、江苏台的《故乡与亲人》、武汉台的《听众信箱》等,它们由于采取听众来信的参与形式,节目在本地都产生了不小的影响。但由于来信都是由主持人代读,所以受众参与的程度还是有限的。

随着手机移动通讯技术的发展,受众短信参与已经渗透到广播、电视各类节目形式中。综合观察各类节目对短信的利用,可以看到大致有三种应用方式。第一种,通过短信参与节目所出题目,以争取获得幸运机会,但不直接参与节目本身,如短信抽奖、竞猜等;第二种,通过短信参与节目,表达意见、观点,有时候起到热线电话的作用;第三种,参与节目建构,通过互动方式,短信内容常被作为节目起承转合的重要环节,这更多集中于广播节目中。与使用手机直接打进电话不同,手机短信参与节目属于一种"延时交流",从短信发出到被念读存在一个时间差。此外,由于手机短信的内容需要通过主持人传达,听众听不到自己的说话声音,与直接语言对话的热线电话相比,现场气氛感比较淡。但是,随着手机的普及,短信参与节目已经被许多电台用作听众参与的一种重要手段,大部分直播节目都开通了短信平台。短信参与与热线电话、互联网相比更加方便、快捷、便宜,同时规避了热线电话太"热"导致的"挤出效应",也便于主持人编辑、把关。

3. 网络受众参与的途径

网络受众参与的形式包括网络直播、在线点播、在线互动、论坛留言点评等。比较典型的例子是 2007 年中央电视台春节晚会进行了网络直播,央视国际再次与悠视网(uusee. com)携手,通过网络直播平台,以最清晰、流畅、稳定的效果向全球亿万华人传输了高质量的音视频内容,并增加了短信留言、在线点评等多种吸引网友参与的互动方式。网友们可以在观看直播、轮播的同时,即兴留下各类祝福留言、问题、意见等,在内容和形式上凸显了网络参与的优势。再如, 2011 年是中国共产党成立 90 周年,对于这一重大的宣传报道战役,我国的网络媒体纷纷运用专题集成、背景链接、在线访谈等方式,营造庆祝建党 90 周年的浓厚氛围。其中,庆祝中国共产党成立 90 周年网上系列活动自年初在全国范围内启动以来,百家网站开设专题网页,开展网上作品大赛、网上系列谈、网上红色旅游等内容。此外,网络媒体的微博、移动设备客户端等网络应用也被引入专题之中,网友通过微博对建党 90 周年发布寄语和祝福,通过手机、平板电脑等终端设备随时随地参与互动。网友还可免费将移动客户端应用下载到手机或平板电脑中,实现了对重大主题报道的又一技术创新。

近几年来多种媒体融合已形成大趋势,网络的超越时空的开放性,为受众参与提供了更大的空间,也让受众潜在的参与意识有了爆发的平台和工具——手机短信、电子邮件、留言板、BBS、QQ、MSN、播客(视频分享)、微博、微信等,参与形式更加多样。各种传播技术也相互融会,如广播与互联网融合,互联网与电视结合,电信网又与互联网交织,进一步丰富了受众参与媒介传播的互动模式。另外,要特别提到的是,微博作为全新的一种互联网应用方式，正日益介入受众生活。2010年3月“两会”期间，微博首次加入传播的行列。在2011年“7·23”甬温线特别重大铁路交通事故中，微博在第一时间发布了此次突发事件的消息，激发了受众从“围观”到“行动”的参与意识，不仅成为救援的有力平台，而且形成了巨大的“民间舆论场”，在整个事件的报道中起到了尤为突出的作用。

4. 受众现场参与的途径

受众现场参与的方式，越来越广泛地被广播电视媒体所采用。不过，广播与电视由于媒体的功能差别也有差异。广播节目主要靠声音，演播的现场空间相对有限，但一些广播电台邀请热心听众走进直播间录节目，或将直播间搭建到公共场所，吸引普通群众参与，或组织主持人与听众的现场互动并进行报道，这也都是听众参与节目的具体形式。相比较而言，现场参与节目多为电视媒体所常用。近些年来，我国受众从“我演你看”的被动接受方逐渐参与到节目本身中来。尤其近几年，随着电视节目《超级女声》、《星光大道》、《梦想中国》、《中国达人秀》等选秀浪潮的风靡，受众对节目的参与性前所未有地扩大，受众为了游戏而游戏，为了表演而表演，为了快乐而快乐，受众的娱乐性参与得到了极大的展现。综艺文娱节目使得受众对节目有更贴近、更亲切的感受，最大限度地调动起了普通人的参与热情，也大大丰富了节目的内容。《向幸福出发》、《非常6+1》、《我要上春晚》等都是以受众参与为特色的节目，充分体现了群众性、参与性的优势与魅力。

5. “真人秀”——受众参与表演的途径

真人秀(也称真人实境秀、真实电视，reality television)一般是指以电视传媒为介质，通过举办某一类别的比赛活动，以从多名参赛者中选取最终获胜者为目的，同时有着丰富的奖品，可以获得广泛的经济效益的电视节目。真人秀，尚没有统一规范的定义，但多数人认为它指“由普通人(非演员)在规定的情景中，按照预定的游戏规则，为了一个明确的目的，做出自己的行动，同时被记录下来而做成电视节目”，也泛指“由制作者制定规则，由普通人参加并录制播出的电视竞技游戏节目”。还有人把它定义为“特定虚拟空间中的真实故事，以全方位、真实的近距离拍摄和以人物为核心的戏剧化的后期剪辑而作成的节目”[①]。

真人秀有三个特征：纪实性、冲突性、游戏性。具体可以体现对“真人秀”三字的理解：(1)“真”是它的特色。它是非虚构的，它的手段是纪实。非虚构

---

① 百度百科，http://baike.baidu.com/view/10317.htm

就是一些普通人在一些普通状态下的生存状况，用纪实的手法去反映。如果没有“真”这一点做保证，这就是一个戏剧性的节目，它就没法跟剧情片去比。剧情片可以比它的结构更精巧，节奏控制得更好。(2)“人”是它的核心、根本。人性、人格必须成为我们的目的。换句话说，如果一个节目看下来没有冲突，里面的人、人性、人格没有凸现出来，没有被我们记住，没有对我们产生感染力，这种真人秀它的成功是有限的。(3)“秀”是指虚构和游戏。如果说人是它的核心，真是它的特色，秀就是它的手段，所有的真实必须通过虚拟的规则来完成。如果规则没有掌握好，前面的人性、人格出不来，它的真实空间就得不到展现。这三个环节是环环相扣的。

“真人秀”最早出现在美国，在英语中最常用的词是“Reality TV”(真实电视)。从20世纪末开始，电视“真人秀”浪潮就已经在全球范围内兴起和蔓延，“真人秀”节目不断地将真人推上屏幕，让观众去观看、窥视、消费和娱乐。“真人秀”已逐渐演绎为当前不能忽视的世界性的电视文化奇观。美国有许多著名的真人秀节目，如America's Next Top Model、The Apprentice、American Idol、Project Runway等。而最近几年，国内也陆续引进或自己创作“真人秀”节目。从节目的形式与空间来说，“既有主要在室内进行的‘真人秀’，如《老大哥》(恩德莫公司)、《完美假期》(湖南经视)，也有主要在野外进行的‘真人秀’，如《幸存者》(CBS)、《生存大挑战》(广东卫视)；既有以演播室为主体的，如《谁想成为百万富翁》(ABC)、《幸运52》(CCTV)，也有以实景为主的，如《诱惑岛》(FOX)、《星期四大挑战》(贵州电视台)；从节目的播出方式来说，既有栏目式的单期形态，如《绝对挑战》(CCTV)、《非常6+1》(CCTV)，也有连续系列的形态，如《学徒》(NBC)、《欢乐英雄》(CCTV)；既有竞技性形态，如《急速前进》(AXN)、《勇者总动员》(欢乐传媒)，也有选秀选美类的形态，如《美国偶像》(FOX)、《超级女声》(湖南卫视)；既有生活纪录类的形态，如《阁楼故事》(法国M6)、《简单生活》(FOX)，也有现场表演类的形态，如《粉雄救兵》(BRAVO)、《梦想中国》(CCTV)。可以说，这些节目的元素、构成、模型、规则设计等都有不同程度的差异，很难找到一种一致的形态特点”[①]。近年来，国内真人秀的节目也越来越多，影响巨大的如《星光大道》、《向幸福出发》、《非诚勿扰》、《中国达人秀》、《我要上春晚》等，受到了全国观众广泛关注和好评。

真人秀之所以流行并广受欢迎，其根本原因有两点。其一是它的真实性，真人真事真表现。节目没有剧情安排，没有编剧编导，没有剧本，完全是任由

---

① 毕一鸣:《现代广播电视论纲》，中国广播电视出版社，2007年，第250页。

选手自由发挥，一种随意而进行式的剧情。以实情拍摄，观众能了解参与真人秀的选手在节目里的一举一动，参赛的选手的一切都毫无保留被观众所观看。其二是真人秀没有像电视剧一样去过分使用明星，所有选手都是来自老百姓，更贴近老百姓观众，“原生态”的自然表演，所以真人秀也可以称为“平民选秀”。也如影视传播学者尹鸿所言：“记录创造真实，规则创造虚构。电视真人秀是假定情境中的真实展现，是一种超越虚构与非虚构的综合性的娱乐节目。这是真人秀能够在今天广泛流行的根本原因。”①

三、演播室受众——受众参与式节目中的特殊群体

1. “演播室受众”模糊了“一般受众”的概念

在受众参与式节目中，从“演播室受众”的挑选、现场提问、现场表演、电话连线等环节都受到文本和机构的控制，这样已经使“演播室受众”失去了相对于文本主体的独立性，丧失了作出符合自己需要和利益的解读能力。在一些地方，甚至出现了大量以此为“工作”的“职业观众”。可见，“演播室受众”并非一般概念所指的受众，实际上它已经属于受众参与式节目中的重要组成部分，也就是成为了广播电视文本的构成因素。

2. “演播室受众”是接受主体，也是传播主体

相对于一般受众，“演播室受众”在传播活动中的地位已经发生了变化。既然从属于文本，与媒介内容密切相关，那么“演播室受众”在参与式节目中所履行的义务正是传播者的义务，因为每一个传播环节都受其媒介组织的控制。比如，《实话实说》作为曾经在我国较有影响的一档谈话节目，现场观众可以自由作答，随意畅谈，表现得轻松自如。《实话实说》以此发挥现场观众参与性功能的方法被业界广为认可，认为受众的主体地位在此受到重视并加以提升，观众的表达自由被给予了广阔的空间。但是，即便如此，参与《实话实说》节目观众的地位并未发生根本性的改变。节目从前期制作就开始了对现场观众的挑选，并非一般的受众都具有参与现场的机会，他们都不同程度地受到节目主题的影响。观众的谈话也必须围绕主题进行，不能随意地发表看法和演说；与嘉宾的交谈必须受主持人的引导，不能畅所欲言；并非所有的言语都在节目中保留，后期剪辑过程中的筛选大量存在。同时，节目的很多观点、信息常常是借“现场观众”之口加以表述。所以在某种意义上讲，“演播室受众”实际上既是接受主体，也是传播主体。

---

① 尹鸿：《解读电视真人秀》，载《今传媒》，2005 年第 7 期。

3.“演播室受众”与“受众”的需求矛盾

电视交友节目和娱乐游戏节目的形成被认为是受众参与式节目成熟的标志。电视交友节目和娱乐游戏节目不管对“演播室受众”,还是对演播室外的普通“受众”而言,都是为了满足人们的精神需求。但由于精神需要层次的不同导致了需求矛盾,致使两者的地位不同。“演播室受众”所满足的是一种“享受主义民主”的“愉悦”。而面对“演播室受众”在参与节目过程中的愉悦,电视机前的受众所需获得的是一种心理同期愉悦感受,然而这种愉悦并不能通过亲身体会来领悟,他们需要更多的是对节目的一种审美情趣。为满足大众的这种审美情趣,节目制作者就可能对节目的参与者提出种种要求,从而在某种程度上制约了“演播室受众”享受自由的“愉悦”。所以这两者的需求是一对矛盾体,这种需求矛盾又反作用于“演播室受众”和“受众”,使他们的地位发生了变化。

总而言之,广播电视受众参与节目在缩短传播者、传播内容与受众的心理距离,增强接近性,扩大传播效果等方面是共同的,而在参与途径与表现形式、手法等方面又会有差异。广播电视节目传播方式也是不断变化的。任何事物发展到一定的阶段,势必会出现突破和蜕变,广播电视节目传播方式与形式的发展也正是这种情形。受众参与传播的广泛和深入既是社会民主化进步的一种表现,同时也是大众传媒履行自身职责的要求。随着互联网技术的飞速发展和新媒体的纷纷崛起,大众传播媒介要从激烈的市场竞争中突围,必须制订“人无我有,人有我优,人优我强”的受众参与策略,不断探索创新更符合时代特征和受众需求的传播内容与形式。对受众参与节目传播的方式方法进行更加深入的研究,这也是广播电视媒介发展变革的必然要求。

第十一章　广播电视节目策划、制作与编排

广播电视节目生产有其特定的工艺流程。国外有的制作部门将这一流程细分为前期制作（Preproduction）、制作（Production）和后期制作(Postproduction)三个阶段。事实上，不同类型、不同形态的广播电视节目在生产工艺和流程上不尽相同。相对广播而言，电视节目的生产工艺更为复杂，大体存在ENG(电子新闻采集)、EFP(电子现场制作)、ESP(电子演播室制作)三种不同制作方式。

第一节　广播电视节目的制作流程与方式

一、广播电视节目生产的总流程

广播电视节目生产的总流程可细分为六大环节，即制定节目计划；实施节目策划；节目制作工艺流程；节目审查；节目播出；信息反馈。其中节目制作工艺流程是节目生产的核心，又可细分为前期制作和后期制作两个部分。前期制作主要是以技术手段获取素材，包括声音的拾取和画面的拍摄，而对于一些在演播室或播音室录制的节目，在正式录制之前，还有排演环节。后期制作则主要是编辑工作，也可以理解为一个总体整合加工的工作。首先是对素材进行整理、取舍、增删，然后进行加工、修补、串联，使其成为一个整体，并加以完善。在这个阶段，编辑人员将前期采录、文字写作等人员的劳动成果汇总起来，最终编出可供播出的节目。以制作流程相对典型的电视新闻节目为例，包括如下具体环节：

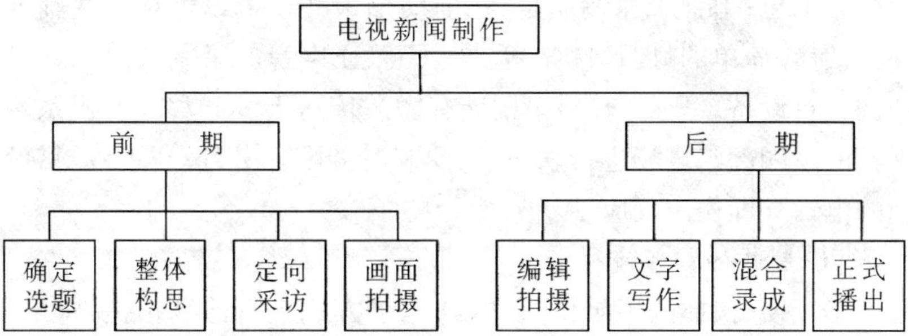

图 11－1 电视新闻制作环节

上述图表清楚地显示，节目制作工作环节复杂。现代广播电视节目制作是个系统工程，强调社会分工和团队合作。作为广播电视记者，对前期、后期两个阶段的各个工作环节都要熟悉，否则便难以与同事实现有效的协调与合作。因此，在熟悉自己工作环节的同时，有必要对整个节目制作流程有清楚的了解，这样才能通晓自己在其中的作用以及怎样开展具体工作。

二、ENG 制作方式

ENG(Electronic News Gathering)译为“电子新闻采集”，诞生于上世纪 70 年代，很快，大多数国家的电视新闻机构都普及了 ENG 系统。目前，ENG 系统已实现数字化，即升级为 DNG(Digital News Gathering)系统。在多数电视机构中，ENG 系统被用于制作日常新闻、风光片和简单的专题节目。

1. ENG 的系统构成

典型的 ENG 系统包括一台摄像机和一条编辑线。由于主要是以单机工作形式出现，所以又被称为单机制作方式。

机动性强是其最大的优势之一。上世纪 90 年代以后，ENG 系统普遍采用了摄录一体的摄像机，使用更为简便。在采访突发事件时，能尽可能小地影响现场。“对于重要的事件，ENG 摄制组一般包括两个人：摄录一体机操作员和现场报道记者。多数 ENG 事件只由一位摄影师拍摄，在其后的新闻播出中由播音员进行解说。”[①]流动新闻采访组可以方便灵活地深入街头巷尾、村庄山区进行实地拍摄采访。但是，由于 ENG 系统构成较为简单，电视制作的技术质量也相对较低；同时由于使用直流电源消耗较大，限制了其优势的发挥。

① [美]赫伯特·泽特尔：《电视制作手册》(第七版)，北京广播学院出版社，2004 年，第 422 页。

为提升ENG系统的采制质量，在前期拍摄时还可以增加一些辅助设备，包括外接话筒、简单的灯具、脚架等。为了保证声音的录制效果，有时还配套轻便的调音台设备。ENG转播车则装有微波传送天线和移动通讯系统，除用于电视台的新闻部与现场进行联络，以便及时分配任务外，还可以对警察或消防部门的电话立即做出反应。

2. ENG制作的一般流程

采用了轻便、快捷的摄录像机，以纯电子方式进行前期拍摄，将采集来的新闻素材送回电视台，进行简单的后期加工，便能很快制成一条新闻播出磁带。前期与后期分离是ENG方式制作的重要特点。随着电视技术的发展，电视摄像机越来越小型化、数字化，特别是桌上编辑系统的出现，使ENG制作方法更加成熟。

三、EFP制作方式

EFP(Electronic Field Production)译为“电子现场制作”，它是以一整套设备连接为一个拍摄和编辑系统进行现场拍摄与现场编辑的工作方式。由于主要适用于“野外”(“台外”)作业，如在事先安排好的事件现场或文艺演出、体育竞赛现场制作电视节目，进行现场直播或录播，因此也被称为电子外景制作。

1. EFP的系统构成

EFP的系统构成较为复杂，通常使用电视录像车(或电视转播车)。在一台电视转播车中，需配套多台ENG摄像设备，辅以电视节目后期制作设备，如录像机、切换器、特技机、同步机、字幕机、调音台、监视器等，组成一套小型的移动“电视台”。因此，又被称为“多机制作”方式。由于设备齐全，特别适应新闻现场录制、直播，能连续工作几个小时，甚至几天的时间，并可以将所需要的画面、声音、字幕一次制作完毕。

EFP可以兼容ENG工作系统。在现场拍摄和编辑切换的系统中，EFP可以采用ENG设备，但在多机拍摄时，EFP需要监视器、切换台和其他一些录像设备连成一体，对现场多机拍摄的多路信号进行现场的切换、加工和录制。在新闻制作领域，由于ENG携带方便，多用于无法准备的突发事件的报道；而EFP由于设备的限制，在外景作业时多用于可预知事件的拍摄和转播。

2. EFP制作的一般流程

EFP的实质是在拍摄的同时进行编辑，追求前期拍摄与编辑制作一次完成。其特点可以概括为，多机摄录、即时编辑。几个小时的节目内容，包括画面、声音、字幕、特技切换等一次制作完成。因此，工作效率较高，可用于制作大型文艺、专题、体育节目。但由于不存在前后期之间的时间分隔，对现场执行导演、技术设备、前期准备等都有较高要求。

EFP 制作与播出系统连接，即可实现现场直播。随着卫星转播设备的出现，使用 EFP 进行的大型实况转播(big remote)越来越普及，这样做同时也大大提高了电视新闻远距离传播的能力。

四、SNG 制作方式

SNG(Satellite News Gathering)译为“卫星新闻采集”，是指将 ENG 或 EFP 与卫星相连，实现电视拍摄、编辑与播出三者同步合一的工作方式。从电视制作技术的角度看，SNG 并不是一种独立的电视节目制作系统，它是以 ENG(DNG)和 EFP 工作系统为基础的。卫星技术在电视节目制作领域，特别是新闻制作领域的应用所带来的变化是革命性的。卫星新闻采集通常称之为卫星转播，它在拍摄地点，经过位于太空中的地球同步卫星将节目传送至地面的某一转播站、制作中心或电视台，电视台或新闻总部可以直接转播或经过编辑后播出。

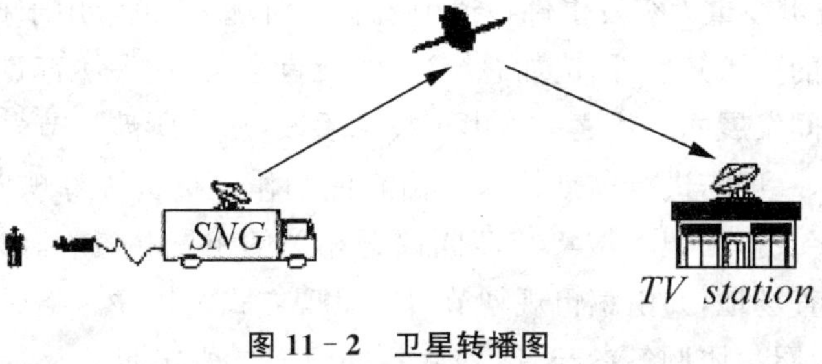

图 11-2　卫星转播图

1. SNG 的系统构成

要实现 SNG 制作，必须借助地球同步卫星频道租用以及地面接收系统，而对于前端采集部门，还需采用卫星转播车(satellite news vehicle，简称 SNV)。在卫星转播车内通常包括以下设备：

(1) ENG 设备(或 DNG 设备)若干套。通常一场卫星直播需要动用 3—5 套 ENG 摄像设备，还需要装备适当倍数的镜头，同时还需要摄像机的辅助设备。

(2) 一系列监视设备。配合摄像机作业，每一架摄像机配一个监视器，用于直播时选择画面的辅助设备，通过监视器，导播和现场编辑可以监看不同摄像机镜头正在拍摄的内容，根据节目需要进行选择。

(3) 一套视频选择器,也叫操作盘,是整个视讯的枢纽。这是导播和现场编辑实现画面播出选择的设备。通过监视器,导播和现场编辑选择适合实际播出的一路信号,通过视频选择器进行画面的切换。

(4) 一套卫星信号发射设备。将现场采集和编辑的内容转化为电子信号或数字信号发射到卫星上,实现同步播出。

(5) 一套或几套录像设备,用于录制现场的实况。现场的拍摄、编辑和播出是一次性完成的,没有录像带的存在,所以必须要用专门的录像设备将节目录制下来存底。

(6) 通信设备。导播在转播车内,在转播过程中通过通信设备与现场编辑、摄像师以及电视台的主控室保持联系和通报情况。

2. SNG 制作的一般流程

与 ENG 和 EFP 相比,SNG 需要先作计划并布置卫星新闻转播车。卫星转播车的主要功能是把直播的或录制好的信号传送至卫星上。讯号上送过程称为上链(UPLINK),卫星将节目讯号送至地面的接受器称之为下链(DOWNLINK)。只需要接通线路、调整天线,就能直接与卫星接通,实现即时播出。一般情况下,卫星转播车能够在它到达后的 15 分钟之内播出现场的新闻图像。

SNG 技术在重大突发事件报道中占有绝对优势,也常用于报道大型的和特别有价值的可预知事件,诸如总统选举、元首会晤、重大体育赛事等,已成为世界电视新闻发展的趋势之一。由于技术手段复杂,所涉环节多,如用于报道可预知事件,一般需进行前期协调。由新闻制作人负责统筹规划及协调联络各部门;文字及摄影记者搜集与新闻议题相关的主题和资料;SNG 现场工作小组预先勘查场地,并由编辑规划节目的呈现方式及排序。随后,应召开准备会,由制作人召集协调各参与者,确认各部门人员所司职务及器材配合情况,并设想相关细节。在制作现场,由电视记者进行 SNG 连线,和采访中心内部保持联系,提供事件发展的最新情况;SNG 现场工作小组则负责新闻讯号传输,并提供记者与电视台间无障碍的沟通;编辑台主编负责与场外制作人及记者保持密切沟通,确认排序并与节目主播及导播达成共识。

借助 SNG 系统,电视采访和报道得以同步进行,实现二者合一。但由于略去了编辑“把关”环节,以“呈现”取代“求证”,也带来了新闻制作便利与新闻品质降低的矛盾。同时应该看到,这是一种成本相对较高的制作方式。

四、ESP 制作方式

ESP(Electronic Studio Production)译为“电子演播室制作”,也被称为“电子内景制作”,即在配套齐全的演播室内制作节目,以演播室谈话、人物专访、室内综艺娱乐节目、晚会等为主。ESP 方式既可先拍摄录制,后编辑配音,也可以多机同时拍摄,在导演切换台上即时切换播出。也就是说,ESP 可用于现场直播。

ESP 系统的一般构成包括:固定与活动灯具、话筒和摄像机(通常为广播级),配有字幕、音控、中心机房、导演控制室、磁带录像室等设备或机房,常根据需要变换布景。由于 ESP 采用高品质摄像机、高保真音响效果、完备的灯光照明系统和自动化调光系统,因此技术质量较高,特技手段丰富,是一种较为理想的制作方式。但是,搭景、排练需要占用时间,因此制作周期相对较长。目前,由于虚拟演播室系统的普及,大大降低了 ESP 制作的周期和成本,其运用也越来越广泛。

第二节 广播电视节目的策划

按照《哈佛企业管理》丛书的解释,策划其实是一种程序,在本质上是一种运用脑力的理性行为。所有的策划都是关于未来的事物,也就是说策划是针对未来要发生的事情做当前的决策,即预先决定做什么,何时做,如何做,谁来做。广播电视节目策划亦是如此。

一、广播电视节目策划的基本理论

1. 广播电视节目策划的概念

所谓广播电视策划,就是对于广播电视的某一种行为,借助特定广播电视媒体信息、素材,为实现广播电视行为的某种目的、目标而“提供的创意、思路、方法和对策”[①]。广播电视策划的外延从节目客体形态来看,可分为节目策划、栏目策划、频道(频率)策划等。节目策划以广播电视节目为对象,贯穿于广播电视传播的始终,是围绕广播电视传播目标、任务、受众而进行的有计划、有目的的创新性思维活动,其关注点集中于具体的传播内容。由于节目制作是整个广播电视内容生产的核心,节目策划在广播电视策划中居于重要的基础性地位。

① 胡智锋:《电视节目策划学》,复旦大学出版社,2009 年,第 1 页。

从广播电视节目的类型来看，节目策划可以细分为新闻节目策划、电视（广播）剧策划、专题节目策划、综艺节目策划等等；从广播电视节目样式来看，节目策划又可分为谈话类节目策划、直播类节目策划、演播室节目策划、主持人节目策划等等。可见，广播电视节目策划是一种丰富、复杂、综合性的劳动和活动。

2. 广播电视节目策划的意义

“凡事预则立，不预则废。”“预”就是预测、准备、谋划的意思。广播电视是面向公众的事业，一个显著的特点是对象的广泛性和无契约性。它和受众之间既无金钱的约束，也无法律的控制，全媒体时代受众的选择更加丰富，更为便利。广播电视传播信息，服务受众，影响力大，制作成本高，表现手法多，传达信息价值丰富。如果不经过精心策划，就难以保证节目质量，也就难以吸引受众，自然也不利于节目在市场上的生存。在此种情况下，只有重视广播电视节目的前期策划，才能有效减少内容生产的盲目性，降低市场竞争风险，取得好的传播效果。因此，各国广播电视机构都十分重视节目策划环节。在标准化的节目生产工作流程中，策划处于“前”前期的位置。

二、广播电视节目策划的基本内容

策划是一种全程性的以处理相关信息，解决相关问题为主的创造性脑力活动。通过节目策划，能够使播出的节目内容体现出一定的编辑思想、传播目标和传播政策；能够赋予节目更加准确的定位，使其对象性强，符合“窄播”要求；能够让节目形式活泼，内容深入浅出、通俗易懂，更便于交流和参与。其最终目标在于取得好的收视收听效果，实现社会效益和经济效益的“双赢”。广播电视节目策划的基本内容包括：

1. 研究受众，设置定位

这是广播电视节目策划的基础。受众是广播电视传播的对象，他们对节目选题是否关注，对节目内容是否有兴趣，对节目的评价如何，是衡量节目策划成功与否的一项重要的决定性因素。因此，策划者在决定选题时，就要预先掌握这些信息，这种掌握其实是对节目的一种“前馈”性控制；而节目播出后，对受众反应的收集和处理，以及据此调整后续节目的制作和播出，则属于“反馈”性控制。

依据受众的基本情况，可以设置节目的基本定位。一般而言，节目定位包括三个方面：一是内容的定位；二是形式的定位；三是节目播出时段的定位。准确的定位有助于节目“锁定”目标受众群，也有助于争取好的广告收入。例如央视在1993年推出的《东方时空》，定位为“电视新闻杂志”，但最初策划时设置了一个名为《金曲榜》的子栏目，播出原创的音乐电视。而后期受众调查显示，观众对在早间新闻时段收看音乐电视并不“买账”，这一子栏目的设置也不符合《东方时空》的整体定位，于是在改版时进行了调整。

2. 评估外部环境因素

任何新闻报道都是在一定的社会环境和自然环境中进行的，外部环境因素对节目制作具有制约作用。外部环境因素最直接、最主要的有两个方面。一是政策性因素，即对节目内容具有强烈约束作用的相关政策、法规、纪律方面的信息，如确定经济报道选题要考虑有关的经济法规和政策，确定文教报道选题要考虑有关文化教育的政策和法规。还有一类是针对新闻传播工作自身的，比如新闻职业道德规范、党和政府对新闻宣传工作的要求、有关保守国家机密的纪律规定等。二是市场性因素，即节目市场的竞争态势。竞争者是广播电视传播外部环境中的一个重要因素，俗话说“知己知彼，百战不殆”，节目策划要取得好效果，必须研究如何扬长避短、克“敌”制胜。

3. 确定信息量

信息量既指节目的信息容量（信息数量），又指节目的信息含量（信息质量）。对于新闻类节目而言，数量要求常常是多而密集，新而解渴；质量要求是有用、实用、管用。但节目的播出时段、具体的呈现形式，甚至播报方式的不同，都可能影响节目策划时对信息量的确定。比如，同样是新闻，早间的资讯播报强调“短、平、快”，而夜间的新闻故事则常常被策划为“聊斋”、“评弹”、“夜话”等等，信息量自不相同。

确定信息量还需要对节目对象进行分析。在可供传播的众多客体中，什么适宜进行深度报道，什么适宜简单性报道，什么不宜报道，客体自身的特质是第一位的决定因素。在分析客体情况时，要注重考虑两个问题：一是背景信息，包括事物涉及的政治、经济、文化、道德、科技、环境、习俗等各方面背景情况，以及有关事件本身过去的存在状态的信息；二是前景信息，即根据报道客体目前的存在状态及其条件，对未来发展变化的预见性信息，特别是在深度报道中，对报道客体的未来走势的分析预测已经成为必不可少的要素。

4. 确定视听效果

这是节目策划始终关注的兴趣点。策划人员要力求在视听效果上体现创作者的各种新创意，也要考虑节目的声音、画面是否为受众“最想听到的”、“最想看到的”，以及这种视听效果是否是本收视群体“最喜欢的表现形式”。如对申办2008年奥运会投票表决现场的直播，萨马兰奇宣布投票结果无疑是整个现场的“魂”，是最充满悬疑和最扣人心弦的时刻，因此在直播时就需要调动多台摄像机紧紧捕捉结果出来的瞬间，并及时用画面、声音和记者在现场的叙述、点评以及同期声采访，从不同的角度、不同的人物表现来展示整个现场的效果。而这些必须在前期策划时加以通盘考虑。

5. 确定节目的参与方式

无论是直接参与节目还是间接参与节目，受众参与都能产生“共鸣”、交流和沟通，使节目拥有互动的亲和力、凝聚力和吸引力。在节目制作前期，应该就受众参与节目的方式加以考虑。

6. 预估节目的影响

节目的影响主要表现为对社会政治经济文化和道德观念秩序的影响程度和受众对该“话题”的关注程度、议论广度和潜移默化的行为作用等。能够产生广泛的社会影响，是节目价值的体现。所谓有价值，可以从三个方面加以认识。一是有教育作用，就是对受众的思想、道德、人生观有积极的引导作用。二是有认识作用，可以使受众获得有关社会、人生、自然、科学等方面的知识。三是有怡情作用，即体现出一种积极、乐观、健康向上的情趣。能否以及如何将“三个作用”发挥好，是前期策划必然要加以评估和考虑的。

三、广播电视节目策划的实施方式

广播电视节目策划不是凭空想象，更不是关起家门“拍脑袋”，而是在充分占有事实材料的基础上进行的去粗存精、去伪存真、由表及里、由浅及深、由近及远的思考、判断、选择。节目策划必须以调查研究为基础，充分尊重广播电视传播的规律。

1. 宏观策划

所谓宏观策划，就是根据一个时期的政治、经济等形势，制订这一时期的宣传方针、目标、重点以及为实现这一方针、目标、重点进行的重大选题部署和节目制作安排等。宏观策划常常是团队智慧的结晶，一般由部门协调，集体讨论，反复论证，最终形成一个指导性的意见。无论是新闻编辑部、电视晚会导演组、电视剧创作“班子”，还是广告创意团队，当代广播电视节目生产越来越向以部门为核心的运作机制发展。新闻记者不再是单兵作战的个体，而是由编辑部统一指挥调度的采制新闻的系统和集体，系统化、协同化的制作方式日益普及。纪录片人也不再是单打独斗的“艺术家”，以部门为核心的宏观策划使《舌尖上的中国》之类的“大片”得以顺利推出。宏观策划的工作重点，一是确定主题，二是统筹部署。

(1) 确定主题

主题即中心观点、中心思想，是广播电视媒体(或宣传部门)对某一问题持有的观点和评价。主题要通过内容进行表达。以新闻节目为例，在实施节目策划时，主题往往被具体为“报道思想”，即编辑部在一定时期内或阶段内，为达到预期的新闻传播目的而制定的新闻报道的设想、意图。报道思想包含一个时期的总体设想和具体的报道提示。总体报道思想是根据当前党和政府的方针、政策、中心工作、全局和实际情况，经过通盘考虑之后综合制定的；而具体的报道提示则是根据总体报道思想确定形成的。

在新闻类节目中，所谓的“主题报道”往往就是在某一具体报道思想或报道主题的统摄下展开的，如“科学发展主题报道”、“和谐奥运主题报道”，等等。文艺类节目也存在主题，如电视中秋晚会以“全球华人共仰明月”为主题，抗震救灾晚会以“我们万众一心”为主题，等等。电视剧创作也常常存在年度主题。

(2) 统筹部署

以新闻为例，整体的报道思想、报道进度、报道重点和节奏都有赖于部门的统筹部署。比如央视对 2008 年冰雪灾害的报道，整体上是分“五步走”予以部署的：先是动态报道，二是重点报道，三是典型报道，四是深度报道(反思)，五是在后期推出一部大型的全景式纪录片，对整个抗冰救灾活动进行总结。

广播电视节目制作各部门和工种的统一调度同样必须依据宏观策划部门的统筹部署。在大型新闻报道中，电台、电视台编辑部统一调度各路人马，对整个新闻事件进行全方位、多角度的采访报道，这就需要编辑部在采访前做好周密部署，如确定不同的报道地点，确定各种相关被访人物，收集资料，确定报道的整体时间和进度，等等。这显然不是某一个个体能够完成的。

2. 微观策划

在广播电视节目策划过程中，也有相当一部分内容是由创作者个体亲自完成。这些策划内容相对微观，即运用对比思维、求异思维、逆向思维等思维方式对整个节目个案的切入点、表现角度、表现手法等进行策划。微观策划首先要根据部门的总体宣传思想，明确主导性的传播意向。在新闻报道中，记者必须对编辑部的报道设想和宏观意图有所把握；在电视晚会的创作中，单个节目的编导也必须明确晚会的主旨和导演组的总体构思。微观策划需要记者、编导或小摄制组独立完成，通常考虑以下问题：

(1) 具体的选题

选择题材是采访报道的前提与开端。题材即采访报道的题目或对象。广播电视记者选择什么样的题材进行采访报道取决于编辑部的报道思想，记者掌握的新闻线索，以及记者凭借新闻敏感所作的判断。这里面有大编辑部的统一策划、统一报道思想，但更多的是依赖记者或摄制组独立完成的微观策划。例如，同样是宣传“十二五规划”主题，常见的节目策划都是“解读”或“展望”，而央视《经济信息联播》的记者则找到了一个更有趣的选题，一期名为《深圳农民工：我也要圆大学梦》的节目，讲述了一位在深圳务工的“80后”得到当地总工会“圆梦计划”资助，免费上大学而改变人生的曲折故事。这个故事被置于我国未来五年将“不断深化改革开放，全面发展社会事业，着力保障民生，推动经济社会发展再上新台阶”的宏观背景下，令人印象深刻。

（2）业务及技术层面的准备

业务及技术层面的准备主要是为节目前、后期制作的顺利开展进行预先的谋划和设计。例如，在新闻采访前，摄制组要明确记者现场采访时是否出镜，是否出现记者的声音，是光出声不出图像，还是记者出镜采访。如果记者在现场采访提问，那么，必须提前进行问题的准备，并列出可供采访的对象；如果要进行体验式、参与式的报道，必须事先确定合理、可行的现场介入方式；如果要在夜间、雨中或海面等特殊环境中采拍、采录，必须做哪些技术上的准备，等等。只有明确了这些，才能便于摄像师、录音师做好事先的准备，并在现场工作中配合记者进行合理的言行记录。

在一些重要的预知新闻事件的采访前，电视记者应该对拍摄现场进行事前的勘测，做好充分的技术准备，确定好机位，设计合理的运动路线。电视记者还要在拍摄前做好设备的检查，带好所有拍摄所必需的各种设备，防止因小失大。

（3）人财物方面的准备

广播电视制作涉及的设备多、人员多，耗费的资金多，没有人、财、物的充分准备，很多规模较大的节目将受到直接的影响。需要考虑的人力资源条件包括：可能投入报道活动的采、编、技术等人员方面的信息，具体到可参与者的人数、素质、才能、报道经验、社会关系等等。需要考虑的保障因素包括：对节目制作起保障作用的资金、技术设备、交通工具、通讯手段等信息。

（4）可能的困难及备选方案

微观策划要加强预见性，将节目制作中可能遇到的各种情况尽可能考虑到，尤其是可能遇到的困难。策划方案要有可操作性和可行性。方案的制订不能闭门造车，应该由经验比较丰富的记者或编导完成，因为通常只有经历过各种复杂情况的记者才能在策划时比较准确地预测策划方案是否可行。策划也要具有灵活性和可变性。有必要设计几套备用方案，一旦出现突发状况而导致预先设计的方案不能顺利完成时，便可马上拍摄备选的另一个选题或角度，以保证节目顺利完成。否则，一群记者在现场停工待料，会造成很大的损失。

策划内容在采访中的改变，并不能否认策划本身的意义。很多纪实性节目的策划只是一个非常基本的蓝本，到节目最后完成时，把最初的策划拿出来看，也许会发现完全没有当初设想和策划的影子。但是，“好的策划能够预见很多关键性的问题和事件发展的脉络，从而掌握应变的主动权。其次，在实际中发生变动较大的策划案，记者在实拍的自我调整也是以策划为变化的参照物”①。

无论宏观策划还是微观策划，常常要形成文字，即策划文书或策划案，也包括具体的采访计划、摄制方案、活动方案等。有时，可以兼顾宏观和微观环节制订节目报道方案，即针对一段时间内需要连续报道的新闻事件作出全面、综合的报道计划。根据报道内容的需要，其内容既有宏观上的指导性意见，又有对报道中细节处理的预案。

第三节　广播电视节目的制作

当前广播节目制作多采用直播方式，再加上无须画面采制，省却了许多工艺环节，但大致上仍有采、写、编、播等具体业务。占据多数的以 ENG 方式制作的电视新闻、纪实性节目、专题报道，以及常见的社教类节目、剧情短片等，也有类似的业务环节。除了获取素材，即采拍与采录之外，节目制作更多工序集中于后期，包括撰写文字稿本、整理素材、配合语言文稿录音、编配音响效果和音乐、声画剪辑、合成与包装处理、审查与修改，最后输出到播出带或生成可供播出的音视频文件。现择其重点讲解如下。

一、素材获取

素材是指广播电视节目创作中的原始材料。它直接来源于客观现实，是客观现实中未加概括、选择和组织的实际生活现象。这里讲的素材是指用录音、录像设备直接采录的原始音像。在数字状态下，通常以音视频文件的形式存储于各类介质之中。

1. 声音的拾取与采集

录音师是在广播电视采访中专职负责现场声音收集的人员。广播是声音的传播，素材获取主要是录音师或兼具录音师职责的记者的任务。在电视画

① 朱羽君、雷蔚真：《电视采访学》，中国人民大学出版社，1999 年，第 109 页。

面中有一个基本概念，即电视画面是包括现场同期声的。当同期声成为重要的信息载体时，电视采访中的声音形象的要求也相应地提高了。这时也就需要专门的录音师。在目前的技术条件下，由于摄像机本机话筒对特定现场音响的采集还达不到必需的标准，在对电视制作要求较高的情况下，录音师便成为必不可少的摄制组成员。

（1）根据采访现场决定录音设备。现在，录音设备十分发达，而且种类也很多。录音师有责任在采访准备时了解采访现场的环境，并根据现场的条件和节目的需要配带相应的录音设备。比如，为行动方便可带无线话筒，录音质量要求高则带调音台、钓竿话筒，遇到大风环境要携带防风套等。录音师要熟练地掌握摄像机外接话筒、无线话筒、钓竿话筒、本机话筒以及调音台的使用方法和技巧，以适应不同条件下的声音采录要求。

（2）确保声音的清晰录制和真实还原。录音师的基本职责是确保采访时声音录制的质量，使声音能在后期节目编辑中发挥应有的作用。

（3）与摄像师有机配合，处理好声音录制与画面摄取之间的关系。在绝大多数情况下，录音师所录制的现场同期声应该有其相应的画面作为载体，这就要求录音师在录音时要注意声音与镜头内容的对应。在有的情况下，采访现场会出现多个声源，这时，录音师就不能简单地保持声音与画面对应的原则了，而是要发挥主观能动性，对不同声音进行合理的选择和采集。录音师还要发挥主观能动性，搜集具有个性的现场同期声，补充画面外重要的声音信息。此外，录音师还要注意对采访现场环境声源的采集。

2. 画面的拍摄与采集

摄像的过程即采集画面形象素材的过程。在电视节目制作中，摄像师是电视采访时运用摄像机记录现场画面的专职人员，亦是电视采访中唯一绝对不可缺少的环节。摄像师在摄制组中有着举足轻重的位置，现场形象信息的物化过程要靠摄像师来完成。摄像师在现场拍摄的原始声画素材构成了电视采访活动中的本体。也就是说，摄像师工作的好坏直接决定声画信息的记录质量。

（1）运用娴熟的摄像技术完成新闻素材的形象采集。生活现象不能直接作为电视作品的素材，素材是分散在客观现实当中并和其他事物混生在一起的，如果不是有意识地去了解、认识，是不易觉察和发现的。因此，摄像工作要善于发现素材，把现场最富含新闻价值的形象信息记录下来。

（2）抓取"决定性瞬间"。摄像师在现场要受现场编辑的提示，抓拍现场的任务、环境、细节、氛围等重要因素，保证后期节目编辑所需的画面素材量。

在现场，摄像师也必须保持极大的主动性和灵活性，因为现场瞬息万变，抓取瞬间的画面以及瞬间场景的价值并确定是否记录下来是不容迟疑的，要靠摄像师主动把握。

（3）与出镜记者或演员紧密配合，完成拍摄任务。应根据具体节目的内容，决定使用何种摄像机的执机方式，如站式、坐式、半蹲式、趴式、靠式、跪式、踏式等；决定使用何种拍摄角度和景别；决定摄像机的运动方式及镜头的运动方式。其总的出发点是要有利于与出镜记者或演员配合，完成访谈、交流、评述、情景再现等不同的声画记录任务。

二、文本编撰

广播电视文本泛指一切为广播电视节目制作所撰写的文字内容，包括电视（广播）剧本、摄制（录制）大纲、解说词或报道词、电视专题片稿本、现场报道计划、节目录制流程台本等等。广播电视文本应集中体现节目的主题、主要内容、基本结构、风格式样、声画综合处理方式等，为后期编辑提供依据。

1. 广播电视文本的常见类型

（1）文学本

以文字形式表现未来剧目内容的一种文学式样，属于电视（广播）文学创作范畴，是情节类节目的基础，也是节目制作的第一步。其优劣取决于作者的素养及对电视节目特性的熟悉程度，有时也是根据各类节目题材、体裁、风格、式样而为其专门撰写的文字性的"结构框架"。电视（广播）文学本大都出于编剧或编导之手，编撰时有以下三种具体思路：

一类是偏重可读性。此类剧本是一种有别于小说的文学读物。它具有小说以及其他文学读物的一切特征，但有比较明显的为满足影视节目表现或广播剧制作而创作的痕迹。另一类是偏重视听觉形象表现。这种稿本注重突出对视听觉形象的表现，尽可能将抽象符号演变成可供拍摄、采录和后期编辑时具体的形象，因此缺乏可读性。还有一种是兼顾稿本的可读性和视听觉表现，用文字体现出视听的思维，依靠描写和镜头的具体规定，使读者比较方便地想象画面情节，既具有一定的可读性，又具有较强的操作性。

（2）提纲式稿本

其中又细分为粗线条式与段落式提纲。

粗线条式　粗线条式提纲侧重于对节目主题线索的整理，只阐述出与表现对象有关的主要因素、段落、上下文的连接以及表现风格等。粗线条式提纲的缺点是过于简单，比较笼统。但是由于没有具体的条条框框的局限，因此可以在采访、拍摄、录制、编辑过程中，根据采访所获得的实际素材，灵活地加以调整。对于那种创作时间短、拍摄可变因素大的节目，常采用这一类的提纲。有时，记者或编导为了给其他的创作人员一个总的创作提示，也可以用这种粗线条提纲对节目当中的某一集、某一个场景，甚至是针对某次采访而单独编写一个。

段落式 按结构层次排列，把每段要表现的内容和要点简略地写出来。这样的提纲虽然简单，但由于层次分明，段落、场面处理灵活，因此在总的创作主线下，为编导人员的二度创作提供了较大的空间。

(3) 分镜头稿本

分镜头稿本是根据文字稿本的主题，利用电视语言的造型与表现手法，依据编导人员自己的艺术构思、艺术风格，为节目制定的详细的工作蓝本。

完整式 这种分镜头稿本对节目的每一个镜头的拍摄方案以及镜头的连接方式都予以精心考虑。其中，图像部分主要包括拍摄的人物、物体、风景、字幕、资料的内容、长度，可以用文字的形式进行描述，也可以采用速写或草图的形式表现；技术(技巧)部分主要包括镜头的长度、摄像机镜头的角度、景别、运动形式、画面组接(转换)方法；声音部分主要包括节目中人物的台词内容、画外音内容、解说词内容、同期声、音乐的长度、出现和消失的时间；还包括镜头的序号、组别、摄像机的机号以及其他一些相应内容。

简略式(两栏式) 对于一些电视纪实类节目，也可以采取简略式分镜头稿本，即只把画面内容和解说词分左右两栏同时写出，省去其他的部分。根据作者掌握情况的不同和习惯不同，有些以解说词为主，镜头只是大意；有些以镜头为主，解说只是大意。这种写作方法是人们最多采用的。

(4) 播出工作文案

广播电视直播时，新闻事件的发展往往事先无法预测。为了保证直播工作的顺利进行，编导与导播应对直播工作制订一个尽可能完整的直播方案。方案要求尽可能详细、周全，对直播中可能发生的情况要有预案。而对一些在演播室录制的节目，由于可以多遍录制，因此，可以事先做一个相对简单的方案。根据直播或录播的形式，可以是直播方案、工作台本、导播工作流程等等。

直播方案 直播方案应充分考虑到现场直播可能出现的各类情况，并有相应的处理手段，对整个直播过程的时间安排细致。主要包括：直播内容、播出形式、直播框架、技术要求、主持人要求等。

导播工作台本 导播工作台本是针对一些需要在演播室录播节目所做的一个简要的工作程序计划，其中既简要列出了内容的表现形式，又将录播工作中的重要环节做了交待。由于是录播，不像直播那样有严格的时间限制和可能发生情况的处理预案，因此一般比较简单。

导播工作流程 与导播工作台本相比较，导播工作流程重在突出对流程的关注上，而对录播内容，如主持人的表达方式、技术要求、时间都不做具体要求，完全根据现场录播的情况而定。

2. 电视解说词的写作

解说词是电视片的重要组成部分，是“非事件空间的创作者对事件空间所发生的事件的评价或解释”，“解说词更多用于非叙事形式的作品之中，如纪录片、新闻片、教学片、科教片和政论性影片”。①

(1) 电视解说词的作用

解说词具有表意的确切性，可以解释电视画面，交待事件发生的时间、地点、人物、原因、背景；对画面作必要的补叙和衔接；提示内涵，深化主题。解说词还可以帮助观众更深刻地理解画面展现的客观事物，引起想象和联想。好的解说可以使受众在感受听觉形象和视觉形象时在认识上得到升华。此外，解说词可以增大单位时间内信息传播的容量。

(2) 解说词写作的基本要求

一是强调声画的协调。在编撰过程中，应该充分认识解说词的特殊性。因为作为一种描述性的叙说，电视解说词是与画面共同表达主题的，对于那些直观的画面形象，解说词则不必出现。例如，如果观众已经从画面看到了，解说词还在说“红旗招展”，就显得多余了；同样，如果观众已经从同期声中听到了，解说词却还要写“锣鼓喧天”，也会显得重复。相比较而言，印刷媒体的文字具有较强的铺展性，而电视解说词写作则强调相对集中，内容紧凑，有一定的概括性。需要避免的另一种倾向是，解说词过于“强势”，以至于替代了画面。“解说词作为电视纪录性节目的重要组成部分，无论从哪个角度分析，它都不是也不可能是一个完整的文学体裁，一种单纯的语言艺术。”②换句话说，解说词只是视听媒介中的众多因素之一，而非自成体系、压倒一切的因素。比如，某个电视纪录节目的解说词说：“……我们被长城的壮美所震撼了……”但观众没有从画面上看到足以令他感到壮美的镜头。又如，有一部纪录少数民族风情的纪录片，解说词告诉观众，这个民族的民歌是多么的优美动人，但观众根本没有听见歌声。这都不是声画协调的表现。

---

① 周传基：《电影、电视、广播中的声音》，中国电影出版社，1991 年，第 155、156 页。
② 温化平：《电视节目解说词写作》，北京广播学院出版社，1988 年，“序言”。

二是强调文字的口语化。尽管重点突出、结构完整、语言优美、内涵深刻是文章写作的基本要求，但是从电视传媒的表现形式来看，一篇可以使人产生高度视觉刺激的文章并不一定就是好的解说词，因为它所重视的是写作的创作规律，而不是"说"话的规律，它写出来的是给眼睛看的，而不是送到人们的耳朵里，给人听的。为"说"而写意味着抛弃文学的创作习惯，包括文学写作当中的语法规则。用字遣词应该通俗易懂，晓畅明白；造句行文讲究琅琅上口，易读易听；文本结构上可以独立成章。总之，要有口头语言表达的效果。

三是应充分考虑制作因素。在解说词写作过程中，要从拥有的电视设备和技术能力出发，充分考虑到电视技术的局限性以及节目的制作条件。避免后期制作过程中受设备性能所限，实现不了编剧所设计的效果；或者经费有限，必须删除一些镜头，导致解说词非改动不可。而考虑到后期编辑制作因素，以及视听元素平衡对节目效果的影响，应对画面的时间长短和相应台词的多少予以精心计算。画面过短，文字过多，说话的速度过快，势必影响观众的理解，难以给观众留下回味，造成视听上的负载不平衡；画面过长，文字太少，又会造成节奏的拖沓，减弱了节目的感染力。

三、声音制作

"按照录音工艺的具体操作的不同，国内习惯把录音工艺分为同期录音工艺、后期录音工艺、先期录音同期放声工艺三种。"[①]其中，同期录音工艺是指在拍摄过程中，同时收录现场人声和效果声的录制方法；后期录音工艺是指在拍摄过程中，主要摄取画面，而声音采取配音的方式和画面套在一起；先期录音同期放声工艺则是指对某些声音内容先行录制完成，拍摄时做同步放音，并收录参考声带，主要用于制作 MV、戏曲、歌舞片等。无论上述哪种工艺，在后期制作时，都有补录、拟音、声画套剪、混录等步骤。现择其重点讲解如下。

1. 人声的配录

除了前期在演播室或现场拾取的声音素材外，后期制作时仍需为广播电视节目补录一些声音。广播节目方面，传统的广播稿新闻、录音通讯、录音评论、广播剧等都需要记者或播音员在后期制作时，利用有声语言和副语言进行"二次创作"。这种创造性的工作，就是将文字稿件转化为人声的过程，从叙述方式来看，既有转述，也有评述，还有阐述等；从口头语体来分类，大体是朗读体、演讲体和谈话体。虽然当前广播节目多采用直播方式，但在后期制作时进

---

① 王红霞：《影视声音基础》，中国电影出版社，2004 年，第 102 页。

行声音配录的做法并没有消失。录播的广播节目虽在时效性上逊色，却多在声音质量上占优。

电视节目方面，配音是后期制作时为节目加上人声的过程。包括多种情况，如将解说词、报道词、评论稿等转化为口语；又如配音演员替角色（包括动画形象和虚拟角色）配上声音，或以其他语言代替原片中角色的语言对白；或由于前期录音出现错漏，由原演员重新为片段补回对白；此外，演员的语音或歌声用别人的声音替代，也称为配音。

在广播电视节目中，配录的人声发挥以下作用：一是塑造声音形象，包括塑造人物的社会角色形象；二是提高语言美感，即体现汉语言本身的平仄相间、抑扬顿挫的美感节律；三是丰富语言内涵，体现有声语言的内容美；四是增强表达能力，以求更加准确、鲜明、生动地传达节目内容和广播电视讯息。为此，播音员、配音演员必须和录音师、录音导演密切配合。只有技术使用合理、制作精良，才能实现以上效果。

2. 声音素材处理

前期采录及后期配录的声音素材常常或多或少存在缺陷，并非总是完美的。因此，有必要借助数字音频工作站及调音台进行一定的技术处理。一般而言，后期处理包括声音素材的音色处理、声音素材的时间效果处理、声音素材的幅度处理、声音素材的噪声处理等。

3. 混录

所谓混录，通俗地说就是将同期声、解说、音乐等根据节目需要有机地结合在一起，并录在一个声道上。对于电视节目，还需要将处理过的声音素材、拟音效果、音乐等声音元素与画面进行“组合”。

在广播节目后期制作中，广播导演扮演着重要角色，特别是在广播剧演播中，其重要性更为突出。广播导演也被称为音响导演，他的任务是围绕着广播节目的主旨正确处理有声语言、录音资料、音乐以及各种音响的关系。音响导演能够准确辨别声音的质量和效果，特别是在广播剧中，根据剧情发展，需要模拟音响。音响导演可以作出各种技术处理，达到以假乱真的效果。在各种声音的混成效果中，音响导演可以提出指导性的意见，并作出必要的处理。导演还须善于运用多种录音资料，特别是那些感人肺腑的谈话录音、引人入胜的现场实况录音；妙用歌曲、音乐、间奏乐作为节目的组成部分，更是导演的职责。音响导演应力求使节目内容、文字表达、播音员的声音、选配的音乐等协调一致，从而起到突出节目的主题思想，刻画人物心理，展示情节发展，烘托现场气氛的作用。

四、剪辑

“节目经过了策划、摄制等工序之后，还只是一些零散素材的集合，大量的整理与加工工作，都要靠编辑来完成。”①“编辑”是对电影剪辑一词的间接引用，它反映了广播电视与电影在制作技术上的不同。而与电影剪辑相同的是，广播电视的后期编辑既是一项技术性的工作，又是一项艺术性的工作，是形成节目叙事内容、表现节目主题最直接的手段，编导的创作思想、创作风格也主要是通过后期编辑体现出来的。广播电视编辑主要是声画剪辑工作。

1. 剪辑的一般原则

一是要符合事物发展的客观规律。生活本身的规律性成为镜头叙述动作、事件外部形态最基本的依据。它要求把镜头按逻辑顺序组接起来，要使节目中的每一个镜头都体现出事态发展的内容，将情节、事件过程交代清楚。换句话说，即使画面内容像生活中事物变化发展那样变化发展。当然，按事物的形成、发展规律去组合内容，并不是要把事件的全过程都搬到屏幕上去，而是指采用一种取舍的组合法，对事物所发生的时间和空间的重新组合，去表现一种屏幕特有的时空连贯。尽管这种重新的组合受编导的经验和审美情趣等多种因素的影响，但由于它以事物发展顺序为依据，因此更多体现出一种符合生活的逻辑。

二是要符合观众的视听觉习惯。就是要符合人们在日常生活中养成的、建立于正常逻辑思维基础之上的视听觉习惯。比如，在日常生活中，人们观察事物时，有先粗后细、由远及近，或反过来先了解局部，然后推及整体，并在这种分析综合过程中循环往复的习惯。因此，在编辑过程中，应充分把握观众的这种心理，或以远景展示全局，逐步递进到近景镜头，或先交待局部细节，再递减为远景镜头，保证事件交待的完整性。

2. 剪辑的常见流程

(1) 选择素材。这里所说的素材主要是指广播电视记者或摄制组前期采拍、录制的声音和画面，也包括从音像资料库、节目交流平台，甚至互联网上获取的音视频内容。剪辑之前，首先要分析素材，对无法获取的资料和难以实际采录到的声音、镜头，要形成文字稿，以解说词或其他的形式在节目中加以表现。声音和镜头的取舍并没有具体的模式，编辑可以根据各自不同的风格、喜好等做出不同的选择，但也并非任意、随便，一般应考虑以下因素：一是应符合

① 黄匡宇等:《电视节目编辑技巧》，中国广播电视出版社，2002年，第3页。

人们视听觉习惯和思维规律；二是应有利于完整、准确地交代节目内容和表现节目主题；三是应与节目本身的类型特点相符。在选择声画素材时，应充分考虑节目的具体内容和形式，以及预先设计的风格样式，做到“去粗取精，去伪存真，删繁就简，因地制宜”。

（2）修整素材。对原始的声画素材进行必要的修整，包括确定声音或镜头的长度，以及进行适当的技术调节。在电视制作中，确定合适的镜头长度需要综合考虑多方面因素，包括镜头内主体的位置、主体运动状态的差异、画面亮度、景别、镜头内含的情绪等等。比如，特写镜头保留 2—3 秒即可，而远景镜头则应保证 10 秒以上的镜头长度。此外，还应根据需要，利用技术手段，如非编软件中的滤镜特效、光色调节等功能，校正、变更原始镜头的光感和色感。其目的在于让受众能够更好地接受素材传递的信息，领会声画表达的意义，以及产生共鸣。

（3）组接。所谓镜头的组接，“就是把单个的镜头依据一定的规律（人们的视觉特点、思维逻辑等）和目的（如创作者的表现意图等）组接在一起，形成具有一定含意和内容完整的电视节目”①。在组接时，编导应注意保持画面区域与主体位置统一；保持运动形态、方向协调；保持运动流程合理紧凑；保持前后镜头景别上的合理性；保持动态镜头与动态镜头、静态镜头与静态镜头，及动态镜头与静态镜头之间的合理组接；保持影调和色彩过渡的统一；以及建构合理的方向感和空间关系。此外，电视的声画组接还包括镜头间的转换以及画面和声音的组合。

（4）形成段落。在剪辑中，人们将若干单个镜头连接起来的具有完整意义的一组画面称为“镜头句子”，相对完整的“镜头句子”也被称为镜头组。按照编导思路，经过镜头的有机组接，一个个有相对独立情节或叙事功能的“镜头句子”形成了。一般来说，如果一个句子或多个句子能够完成一段叙事，或交待一组情节，便将其称为一个段落。在电视剪辑中，存在于段落之间的情节变化或时空关系变化，被称为场面转换，即转场。在形成段落的过程中，除考虑镜头内容外，还应综合考虑声音元素，特别是后期配录的解说词等的作用。

（5）叠加字幕。字幕即屏幕文字，是电视节目的重要元素之一。在声画组接基本完成，形成了一定的情节段落或叙事段落的情况下，应根据需要添加说明性、复述性或单纯信息性的字幕；对于包含访谈同期声、对白，甚至解说的段落，有时还需要添加唱词字幕。

① 黄匡宇等：《电视节目编辑技巧》，中国广播电视出版社，2002 年，第 83 页。

五、特技制作、合成与包装

随着电视制作技术的迅速发展,后期制作又肩负起了一个非常重要的职责:特技镜头的制作。特技镜头是那些依靠拍摄无法直接得到的镜头。无法直接拍摄到,一般是由于两个原因:一是拍摄对象或环境在现实生活中根本就不存在,或者即使存在也不可能拍摄到,比如外星人,或已经发生的车祸;二是拍摄的对象和环境虽然在实际生活中存在,但无法同时出现在同一个画面中,比如科学节目的主持人“置身”白垩纪丛林,或电影节目的主持人进入老电影的镜头中。要实现这些节目创意,就必须依靠特技。

早期的影视特技大多是通过模型制作、特技摄影、光学合成等传统手法完成,主要在拍摄阶段和洗印过程中完成。现代化的影视制作手段包括用电脑三维动画制作虚拟模型,以及对多个素材进行数字合成处理,等等。所谓合成,“是指将多种源素材混合成单一复合画面的处理过程”①。具体包括两个过程:一是通过各种操作使源图像适合于合成,如进行必要的较色、几何变换等;二是通过各种手段使多个源图像合并到一起。这个过程既包含着技术手段,又有许多艺术方面的选择。在技术上,影视合成需要依靠高性能图形工作站,借助功能各异的数字合成软件。计算机的使用为特技制作提供了更多更好的工具,也使许多过去必须使用模型和摄影手段完成的特技可以通过计算机制作完成。好的特技镜头与合成画面能够“无中生有”,为电视节目“锦上添花”。

电视包装目前已成为电视台和各电视节目公司、广告公司最常用的概念之一。它的定义是对电视节目、栏目、频道甚至是电视台的整体形象进行一种外在形式要素的规范和强化。这些外在的形式要素包括声音(语言、音响、音乐、音效等)、图像(固定画面、活动画面、动画)、颜色等诸要素。包装是电视媒体自身发展的需要,是电视节目、栏目、频道成熟稳定的一个标志。从宏观上看,电视包装有专门的栏目包装和频道整体包装。就节目层面而言,包装环节主要包括片头、片尾、角标、版式和字幕条制作,节目片花及宣传片制作,等等。节目包装设计需要大量运用特技画面与合成工艺,是一个技术与艺术并重的环节。包装的优劣,决定了电视节目是否精致,是否耐看,是否“抓人”,能否有效吸引观众;优秀的包装本身也是一件艺术品,是电视节目内容的重要组成部分。

---

① 李昱、周进:《数字影视后期制作高级教程》,中国青年出版社,2001年,第10页。

第四节 广播电视节目的编排

早期广播电视节目没有专门的编排环节，形式非常随意。比如前苏联中央台开播时，邦契·布鲁耶维奇教授自己说："喂喂！请注意！莫斯科中央广播电台，现在，开始播送广播音乐会……"在那个时期，节目只是一个个界限并不清晰的内容单元，"读报上的新闻，放几张唱片"，"没有用节目时间表的方式对外公布，既不是天天都有'准节目'，也不是播准节目都在相同的时间，更没有什么确定的名称"①，不少节目都是临时决定播出的，也就无所谓编排了。现代广播电视台播出的所有内容，广义上看，都是有机编排而成的。编排是实现播出目的的重要环节，是广播电视媒介对节目信息表达态度的具体途径，也是提高传播效果的重要手段。

一、广播电视节目编排与播出方式

作为节目播出前的最后的编辑环节，编排工作要"根据媒体、栏目的定位和特色，把单独的稿件、节目按照一定的原则、逻辑有序地组合成一个栏目的整体"②。不同类型的广播电视节目有不同的编排与播出方式。从编排的角度看，广播电视节目的播出可分为非编排播出（独立播出）和编排播出两种。

1. 非编排播出

所谓"非编排"，也可以理解为"传统个体式节目编排"，"即多个节目以简单线性顺序排列，而节目个体之间缺乏内在联系和联结标志"。③ 以电视为例，特别节目、大型专题片和纪录片、电视剧等通常都采用非编排播出的方式。比如，为了播出"两会"记者招待会特别节目，电视台可以依据具体的活动安排，辟出专门时段进行直播，而这一内容与前后播出的节目未必有直接联系；《大国崛起》、《故宫》等系列专题片一般是占据独立时段，连续播出，当整个系列播出结束后，则会在这一时段安排与之无关的其他内容；栏目化的专题片、纪录片按栏目播出，但在栏目时间内往往仅安排单一内容的节目。无论是上述哪种形式，都属于独立播出，因为播出时这一节目不会与其他的内容组合、编排在一起。"非编排"的节目在经过编辑制作、合成环节后，可以直接送

---

① 陈尔泰：《中国广播发轫史稿》，中国广播电视出版社，2008 年，第 123 页。

② 许颖：《广播电视新闻实务》，东北财经大学出版社，2007 年，第 165 页。

③ 陆晔、赵民：《当代广播电视概论》，复旦大学出版社，2004 年，第 45 页。

审、播出。

2. 编排播出

编排讲究的是内容及内容要素之间的整合与关联。比如电影频道播出单部电影，一般是独立播出。而《流金岁月》这样的栏目在播放老电影之前，还邀请当年的主创人员走进演播室接受主持人采访，品评电影内容；访谈过程中，还可以插播背景短片，与观众聊天互动；因为是栏目，又不可避免地需要包装。这样，节目的构成要素就大大增加了，只有科学编排，才能取得好的播出效果。

再比如消息类新闻节目也多是编排播出。因为单条新闻一般较短，必须进行编排才能形成一个完整的节目时段。在这个意义上说，新闻节目可以理解为电视台播出的新闻内容的基本组织单元和播出单元，是多条新闻的集合体，是经过编排的完整内容。一些“长新闻”（专题类新闻），因为有主持人参与串连工作，也属于编排播出，如《焦点访谈》、《新闻调查》等播出的内容，都是采取“主持人引出＋正片＋主持人结语”的编排形式；也有纪录片栏目采取此种编排形式的，如上海台的《纪录片编辑室》。

在制作流程上，编排播出的节目除完成声音和画面编辑外，通常还需编辑串连单，编辑内容提要及串编，最后合成，播出。从制作工艺上看，在由“一个个节目”变成“一档节目”的编排过程中，常常要融入主持人等元素，也因此会融合多种制作手段。

二、广播电视节目编排模式

对节目进行编排，源于对广播电视线性传播方式的适应，最初的编排也仅限于对节目内容先后关系的排列。比如，1958 年北京电视台第一次实验播出时，播放了以下节目①：

19:00《工业先进生产者和农业合作社主任庆祝“五一”节座谈》

19:15 新闻纪录影片《到农村去》

19:25 诗朗诵《工厂里来了三个姑娘》、《大跃进的号角》

19:30 舞蹈《四小天鹅舞》、《牧童与村姑》、《春江花月夜》

19:50 科学教育影片《电视》

实验播出的节目虽然简单，却已有明显的编排痕迹。无论是头条内容的选定，还是从时政到文艺，再到科教节目的排列，以及具体内容的组合，都可以

① 萧阳：《中国电视史话》，载《中国广播影视》，1998 年第 9 期。

看出经过了设计。但在当时，还谈不上给节目"挂牌"、"命名"，更谈不上运用现代的编排理念了。到1960年，北京台实行固定的节目表，设立了每周三次的《电视新闻》栏目，但这一栏目也只是简单粗糙的新闻片与纪录片的组合。改革开放之后，随着广播电视改革的深化，受众意识、市场意识、专业化意识深入人心。科学地实施节目编排，优化广播电视的传播效果，便成为节目生产过程中不得不认真考虑的问题。从1992年开始，一年一度的"中国广播电视新闻奖"增设"节目编排奖"，奖励那些"节目编排思路明确、手法恰当"的节目。

宏观上看，当前国内外广播电视节目主要存在以下编排模式。

1. 栏目化编排模式

栏目是按照一定的宗旨和目的，把一些或一组题材内容、内容性质、功能目的或形态相近的小节目纳入一个定期、定时长的某时段中播出，并将这一定期、定时长播出的某时段冠以名称。这一冠名播出时段的节目我们习惯称之为栏目。早期的广播电视理论没有"栏目"的概念，不论是挂牌的名称还是播出的内容，统称为"节目"。而进行栏目化编排，则有利于受众记忆和收听收看；有利于电台、电视台对节目的管理、运作和推广；有利于打造广播电视节目品牌。栏目化编排的特点有：

(1) 栏目题材内容和形式类型具有系统性。也就是说要针对有指向性的收视群体，编排相对系统的题材内容。比如《经济信息联播》栏目播出的内容可谓财经新闻的集纳；而《娱乐现场》栏目则整合各类娱乐圈新闻。当然，也存在一些综合类栏目，但其具体内容的编排也存在规律性。

(2) 栏目结构形式具有固定性。栏目的结构与形式固定，比如《新闻联播》一般以片花分割为"国内新闻"和"国际新闻"两个部分，具体新闻的选取、排列必须遵循这一结构框架。栏目播出时间和长度固定，由此限定了节目的容量。栏目的界面(主持人、包装)相对固定，内容的编排要与之相统一。

栏目化编排强调"定期"、"定时"、"定量"，即有固定的栏目头、播出时间，以及相对固定的节目长度和包装形式。经过多年栏目化运作，"栏目化编排"的广播电视节目在我国已经发展成熟。过去一些独立播出的节目也纷纷"栏目化"，如零散播出的音乐节目，可以编排为"每周一歌"，也可以编排为"排行榜"。2005年，我国评出首届广播十佳栏目，《新闻和报纸摘要》(中央电台)、《阳光热线》(河北电台)、《焦点时刻》(湖北电台)、《直播南京》(江苏广电总台)等荣膺"十佳"。

2. 板块化编排模式

板块与栏目代表着广播电视节目的不同结构形式和编排思路。在我国，节目的板块化编排源于1986年珠江经济广播电台开创的“大时段综合”节目。这个用全新方式广播的频率，一反传统的“录播”和“分割式”节目编排，采用“以新闻信息为骨架，以大板块主持人节目为肌体”的形式，按听众的收听习惯和需要安排内容，通过主持人灵活地将新闻、资讯、服务、娱乐等各种内容熔于一炉。进入20世纪90年代，上海东方电台开始推行24小时主持人直播板块节目。在广播电视学中，“板块”是对集合式广播电视节目的一种形象性称呼。板块式节目是指具有基本固定播出时段及周期，节目内容融新闻、信息、服务、文化娱乐等多种节目类型为一体，多采用主持人串联形式播出的大时段节目，亦称“杂志型节目”①。版块化编排的优势在于：

(1) 打通不同栏目的界限，在内容上做关联性编排，形式上以主持人串接，连贯性强。传统的编排方式只是将节目依线性次序排列，不强调节目与节目之间的内在联系。一些小节目时间长度有限，使频道、频率整体上显得零散。而板块化编排将若干子栏目有机串联，形成整体风格。如2001改版的“电视新闻杂志”《东方时空》的版块内就设置了《东方之子》、《百姓故事》、《世界》、《纪事》、《时空连线》等子栏目，有统一的主持人和节目包装。

(2) 按受众接受习惯来编排，便于接收，选择性明确。在节目构成上，板块式结构将全天的播出时间划分为若干单元，每一单元中再由基本固定的集约式小栏目构成板块式节目。如中央人民广播电台“中国之声”就将全天节目划分为早间、上午、午间、下午、晚间和夜间六大板块，每个板块有板块总主持人，一些具体的栏目设有分主持人。这种编排方式比较符合受众的接受习惯，有利于吸引受众的连续注意力，进而有利于节目获得稳定的受众群体，形成高收视(听)率广告优势。

目前，板块化编排在我国广播电视节目尤其是广播节目中得到了广泛运用。一些“大板块”节目获得了受众肯定。20世纪90年代，上海东方电台曾开办长达6个小时的“大板块”谈话节目《相伴到黎明》。在电视领域，中央电视台一度以《晚间新闻》、《国际新闻》、《体育新闻》构成“晚间新闻板块”。

3. 类型化编排模式

类型化(format)又被译为格式化，含有个性化、风格化之意，它与栏目化编排相对应，后者又称“堆砌式编排”(block programming)，意思是一个个具体的节目堆积、罗列，每个节目区别明显，受众常需依照节目表锁定特定时间收听收看节目。类型化编排方式与此不同，它强调淡化一个个具体节目，而凸

---

① 陆晔、赵民：《当代广播电视概论》，复旦大学出版社，2004年，第42页。

现整个频道(率)的面貌。类型化意味着以一种时钟循环的概念运行和操作节目,广播电视节目成为一种"循环流动的内容"。

例如,美国纽约类型化新闻台880WCBS以一小时为一个组合体。其新闻编排方式为:逢整点为新闻网联播,4分为本地新闻,8分为天气、路况信息,12分为本地新闻,14分为最新要闻快览,15分为体育报道……如此循环往复。听众不需要节目表,打开收音机随时收听所需内容。按照类型化原则进行编排,事实上是淡化名牌栏目,转而以打造名牌频率为目标。我国第一个类型化电台是2002年推出的中央人民广播电台"音乐之声",这个开播第二年即在北京创下31.13%收听率的频率,却几乎没有一个知名主持人和品牌栏目。相比于传统编排方式,类型化更加尊重传播规律。对受众而言,则更容易记住媒体的特色,更容易形成高的忠诚度。

三、广播电视节目编排技巧

就业务层面而言,"节目"可以理解为广播电台、电视台播出内容的基本组织形式和播出形式,是由多个具体的内容单元(如一条消息、一支歌曲、一次访谈等)组成的集合体,是一个经过编排的完整播出时段;而编排则是对节目内各主要构成要素进行排列组合的过程。一档好的节目,"其编排一般需要做的:有一个有吸引力的开场和结尾;有效地处理进度,内容丰富多彩,在每个小单元都有变化;节目体现完整统一性"①。

1. 突出重点

突出重点的第一种方式是位置。关键位置有多种确定方法,如头条位置、整点位置等,在文艺类节目的编排上,还有"黄金分割点"、"压轴点"等关键性位置,在编排时应着力安排重点内容。以头条为例,任何广播电视机构都把精心选择头条新闻作为新闻编排的重点。一般来说,头条选择恰当,可以起到先声夺人的效果,让受众一见钟情,从而锁定栏目。头条应该是当天最重要、最有吸引力的节目,编排时可选择一些与头条相关的内容编排成组,让头条充分发挥拉动的作用。

突出重点还可以体现在一次节目中重点内容的"量"上。围绕一个主题,往往可以选择一组相关内容进行编排组合,以形成一定的声势,不过在使用时要把握好"度",避免造成"疲劳轰炸"式的传播,反而降低了传播效果。

---

① 许颖:《广播电视新闻实务》,东北财经大学出版社,2007年,第166页。

2. 优化组合

优化组合是提高传播效果最常用的方法。编排时要通过将不同节目合理巧妙地组合,使其在整体传播效果上超过单一内容传播效果之和。在编排组合时较常使用的方法有关联组合、专栏集纳与稿件配合。

关联组合是把内容相近或相关的稿件排列在一起。在构思节目时,利用题材共有的某些因素作为联系点,进行合并“同类项”处理。如说到“过年”,就可以把“春节期间的天气”、“春运资讯”、“民风年俗”,甚至贺岁歌曲等内容串编起来。

专栏集纳是采用专栏的方式,把不同内容组织起来。如把近两天的“微博热词”编排在一起形成一个小专栏等。

稿件配合是把同一题材的不同体裁的稿件组合在一起。以新闻为例,常见的搭配是,消息加新闻背景、加特写、加花絮、加专家点评、加编后话等,这种方法也被叫做综合报道。

3. 巧妙安排结构

广播电视节目编排要遵循三个重要概念:峰谷、节奏、分段。所谓峰谷技巧,是使受众兴趣保持高峰状态的方法,由于广播电视是线性传播,要求对能引发受众兴趣的节目分散安排,有意搭配趣味程度或精彩程度不同的各种内容,以减轻观众的疲劳感和厌烦情绪;节奏意味着起伏和变化,即节目在内容和形式上的变化与重复,不同的报道样式和节目形式导致了节奏的差异,有的快,有的慢,可以有机组合,形成节奏的变化;分段是指在广播电视编排中,通过小片花、演播室、广告等内容的穿插,把整体内容分为几个段落,每一段落自成一体,而各个段落间又紧密相连。

广播电视节目编排强调层次清楚,详略得当,结构严谨,使受众感受到的不是零乱的堆砌,而是完整、统一的组合。节目编排的过程实际上就是变分散为集中、化无序为有序的过程,是优化组合的过程。例如央视的《全球资讯榜》,便一改新闻节目先国内、后国外,先时政、再社会的编排结构,每期节目都以榜单的形式将网上点击率最高或全球媒体关注度最高的新闻呈现出来,如要闻排行榜、新闻人物榜、财经新闻榜、公司新闻榜、科技新闻榜等,令人耳目一新。

4. 起承转合流畅自然

广播电视节目的起承转合有各种不同方法,如栏标、标题、广告、音乐、片花、结尾等,包括节目间直接的呼应连接,应根据具体情况,灵活运用。其中最直接的方式,是以语言为媒介的起承转合,即通常所说的节目提要、按语和串联词。

5. 统一风格

在广播电视栏目编排时，编辑应力求风格上有一个整体的基调。整体基调的确定应以栏目的基本风格定位与当期重点内容的基调为基础。广播电视栏目不同，风格自然也不同，编排者要根据本栏目的定位，选择、加工节目，策划、编排节目，突出节目的个性特征，保持节目的风格统一。比如，同样是早间新闻节目，中央台《新闻和报纸摘要》的编排就应严谨、稳重，体现权威性；而《音乐早报》则可以在编排上突出接近性，体现轻松、活泼的风格。

第十二章　广播电视产业化经营

所谓产业，是指一切从事物质和精神产品生产以及提供劳务服务活动的部门集合。广播电视产业是传媒产业的重要分支，而传媒业又是文化产业的重要组成部分。在我国，文化产业是指为社会公众提供文化、娱乐产品和服务的活动以及与这些活动有关联的活动的集合。2011年发布的国家"十二五"规划纲要提出："推动文化产业成为国民经济支柱性产业，增强文化产业整体实力和竞争力。实施重大文化产业项目带动战略，加强文化产业基地和区域性特色文化产业群建设。推进文化产业结构调整，大力发展文化创意、影视制作、出版发行、印刷复制、演艺娱乐、数字内容和动漫等重点文化产业。"党的十八大报告再次强调，要将文化产业发展成为国民经济支柱性产业。要发展新型文化业态，提高文化产业规模化、集约化、专业化水平。在此时代背景下，广播电视的产业化经营已成为一个亟待深化研究的热门课题。

第一节　广播电视产业的构成与特点

广播电视产业是按照工业标准生产、再生产、储存以及分配广播电视产品和服务的一系列活动，即指从事广播电视产品与服务的生产经营活动以及为这种生产和经营提供相关服务的行业。广播电视提供的是精神产品，其产业构成和特点与传统产业有所差异。

一、广播电视产业的构成

在传统广播电视产业中，依据不同的产业功能，可以划分为市场调研、制作、播出（发行）、传送、接收等多个环节。不同环节一般由不同的企业或部门参与，它们构成一个有机的整体。从上世纪80年代中期起，广播电视业和信息产业开始融合。目前，国外广播电视产业的内涵已变得相当丰富：

节目创意、节目制作、节目营销、网络传输、媒介调查、媒介咨询、广告购买、卫星电视、节目租赁、媒介上市、投资分析、技术服务等，都是产业链中的重要环节。

1. 市场调研

市场调研是市场调查与市场研究的统称，它是个人或组织根据特定的决策问题而系统地设计、搜集、记录、整理、分析及研究市场各类信息资料、报告调研结果的工作过程。市场调研是市场预测和经营决策过程中必不可少的组成部分。它要求实施者运用科学的方法，有目的、有计划地收集、整理和分析有关供求和资源的各种情报，为营销策略制订和企业决策提供正确的依据。在传媒产业中，市场调研为传媒产品的生产、推广提供决策保障，也为广告投放提供必要依据。广播电视的市场调研一般由调研公司或专业部门承担。市场调研公司受节目制作公司、广播电视台或广告商委托，为其提供节目需求及反馈信息，以便媒介机构及广告公司制订或及时调整经营策略。

2. 节目制作

节目制作是广播电视产业构成的核心内容。节目制作能力的大小，直接决定了广播电视产业整体运行是处于良性循环还是恶性循环。对此前一章已作专门的阐述。

3. 播出(发行)

广播电视台是节目的播出机构，负责将自己制作及购买的节目进行集成播出。在传统的广播电视产业链中，节目播出机构——电台、电视台既是节目的制作机构，也是节目的集成、播发机构，电台、电视台掌握着频道或网络等前端资源，是整个产业的有机组成部分。广播电视产业的产出能否顺利实现，再生产能否顺利进行，相当程度上要靠电台、电视台这个链条来实现。

节目播出(发行)和流通是一个重要的产业环节。节目制作机构(广播电视台及节目制作公司等)根据市场需要生产节目，然后交由发行公司向广播电视台或音像商店进行节目的发行销售。国外有专门的节目辛迪加从事节目发行工作，当然，也不排除有些节目制作公司自办发行。

4. 信号传送与接收

无线网络、有线网络及卫星广播电视运营商分别通过无线电波、有线电缆(光缆)和卫星三种方式将节目传送到接收终端，供受众收听收看。此外，节目制作机构还可以自己或通过专门的发行公司将节目以录像带、光盘等物理传送方式，直接出售给受众。当前，随着互联网和手机媒体的发展，新媒体平台已成为广播电视节目传送和营销的重要渠道。

广播电视产业虽然分工明确，但每一个环节都不是独立存在的，它们相互依存，相互制约，环环相扣，联动性强，缺失任何一个环节，都将对产业价值的创造产生不良影响。现在，大规模的媒介组织通过集团化发展，经营范围已涉及多项价值创造活动，有的甚至覆盖了所有产业领域。如默多克新闻集团的业务范围就已纵跨多个产业环节，将节目生产、销售、无线、有线和卫星电视的经营尽纳其中。

二、广播电视产业的特点

作为文化产业的核心产业之一，广播电视产业不仅具有文化产业所共有的特征，也具有自身的个性特点。

1. 产业基础的技术性

广播电视产业是在现代电子技术发展基础上产生的，其大发展也是层出不穷的新技术不断推动的结果。技术进步不仅扩大了广播电视的传播范围，改变了节目的制作方式，提高了广播电视传播效果，还丰富了广播电视的产业内涵，扩大了产业规模，形成了新的产业形式，并拓展了广播电视产业的发展领域。技术不仅是广播电视媒介实现经营目标的必要条件，先进的技术装备还是激烈市场竞争中克“敌”制胜的法宝。

2. 产业属性的双重性

文化产业兼具文化与经济双重属性。在文化产业中，产品的文化属性与商品属性是兼容的，这是文化产业区别于其他产业的最突出特征。作为文化产业的子系统，广播电视产业自然也具备文化和经济双重属性。

广播电视的文化属性决定了广播电视会产生社会效益，因此必须注重舆论导向和精神价值，避免节目低俗化，要为受众提供良好的社会信息环境，实现文化、价值观念的高质量传递，达到社会效益的最大化；广播电视的经济属性决定了广播电视会产生经济效益，这是媒体持续存在和发挥社会效益的根本保证，它要求广播电视机构深入挖掘节目和相关产品的市场潜能，实现商业利益最大化。无论在哪个国家，只要把广播电视纳入产业范围，在法律规定和社会公德允许的范围内追求经济效益都是合理的。那么，应该如何处理商业属性与文化属性的关系，或者说如何处理经济效益和社会效益的关系呢？马克思主义新闻观一贯主张，坚持把社会效益放在首位，努力实现社会效益与经济效益的统一，这是由社会主义新闻事业为人民服务和为社会主义服务的根本性质所决定的。在保证社会效益第一的前提下，努力争取社会效益与经济效益的协调一致和同步增长。当两者发生矛盾时，要坚定不移地把社会效益放在首位，经济效益服从社会效益。

3. 意识形态性

广播电视属于上层建筑范畴，具有典型的意识形态属性。在西方，无论公营性质还是商业性质的广播电视，其经营都必须遵循一定社会、一定阶级的政治观、价值观和新闻观，其经营活动不可避免地被打上特定阶级意识形态的烙印。在战争传播、危机传播等特殊的国际传播领域，各国广播电视无不坚持"国家利益至上"原则，积极扮演对外宣传工具角色。在我国，广播电视被认为是党、政府和人民的"喉舌"。我国的广电媒体必须坚持"以正确的舆论引导人"，坚持"为人民服务，为社会主义服务"的原则，积极宣传党和政府的大政方针，努力成为社会主义建设的主导力量。

4. 产品经营的特殊性

作为劳动产物，广播电视产品具有商品属性，但又不同于一般商品，其特殊之处主要表现为具备物质和精神两种形态。广播电视产品的物质形态是指广电从业人员借助影音录制设备通过对思想观念、意识内容的加工再创造所形成的节目载体，如录像带、光盘等。这些物质形态的产品具有价值和使用价值，是广播电视产品的重要形式。广播电视产品更为核心、更具价值的要素在于其精神形态，即广播电视节目的内容。从经济学角度来看，节目内容凝聚了广电工作者无差别的人类劳动。因此，广播电视产业也被认为是"内容产业"。根据欧盟的定义，内容产业是指那些"制造、开发、包装和销售信息产品及其服务的产业"，包括"各种媒介上所传播的印刷品内容（报纸、书籍、杂志等）、音像电子出版物内容（联机数据库、音像制品服务、电子游戏等）、音像传播内容（电视、录像、广播和影院）、用于消费的各种数字化软件等"①。这个定义把文化产业和与文化产业相关的信息技术产业部门（如通信业、IT 行业、电视、网络基础设施建设）区别开来，突出了内容产品的生产和传播。

(1) 产品内容的精神属性。广播电视产业从事的是精神生产，"它的精神生产力则是指广播电视的'软件'——节目的生产能力，如：广播电视节目的采制、编创、制作、播出等生产过程，以及节目产品所蕴含的思想内涵、历史意义、艺术水平、文化品位等社会价值"②。广播电视通过信息传播获取大众注意力，

---

① 吴玉玲：《广播电视概论》，中国传媒大学出版社，2007 年，第 163 页。

② 毕一鸣：《精神生产力是推动广播电视事业发展的基本动力》，载《中国广播电视学刊》，1997 年第 3 期。

并将注意力转化为广告收益，这是其典型的盈利模式。在这一过程中，广播电视对于提升公民的道德水准、传承文化、促进文化整合产生重要作用。广播电视内容产品具有精神属性，因此，对其价值的衡量就不能仅靠社会必要劳动时间来评价，还必须考虑到文化内涵、社会影响等多种因素。

(2) 产品价值的时间约束性。广播电视的信息传播具有时效性，其产品价值受到时间影响，甚至从某种意义上讲，时间就是广播电视的产业价值。这是因为无论节目的编排，还是广告时段的收费，所遵循的基本单位都是时间。比如 19:00—22:00 是电视的黄金时间，如果产品在这段时间播出，其价值实现就最高，如果在非黄金时段播出，其价值可能就低了。广播电视产品的时间约束性，要求广播电视生产经营人员必须有较强的时间观念，学会科学地利用时间，实现产品的最大价值。

(3) 产品消费群体的多样性。广播电视的受众群体非常庞大，几乎涵盖了整个人口范围。不同年龄、不同性别、不同教育程度受众的媒介接触偏好差别相当明显。因此，广播电视受众对节目的需求、判断标准和趣味千差万别。现代工业产品常常会考虑不同客户的不同需求，进行品种的细分或个性化设计，这一点在文化产业中体现得更为明显。新媒体与个人消费信息产品的发展加剧了这一趋势。

(4) 产品的高附加值特点。在广播电视产品价值中，科技和文化的附加值比例明显高于普通的产品和服务。广播电视产业的附加值主要来源于文化价值和知识产权，并主要体现在“内容为王”和产业链形态的延伸方面。比如一张没有内容的光盘，成本是 1 元，赋予了电视节目内容之后，价值可以是其物质成本的十倍甚至百倍。广播电视产品的交易，像其他文化产品一样，主要是知识产权的转移。加大知识产权的保护力度，已成为世界各国促进广播电视产业发展的重要举措之一。

5. 产业资源的自然垄断性

“自然垄断是指由于规模经济效益、范围经济效益、网络经济效益、资源稀缺性、沉淀成本等技术和经济方面的原因形成的一个产业由一个企业完全垄断或少数几家企业寡头垄断的经济现象。”[①]早期的自然垄断概念与资源条件的集中有关，主要是因为由于资源条件的分布集中而无法竞争或不适宜竞争所形成的垄断，如广播电视的电波和频率便属于典型的公共资源，也是稀缺性资源。为了合理分配频率资源，各国政府均制定了法规制度，对广播电视进行

① 吴玉玲:《广播电视概论》，中国传媒大学出版社，2007 年，第 171 页。

有效规范。

因为追求规模经济效益而形成垄断的例子，在广播电视产业中当属有线网络的建设，这项投资巨大的基础设施工程，只有争取尽可能多的用户，才能有效降低单位成本。因此，也很容易形成垄断的局面。此外，还有学者认为，媒介的自然垄断属性是政府人为设置行业准入条件的结果，如只允许一家媒体独揽整个行业的全部生产和经营活动。当前，我国政府对广播电视的产业经营实行严格的准入和监管机制，不允许建立私营广播电视台。

6．产业效益的多元性

所谓产业效益，是指某个产业对国民经济所作的贡献，它包括该产业本身得到的直接效益和由该产业引起的间接效益。广播电视产业具有较强的产业牵动性，其产生的间接效益十分可观。如韩国电视剧《大长今》不仅大大推动了韩国文化产品的出口，而且还带动了旅游、美容、餐饮、服装、化妆品等其他产业的发展。20集《冬季恋歌》的制作费在每集3亿韩元左右，但随后一年就带来旅游路线收入3亿美元，是其制作成本的50倍。2005年韩国接待旅游人次582万，其中大部分受到“韩流”影响，以至于韩国每出口一部影视剧，几乎就要设计一套旅游路线图。在这个过程中，“韩国制造”的品牌收益和韩国国家的形象收益更是无法计量。由此可见，评估广播电视产业效益，不仅要看其直接经营的收益所得，更要综合估量相关产业的间接收益。

第二节　广播电视产业的经营内容与方式

在经济学上，经营是指某一组织或个人以盈利为目的，在社会商品的生产领域和流通领域内进行的社会活动。广播电视产业经营即指广播电视媒介组织以营利为目的，为社会提供有关信息、娱乐产品或服务等的综合性活动。在社会主义市场经济条件下，我国广播电视产业的经营状况不断改善，经营收入逐年提高。2010年，广播电视行业经营总收入2 301.87亿元，首次突破2 000亿大关。

一、广播电视产业的经营内容

广播电视产业经营的核心内容包括节目经营、广告经营和网络经营。

1．节目经营

广播电视产品主要以节目的形式表现出来。广播电视产品经营就是节目的经营，它是广播电视产业最基本的经营内容。

节目经营主要包括广播电视节目的策划、生产、包装、推广和销售等经营活动。其中，策划是节目经营的首要环节。节目策划的成功与否直接决定了后几个环节的发展形势。节目生产是指广播电视从业人员利用相关设备和技术根据策划内容进行录制，它是广播电视产业节目经营的基础，也是节目经营的主体性环节。在这一环节上，必须科学管理，合理配置人力、财力、物力，控制制作成本，确保节目的生产周期和制作质量。在节目生产完毕之后，需要对节目加以包装。包装是节目经营中相当重要的一环，好的节目包装能为人们提供清晰、准确，并富有吸引力的识别系统，以提高接收对象的选择率与使用效度，进而提高自身的影响力、竞争力和市场占有率。推广和销售是广播电视节目经营的最后环节。强有力的推广活动能使节目深入人心，为其争取尽可能高的市场份额。在广播电视节目交易方面，交易会是节目交易和发行的主要途径之一。

近年来，我国广播电视节目制作与经营状况不断改善。2010 年，全国广播节目制作时间 681 万小时，电视节目制作时间 274 万小时。其中，影视剧类电视节目制作时间 9.35 万小时。2009 年，全国购买、交换的广播节目和电视节目时间分别达到 100 万和 472 万小时。在市场交易最为活跃的电视剧领域，2010 年交易总额约为 60 亿元。伴随着版权费用的大幅提高和各电视台自制剧项目的陆续启动，国内电视剧市场的竞争也进入白热化。根据近 5 年电视节目制作发行情况以及电视台播出电视剧时间情况，可以发现观众对电视剧的需求增长比供应增长幅度更大，电视剧也是我国电视台播出和收视比重最高的节目类型。

2. 广告经营

广告是广播电视媒介经营的最重要组成部分，在广播电视产业结构体系中处于支柱地位。广电媒体的竞争常常集中表现在广告竞争上，广告收入水平是衡量其经营状况的重要标准。

所谓广告经营，是广播电视通过节目的视听率吸引广告主投放广告的一种经营活动。广播电视通过节目内容吸引受众的注意力，在受众获取信息、身心获得愉悦的同时，也提升了时间段的经济价值。然后再利用受众关注对广告商的吸引力，把节目以外的时间出卖给广告商并从中获取经济利益。对此，英国学者费斯克有专门研究。他认为："演播室生产出一种商品，即某一个节目，把它卖给经销商，如广播公司或有线电视网，以谋求利润。对所有商品而言，这都是一种简单的金融交换。然而这不是事情的了结，因为一个电视节目，或一种文化商品，并不是微波炉或牛仔裤这样的物质商品。一个电视节目的经济功能，并未在它售出之后即告完成，因为在它被消费的时候，它又转变成一个生产者。它产生出来的是一批观众，然后，这批观众又被卖给了广告商。”[①]由此可见，节目在金融经济系统中的运行实际上分为生产和消费两个流通阶段。第一阶段是制片商(生产者)生产出电视节目(商品)，然后卖给电视台(消费者)；第二个阶段则是电视台将观众作为“商品”卖给广告商，广告商成了“消费者”。从这个意义上讲，电视台的“产品”不是节目，而是广告的播出时间。表面上看广告商买的是电视广告的播放时间，而实际上买的是观众的注意力。

当然，由于节目内容和影响力的不同，不同媒体在同一时间的广告费用不尽相同。由于广告收入的多少主要取决于接触广告信息的受众人数及其特征，广播电视节目吸引受众的能力以及受众“质量”就显得至关重要。拥有较高视听率或与广告商目标消费群体相对应的广播电视节目，能够吸引广告客户进行广告投放。广告收入越多，广播电视媒介就越有实力制作或购买更好的节目，从而进入一种良性循环。

自 1979 年 1 月 28 日上海电视台播出我国第一条电视广告——参桂补酒广告以来，特别是实行社会主义市场经济体制后，我国广播电视广告收入一直呈现高速增长趋势，已成为我国各级广电媒体的主要经济来源。2010 年 1 月 1 日，《广播电视广告播出管理办法》开始执行。当年，全国广播电视广告收入为 970 亿元，约占行业总收入的 43%，成为广播电视广告收入增长最快的一年。

3. 网络经营

广播电视网络主要指由有线电视线路、卫星广播电视上下通道以及微波电路等构成的传输网络，广播电视网络是广播电视节目播出和信息传递的基本条件，并为广播电视业和其他相关产业提供服务。其中有线电视网和卫星直播电视以相对成熟的付费收看方式，成为广播电视产业经营的重要组成部分。

有线电视网络经营包括有线电视网络的建设开发、经营管理和维护，电视节目收转、传送服务，数据信息服务和交互服务等方面。其中，节目收转、传送服务是广播电视网络经营的基本内容，主要包括有线电视网络维护费和付费电视节目收视费。此外，数据信息服务和交互服务也是有线电视最具潜力的利润来源。数据信息服务不仅包括图文电视形式的股票信息服务、高速数据

---

① [英]费斯克：《理解大众文化》，中央编译出版社，2001 年，第 32 页。

广播、网络接入，而且还包括计算机联网服务在内的多媒体服务业务。此外，交互式点播和增值服务也是有线电视运营商新的利润来源。网络建设是有线电视生存和发展的基础。没有有线电视网络，有线电视的其他服务就失去了根基。目前，我国建成有线电视网络 400 多万公里，有线电视用户超过 1.873 亿户。2010 年有线电视网络收入 506 亿元，占行业总收入的 23%，有线电视收视费在数字电视的推动下实现了跨越式发展。与此同时，以高清交互为代表的数字电视新业态和增值业务、付费业务也获得了一定发展，付费数字电视用户数已达 1 105 万户，年收入超过 25 亿元。

完整的直播卫星产业链，“包括从事卫星转发器租赁业务、节目传送业务、卫星直播试验平台和境外卫星电视节目监管平台运行及卫星专用接收设备的制造和销售等。节目传送业务是直播卫星的核心产业，其外延层还将带动着卫星制造业、发射业、接收设备制造业等相关产业。随着技术的发展，直播卫星从原先仅发送视音频节目扩展到传输数据、交互电视、高清电视及因特网连接、多媒体广播等服务”[①]。我国于 1999 年开始采用卫星直播电视节目。在构建直播卫星服务体系方面，计划“十二五”期间要完善卫星直播技术平台、业务支撑与运营管理系统。直播卫星平台将具备提供 100 套标清和 40 套高清电视节目能力，在满足基本公共服务的基础上，积极开发推送点播、付费电视、信息服务、应急广播以及电子报纸等卫星广播电视新业务，满足用户多样化、个性化的需求，实现城乡广播电视服务的均等化。

二、广播电视产业的经营方式

经营方式是指企业在经营活动中所采取的方式和方法。广播电视产业经营可分为核心业务经营和多种经营两大类。1983 年，第十一次全国广播电视工作会议提出，广电系统可以在广告经营之外，“开展多种经营、广开财源”。随后，国家财政对广播电视媒体的投入逐年递减，广播电视多元化的产业经营日益活跃。

1. 核心业务经营

（1）“制播分离”条件下的节目经营

“制播分离”的概念最早起源于英国，来自英文 Commission，原意是指电视播出机构将部分节目委托给独立制片人或独立制片公司来制作。2005 年 1 月 25 日，我国国家广电总局正式向有关单位印发了《广播影视工作要点》，

① 吴玉玲：《广播电视概论》，中国传媒大学出版社，2007 年，第 179 页。

其中对于“制播分离”的表述为：“除新闻类、社会访谈类节目外，文艺、体育、科技类节目等可逐步实行制播分离，引入市场机制，实行节目的市场招标采购。”

“制播分离”是国际上广播电视行业较为常用的一种节目经营方式。在美国，ABC、CBC、NBC、FOX 等各大电视台播出的娱乐性节目基本上都是通过市场购买获得的。在提供娱乐节目的众多公司中，比较著名的有维亚康姆(Viacom)、时代华纳(Time Warner)、迪士尼(Disney)和探索发现频道(Discovery)等。

在我国，电视台和广播电台一直实行采编播一体化的生产模式，节目由自己生产自己播出，机构臃肿，效率低下。这种“吃大锅饭”的运行机制严重制约了节目的发展，造成了很多电视台、电台运作成本高昂，缺乏竞争力。随着受众对广播电视节目的需求越来越高，迫切需要广开渠道，拓宽节目生产平台，提升节目质量。2009 年，广电总局向各地广电总局下发文件《广电总局关于推进广播电视“制播分离”改革(修改稿)》，明确规定，“除影视剧外，电视台从市场购买节目的比例，原则上每年不低于播出总量的 30%”。“制播分离”改革对广播电视产业将产生广泛影响，主要体现在三个方面：首先，有利于培育原有广播电视之外的节目内容产业，使之逐步成熟壮大，形成产业链；其二，对市场来讲，施行“制播分离”是广播和电视产业化的标志，必然给资本市场带来众多较高回报的投资机会，促进资本和产权的整合，也必将促进节目交易市场的繁荣兴旺；其三，对电视台、电台来讲，施行“制播分离”意味着市场机制将发挥主导性作用，走在前列的广电媒体将会通过体制创新和市场的力量整合资源，获得更多的市场机遇。

“制播分离”改革有利于聚集社会力量为受众生产更加丰富精彩的节目。近几年，在多元投资的推动下，包括民营制作公司在内的各类节目制作机构脱颖而出。最为典型的例子是北京光线电视策划中心，其制作的《中国娱乐报道》(后改名《娱乐现场》)1999 年首播，初期只有 30 家电视台播出，但由于定位准确，风格时尚，捕捉热点及时，马上吸引了一大批年轻观众，收视率直线上升。2000 年以后，《中国娱乐报道》的播出台增加到 80 家，收视观众达 3.15 亿以上；不久《中国娱乐报道》发行到数百家电视台，融资 6 个亿，在全国建立了 30 多个记者站。2011 年，光线传媒在 A 股创业板成功上市。

随着集团化的广播电视机构相继整合成立，各地电视台也纷纷加入到探索节目运作市场化的行列之中。2008 年 12 月 2 日，中央人民广播电台“音乐之声”开办 6 周年之际，由中央人民广播电台控股的“央广智库广告有限公司”

挂牌成立，“音乐之声”实行“制播分离”，以谋求音乐节目价值的深层开发。上海文广新闻传媒集团炫动卡通频道组建了由集团控股的节目制作公司，目前该频道在全国20多个城市落地，公司投资生产的动画片超过1万分钟。在各级国有广电集团或总台内部，“制播分离”改革在推动原有体制下人员、资产等重组的同时，也深刻影响着广播电视节目的制作和经营。湖南广播影视集团以“娱乐频道”为试点，实现整个频道的公司化运作。2004年集团投资组建天娱传媒有限公司，该公司定位于国内一流的娱乐类节目内容集成商和生产商，从节目内容创新制作到媒体衍生市场开发，从艺人发掘到平台经营，已形成产品、渠道、品牌的全方位产业体系，其成功制作、营销的节目案例包括《超级女声》、《快乐男声》等。实践证明，要推进“制播分离”改革，就应将广电系统中能够剥离的节目制作部门从现有的事业体制中剥离出来推向市场，与社会各类影视节目制作发行机构成为公平竞争的市场主体。

(2)“全流通”环境下的市场交易

随着多元化节目制作力量的发展，以及数字新媒体的崛起，世界范围广播电视节目市场已经进入“全流通”时代。也就是说，作为商品的广播电视节目不仅可以在一个国家内部跨地域交易，更可以实现跨国的流通交易；不仅能够作为传统广播电视媒体的内容借助电波或有线网络传播，更能“登陆”互联网、移动多媒体终端等新媒体平台，实现跨媒体流通；不仅能够以传统的广告经营的方式盈利，更可以依托各类数字付费平台，并通过周边产业环节盈利。

那么，我国的节目市场交易格局如何呢？在中国，改革开放前的电视业没有任何经营收入，所有开支皆由国家和各级政府财政预算拨付。“电视台制作的节目基本供自己播出，台与台之间有时通过物物交换的方式或者低价补偿的方式进行节目交流，节目类型比较单一，主要承担宣传与教育的功能。”①1984年，我国首次启动全国省级电视台节目交流网，开始了电视节目的流通，但尚未形成完全按市场进行交易的机制。1986年，第一届上海电视节举办，有16个国家18个城市的23家电视台主要通过节目“以物易物”的方式开展交易，这是我国较早建立的电视节目交易市场。1988年10月举办的第二届上海电视节，第一次将电视节目作为商品交易。党的十四大确立社会主义市场经济体制后，改革开放进入了深化改革、全面发展的新时期。1996年，举办了首届“全国国产电视节目展示交易会”，这次交易会吸引制作单位304家，参加展示交易的节目16 169部，其中，电视剧9 528部(集)、专题节目2 568部(集)、其

① 唐世鼎、黎斌等：《制播体制改革与电视业发展问题研究》，中国传媒大学出版社，2005年，第13页。

他类型节目 4 074 部(集)。这次交易会为后来的电视节目市场发展打下了良好基础。

我国的电视节目交易平台,除了全国省级电视台节目交流网、全国电视节目交易会、上海国际电视节、北京国际电视周外,还有 1991 年开始举办的四川国际电视节、1992 年成立的全国有线电视协作体和 2001 年湖南开始承办的金鹰电视艺术节等等。应该看到,定期和不定期的电视博览会和各种交易会,虽然对节目流通起到了很好的促进作用,但毕竟规模小,交易量低,常常是有行无市,缺乏固定机构和设施,是一个很不完善的市场。到目前为止,在我国除了电视剧交易相对成熟一些外,还没有形成一个统一、开放、竞争、有序的节目市场。不少电台电视台仍满足于"自产自销","自给自足"。由于播出渠道的垄断,在市场交换中,价值规律的杠杆作用常常被扭曲、掩盖,这在一定程度上影响了节目的生产制作和经营,并且直接制约着其他环节(如广告业)乃至整个传媒产业的发展。

要想完善节目交易市场,首先要成立大量的节目中介公司,中介公司负责将社会生产的所有节目集中起来交易,并形成区域性的多个节目交易中心市场。当然,社会生产的节目总量要足够大,促成交易活跃,中介机构才能赢利。在以美国为代表的西方发达国家,节目的交易市场十分成熟。美国有专门的电视节目辛迪加,作为分销系统,辛迪加把同一个新节目或旧节目的播出权分别卖给不同的电视台,以"一稿多投"的办法来扩大节目影响,增加节目价值。美国的广播电视节目不仅在国内市场流通,而且在国际电视市场也占有相当的份额。建立符合现代工业生产方式要求的新型节目生产交易方式已成为共识。只有这样,才能培植出有受众市场和客户市场竞争力的、适销对路的各类节目,节目的生产制作和经营也才能真正发挥其作为主导产业的地位和作用,进而带动和支撑起整个产业发展。

付费电视业务是电视媒体在传统节目交易之外,发展节目经营的另一个突破口。2003 年,我国开始大力推广付费电视业务,当年 9 月 1 日,中央电视台试播数字付费电视频道。付费电视意味着收看电视节目将不再是完全免费的行为,受众为收看某些频道而付费,也可以看作是对节目的一种消费。这种消费不是为具体的某个节目买单,而是针对具有同质性的某类节目进行整体消费。付费电视频道没有商业广告,其赢利完全靠收取收视费获得,是一种真正的节目市场经营方式,在未来将扮演越来越重要的角色。

(3)"三网融合"预期下的渠道运作

"三网融合"是指电信网、互联网和广播电视网三大网络通过技术改造,能够提供包括语音、数据、图像等综合多媒体的通信业务。它并不意味着电信网、互联网和有线电视网三大网络的物理合一，而主要是指高层业务应用的融合，即相同的服务和内容既可在广电网又可在电信网上被提供。“三网融合”后，普通用户可按需选择网络和终端，可用电视遥控器打电话，或在手机上看电视剧。

“三网融合”已是世界范围通行的做法。美国 1996 年《联邦电信法》规定，有线电视运营商及其附属机构从事电信服务，不必申请获取特许权；特许权管理机构不得禁止或限制有线电视运营商及其附属机构提供电信服务，也不得对其服务施加任何条件；电信企业可以通过无线通信方式、有线电视系统以及开放的视频系统提供广播电视服务。这一法律打破了美国信息产业混业经营的限制，增强了基础电信领域内的竞争，允许长话、市话、广播、有线电视、影视服务等业务互相渗透，也允许各类电信运营者互相参股，创造自由竞争的法律环境。由此，整个电信市场获得了前所未有的竞争性准入许可。正是在那之后，美国的有线电视开始发展数字电视和双向服务，仅 10 年时间，有线电视市场便翻了一倍多，总经营额以及利润、毛利润、净现金流都增长了一倍多。目前，原先分属不同领域的企业所提供的服务差异越来越小，“语音＋视频＋数据”一体化的经营模式日趋普遍，并正朝着“语音＋视频＋数据＋无线”的方向发展。

我国的“三网融合”步履艰难。1998 年 3 月，邮电部和电子工业部完成合并，信息产业部正式成立；同时，广电部改为广电总局。在《印发国家广播电影电视总局职能配置内设机构和人员编制规定的通知》(国办发(1998)92 号)中有这样一段并未执行的文字：“将原广播电影电视部的广播电视传送网(包括无线和有线电视网)的统筹规划与行业管理、组织制订广播电视传送网络的技术体制与标准的职能，交给信息产业部。”12 年后的 2010 年，国务院总理温家宝主持召开国务院常务会议，决定加快推进电信网、广播电视网和互联网三网融合，会议明确了“三网融合”的时间表。当年 6 月，12 个试点城市名单和试点方案正式公布，“三网融合”终于进入实质性推进阶段。

“三网融合”不仅是将现有网络资源有效整合、互联互通，而且会形成新的服务和运营机制，并有利于信息产业结构的优化，以及政策法规的相应变革。融合以后，不仅信息传播、内容和通信服务的方式会发生很大变化，企业应用、个人信息消费的具体形态也将产生质的变化。广播电视网络渠道将以全新的方式经营运作。当前，按照“大容量、双向交互”的要求，我国正在加快有线电视网络的数字化转换，同时加快建设下一代广播电视网(NGB)，力争用 10 年的时间基本建成覆盖全国的全功能、全业务下一代广播电视网。同时加快有线电视网络整合，改变目前资源分散、条块分割的局面，尽快实现全程全网、互联互通。由此，广播电视网络将成为集公共传播、信息服务、文化娱乐于一体的多媒体平台，能够提供更多更好的综合服务。一方面，传统广播电视服务将得到大大提升。比如，受众可以收听收看到上百套数字广播电视节目，可以看到高清电视，可以进行视频点播，可以通过移动多媒体广播电视随时随地收听收看广播电视节目。另一方面，新兴业态、新型业务将得到有力开发，广播电视的功能将得到拓展和延伸，可以提供电子政务、电子商务、文化教育等各类服务。广播电视网络业务的经营运作将从此进入全新的时期。

2. 多元化经营

我国广播电视的多种经营始于上世纪80年代中前期。“当时，各级电台、电视台都兴办了各式各样的实业公司、印务公司、电脑公司、服务公司等，并把原有的宾馆、食堂的门脸开向社会。”①进入90年代，随着广电集团的建立，广播电视媒体在主营核心业务之外，积极拓展市场，多种经营的范围不断拓展。由于多元化经营的开展，广告收入在广播电视收入中的比重有所下降。纵观发达国家的传媒产业，从内部体系看，它们不仅拥有自己的电影、电视、报刊、广播、网络等传媒公司，拥有面向全球的、完善的节目营销体系，还往往和广告业、娱乐业、旅游业等相关产业进行整合，形成了一条完整的“上游开发，中游拓展，下游延伸”的产业链条。

广播电视产业的全面发展，不能离开一个完整的产业链。产业链是产业经济学中的一个概念，是各个产业部门之间基于一定的技术经济关联，并依据特定的逻辑关系和时空布局关系客观形成的链条式关联关系形态。产业链中大量存在着上下游关系和相互价值的交换，上游环节向下游环节输送产品或服务，下游环节向上游环节反馈信息。在传媒产业中，产业链的形成能使传媒资源趋于合理配置，有利于降低经营成本；可以均衡市场风险，提高媒介的市场应变能力和适应能力；还可以形成产品的群集性整体优势，增加媒体的获利渠道，提高整体实力。国外经验表明，当经济发展到相当程度后，成熟的产业链可以为产业的继续发展提供更大的空间。

在美国，电视综艺节目总收入中约有40％来自广告，剩下60％来自对节目品牌的延伸营销。其中的主要要素包括：②

---

① 谭云明、包国强：《传媒经营管理新论》，北京大学出版社，2007年，第348页。

② 谢耘耕、陈虹：《真人秀节目：理论、形态和创新》，复旦大学出版社，2007年，第219页。

序号	品种	
1	版权	
2	音像制品、图书电影、电视剧	
3	新媒体业务	短信投票
		短信增值服务
		彩铃
		新媒体互动
4	商业演出	
5	艺人经纪	
6	特许授权的纪念产品	
7	游戏	
8	课程开发	
9	博彩	
10	慈善拍卖	

表 12－1　美国电视综艺节目的品牌延伸营销要素

由电视节目品牌所带来的延伸性的相关品牌产品的开发才是节目投资方关注的战略重点。依靠《流行偶像》发家致富的 Fremantle 传媒公司，仅凭借《美国偶像》一项，就从 FOX 集团赚得 7 500 万美元授权费用；2002 年，《流行偶像》冠军 Will Young 首张单曲销量突破 180 万，成为英国年度最畅销单曲；2003 年，《流行偶像》和《美国偶像》以视频游戏的形式登上 PS2 和 PC 两大平台，观众开始真正身临其境地体验“偶像”的乐趣；2004 年，持续高烧的美国消费者在《美国偶像》的授权产品上花去了 2.15 亿美金——产品涵盖玩具、糖果、商业卡、电子游戏、杂志、图书等 35 个大类。短短四年时间，“偶像”系列品牌产品的全球累计销售额就已高达 10 亿美元。《美国偶像》的收入依托，是成熟的唱片工业及娱乐产业链。可见，电台、电视台应以广播、电视为龙头，积极推进广电相关产品、后产品、衍生产品的开发以及跨媒体发展。

在中国，《超级女声》的营销与产业链建构较具代表性。从单纯的电视节目到全方位运作的商业品牌，其成功运作，对于如何实现文化产业链的形成与实现多赢等命题带来全新的思考。在营利模式上，《超级女声》改变了以往电视台以广告收入为主要来源的传统结构，将电视、电台、报纸、杂志等媒体充分融合，并充分运用手机、网络等新媒体，使“超女”影响力辐射至全国。从电视节目、艺人合约到唱片、图书、网络等项目，“超女”构建起新的文化产业链，将传统电视节目并入一条崭新的品牌流水线，多层次、多维度、全方位开发媒体产品的价值。作为品牌所有者，天娱传媒主要收入来自“超级女声”品牌的延伸，包括签约“超女”的广告代言、演出、唱片发行收入等，而选秀节目只是这个娱乐品牌的起点。值得借鉴的是，天娱在上马节目之前，先从节目策划、节目制作、广告运营、商业活动和新的盈利模式等方面进行了整体考虑。电视节目整合了各种相关产业。其中，节目制作商、节目品牌运营商、冠名赞助企业、广告代理商、电信运营商、短信增值服务提供商、娱乐包装公司、网络公司等默契配合，联动运作，与卷入互动娱乐的选手、新闻媒体、“粉丝”及无数普通观众们一起，创造出一个个市场价值巨大的节目品牌。依托品牌，处于产业链中的各类商业参与者，都将获得巨大收益。

再比如，上海文广新闻集团的“第一财经”，除经营报纸、广播、电视外，还创办了“第一财经研究院”，主要进行财经信息的搜集、整理和销售，用工业化批量生产方式进行资源二次利用。通过成立研究院，财经信息的专业性得到加强，多次利用则有效降低了采编成本，使媒体在战略架构上取得了优势。可见，“在广电业进行多种经营时，发展完整的产业链，让每个产业链的环节都找到合适的商业模式，都产生利润，是最佳的方案”①。

第三节 广播电视产业的发展方向与思路

当前，我国传媒产业内部竞争加剧，报业改革如火如荼，网络媒体方兴未艾。广播电视产业的竞争环境可谓狼烟四起。随着技术的进步和产业全球化发展，境外媒体也对我国广播电视市场虎视眈眈。在这样复杂的竞争环境下，要想生存与发展，广播电视媒介就必须采取有效的产业经营方式，看清未来方向，明确新的发展思路。

一、广播电视产业的发展方向

1. 品牌化经营

品牌是企业产品经营的一个综合、复杂而抽象的概念，正如美国广告专家大卫·奥格威所说：品牌是一种错综复杂的象征，它是品牌属性、名称、包装、价格、历史、声誉、广告方式的无形总和。品牌已成为企业在市场环境下打造

① 谭云明、包国强：《传媒经营管理新论》，北京大学出版社，2007年，第356页。

核心竞争力的法宝，是企业经营管理中的重要战略之一。

在广播电视产业中，品牌不仅代表了广播电视媒介及栏目的形象，也意味着优良的品质和鲜明的个性，具有较高的知名度和满意度的品牌栏目，不仅能带来较高的市场占有率和丰厚的广告收入，还能产生强大的社会影响力。美国 NBC 的知名品牌《周末夜现场》(Saturday Night Live)，同时也是美国电视史上最长寿的综艺节目，自 1975 年 10 月 11 日播出至今。这个节目没有固定的主持人，每期都邀请演艺界人士客串主持，却在过去 30 年里培养出许多著名的喜剧明星。在这种良性循环中，节目创造了巨大的品牌价值。可见，媒介品牌既是一种竞争力，又具有吸引力，既能培养忠诚度，又拥有信任度。强化品牌意识，重视品牌的建构和经营，是媒介为了生存和发展而围绕品牌进行的全局性的谋划方略，也是媒介整体发展战略的重要内容。

打造广播电视品牌的关键是建设品牌栏目。由上海电台推出的大型系列广播剧《刑警 803》，在上世纪 90 年代可谓家喻户晓。这个系列从 1990 年 8 月播到 1995 年 7 月，共 39 部 208 集。其规模之大，延续时间之长，均创中国广播剧之最，全国有 33 家电台先后播放，掀起了经久不衰的收听热。“刑警 803”经过多年经营，成为上海台的知名品牌。2001 年，上海台文艺频率推出新版《刑警 803》，取材于近年来有影响的真实案件，再度受到追捧。据中央电视台的品牌效应调查显示，2001 年，共 312 档栏目，知名品牌只占 10%左右，而其带来的广告收入却占央视全部广告额的 90%。目前，依靠品牌栏目体现龙头地位，发挥主导优势，牵引广播电视媒体整体发展的趋势越来越明显。

研究认为，构筑品牌资产的主要元素包括品牌知名度、品牌认知度、品牌联想度、品牌忠诚度等。广播电视品牌栏目的构建是一个长期、系统、复杂的工程，一个品牌要具备上述品牌元素，需经过较长时间经营、培育，才能打造而成，不可能一蹴而就。在未来的广播电视市场，品牌化的栏目、频道、频率，以及具有品牌效应的知名主持人、演员、制片人等，将在市场竞争中赢得主动，占据优势。

2. 跨区域运作

全球化带来的产业重构极大地改变了人们的“本土观念”和“地区观念”。在世界范围，资本主导的跨区域，甚至跨国界的媒体整合愈演愈烈，“大市场”的形成对广播电视产业的资源配置、产品销售、品牌运营都带来了新的机遇。随着我国传媒产业化、市场化步伐加快，广播电视业的跨地区经营成为一大不可逆转的趋势，已日益受到业界和国家相关部门的重视。各地广电集团在跨地区扩张的过程中，不断探索适合自身发展的新途径。

我国传统的广播电视管理体制是“条块分割”的，这在很大程度上限制了广播电视产业的发展。比如传统的行政区划管理模式在客观上制约了广播电视行业按市场规律合理配置资源，对传媒集团的势力扩张构成了障碍。“合理的产业划分不应该以地区为标准，而应该以市场为准绳。在广播电视领域，电视台、广播台数量的多少、覆盖范围的大小不应该受制于政策的束缚，而应该实现广电资源在国内市场的自由配置。当前，我国广播电视媒体条块分割的现状已经严重阻碍了广播电视产业的发展。因此，必须在广播电视产业内部打破行政区划的限制，通过行政和市场双重力量，按照自由市场的规律进行资源整合。这需要广播电视媒体开展跨区域经营，最终形成以区域广电集团为龙头的跨区域大型传媒集团。”[①]要实现跨地域经营，很大程度上需要社会管理方式的更新，重建新的管理规则。2004 年 2 月国家广电总局下发《关于促进广播影视产业发展的意见》，明确提出“以资产和业务为纽带，整合广播和电视经营性资源，推进广播电视经营性资源的区域整合和跨地域经营”。只有这样，才能真正推动中国广电产业的规模化发展。

国家区域规划的制定和实施为广播电视产业的发展带来新的契机。“十二五”规划指出，要“优化格局，促进区域协调发展和城镇化健康发展”。随着十几个区域规划上升到国家战略层面，特别是随着《全国主体功能区规划》的制定和发布，区域一体化已成为重要的经济社会现象。当前，我国已形成的长三角、珠三角和环渤海三大城市化区域（城市群），以全国 9.6％的土地和 37％的人口，创造了全国经济总量的半壁江山。在此背景下，广播电视如何适应城市化与区域发展战略，适应区域市场要素的新变化，积极打造“都市圈媒体”或“城市群媒体”，已成为亟待深化、细化研究的现实课题。

跨区域运作除了地缘关系较近的地区媒体间的关联合作之外，还可以是跨越较大地域空间的“深度合作”。2007 年底，经国家广电总局批准，深圳广电集团联手桂林广播电视，本着“互惠双赢、优势互补、资源共享、共同发展”的原则，组建“深桂广播电视合作体”，合办桂林人民广播电台旅游音乐广播和桂林电视台科教旅游频道。2009 年底，青海卫视与湖南卫视就青海卫视频道项目合作达成协议，并经国家广电总局批准。湖南卫视以其在频道运营、节目创新、技术创新、人才团队等方面的强大优势，与青海卫视开展深度合作，不久，全新的青海卫视强势推出。2010 年，上海广播电视台和宁夏电视台宣布合办宁夏电视台综合频道，上海台第一财经正式“借壳”宁夏卫视播出，一举覆盖超

① 宫承波：《广播电视概论》，中国广播电视出版社，2009 年，第 296 页。

过4亿的有效收视人口。这些实践意味着，在鼓励跨区域发展的新环境下，那些拥有内容优势和经济优势的广电媒体，可以通过内容输出、人力输出、资本输出，掌控更多的播出平台，成长为具有更强竞争力的媒体集团。

3. 融合式发展

媒介融合是印刷媒体、广播电视、网络媒体之间的二维或多维融合，它常常发生在新旧媒体之间。当今媒介的发展必须立足于遵循传播规律，重视战略研发，实现资源与手段的联合、整合、融合。身处媒介融合时代，任何单一的传播方式与传播形态不仅不能一枝独秀，反而都将在发展中失利，只有走融合式发展之路，媒体才会不断觅得新的发展空间。

当前，中国广播电视的融合式发展存在三种模式：一是广播电视与其他传媒之间的联动，如湖南卫视与报纸、商业网站、手机运营商联合推广“超级女声”节目等；二是广播电视创办其他媒体，如创办广播电视报、杂志或网站，发展新媒体业务，如上海文广、央视试行手机电视，中央人民广播电台开办电视业务等；三是组建跨媒介集团，如牡丹江新闻传媒集团、成都传媒集团、佛山传媒集团的成立。总体来看，中国广播电视融合式发展以前两种模式为主，即技术融合和业务融合，具体包括口语、文字、视听语言三种语言形态的整合，IPTV、手机电视、车载移动电视、传统媒体等传播渠道的整合，传统媒体、网络、手机、民间DV影像等信源的融合，节目资源的整合，媒体机制重组整合，从业人员能力素质整合等。但从发展方向上看，广播电视产业融合必然朝着市场一体化、组织整合化的“深度融合”演进，跨媒介集团的组建即代表着这样的方向。

媒介融合将给中国广播电视带来市场定位、组织机构、生产模式、营销模式、竞争模式等方面的创新。从市场定位创新来看，中国广播电视亟需转变市场角色，实现从传播渠道的垄断者到媒介内容集成商的转变。数字技术出现之前的广播电视业处于“渠道制胜”的时代，谁掌握了渠道，谁就掌握了产业链中最有价值的部分，可以轻易地获取市场利益中的大部分。但是随着数字技术、网络技术等新媒体技术的出现，渠道资源变得极其丰富，广播电视价值链中的利益分配正日益朝着有利于内容生产者的方向转移，广播电视竞争进入了“内容为王”的时代。就目前的情况看，无论是普通大众，还是新媒体运营机构，其在内容生产上都不占有优势，新闻、知识、娱乐等内容的提供主要依靠专业的节目生产者，即广播电视媒体。这正是专业广播电视机构的优势所在。

在信息化时代，一个以报纸、广播、电视、互联网、手机及各种新型视听设备为载体，传统传播手段与以流媒体技术为基础的信息化、数字化传播手段相互融合的传媒平台业已形成。传统的广播电视正积极利用数字技术、网络技术，通过互联网、宽带局域网、无线通信网和卫星等渠道，以手机、电脑等为终端，向用户提供视频、音频、语音数据服务，连线游戏、远程教育等集成的信息和娱乐。走向融合已是广播电视产业发展的大势所趋。

二、广播电视产业发展的基本思路

1. 强化优势产业

广播电视是以提供内容产品和服务为主的综合性产业，电视是其龙头和支柱。目前电视的优势和潜力还远没有得到最充分的发挥，需要进一步强化。一是要继续保持现有电视产业经营特别是广告经营的持续增长。二是要尽快实现电视产业经营的转型，改变过去单纯依赖广告的经营模式和赢利方式，积极开办付费电视，使之成为电视产业经营的又一个重要收入来源。三是要积极扩大电视节目经营和资源开发。要面向受众、面向市场、面向国外，扩大电视剧、电视节目的销售，增加节目销售收入。要适应多媒体综合性发展的趋势，以电视为龙头对经营性资源进行电视、广播、电影、音像、报刊、出版等多种媒体的多重开发、多重利用。

2. 振兴弱势产业

主要是指广播、动画等，它们曾经取得过辉煌业绩，现在整体相对处于弱势，需要大力振兴。广播要根据自身的特点和发展趋势，按照产业规律切实加大产业经营特别是广告经营的力度，积极开发广播衍生产品市场，进一步增强产业活力，增加产业经营收入，尽快提升产业总体规模和效益。要加快推进国产动画产业的振兴，更新创作观念，充分引入市场机制，强化市场运作，建立完善的产业结构体系，扩大动画生产规模，形成产业品牌，逐步改变国内动画市场“外强我弱”的局面，在占领国内市场的同时，积极打入国际市场，参与国际竞争。

3. 发展新兴产业

数字技术、网络技术的迅速发展和应用，使广播电视网络成为以提供内容服务为主的非常重要的新兴产业。广播电视网络要在确保传输好广播电视基本公共节目的前提下，大力开发网络新业务新市场，提供新服务。要大力发展数字电视，推广数字机顶盒，在网上积极提供付费电视、视频点播、数据广播、互联网接入、网络游戏、电子政务、电子商务、远程医疗、远程教育以及其他网络服务，促进网络产业迅速膨胀和扩张，使网络产业尽快发展成为广播电视新的经济增长点。

4. 改造传统产业

随着技术的进步和市场的变化，广播电视过去的一些业务和产业已不适应发展的需要，要进行调整和改造。新闻纪录电影摄制，现在的市场需求已大不如以往，需要改造转型，在保持一些必要业务的同时，可以开展有关影视节目的制作经营，特别是可以大力发展电视纪录片。电影生产技术的发展特别是数字电影的到来，电影胶片的需求将越来越少，甚至可能很快就会退出市场。广播影视类的报刊、图书，长期以来按事业建制，侧重宣传功能，不适应产业化发展。在新形势下，应主动转变体制，面向受众，面向市场，积极开发产业功能，形成新的出版产业。

5. 重视高新产业

要积极跟踪广播电视科技和市场的最新发展趋势，大力开发对广播电视产业未来发展具有重要意义的高新产业。例如，广播电视卫星直播是卫星广播电视的发展趋势，在国外已经得到普遍应用，我国也已进行了成功的试验，是继有线电视网络之后广播电视业又一个具有良好开发前景的服务产业。此外还有手机广播、手机电视、移动电视、宽频电视等。这些新媒体、新产业、新业务虽然短期内可能不具有明显的经济效益，但一定要高度重视，掌握主动，抢占先机，尽早培育、开拓和占领市场。

三、发展广播电视产业的相关措施

1. 深化体制机制改革，培育发展市场主体

一是区别广播电视公益性事业与经营性产业，面向市场，按照现代产权制度、现代企业制度的要求，深化经营性产业体制机制改革。广播电视要把允许经营的资产、资源和业务从目前的事业体制中分离出来，面向市场进行企业转制和重组，与事业部分分别管理、分别运营。具体来说，可以把电台、电视台、广电集团（总台）的除新闻宣传以外的社会服务类、大众娱乐类节目，特别是影视剧的制作经营从现有体制中逐步分离出来，按照产业发展的方向和现代产权制度、现代企业制度的要求组建公司，实行所有权与经营权分离，自主经营，自负盈亏，依法纳税。对于产业经营前景比较好、具备企业化运作条件的如体育、交通、影视、综艺、音乐、生活、财经、科教等频道频率，在确保频道频率作为国家专有资源不得出售，确保节目终审权和播出权牢牢掌握在电台电视台手中的前提下，经批准可以组建公司，探索进行频道频率的企业化经营。

二是充分运用市场机制，优化资源配置，调整结构布局，提高产业集中度，推进产业的集约化、规模化发展。要通过资源整合和结构调整，着力打造一批

实力雄厚、主业突出、核心竞争力强的大型广播影视产业集团公司，作为产业骨干带动整个产业向前发展。要以资产和业务为纽带，整合广播和电视经营性资源，推进广播电视经营性资源的区域整合和跨地区经营，培育发展广播电视产业集团公司。广播电视产业集团公司作为广电集团（总台）或电台电视台的经营实体，主要从事广播电视节目和电视剧的专业化、规模化、集约化生产经营。要加快广播电视传输网络的整合，组建全国和省（区、市）广播电视传输网络公司，形成资源共用、利益共享、上下贯通、统一运营的广播电视网络发展新格局。

2. 扩大投融资渠道，放宽市场准入

资本经营，又称资本运作，是指企业利用市场法则，通过流动、兼并、重组、参股、控股、交易、转让、租赁等途径对各种要素进行优化配置，实现价值增值、效益增长的一种经营方式。资本运营是市场经济的产物，是企业继生产经营、商品经营之后，以拥有的资本为对象，通过资本更大范围的流动来实现内外部资源的优化配置，提升企业竞争力的经营活动。企业通过运用资本杠杆，可以在最短的时间，以最小的成本，实现快速扩张。

资本经营对于广播电视产业来说具有重要意义。作为一个具有较高的资本门槛和规模效应的行业，广播电视业尤其是电视产业对资金的需求最为迫切。通过资本经营，不但能够募集大量资金，还可以使其资产迅速增值，提高企业的经济实力和竞争能力。2002 年中国证监会颁布《上市公司行业分类指引》，将“传播与文化产业”确定为上市公司的 13 个基本产业门类之一。2003 年 12 月 31 日，国务院颁发了《文化体制改革试点中支持文化产业发展的规定》和《文化体制改革试点中经营性文化事业单位转制为企业的规定》两个重要文件，指出：“党报、党刊、电台、电视台等重要新闻传媒经营部分剥离转制为企业，在确保国家绝对控股的前提下，允许吸收社会资本。”“广播电视传输网络公司在广电系统国有资本控股的前提下，经批准可吸收国有资本和民营资本。鼓励、支持、引导社会资本以股份制、民营等形式，兴办影视制作、放映、演艺、娱乐、发行、会展、中介服务等文化企业，并享受同国有文化企业同等待遇。”应该看到，资本经营对于我国广播电视产业来讲，还是一个较新的课题，也是未来发展的重要方向。我国正逐步加大广播电视市场的开放力度，逐步放宽市场准入，吸引、鼓励国内外各类资本广泛参与广播电视产业发展，不断提高广播电视产业的社会化程度。

3. 依托高新技术，促进产业升级

广播电视产业的发展必须紧紧依靠科技进步，积极运用高新技术，解放和发展生产力，拓展产业发展空间和服务领域，提升产业竞争力。要以数字化、网络化为重点，全面推进广播电视产业由模拟转到数字的升级换代。一是要全面实现广播电视节目生产制作的数字化。二是要按照“三网融合”和下一代广播电视网的要求，加快有线网络数字化整体转换和双向化改造，到2015年，全国县级(含)以上城市有线网络全面实现数字化，80%基本实现双向化，逐步关闭模拟频道，新增数字电视双向用户1亿户。在30个大中城市建设基于有线网络的下一代广播电视网示范工程，用户数超过3 000万。实现全国有线网络互联互通，推动有线网络从单一的广播网向广播加交换网的方向发展。三是要积极推动广播电视直播卫星和地面数字电视的开发应用，大力扩展数字电视移动业务和高清晰度电视业务。

4. 积极实施“走出去”工程，谋求国际化发展

要适应扩大对外开放和国际化发展的趋势，积极走出去参与国际竞争。广播电视产业走出去要强化市场运作，大力发展海外营销机构和网络，着力将我国具有竞争力的广播电视产品推向国际市场，努力增加我国广播电视产品在国际市场上的份额，做大做强一批有影响有实力的对外产业品牌。要加强对国际市场的研究，分地区、分项目，有重点、有针对性地实施“走出去”工程。“走出去”工程的目标、任务是把中国的声音传向世界各地。通过实施“走出去”工程，改善我国广播影视节目在国外的落地和发行放映状况，使世界各国特别是北美和西欧主要国家的听众、观众了解一个真实的中国，了解我国在重大国际问题上的立场、态度和观点；按照建设“国际一流媒体”的要求，提高我国广播电视产业在国外同西方大媒体竞争的能力，特别是中央电视台实现多语种、地域化播出，使我国广播电视节目在国际上产生重大影响。广播电视要进一步扩大在国外的落地覆盖和节目销售，积极开拓国际文化市场，同时积极鼓励有条件的中央、省及重点城市的广播电视机构在国外独立或合作开办电台电视台。

第十三章　广播电视事业管理

由于社会制度不同，经济模式各异，世界各地广播电视事业管理体制不尽相同。主要有三种基本体制模式，即私营制、公营制和国营制。私营制即商业广播电视模式，广播电视机构为私人独资、合资或组成股份公司经营的企业，以获取最大的商业利润为目标。作为发达国家的广电体制标志，私营台最早在美国发展成熟，已形成稳定的商业化运作模式，美国几大广播公司都是私营制的代表。公营制是西方广播电视事业的重要组成模式。公营广播电视的主要经费来源是广播电视用户交纳的执照费用，其次是少量的国家财政拨款。在这种体制下，广播电视一方面不受政府或政党干预，能较好地体现创办者的独立意愿；另一方面，由于不受商业集团的控制，不追求商业利益，能够注重社会效益。英国广播公司（BBC）、日本放送协会（NHK）等实行的都是公营制。实行国营制的广播电视台一般由政府直接出资兴办，代表官方立场，担负传播新闻、引导舆论、服务受众的责任，其经费主要由政府拨款，社会主义国家一般采用这种管理体制。在资本主义国家，虽然完全国有国营的广电机构很少，但各国对外广播电视机构几乎都是由政府直接管理和控制的，如美国之音（VOA）等。实践表明，不同运作模式对于广播电视节目内容制作和播出都有不同的影响。

第一节　我国广播电视的管理体制变革

广播电视管理体制包括两个层面的内容：一是广播电视事业自身的体系建设，即广播电视机构设立的原则、布局及其相互关系；二是对广播电视工作和广播电视事业管理的制度和方式。建立科学、合理、规范的广播电视事业布局和管理制度，是广播电视事业发展成熟和逐步现代化的必然要求。新中国建立以来，具有中国特色的广播电视事业管理体制维持了广电系统的正常运行，保证了这个行业的持续发展，但在政治体制、经济体制、文化体制不断改革的背景下，广播电视事业管理体制也在发生一系列变化。广播电视管理体制的变革也是时代发展变化的必然。

一、“条块结合”管理体制的由来与变化

从1949年到十一届三中全会召开的近30年间，我国实行高度集中的计划经济。我国的广播电视事业是在公有制基础上建立的，并且一直被视为党和政府的“喉舌”。我国广播电视事业自诞生之日起，实行的就是国营国有的管理体制，从中央台到省市台及县级台都为国有。在很长一段时间，各级广播电台、电视台在行政上隶属于政府部门，经费由政府从财政预算中拨付，广播电台、电视台的人事安排、宣传政策以及节目内容的编排等，由宣传部门管理，是政府的直接言论机构。这种状况直到现在仍未完全改变。

建国以来，我国的广播电视事业基本上实行“条块结合”、双重领导的管理体制。所谓“条”，指的是国家广播电视主管部门自上而下的垂直管理；所谓“块”，指的是各级行政区域内党和政府对广电事业的管理与领导。从总体上看，我国的广播电视事业实行中央、省、市、县四级办台，是与国家的各级政权建设紧密联系在一起的。作为党和政府舆论宣传的“喉舌”，广播电视事业直接成为国家政治架构的重要组成部分。一级行政区域开办一座直接隶属于本级党委、政府的电台、电视台。依照我国行政区域的构成特点，按行政区域建设的广播电视事业自然分成多个层次，形成了圆锥形梯级网络结构。各级广播电视机构分别在所属党委、政府的领导下，服务于各自的行政区域。这就形成了所谓的“块”。

“条块结合”体制在各个时期的重点不尽相同。建国初期，采用由中央广播事业局和地方政府双重领导，以中央广播事业局的管理为主的体制。由于广播电视事业规模较小，主要为中央广播事业局到省广播事业局，再到省以下广播电视机构之间的纵向对口领导。

上世纪80年代之后，随着各地新建的广播电台、电视台纷纷出现，原先以纵向为主的管理体制改为“条块结合，以块为主”的行政管理模式。各地广播电视机构受本地党委、政府和上级广播电视管理部门双重领导，以本地党委领导为主。中共中央1983年批转广播电视部党组《关于广播电视工作的汇报提纲》指出：我国“各级广播电视机构之间的关系，应实行如下领导体制：省、自治区、市广播电视厅（局）受该省、自治区、市人民政府和广播电视部双重领导，以同级政府领导为主。同时，省、自治区、市广播电视厅（局）的宣传工作，受省、

自治区、市党委领导和广播电视部指导;事业建设受省、自治区、市人民政府和广播电视部的双重领导,以同级政府领导为主。上述原则也适用于省、自治区、市广播电视厅(局)与省辖市、县广播电视局之间的关系”。广播电视部还设有地方宣传局,负责向各地广播电视部门传达中央关于宣传工作的指示精神和广播电视部关于宣传工作的意见。纵向结构保障了一旦有重大、紧急的宣传任务,可迅速向地方部署。各省、自治区、市广播电视厅(局)也设有同样功能的机构,以指导基层广播电视机构的宣传工作。

“以块为主”模式,有利于地方党政机关加强对当地广播电视机构的领导,有利于调动地方兴办广播电视事业的积极性。但这种管理模式在实践中也存在一些局限性。因为“双重领导”实际上偏向于地方的管辖权,广播电视系统的上级部门对下级部门的领导权受到一些制约,这种地方分块、松散化的特点与广播电视的现代化、全局化、网络化不尽适应。此外,宣传部门的领导又对广播电视管得过细过死,使广播电视缺少足够的活力 。而“四级办台”的方针,在推动广电事业发展的同时,也刺激了一些地方不顾主客观条件盲目办台的欲望。重复建设浪费了资源,也给节目制作和播出管理带来了困难。从广播电视现行格局来看,广播电视机构不能突破行政壁垒,散滥现象无法根治,呈现出各自为政,分散经营,“小而全”“低而散”的蜂窝状结构,发展空间饱和,层级矛盾较为突出。

二、“管办一体”管理体制的形成与调整

中国的广播电视是党和人民的“喉舌”,是党和政府联系群众的桥梁和纽带,广播电台、电视台是国家重要的舆论宣传机关。中共中央 1983 年批转的广播电视部党组《关于广播电视工作的汇报提纲》,在谈到广播电视机构的性质和职能时说:“中央和地方各级广播电视机构,既是新闻宣传机关,又是事业管理机关,中心工作是宣传。”尽管在具体实践中,存在着“重宣传,轻管理”或者“重管理,轻宣传”的一些片面做法,但各级广播电视行政部门既管宣传,又管事业建设,宣传、技术、行政后勤“三位一体”的管理职能,基本符合我国广播电视工作的客观规律。1997 年国务院正式颁布我国广播电视管理的最高法规——《广播电视管理条例》,肯定了中国广播电视宣传管理、事业建设、行业管理“三位一体”的具有中国特色的社会主义广播电视管理体制。

在这种体制下,各级政府广播电视行政主管部门承担着“办”广播电台、电视台的职能,又是广播电台、电视台的监管者,承担着“管”的职能,集宣传、事业、管理三种职能于一体。在相当长的时期,这种体制对于我国广播电视事业

的发展起到了积极作用。因为，宣传工作与事业管理是广播电视事业不可分割的组成部分，片面强调一方面忽略另一方面的做法不符合广播电视工作的客观规律。离开了广播电视的事业建设，广播电视宣传工作将难以实现；反之偏离了宣传中心的广播电视事业，会偏离广播电视事业社会主义的根本方向。而“管办一体”体制的最大优势便是能够最大限度地实现广电媒体作为事业机关和宣传机构的功能。强有力的具有高度行政依附性的广播电视体制，在实施大的事业项目时有利于统一认识、集中精力、快速有效的推行和完成计划。

当然，这种体制的弊端缺陷也是不可避免的。在管理上，普遍存在着政事不分、管办不分、多头管理的情况；电视管理机构的数量也十分庞大，这就使得广电管理的权限过于分散，层级过多，管理成本增加，管理效率低下。作为一种生产关系，我国的广电体制正在从原来适应广电生产力的发展逐步转向不适应广电生产力的发展，甚至是阻碍广电生产力的发展。为改革政府主管部门既管又办的状况、破除事业单位管办不分的体制弊端，增强广播电视机构的公益属性、运行效率与社会效益，提高广播电视产品和公益服务的可及性和公平性，更好地满足受众日益增长的公益服务需求，近年来，按照国家有关改革要求和精神，一些省市积极探索创新，以条块联动的方式，稳步推进管办分离改革。比如 2001 年，江苏省将人民广播电台、省电视台、省有线电视台、省广播电视发射传输总台等 25 个省广电局所属事业单位进行整合，组建了江苏省广播电视总台(集团)，实行省级广电局台分设、管办分离。2009 年，在全省范围推进广播电台和电视台合并、局台分设、管办分离。

改革后，广播电视总台等单位成为自主经营、自负盈亏、自我发展、自我约束的法人主体，主动适应市场需求，制定优化战略规划，创新人事分配等运行机制，提高了反应能力和核心竞争力。政府主管部门也一改“既当运动员、又当裁判员，有时还兼任教练员”的模糊身份，工作重点转为制定全行业发展规划、研究出台激励政策、依法进行行业监管、营造良好发展环境，实现了从管办不分向以管为主转变、从微观管理向宏观管理转变、从直接管理向间接管理转变、从事务管理向效能管理转变、从行政管理为主向监督服务并重转变。

三、“集团化”管理体制的探索与发展

所谓集团，是指为了一定的目的组织起来共同行动的联合体。广播电视集团，是指以高新技术为基础，以大都市为圆心，实施现代企业制度的管理模式和组合原则，产业各法人实体之间以股份制或其他形式组成的联合体。1999 年 6 月，江苏无锡市成立了中国第一家广播电视集团——无锡市广播电

视集团。一年后，2000 年 7 月，国家广电总局在甘肃省召开了全国广电厅局长会议，确定广播、电视、电影三位一体，无线、有线、教育三台合并，省级、地级、县级三级贯通。同年 8 月，在全国广播影视厅局长座谈会上，国家广电总局明确提出加快广播影视集团化发展的思路，要建立中国广播影视的“航空母舰”和“联合舰队”。11 月，广电总局下发了《关于广播电影电视集团化发展试行工作的原则意见》，对广电集团化的具体内容做了进一步规定，明确组建集多媒体、多渠道、多品种、多功能于一身的广电传媒集团的行业发展指导方针。同年底，我国最早的省级广电集团——湖南广播影视集团成立。

2001 年 2 月，国家广电总局印发《关于进一步推进组建电影集团的原则意见》(广发影字[2001]126 号)。2001 年 8 月，17 号文件明确提出以资产为纽带，业务为主线，创建新型的、跨行业的、跨地区的传媒和出版集团的改革思路，对集团化改革进行全面部署；同年 12 月，国家广电总局召开广播影视集团化改革座谈会，提出要进一步规范和促进广播影视集团化改革，随后印发了《关于积极推进广播影视集团化改革的实施细则(试行)》。到 2003 年 6 月，除中国广播影视集团和中影集团公司外，经国家广电总局批准，全国已有湖南、北京、上海、天津、江苏、浙江、山东等 7 个省级广电集团(总台)和无锡、南京、杭州、长沙、宁波等 5 个市级广电集团以及长影、上影、潇湘等 3 个电影集团。

鉴于由电台、电视台组成的事业性质的广电集团容易与社会上产业集团的概念相混淆，经中央领导同意，从 2004 年 5 月起，国家广电总局不再批准组建事业性质的广电集团，但允许组建事业性质的广播电视总台或广播电视台。因为总台可以是事业性质，集团应该是企业集团，事企不可混同。已经成立的事业性质广电集团可以继续保留事业性质，但内部一定要剥离经营性资产组建产业经营公司或集团公司，进入市场开展经营，也可以将集团改为总台，在总台内部进行事业产业分开运营的改革。截至 2005 年 12 月底，已批准成立并挂牌运营的广电集团有 14 家(省级集团 7 家，市级集团 7 家)，广电总台 4 家，均为事业集团，其中浙江广电集团、江苏广播电视总台和南京广电集团将可经营性资产剥离组建产业集团公司并进行企业法人登记。

由于广电行业的特殊性，集团化改革发展过程中深层次矛盾不断凸显。主要表现为“三个关系”，即广电集团(总台)与党委宣传部的关系、广电集团(总台)与广电局的关系、广电集团(总台)与市县广电主体的关系。由于党政、政事、事企关系尚未理顺，相关配套改革未到位，集团化改革单兵突进困难重重。事业和产业缺乏分类管理和指导，经营性资产无法以合法身份进行市场运营，资源配置效率较低，部分资源得不到充分开发和利用。缺少规范的市场主体，不能进行正常的资本运作，产业的发展受到限制。2006 年以后，事业性、地区性广电集团停止批复，这意味着政府不再以非市场化的手段主导、催生广电集团的发展。广电集团的组建，不是几家电视台或几个经济实体简单的联合，也不是领导安排或指定的几个单位的“拉郎配”，而是按市场运作规律和机制组成具有现代企业集团性质的、以影响力大的广电媒体为核心，拥有很强经济实力的多家广播电视机构及经济实体有机结合的大型集团。

在经历了集团化改革的起起落落之后，近年来，在国家广电总局关于进一步深化广播电视文化体制改革精神的指引下，一些地方广电媒体又开始尝试新一轮的改革。2010 年 4 月，湖南广播影视集团正式发布公告，注销湖南广播影视集团，其所有资产划归三个月前成立的湖南广播电视总台管理。湖南广播影视集团英文简称 GBS 将不再沿用，改用 HBS。湖南广播电视总台面向市场的全新主体——芒果国际传媒(集团)有限公司随之成立。在这样的架构下，湖南广电总台是一个厅级单位，事业编制，采取行政管理，旗下容纳湖南卫视、湖南经视、金鹰卡通、湖南人民广播电台等数十个广电机构；而芒果国际传媒采用企业编制，是独立的市场主体，自负盈亏，旗下包括快乐金鹰、快乐购物、天娱传媒、芒果影业、潇影集团、风行天下传媒、电广传媒等诸多子公司，由湖南广播电视总台全资控股。

第二节　广播电视的管理机制创新

随着文化体制改革的深化，我国广播电视的发展战略和管理思路有了明显的转变。广播电视行业正逐步引进企业管理模式，改变计划经济体制下形成的诸多弊病，努力适应广播电视行业在市场竞争中生存发展的需要。转换机制成为增强广播电视事业活力的关键。总的来看，涵盖三个方面的内容。一是完善企业法人治理结构。从事业部分剥离出来实行转制的经营性资产，按照现代企业制度要求，建立符合广播影视规律的企业或企业集团，形成监管机构、董事会和执行层相互制衡的有效机制，真正提高内部活力和外部效益。二是建立统分结合、统分适度的管理机制。广电机构在人、财、物方面必须统一规划、管理；在专业分工上，给予基层单位更大的自主权。三是深化行业内部的人事、劳动、分配三项制度改革。事业单位实行区别于政府部门的分配制度和奖惩制度，建立绩效考核制度和激励约束机制。当前，在广播电视媒体内部，管理机制的创新应着重从以下方面入手。

一、建立健全企业化管理机制

我国媒体自上世纪80年代起就明确为“事业单位、企业化管理”。广播电视承担的双重职责中，新闻宣传属事业性质，产业经营属企业性质，广播电视要作为信息服务产业进入市场经济，最重要的是要实行企业经营，即要讲求投入产出、成本核算，重视经济效益在广播电视行业中的地位和作用。在坚持广播电视作为党和政府“喉舌”的同时，也要承认政府部门和广播电视间的经济联系，扭转“电台、电视台不计成本”、“大投入、小产出”的传统管理模式，促使广播电台、电视台更科学、有效地使用政府拨款，提高政府财政拨款的经济效益。讲究投入产出的效益，可使广播电台、电视台对播出效果不理想的节目及时予以整改和撤并，用新的栏目来取代播出效果不理想的节目，形成节目间的良性竞争、相互促进，促使节目质量的提高，吸引更多的广告客户，产生良好经济效益。

但是，这种“事业单位、企业化管理”的机制存在弊端。因为事业单位与企业单位的角色是根本冲突的，在我国，事业单位附属政府机构，有等级差别，按地域划分，不具备独立法人地位，不以盈利为目的，也无需纳税，人员为国家事业编制；而企业是市场平等主体，按市场规律运作，以盈利为目的，在市场中优胜劣汰，人员可自由流动。“事业单位、企业化管理”的后果是，国有广播电视借政府权力垄断市场，破坏市场公平竞争秩序，广播电视资源配置以行政配置为主，无法实现市场优化。在媒介融合的大背景下，从国外的情况来看，非产业化、市场化的运营模式，难以适应变革的需要。例如，英国BBC是全球最成功的公营广播电视之一，但在媒介融合时代，BBC正面临着前所未有的危机。越来越多的公众放弃传统广播电视媒体，选择互联网、手机来获取信息与娱乐，这将从根本上动摇了依靠收取执照费的财政模式。英国2005年绿皮书和2006年白皮书已经建议BBC实行电视执照费、广告费、赞助费和订制费共同作为资金来源的混合模式。上世纪90年代以来，BBC的市场正越来越多地被商业广播电视蚕食，而原有财政模式的危机更可能成为压倒BBC的最后一根稻草。可见，脱离产业市场运作的广播电视经营模式难以适应媒介融合时代的要求。在我国，“事业单位、企业化管理”的二元体制虽然在很大程度上释放了中国广播电视的生产力，但现在已成为中国广播电视业进一步发展的瓶颈，到了不得不改革的地步。

按照企业化管理的思路，应尽早建立现代企业制度，及时引进动态管理机制。这是改革广播电视行业管理体制的一个行之有效的手段。目标管理的实施，理清了内部各部门之间的行政关联，明确各部门的职责权限，改变了过去职责不清、推诿扯皮、效率低下等弊端。广播电台、电视台在“抓大放小”“抓原则，放具体”的宗旨下，调整内部权责构建，鼓励一线工作人员的积极性，改变低效管理状况。实行新的管理体制，在调动广播电视从业人员的积极性，加强内部各部门之间的协作方面起到了很大的作用。

二、引进人力资源管理机制

广义上讲，广播电视人才管理是指按广播电视节目生产需要，将不同专业人才有效组织、集合，充分发挥其积极性、创造性，实现广播电视节目制作、播出基础上的营销增值过程。广电传媒变事业为产业，在人才管理方面，必须完成从“人事管理”向“人力资源管理”的变革。目前我国媒体的人力资源管理大多建立在事业体制之上，更多的还是“人事管理”而不是“人力资源管理”。在传统的机关化广播电视人事管理机制下，人员的调配、任用、考核、奖罚到工资福利等全部管理过程，是一套按照计划经济封闭模式形成的静态人事管理方式。这种方式往往会造成人员流动不畅、缺乏激励机制、论资排辈、“既无压力，也无动力”等弊端，严重影响广播电视事业的发展。因此，要进一步增强我国广播电视产业发展能力，就必须对目前的媒体人力资源管理进行变革，从而进一步解放和发展传媒生产力。

1. 实行优化组合，采取双向竞争机制

随着传媒产业的壮大以及传媒规模的急剧扩张，传媒领域吸纳了大量的从业人员，人员规模快速膨胀。以南京广播电视集团为例，1980 年仅有 150 多人，2010 年人员规模已达 2 100 人，扩大了 14 倍。按照人力资源管理要求，应将现有人员优化组合，竞争上岗，最大限度地调动人才的主观能动性。在人才选择上，既应注重专业知识，又注重发掘多种才能，充分挖掘一专多能的复合型人才。要实行优化组合，采取双向竞争，保持一定比例的淘汰率，激励全体员工奋发向上。

2. 改革现行分配制度，建立激励机制

当前，由于传媒体制改革以及人员身份的历史“惯性”，造成媒体员工身份复杂多元。仍以南京广播电视集团为例，2009 年该集团电视业态采编人数为 1 075 人，其中事业编制人员仅为 350 人，仅占 32.6%，而其他非事业编制人数占总数的 67.4%。集团内部存在事业编制、台聘、部聘、栏目聘、临时工、小时工、劳务用工、项目用工、业务承包等多种“身份”。由此造成所谓的“身份鸿沟”，形成人员身份的不平等与收入“落差”。在社会主义制度下，鼓励能者多劳、多劳多得，是符合社会主义“各尽所能，按劳分配”的分配原则的。应改革现行分配制度，将员工的收入与其工作表现相结合，建立分配激励机制，将收入水平同经济效益、工作效率密切挂钩，按贡献、工作量、工作效率进行考核，赏罚分明。这样才能使员工的收入准确反映人才的价值。

3. 联合专业教育机构，培养后备人才

广播电视行业科学层次高，技术更新快，后备人才的培养显得尤为重要。在人才培养上，既要注重培养高素质、多技能的复合型人才，又要不断地吸纳新生力量，广播电视业才能取得持续、长久的发展。

总而言之，广播电台、电视台要搞活机制，抓好内部管理，关键是要确立以人才为中心的管理方式。因为管理的本质是对人才的管理，是运用、协调他人智慧的活动。实现以人才为中心的管理方式是由管理的本质所决定的，是和广播电视发展规律相适应的，符合广播电视改革的需要，也是广播电视实现社会效益和经济效益的关键所在。

三、推行制片人管理机制

从1993年起我国正式有了电视栏目制片人。当前在全国各家电视台中，已经实行制片人制的约占34.2%，开始试行制片人制的约占47%，而没有这方面制度、只有这方面称呼的约占21%。制片人发展到今天，已经成了众多电台、电视台节目管理机制的重要组成部分。

1. 电视栏目制片人的现状

电视制片人的概念最早产生于上世纪50年代的美国。在我国，有关制片人的概念最早是从电影中萌发的。由于电影和电视具有多方面的同构性，从1985年开始，我国的电视行业首先在电视剧行列里出现了制片管理。随着改革开放的深入，市场经济的运作使电视节目的商品属性得以恢复，出现了更符合电视规律的制片人制度。电视栏目制片人制度是符合电视规律，适应新生产关系运作，具有中国特色的一种电视产业的目标管理机制。当然，制片人制度必须同我国的经济体制、政治体制相适应，必须接受国家的检查和宏观调控，为国家和人民利益服务。1993年5月1日，中央电视台《东方时空》首次使用了栏目制片人的概念。电视制片人的出现，是电视产业从小生产到大规模生产的需要，是电视产业不断发展的标志。电视制片人已经在电视节目的策划、制作和运转的实践操作中发挥着越来越重要的作用。

目前，一方面电视制片人制度正在被越来越多的电视台所采用，发挥着它的优势与作用；另一方面，电视制片人制发展尚不平衡，很多部门还处于探索阶段。我国制片人制度最大的特点就是制片人多脱胎于传统的等级领导。据统计,我国目前制片人制度来源于部处领导的占11.2%,科组级的占加1%,编导、记者的占42.4%,来源于剧务、制片、技术人员和普通职工的仅占6.3%。制片人的来源比例保证了他们能有一定的"喉舌"意识和政策水平,也有一定的领导组织能力和协调能力,又具有一定的电视业务水平,可以说是相对掌握了电视节目创作规律的人。因此,他们相对能以高效率去安排筹划节目的拍摄、制作,以行家里手的眼光去审视节目的优劣,从而保证节约资金,以较少的经济投入使电视节目脱颖而出,取得较好的社会效益和经济收益。在我国,从中央到地方的主要电视台,实施制片人制已经证明是一条比较切实可行且卓有成效的道路。它取得的管理体制上的效果是显著的,有助于提高节目质量,合理使用人员,节约使用经费,缩短制作周期,多种渠道筹措经费等。

2. 我国电视栏目制片人制的未来

全面实行栏目制片人制是广播电视管理未来发展的趋势。"制片人"不是一种官阶,而是一种职位,同市场经济中其他行业一样,平等竞争,适者生存。而现行的体制基本上是一种计划经济的管理模式,从财务到部门管理,从节目制作到播出安排,都难以给制片人更多的自由度。

真正意义上的制片人应该是自立门户、自行主张、自定题目、自产自销、自负盈亏的独立制作公司的负责人。我国目前各个电视台的制片人制度是一种不成熟的、过渡阶段的制片人制度,即内部承包制。其中节目制作经费一部分由电视台下拨,制片人支配;一部分由电视台切割一定的广告时间或采用标板补偿形式,从客户中获得节目制作费用。这种制度下,制片人竞争的风险不会太大。况且制片人的权利应是与责任挂钩的,但现在的权利也相应的不充分。从改革广播电视管理,优化制片人制度的角度出发,应在现有的基础上扩大制作经费的自立程度,电视台可以用广告时间去抵偿节目制作经费,而制片人在制作经费和人员、工资、奖金方面也逐步自立。在上述基础上,制片人应逐步减少对电视台的依附,在人、财、物方面进一步走向独立。在条件成熟的情况下,制片人可以与电视台形成买卖关系。电视台对节目按质论价,电视台与制片人的节目买卖与播出将建立在契约的基础上。

第三节 广播电视事业的人才建设

随着广播电视业的快速发展,从业人员人数不断增加,整体素质不断提高,我国初步形成了一支庞大的广播电视人才队伍。我们检视广播电视人才队伍的现状和履行职责的要求，发现目前还存在一些问题，主要表现为：队伍结构不尽合理，系统内和全行业普遍缺乏领军型人才，特别是缺经营管理、科技创新方面的学科带头人、高技能人才和高素质复合型人才；人才分布不均衡，中央单位和东部发达地区人才相对集中，西部地区人才匮乏；节目制作、播出机构人才集中，传输发射台人才匮乏。总之，人才工作还存在体制和机制障碍，用人机制不够完善，市场配置、人才资源的基础性作用发挥不够的状况。因此，广播电视人才队伍建设任重道远。

一、广播电视事业人才建设的主要任务

当前我国广播电视人才建设的主要任务是大力实施人才战略，努力建设一支规模适宜、素质优良、结构合理、分布均衡的人才队伍，为广播电视改革发展提供坚强的思想政治保证、人才保证和智力支持。采取切实措施，培养新闻宣传、文艺创作、经营管理、科技创新等方面的拔尖人才。通过多种形式吸纳培养一批既懂经营和管理，又懂宣传和技术，既有丰富工作经验，又有创新能力的复合型人才。加快培养具有影响力的名编辑记者、播音员主持人、导演演员，站在信息、数字技术前端具有自主创新能力的科技人才，各类高技能人才和实用人才。

1. 制订广播电视业人才规划，优化人才队伍结构

广播电视业面临技术变革、体制转型和结构调整的历史转折，对人才队伍建立提出了新的更高的要求。为了实现广播电视事业和产业的全面发展，2010 年，广电系统出台《广播影视“十二五”人才发展规划》，通过加强领导班子建设和干部队伍建设，开发高端专业技术人才队伍，开展多层次多样化的培训，深化干部人事制度改革手段，加快建设人才队伍，为广播影视改革发展提供坚强的人才保证和智力支持。

(1) 进一步加强领导干部队伍建设。按照“提高素质，优化结构，增强功能”的总体要求，着力提高各级干部贯彻科学发展观的能力、领导发展的能力、处理利益关系的能力、务实创新的能力，不断增强领导干部理解和掌握广播电视政策法规，把握广电行业自身特点和发展规律，管理和推进广播电视业发展的能力，不断提高知识层次和专业水平。同时，要着眼于培养和使用相结合，推动干部的交流和后备干部培养。

(2) 进一步加强经营管理人才建设。培养和吸引管理人才和经营人才是广电系统人才工作的重点。要坚持市场配置、组织选拔和依法管理相结合，探索按照现代企业制度和法人治理结构选拔企业经营管理人员，对国有资产出

资人代表依法实行委派制或选举制，引进职业经理人制度，对经营管理人才进行聘任制和合同化管理。要培养一批具有战略眼光，了解国内外广播影视产业发展状况，熟悉文化产业政策，精通媒体经营的经营管理人才。

(3) 进一步加强专业技术人才建设。调整和优化专业人才队伍结构，重点培养和吸纳具有创新能力的高层次专业技术人才。培养采编播和技术方面的专家型人才，逐步建设一支结构合理、素质优秀、创新能力较强的专业技术队伍，在队伍方面增强核心竞争力。

2. 创新广播电视人才工作体制、机制，激活人才资源

截至2010年底，全国广播影视系统从业人员共64.4万人，人才队伍已基本涵盖了党政管理、新闻宣传、艺术创作、国际传播、工程技术、新媒体新业态、经营管理、出版、法律等各类专业门类。只有通过创新人才工作的体制、机制，才能有效激活人才资源，激发队伍活力。

(1) 建立和完善岗位管理机制。广电单位应推行以岗位管理为核心的全员聘用制度，对干部职工进行岗位管理，在进人、聘用等环节引入竞争机制，建立健全岗位考核制度，以岗位考核的结果作为干部职工兑现工资、竞聘上岗以及续聘、解聘的依据，真正做到干部能上能下、人员能进能出。编外人员管理加速规范化、制度化，推行劳务派遣和人事代理制度。

(2) 建立和完善人才合理流动机制。进一步加强人才资源市场的配置作用，在广播电视系统内建设和扶持一批人才交流服务机构，发挥人才配置的主渠道作用。同时，为了引导人才向西部地区、基层和艰苦地区等急需人才的地方流动，需要出台相关政策。积极探索其他的人才流动形式，如兼职、定期服务、咨询等方式，作为有益补充。

(3) 建立和完善人才评价和激励机制。努力建立以能力和业绩为导向的科学的人才评价机制。对机关、事业、企业单位的各种人才实行分类管理办法，探索建立不同的评价考核体系。建立健全广播电视行业职业技能鉴定管理制度。在人才激励机制方面，事业单位要建立体现工作绩效的激励机制，又要建立市场机制调节、企业自主分配、职工民主参与、政府监控指导的薪酬制度。

3. 加强培训工作，实现队伍可持续发展

《广播影视"十一五"教育培训规划》和《2008—2012年广播影视大规模培训干部的实施意见》相继出台。随着教育培训投入大幅增加，相关政策措施进一步完善，培训组织体系进一步健全，初步形成了具有广播影视特色的分层次、分类别、多形式、重时效的教育培训格局。

(1) 突出培训重点，创新培训形式。培训工作应突出重点，创新形式，全面提高广播电视队伍素质。加强对国家广电总局直属单位一把手和各省(区、市)广播电视局长的培训。加强对各级广播电视管理干部和专业技术人员的普及性知识培训。加强对新闻宣传、影视艺术骨干的培训，加强对媒体经营管理人员的培训。加强对西部和农村广播电视人才的培训以及广播电视外宣人员的培训。

(2) 整合培训资源，完善培训考核机制。积极引导行业内培训资源的整合，建立优势互补、资源共享、结构合理的行业内部培训网络，充分发挥其主渠道作用。利用各级电台、电视台开展实践培训，利用高等院校等社会教育培训资源和现代网络技术开展面向全国广播电视系统的大规模培训。建立和完善培训考核机制，加快构建终身教育体系。围绕岗位需要，强化继续教育，提高广播电视队伍整体的学习能力、实践能力和创新能力。

二、广播电视事业人才队伍建设途径

近年来，广播电视系统在人才队伍建设方面推出了一系列新举措，取得良好效果，有利于提升广播电视队伍的职业道德素质，改善行业风气，提高从业者的政治意识、大局意识和责任意识，保障了广播电视工作的顺利进行。在人事制度改革方面的探索有助于开发人才资源，为广播电视业的改革和发展服务。

1. 制定和实施教育、管理、自律规章

为加强广播电视从业人员管理，国家广电总局先后印发了《广播影视新闻采编人员从业管理的实施方案(试行)》、《广播电视编辑记者、播音员主持人资格考试办法(试行)》，批转了中国广播电视协会《中国广播电视播音员主持人自律公约》。《广播影视新闻采编人员从业管理的实施方案(试行)》针对进一步加强新闻职业道德建设、规范广播电视新闻采编人员行为，提出了加强教育培训工作，慎重把握和处理违法违纪案件报道、涉外报道和宗教问题报道，改进工作作风和报道文风，杜绝有偿新闻，新闻报道与经营活动分开等实施办法。《中国广播电视播音员主持人自律公约》从播音员主持人的思想道德到语言规范提出一系列具体要求，并提出对违反者惩处的办法。以上一系列政策文件的下发执行，表明国家广电总局对广播电视人才队伍建设的重点在于加强新闻职业道德建设，严格对从业人员的资格管理，规范采编播人员的行为。

2. 推进职业资格管理

根据《行政许可法》和国务院的有关决定，广播电视行业实施资格管理制度，对广播电视编辑记者、播音员主持人实行职业资格认定。2005 年，国家广电总局人教司对符合条件的现职人员实行职业资格审核认定。当年，有 11.9 万人取得《中华人民共和国广播电视编辑记者证》，1.6 万人取得《中华人民共和国广播电视播音员主持人证》。推行职业资格管理的另一大举措就是国家广电总局第一次组织国家级资格考试。国家广电总局成立资格考试委员会及办公室，负责全国资格考试管理工作，各省广电局也设立资格考试办公室，负责本行政区域资格考试考务管理工作。

此外，国家广电总局还制定了《有线广播电视机线员》、《广播电视天线工》等国家职业标准，以促进基层广电技术队伍建设。

3. 加强政治业务培训工作

国家广电总局和地方各级广播电视单位都组织了一系列不同类型、层次、岗位的人员培训工作。国家广电总局人教司组织的培训工作主要针对广播电视宣传、技术部门和地方广电机构的领导干部和业务骨干，如地市广电局局长培训，中央三台、省级电台电视台总编室、新闻频道负责人培训、舆论监督节目负责人培训等。地方广播电视单位也拓展培训渠道，加大培训力度。如内蒙古广电局在全区范围内举办了广电安全播出、人事教育管理、专业技术人员的培训。浙江广播电视集团与浙江传媒学院合作，对采编播业务骨干进行全面培训。上海文广集团成立了内部培训基地——东方传媒学院。加强培训工作有利于提高各个岗位人员的政治素质和业务水平，有利于保证正确的舆论导向和广播电视的安全播出。

4. 推进行风建设

结合净化荧屏声频、加强治理广电节目低俗之风工作，推进行风建设。加大监管和民主评议活动的力度。评议主要有两方面内容：一是执行宣传工作的方针政策，宣传纪律和广播电视法规，坚持正确舆论导向的情况；二是执行《关于新闻采编人员从业管理的规定（试行）》等新闻从业人员规范和《广播电视广告播放管理暂行规定》等规章制度的情况，重点评议广播电视媒体以及所属网站、报刊是否存在有偿新闻、虚假新闻、不良广告、低俗之风等现象。经过民主行风评议活动，有力促进了广播电视业的行风建设。

5. 深化人事制度改革

国家广电总局根据中央《干部人事制度改革试点工作方案》，组织 27 家中央和地方广电单位分项目进行改革试点，形成了《广播影视播出机构编外聘用人员管理办法》、《广播影视事业单位考核与分配激励的指导意见》、《广播影视事业单位岗位管理指导意见》等规范性文件并付诸实施。中国国际广播电台围绕构建"现代国际广播体系"的目标推进人事制度改革，在人才使用方面实行竞聘上岗和岗位交流，根据工作任务定编、定岗、定工作量、定薪；对人才的考核逐渐由过程考评型向目标考评型转变，由数量考评型向质量考评型转变。浙江广电集团组建人才代理公司，加强对临时用工人员的管理，并强化岗位管理；在广播电视频率频道实行按岗定薪，奖金与绩效挂钩的分配制度，建立以节目创优率、栏目视听率、广告贡献率为主要指标的绩效考核办法。

三、广播电视行业职业道德建设

职业道德，就是同人们的职业活动紧密联系的符合职业特点所要求的道德准则、道德情操与道德品质的总和。它既是对本职人员在职业活动中行为的要求，同时又是职业对社会所负的道德责任与义务。广播电视行业的职业道德是广播电视新闻工作者在长期的新闻实践活动中形成的调整人们相互关系的新闻规范和准则，是社会道德对广播电视新闻记者这一职业所提出的特殊要求。广播电视从业人员应自觉加强职业道德建设。

1.《准则》的制定及作用

2004 年 12 月 9 日，国家广播电影电视总局公布了《中国广播电视编辑记者职业道德准则》以及《中国广播电视播音员主持人职业道德准则》。这也是我国第一次出台针对广电行业的职业道德准则。一段时间以来，对于有偿新闻等不良现象的约束主要来自编辑、记者和播音员、主持人的严格自律。随着两个准则的颁布，这种个人意识和约束将会找到更为具体的条文规定。

此前，我国已于 1991 年出台了《中国新闻工作者职业道德准则》，这是一份面向全体新闻工作者的职业道德准则，之所以要出台针对广电行业的道德准则，与广电行业职业道德方面出现的问题有关。例如，在实际的采访过程中，尤其是在作批评报道时，被曝光的采访对象经常试图收买记者。有的记者没能抵御物质诱惑，就做出了歪曲事实的报道。例如对 2002 年的山西繁峙矿难事件的报道。那起事故中有 38 名矿工不幸遇难，然而最早一批赶到事故现场的记者中，有 11 人接受了矿主和当地政府部门的贿赂，他们做出了死 2 人、伤 4 人的虚假报道。事件真相披露后，舆论哗然，影响很坏。一段时间以来，人民群众对有偿新闻、虚假报道、低俗之风、不良广告等"四大公害"强烈不满。要进一步解决这些问题，只有建立职业道德建设的长效机制。由于广播电视工作的特殊性，广播电视从业人员的职业道德，除了具备一般的新闻职业道德外，还具有它自己的特点，因此，有必要制定专门的职业道德准则。除了新闻报道必须真实、公正之外，两部职业道德准则对严格禁止有偿新闻，播音员、主持人不得从事广告和其他经营活动等焦点问题都做出了具体规定。

2.《准则》的主要内容

《中国广播电视编辑记者职业道德准则》分为7类共44条。其中7大类分别是责任、真实、公正、导向、品格、廉洁，以及附则。《中国广播电视播音员主持人职业道德准则》分为6类共35条。这6类分别是责任、品格、形象、语言、廉洁，以及附则。《准则》称广播电视是当今最具影响力的大众传媒之一，是党、政府和人民的喉舌。为加强广播电视队伍建设，倡导良好的职业精神和职业道德，规范广播电视编辑记者以及播音员主持人的职业行为，特制定本准则。

《中国广播电视编辑记者职业道德准则》要求广播电视编辑记者切实担负起弘扬民族精神、维护国家利益、传播先进文化、推动人类文明的崇高使命和社会责任；坚持客观公正的职业理念，忠于事实，追求真理；树立政治意识、大局意识、责任意识，坚持正确的舆论导向；恪守敬业奉献、诚实公正、团结协作的职业道德；严格做到遵纪守法、清正廉洁，反对任何形式的“有偿新闻”。

《中国广播电视播音员主持人职业道德准则》强调，广播电视播音员主持人作为有广泛社会影响的公众人物，应时刻保持谦虚谨慎的良好品格，自觉追求德艺双馨；在工作和生活中始终保持良好的仪表和文明举止，自尊自爱，树立良好形象，维护媒体公信力。《准则》还规定，播音员主持人不得将自己的名字、声音、形象用于任何带有商业目的的文章、图片及音像制品中。

第四节　广播电视事业的法制化管理

作为新闻媒介的一种，广播电视业既属于上层建筑中意识形态的范畴，同时又是一种信息产业。在广播电视业发展繁荣的大背景下，过去单一的系统管理已经不能适应形势的发展变化，广播电视事业的管理必将转向系统内部管理和面向全社会的行业性管理并举，这种管理，光靠政策和行政手段是不够的。法制化管理反映了社会发展的客观规律，是与制度文明的进程相一致的，更是符合我国社会主义方向的，有助于公正、公平地调整各个阶层、各个集团之间权利义务关系，使社会主义事业在改革开放中不断发展壮大。当前，广播电视业亟需加强法制化管理，将管理活动纳入规范化、制度化的轨道。

一、我国广播电视政策法规体系

1. 宏观政策与管理体制

广播电视事业宏观管理体制，有别于广播电视事业内部经营管理制度，是以法律、规章、行政命令、政策指导等方式对广播电视事业进行宏观调控、管理的制度总和。不同的社会政治制度势必有不同的广播电视事业管理体制，这是由广播电视事业的上层建筑的本质所决定的。

我国广播电视事业管理体制是社会主义新闻事业管理的重要组成部分，其具体内容是基于《宪法》有关基本原则及党对新闻宣传工作的政策和指导方针而确定的，可概括为以下四个方面。一是党委政治领导，主要是党委宣传部门对广播电视事业政治思想方面的领导，通过党的政策文件实施对广播电视媒介的领导，实现思想宣传及舆论导向的作用。二是政府依法管理。我国广播电视事业管理的最高行政部门是国务院广播电影电视总局。负责广播电视媒体的传播活动的领导与管理；国务院信息产业部负责广播电视传输覆盖网的统一规划、建设与管理工作；国务院新闻办公室和文化部等相关部门通过与广播电视行政主管部门协调实现其相关的管理职能；地方各级政府的广播电视行政部门负责本行政区域内广播电视媒体的管理工作。三是行业规范协调，是指通过中华全国新闻工作者协会、中国广播电视学会等相关行业组织对广播电视行业进行软性管理。四是单位自我约束，是指广播电台、电视台通过制定内部道德自律的规范来加强广播电视从业人员的职业道德水平。

不同的时代背景和社会发展环境，要求有与之相适应的不同管理体制。当前，我国广播电视的宏观管理体制具有宏观性和权威性的特点。管理体制主要实行行业宏观规划和调控，制订管理原则，引导广播电视事业的发展方向，在整个广播电视事业的管理体系中起主导作用。作为强制性规范，包括各类法律规章、行政命令，以及广播电视行业的职业道德自律规范，都依靠国家统治机器，行政法规等发挥效力，对广播电视媒体具有普遍约束力。

2. 法规体系

市场经济归根到底是平等互利的法制经济，市场经济条件下的广播电视事业同样需要依靠法制来规范和调节，这不仅是法制社会的基本要求，也是广播电视事业本身发展的内在要求。相对于一般性的“要求”，法律、法规有更多的前瞻性、权威性和稳定性，内容一般较为宽泛和原则；而规范性文件、政策则相对针对性较强，具有直接的可操作性。广播电视事业所处的法制环境除媒介管理的法规之外，还牵涉到宪法及民法、刑法、行政法等各部门法的内容。大致包括：

《宪法》规定的新闻工作的基本原则；

《广播电视管理条例》等综合性法规；

《有线电视管理规定》等关于有线电视管理的规章；

《卫星电视广播地方接收设施管理规定》等关于卫星广播电视管理的规章；

《电视剧管理规定》、《音像制品管理条例》等节目管理规定；

《广播电视设施保护条例》等行业技术专业标准管理规定；

《广播电影电视立法程序规定》等立法及执法规定；

《著作权法》等著作权管理法规；

《广告法》等广告管理法规；

《保守国家秘密法》等保密管理法规。

不同层级、不同领域的法律法规构成了我国较为完整的广播电视事业法律法规体系。

二、我国广播电视法规的主要内容

广播电视管理的法规体制中所涉及的法规繁多，根据法律条文所调控、规范的广播电视管理的不同方面，广播电视法规体系主要包括以下几个方面的内容：

1. 新闻工作的基本方针和原则

主要由宪法中有关新闻宣传活动的总纲性条文所确定，包括第二十二条、第三十五条、第五十一条、第五十三条等；另外包括其他法规、政策中对于广播电视或新闻宣传事业的性质、作用及精神文明建设的有关规定。

2. 保护合法权利的有关内容

保护合法权利包含两方面内容。一是对破坏广播电视正常传播秩序的行为加以限制和制裁，主要法规有《广播电视设施保护条例》、《广播电视管理条例》中关于广播电视设施保护的规定，我国刑法中也对严重破坏广播电视设施的犯罪行为制定相应的处罚条文。二是针对新闻媒体侵犯、损害受众合法利益的行为进行制裁。有关条文散见于民法及有关单行法律、规定之中。广播电视媒介对受众合法权益的侵犯主要集中于媒体的失实、歪曲或不当报道对当事人的名誉权、荣誉权等权利的侵犯。随着人们的法制观念和自我保护意识的不断增强，媒体与受众之间的法律纠纷涉及内容越来越广泛。

3. 著作权保护

除《著作权法》及实施细则外，还包括《民法》、《继承法》、其他行政规章，以及我国所缔结或加入的国际条约中关于著作权保护、稿酬支付的相关规定。

4. 广告经营管理

《广告法》是约束广告经营活动最重要的法规。此外，还包括《消费者保护法》、《反不正当竞争法》，以及烟酒、医药用品等特殊产品或服务广告的单行法规、规章或规范性文件中的广播电视广告管理的有关规定。

5. 对广播电视的传播内容进行规范和约束的法规

(1) 保密法规：包括《中华人民共和国保守国家机密法》及其实施细则、《军事设施保护法》、《统计法》等法规中的相关内容，以及主管部门的有关规范性文件。

(2) 禁载法规：有关法律、规范及政策严禁广播电视媒体刊播反动、淫秽等严重有悖于社会公德和善良风俗，或侵犯他人合法权益的内容。

(3) 特殊内容报道规定：包括重大、突发事件新闻的报道；领袖人物、领导人重要活动的新闻报道；疫情、地震等重大灾难的预报和新闻发布；司法报道；军事报道；关于未成年人、残障者等弱势族群的报道；关于少数民族及宗教事务的报道；对外（含港澳台地区）或涉外报道；舆论监督和批评报道；内参报道；援引境外新闻机构消息的报道；以及其他需要加以规范的新闻报道。

(4) 关于广播电视媒体播出境外制作、发行的广播电视节目的规定。

(5) 关于广播电视媒体使用的规范化语言文字、标点符号的规定。

6. 综合性法规

《广播电视管理条例》是我国广播电视管理的主要法规，也是现行具最高法律效力的广播电视管理法规。

7. 其他法规

国务院或广播电视行业主管部门颁行的法规或条例还有《卫星电视广播地面接收设施管理规定》、《卫星传输广播电视节目管理办法》、《有线电视管理条例》及其实施细则。此外，在广播电视管理的法规体系中，还包括对境外广播电视机构在我国活动的有关规定，广播电视行业职业道德规范等内容。

三、《广播电视管理条例》

1.《条例》的制定及作用

由国务院颁行的《广播电视管理条例》是我国目前广播电视体制中最高层级的行政法规，在广播电视事业管理中具有最高的法律效力。《条例》于1997年8月1日国务院第61次常务会议通过，8月11日中华人民共和国国务院令第228号发布，9月1日起施行。《条例》是在1986年起草的《广播电视法（草案）》的基础上重新修改、拟定的，是根据我国实际国情和适应社会主义市场经济的要求制定的，是国务院第一次全面地规范管理广播电视事业的行政法规。

《广播电视管理条例》对广播电台和电视台的设立、广播电视传输覆盖网的建设与管理、广播电视节目的制作与播放等作出了较为完整、详尽的规定，是目前广播电视管理工作中覆盖面最宽的法规，其内容涵盖了广播电视管理的各个方面和广播电视活动的各个阶段。《条例》的制定为加强我国广播电视事业的法制化管理，促进广播电视事业进一步繁荣、健康有序的发展提供了法制保障。

《条例》明确规定了各级广播电视行政部门的职责，体现分级负责的行政管理原则，《条例》的规定具体、详细，具有较强的可操作性。《条例》的出台是新闻传播事业法制化进程的重要步骤，对于建立良好的广播电视管理秩序、促进我国广播电视事业的健康发展有着重大的现实意义。

2.《条例》的主要内容

(1) 确立了中国特色的广播电视管理体制。《条例》确立了广播电视宣传工作、事业建设和行业管理于一体的具有中国特色的广播电视管理体制。充分体现了我国广播电视事业的社会主义性质，体现了党的十四届六中全会《关于加强社会主义精神文明建设的若干决议》中对广播电视工作的各项要求，对建国以来特别是十一届三中全会以来广播电视系统行之有效的管理经验进行了归纳和总结，以国务院行政法规的形式确定了具有中国特色的社会主义广播电视体制。

(2) 由国务院进行宏观调控。设立广播电台、电视台(包括有线电视台、教育电视台)，应当按照《条例》的有关规定报国务院广播电视行政部门统一审批。《条例》规定由国务院广播电视行政部门对广播电台、电视台的设立进行宏观调控和统一审批，以防止擅自设台、多头批台、重复建设等问题，进而逐步形成合理的全国广播电台、电视台的总量、布局和结构。

(3) 各级广播电视行政部门的职能。为确保广播电视传输通道的畅通，《条例》肯定了建国以来确定的广播电视独立成网、自成体系的方针，规定由各级广播电视行政部门对广播电视传输覆盖网进行规划、组建、开发和管理。《条例》规定国家对广播电视传输覆盖网实行统一规划、分级建设、开发和管理的方针；同时广播电视行政部门应当保证广播电视传输覆盖网主功能的完成，运用多种技术手段努力提高农村广播电视覆盖率；广播电视行政部门还应当加强对广播电视传输覆盖网的日常管理。

(4) 广播电视设施的保护条款。广播电视设施是广播电视安全、优质播出的物质基础。随着高新技术在广播电视领域的应用，广播电视设施保护工作面临许多新的问题，需要保护的广播电视设施范围在不断扩大。《条例》规定了对广播电台、电视台、广播电视传输覆盖网设施的保护条款，规定任何单位和个人不得破坏广播电视设施。对广播电台、电视台、广播电视传输覆盖网设施，以及广播电视专用频率和信号的保护规定了原则性的条文，并规定了相应的处罚规定，与《刑法》相应的条文相衔接。

(5) 加强节目制作、播放管理。广播电视行政部门应按照《广播电视管理条例》规定,加强对广播电视节目制作、播放活动的管理,提高广播电视节目质量。

《条例》规定了广播电视节目必须由依法批准设立的节目制作经营单位制作;同时制作电视剧还须持有电视剧制作许可证。《条例》规定了广播电视节目的审查制度,保证广播电视节目质量。《条例》规定了广播电视节目的最低标准,即禁止制作、播出载有反动、淫秽、迷信及法律、法规规定禁止的其他内容的节目。《条例》根据我国国情并借鉴国外经验,规定广播电视节目的审查主体有广播电台、电视台自身,国务院广播电视行政部门或者其授权的机构,并授予广播电视行政部门对违反上述规定的节目制作者、播出者或者擅自向境外提供者的行政处罚权。

(6) 广播电台、电视台应尽的义务。为确保广播电视宣传任务的完成,规范广播电台、电视台(包括有线电视台、教育电视台)的制作和播放活动,《条例》对广播电台、电视台应当履行的义务作如下规定:

行政管理。《条例》规定广播电台、电视台应当按照各自许可证载明的相关事项制作、播出节目,不得擅自变型;严格遵行播前审查、重播重审制度,不得制作、播出违背有关节目内容管制规定的节目,播出境外广播电视节目应遵从有关规定;不得擅自利用卫星技术传输、转播广播电视节目等。

维护著作权人以及受众利益。广播电台、电视台播放和使用广播电视节目应当符合《中华人民共和国著作权法》的有关规定;使用规范的语言文字及推广应用普通话;按预告播放广播电视节目;应当播放公益广告,播出商业广告不得超过一定比例。

广播电台、电视台的转播义务。《条例》规定地方广播电台、电视台应当按照国务院行政部门的有关规定转播中央和地方广播电视节目;教育电视台不得播放与教学内容无关的电影、电视片。

主要参考文献

1. [美]安德鲁・博伊德. 广播电视新闻教程[M]. 北京:新华出版社,2000.
2. 毕一鸣. 现代广播电视论纲[M]. 北京:中国广播电视出版社,2007.
3. 陈犀禾. 当代美国电视[M]. 上海:复旦大学出版社,2001.
4. 丁俊杰、黄升民主编. 中国广播产业报告——产业发展与经营管理创新[M]. 北京:中国传媒大学出版社,2005.
5. 高廷智. 电视声音构成[M]. 北京:北京师范大学出版社,1998.
6. 宫承波主编. 广播电视概论[M]. 北京:中国广播电视出版社,2009.
7. 郭庆光. 传播学教程[M]. 北京:中国人民大学出版社,1999.
8. 郭镇之. 电视传播史[M]. 北京:北京师范大学出版社,2000.
9. 郭镇之. 中外广播电视史[M]. 上海:复旦大学出版社,2005.
10. 何苏六. 电视画面编辑[M]. 北京:中国广播电视出版社,1997.
11. 胡正荣. 21世纪初我国大众传媒发展战略研究[M]. 北京:中国广播电视出版社,2007
12. 胡智锋. 电视节目策划学[M]. 上海:复旦大学出版社,2008.
13. 胡智锋. 会诊中国电视[M]. 北京:文化艺术出版社,2005.
14. 黄匡宇主编. 广播电视学概论(三版)[M]. 广州:暨南大学出版社,2010.
15. 黄升民等. 广电媒介产业经营新论[M]. 上海:复旦大学出版社,2005.
16. 黄升民等. 下一代广播电视网发展战略研究[M]. 北京:中国市场出版社,2011.
17. 黄著诚. 实用电视编辑[M]. 北京:中国广播电视出版社,2000.
18. 李良荣. 新闻学概论[M]. 上海:复旦大学出版社,2001.
19. 李献文、何苏六. 港澳台电视概观[M]. 北京:北京广播学院出版社,2004.
20. 李晓枫主编. 中国电视传媒体制改革[M]. 北京:中国广播电视出版社,2004.
21. 李新民. 中国电视大趋势[M]. 北京:华夏出版社,2006.
22. 刘海贵主编. 当代新闻写作[M]. 上海:复旦大学出版社,2001.
23. 刘燕南. 电视传播研究方法[M]. 北京:北京师范大学出版社,2003.
24. 陆地主编. 解析中国民营电视[M]. 上海:复旦大学出版社,2005.
25. 陆晔、赵民主编. 当代广播电视概论[M]. 上海:复旦大学出版社,2005.
26. [美]罗伯特・赫利尔德. 电视广播和新媒体写作[M]. 北京:华夏出版社,2002.
27. [美]罗杰・菲德勒著,明安香译. 媒介形态变化:认识新媒介[M]. 北京:华夏出版社，2000.
28. ［美］迈克尔·埃默里、埃德温·埃默里著. 美国新闻史［M］. 北京：新华出版社，1982.
29. 孟建、黄灿. 当代广播电视概论［M］. 北京：中国传媒大学出版社，2011.
30. 苗棣、范钟离. 电视文化学［M］. 北京：北京广播学院出版社，1997.
31. ［英］尼古拉斯·阿伯克龙比著，张永喜等译. 电视与社会［M］. 南京：南京大学出版社，2002 年.
32. 欧阳宏生等. 电视文化学［M］. 成都：四川大学出版社，2006.
33. 欧阳宏生主编. 广播电视学导论(三版)［M］. 成都：四川大学出版社，2007.
34. 庞井君. 中国视听新媒体发展报告 2011［M］. 北京：社会科学文献出版社，2011.
35. 庞井君主编. 中国广播电影电视发展报告 2011［M］. 北京：社会科学文献出版社，2011.
36. ［法］皮埃尔·布尔迪厄. 关于电视［M］. 南京：南京大学出版社，2011.
37. 饶立华等. 电子媒介新闻教程——广播与电视［M］. 北京：中国人民大学出版社，2000.
38. 任远著. 电视编辑学［M］. 北京：北京师范大学出版社，2002.
39. 石长顺. 当代电视务实教程［M］. 上海：复旦大学出版社，2005.
40. 石长顺. 电视栏目解析［M］. 武汉：华中科技大学出版社，2003.
41. 孙宜君、陈家洋. 影视艺术概论［M］. 北京：国防工业出版社，2012.
42. 孙宜君等. 新闻佳作评析［M］. 徐州：中国矿业大学出版社，2004.
43. ［英］汤林森. 文化帝国主义［M］. 上海：上海人民出版社，1999.
44. 汪文斌、胡正荣. 世界电视前沿［M］. 北京：华艺出版社，2001.
45. 王长潇主编. 电视影像传播概论［M］. 广州：中山大学出版社，2006.
46. 吴克宇. 电视媒介经济学［M］. 北京：华夏出版社，2004.
47. 吴玉玲主编. 广播电视概论［M］. 北京：中国传媒大学出版社，2007.
48. 吴郁. 主持人的语言艺术［M］. 北京：北京广播学院出版社，1999.
49. 夏洪波、洪艳. 电视媒体广告经营［M］. 北京：北京大学出版社，2004.
50. 邢虹文. 电视与社会——电视社会学引论［M］. 上海：学林出版社，2005.
51. 徐光春主编. 中华人民共和国广播电视简史(1949～2000)［M］. 北京：中国广播电视出版社，2003.
52. 许颖. 广播电视新闻实务［M］. 大连：东北财经大学出版社，2007.
53. 阎玉主编. 中国广播电视学［M］. 北京：中国广播电视出版社，1990.
54. 杨继红. 新媒体融合与数字电视［M］. 北京：清华大学出版社，2008.
55. 尹德刚等编. 当代新闻采访［M］. 上海：复旦大学出版社，2001.
56. 尹韵公. 中国新媒体发展报告(2011) ［M］. 北京：社会科学文献出版社，2011.
57. 张静民. 电视节目策划与编导［M］. 广州：暨南大学出版社，2001.
58. 张丽、孟群. 电视新闻编辑与数字制作［M］. 北京：中国广播电视出版社，2002.
59. 赵淑萍. 电视节目主持［M］. 北京：北京师范大学出版社，1999.
60. 赵玉明主编. 中国广播电视通史［M］. 北京：中国传媒大学出版社，2006.
61. 周鸿铎主编. 世界五大媒介集团经营之道［M］. 北京：经济管理出版社，2004.
62. 周星. 跨世纪中国电视文艺研究［M］. 北京：北京师范大学出版社，2005.

63. 周勇.广播电视概论[M].长沙:中南大学出版社,2005.
64. 朱金玉、巢立明.中国广播电视业发展战略[M].上海:上海人民出版社,2005.
65. 朱羽君、雷蔚真.电视采访学[M].北京:中国人民大学出版社,1999.
66. 壮春雨.电视节目学概要[M].杭州:浙江大学出版社,2001.

后　记

21世纪以来，由于数字技术、互联网技术及现代通信技术飞速发展的影响，广播电视等传媒业正经历一场深刻的变革——数字化与网络化。数字化与网络化的变革意义不仅显现是一场深刻的技术变革，而且是对整个行业的重大变革。它对整个社会都将会产生久远的影响。因为时至今日，尽管网络影响巨大，但广播电视仍然是影响当代人类社会的重要媒介。对于广播电视媒介而言，数字技术与网络技术不仅打破了广播电视业原有的产业布局，颠覆了原来的媒体运作业态，也为以前基于技术、利益分配等原因，互相独立、泾渭分明的“三网”(广电、电信、互联网)提供了融合的基础，从而促进了多种媒体融合的具体实施。也催生了网络广播电视、移动多媒体广播电视、IP电视、手机电视、公共视听载体等视听新媒体的出现。

近几年来，由于我相继主持了国家教育部和江苏省社科基金等相关广播电视及传播学的多项研究课题，并执教多门与影视有关的研究生、本科课程的缘故，我对广播影视业变革及发展有较深入的认识与研讨。所以在2011年初，当挚友陈龙教授邀请我加盟“新闻传播学新视野丛书”，分写一本著作时，我就欣然答应了。

之后，我拟就“广播电视学引论”写作大纲。为了尽快交稿，我特邀请好友南京师范大学新闻传播学院资深教授毕一鸣先生合作。毕教授在百忙中与我几次通话与见面，仔细研讨了写作大纲，提出了许多构建性建议。遗憾毕教授终因手头科研任务太重(两本书急待交稿)而无法分出精力参与。不过，德高学深的毕教授不仅慷慨赠我资料，还将他的优秀博士生、南京政治学院新闻传播系年轻教师阎安推荐与我，协助我完成此书，对此我非常感激。

本书由我拟定写作大纲章节条目，并负责统稿、定稿。具体撰写分工是：孙宜君负责第一、二，第七、八、九、十章；阎安负责第三、四、五、六章，第十一到十三章。研究生马晶晶、胡道宁、吴竟韡帮助收集资料，并参与了部分章节初稿的写作。本书在撰写过程中,参考和引用了国内外一些专家和学者相关研究成果,在此特致以诚挚的谢意。书中如有不当之处,敬请读者批评指正。

本书写作、出版过程中得到了陈龙教授、章俊第主任、吉祖斌、周敬芝编辑以及江苏教育出版社王瑞书总编的关心与支持,在此一并致谢。

孙宜君

2012 年 10 月 10 日于南京理工大学